Ai miei meravigliosi figli, Chiara, Laura e Giulio.
Carlo

A Massimo e al mio mondo "Ernania".
Monica

Collana di informatica

A cura di:

Carlo Ghezzi
Paolo Ancilotti
Carlo Batini
Stefano Ceri
Antonio Corradi
Alberto del Bimbo
Evelina Lamma
Paola Mello
Ugo Montanari
Paolo Prinetto

Carlo Batini
Monica Scannapieco

Qualità dei Dati

Concetti, Metodi e Tecniche

Carlo Batini
Department of Applied Mathematics
Weizmann Institute of Science
76100 Rehovot, Israel
dharel@weizmann.ac.il

Monica Scannapieco
The Interdisciplinary Center
P.O. Box 167
46150, Herzliya, Israel
yishai@idc.ac.il

Traduzione italiana a cura di: Sam Guinea

© Addison Wesley Publisher Limited 1987, 1992;
Pearson Education Limited 2004
La traduzione di *Algorithmics-The spirit of computing*, 3ª edizione è stata pubblicata grazie ad un accordo con Pearson Education Limited.

Springer-Verlag fa parte di Springer Science+Business Media

springer.com

© Springer-Verlag Italia, Milano 2008

ISBN 978-88-470-0733-8
ISBN 978-88-470-0734-5 (eBook)

Quest'opera è protetta dalla legge sul diritto d'autore. Tutti i diritti, in particolare quelli relativi alla traduzione, alla ristampa, all'uso di figure e tabelle, alla citazione orale, alla trasmissione radiofonica o televisiva, alla riproduzione su microfilm o in database, alla diversa riproduzione in qualsiasi altra forma (stampa o elettronica) rimangono riservati anche nel caso di utilizzo parziale. Una riproduzione di quest'opera, oppure di parte di questa, è anche nel caso specifica solo ammessa nei limiti stabiliti dalla legge sul diritto d'autore, ed è soggetta all'autorizzazione dell'Editore. La violazione delle norme comporta sanzioni previste dalla legge.

L'utilizzo di denominazioni generiche, nomi commerciali, marchi registrati ecc., in quest'opera, anche in assenza di particolare indicazione, non consente di considerare tali denominazioni o marchi liberamente utilizzabili da chiunque ai sensi della legge sul marchio.

Progetto grafico della copertina: Simona Colombo, Milano
Stampa: Grafiche Porpora, Segrate, Milano

Springer-Verlag Italia s.r.l., Via Decembrio, 28 - 20137 Milano

Prefazione

Scopo del Libro

I dati in formato elettronico rivestono un ruolo assai importante nella società della tecnologia dell'informazione e delle comunicazioni (ICT): essi sono gestiti da applicazioni aziendali e governative, da ogni specie di applicazione sul Web, e sono fondamentali in tutti i rapporti tra governo, imprese e cittadini. Proprio in virtù di una tale diffusione, la "qualità" dei dati in formato elettronico ed il suo effetto su ogni genere di attività della società ICT stanno acquistando sempre maggiore importanza.

L'importanza della qualità dei dati tanto nei processi decisionali quanto in quelli operativi è ormai riconosciuta da numerose istituzioni e organizzazioni internazionali. Per fare un esempio, l'importanza della qualità dei dati nei processi decisionali è esplicitamente sostenuta nella dichiarazione sulla qualità dell'European Statistical System [72], che così esprime la sua missione: "Noi forniamo all'Unione Europea ed al mondo un'informazione di qualità elevata sull'economia e la società a livello europeo, nazionale e regionale, e rendiamo tale informazione disponibile a tutti come supporto alle attività decisionali, alla ricerca ed al dibattito."

Inoltre, la qualità dei dati è un aspetto assai importante per i processi operativi delle imprese e delle organizzazioni. Il Data Warehousing Institute, in un rapporto del 2002 sulla qualità dei dati (si veda [52]) sostiene che esiste un notevole divario tra percezione e realtà della qualità dei dati in molte organizzazioni, e che i problemi legati alla qualità dei dati costano alle imprese statunitensi oltre 600 miliardi di dollari l'anno.

Il "problema dell'anno 2000", che richiese la modifica di tutte le applicazioni software e le basi di dati che utilizzavano campi a due cifre per indicare gli anni, rientra tra i problemi di qualità dei dati. I costi di questa operazione di modifica sono stati stimati attorno a 1,5 miliardi di dollari americani (si veda [68]).

Alcuni disastri sono dovuti alla presenza di problemi di qualità dei dati tra cui l'uso di dati inaccurati, incompleti e obsoleti. Per esempio, l'esplosione della navetta spaziale Challenger è un argomento che [78] affronta nell'ottica della qualità dei dati; l'analisi della tragedia ha dimostrato che più di dieci diverse categorie di problemi di qualità dei dati hanno contribuito al verificarsi dell'incidente.

Questi errori hanno dato l'impulso a numerose iniziative nei settori pubblico e privato, iniziative in cui la qualità dei dati riveste un ruolo rilevante, come diremo poi nel Capitolo 1; tra queste iniziative ricordiamo, ad esempio, il Data Quality Act emanato dal governo degli Stati Uniti nel 2002 [149].

I dati in formato elettronico sono qualitativamente migliori dei dati conservati su documenti cartacei soltanto in una certa misura. E' vero che essi traggono vantaggio da una rappresentazione ben definita e che segue regole precise, tuttavia i processi che producono tali dati sono spesso scarsamente controllati, il che porta ad una proliferazione di errori.

Negli ultimi decenni, i sistemi informativi sono passati da una struttura gerarchica/monolitica ad una struttura basata su rete, in cui le dimensioni e la varietà delle sorgenti potenzialmente utilizzabili dalle organizzazioni a supporto delle proprie attività sono drasticamente aumentate. I problemi di qualità dei dati sono stati ulteriormente complicati da questa evoluzione. Nei sistemi informativi collegati in rete, i processi sono coinvolti nello scambio di informazioni complesse e sovente operano su dati in ingresso ottenuti da altre fonti esterne, spesso ignote a priori.

Di conseguenza, la qualità complessiva dell'informazione che fluisce tra i sistemi informativi può peggiorare rapidamente nel tempo se i processi ed i loro input non vengono sottoposti a controlli di qualità. D'altra parte, lo stesso sistema informativo collegato in rete offre nuove opportunità per la gestione della qualità dei dati, compresa la possibilità di scegliere le sorgenti che offrono dati di qualità migliore e di confrontare le sorgenti per localizzare gli errori e correggerli, facilitando in tal modo il controllo ed il miglioramento della qualità dei dati nel sistema.

Per tutte queste ragioni, ricercatori e organizzazioni avvertono in misura sempre crescente la necessità di capire e risolvere i problemi legati alla qualità e quindi di conoscere le risposte ai seguenti interrogativi: Che cos'è in sostanza la qualità dei dati? Quali tecniche, metodologie e problematiche inerenti la qualità dei dati sono già consolidate? Quali sono gli approcci più noti ed affidabili? Quali sono i problemi ancora irrisolti? Questo libro cerca di dare una risposta a tutti questi interrogativi.

Obiettivi

Questo libro intende offrire una descrizione sistematica e comparativa del vasto numero di problemi di ricerca inerenti la qualità dei dati, ed illustrare così lo stato dell'arte nel campo della qualità dei dati. Pur essendo un problema concreto in una vasta gamma di attività dei settori pubblico e privato, la qualità dei dati è stata di recente oggetto di attenzione da parte della comunità scientifica, originando un numero significativo di iniziative. Sono state promosse numerose conferenze internazionali da parte delle comunità che hanno le basi di dati e i sistemi informativi come principale campo di indagine; la prima edizione della International Conference on Information Quality (ICIQ) [95], organizzata tradizionalmente presso il Massachusetts Institute of Technology (MIT) di Boston, risale al 1996; l'International Workshop on Information Quality in Information Systems (IQIS) [99], affianca la conferenza SIGMOD sin dal 2004; il seminario internazionale Data and Information Quality (DIQ), si tiene in seno alla Conference on Advanced Information Systems Engineering (CAiSE) a partire dal 2004 [98]; e il seminario internazionale Quality of Information Systems (QoIS), si svolge in concomitanza con la conferenza Entity Relationship (ER) dal 2005 [100]. Altre conferenze hanno luogo a livello nazionale in Francia, Germania e negli Stati Uniti.

Per quanto riguarda la pratica, molti strumenti software per la qualità dei dati sono pubblicizzati ed usati in varie applicazioni legate ai dati, come il data warehousing, e per il miglioramento della qualità dei processi di business. Spesso, la loro portata è limitata e dipendente dal dominio applicativo, e non è chiaro come coordinarne e finalizzarne l'uso nell'ambito di processi specifici per la qualità dei dati.

Sul fronte della ricerca, il divario ancora esistente tra la necessità di tecniche, metodologie e strumenti e la limitata maturità del settore, ha portato finora a risultati sparsi e frammentari in letteratura ed all'assenza di una visione sistematica di questa disciplina.

Inoltre, nel campo della qualità dei dati, sottolineiamo l'esistenza di una dicotomia, tipica di molte altre branche della ricerca che hanno un profondo impatto sulla vita reale, tra approcci mirati alla pratica e contributi di ricerca formali. Questo libro cerca di affrontare tale dicotomia, fornendo non solo panoramiche comparative e quadri esplicativi sui problemi esistenti ma anche soluzioni originali, che alla concretezza degli approcci uniscono la solidità dei formalismi teorici. Attraverso la comprensione delle motivazioni e dei diversi background delle soluzioni, abbiamo identificato paradigmi e forze che danno un contributo alla tematica della qualità dei dati.

Il nostro principale obiettivo è quello di offrire con questo libro un quadro valido, integrato ed esauriente dello stato dell'arte e dei futuri sviluppi della qualità dei dati, nel campo delle basi di dati e dei sistemi informativi. Il libro fornisce una descrizione esauriente delle tecniche che costituiscono il nucleo centrale della ricerca in materia di qualità dei dati, in particolare il record matching, l'integrazione dei dati, la localizzazione e la correzione degli errori;

tali tecniche vengono esaminate in un contesto metodologico esauriente ed originale. Sono oggetto di analisi approfondita anche le definizioni di qualità dei dati ed i modelli adottati e vengono sottolineate e discusse le differenze tra le soluzioni proposte. Inoltre, pur fornendo una definizione sistematica della qualità dei dati come un ambito di ricerca autonomo, sottolineiamo i paradigmi e le influenze derivati da altre discipline, come la teoria della probabilità, l'analisi statistica dei dati, il data mining, la rappresentazione della conoscenza e l'apprendimento automatico. Il nostro libro propone anche soluzioni molto pratiche, come le metodologie, i benchmark[1] per le tecniche più efficaci, studi di casi pratici ed esempi.

Le basi rigorose e formali del nostro approccio alla tematica della qualità dei dati, presentate con soluzioni pratiche, fanno di questo libro un necessario complemento dei testi già in commercio. Alcuni testi adottano un approccio formale e mirato alla ricerca ma incentrato su argomenti o prospettive specifici. Tra gli altri, Dasu e Johnson [50] affrontano i problemi della qualità dei dati dalla prospettiva delle soluzioni in materia di data mining e apprendimento automatico. Wang et al. [206] forniscono un quadro generale della qualità dei dati con una collezione eterogenea di contributi provenienti da diversi progetti e gruppi di ricerca. Jarke et al. [104] descrivono soluzioni per i problemi di qualità dei dati nel contesto del data warehousing. Wang et al. [203] presentano una panoramica sui contributi di ricerca, compresi nuovi metodi rivolti alla misurazione della qualità dei dati, alla modellazione dei processi di miglioramento della qualità ed alle problematiche organizzative e didattiche connesse con la qualità dell'informazione.

Altri libri lasciano più spazio agli aspetti pratici che non a quelli formali. In particolare, testi all'avanguardia in campo pratico sono quelli di Redman [167] e [169], e di English [68]. I due testi di Redman offrono un insieme esauriente di dimensioni di qualità dei dati, oltre alla trattazione di un ampio ventaglio di problemi correlati con le metodologie gestionali per la misurazione ed il miglioramento della qualità dei dati. L'opera di English presenta una metodologia particolareggiata per la misurazione ed il miglioramento della qualità dei dati, discutendo passo per passo i problemi riguardanti architetture, standard, metodologie di miglioramento guidate dai dati e dai processi, costi, benefici e strategie manageriali.

Struttura del Libro

Il libro è organizzato in nove capitoli. La Figura 0.1 elenca i capitoli e ne specifica le interdipendenze.

Forniamo per prima cosa i concetti di base, fissando le coordinate per esplorare l'area della qualità dei dati (Capitolo 1). Soffermiamo quindi l'attenzione

---

[1] **NdT:** Il termine indica un software o una metodologia sperimentale progettati per l'esecuzione di test volti alla valutazione di un sistema software o hardware, in genere dal punto di vista dell'efficienza.

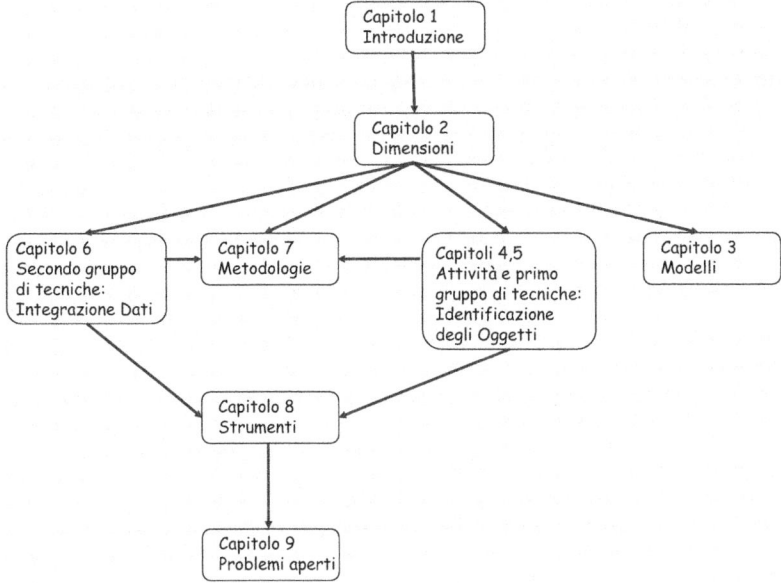

Figura 0.1. Dipendenze tra i Capitoli

sulle dimensioni che consentono la misurazione della qualità dei valori e degli schemi dei dati (Capitolo 2). Questi due primi capitoli sono propedeutici al resto del libro.

I modelli per esprimere la qualità dei dati nelle basi di dati e nei sistemi informativi sono trattati nel Capitolo 3. Il Capitolo 4 descrive le principali attività per misurare e migliorare la qualità dei dati. Sempre nel Capitolo 4 vengono introdotte e trattate a fondo alcune attività, come la localizzazione e la correzione degli errori; due appositi capitoli sono dedicati alle attività più importanti, con le relative aree di ricerca, e cioè l'identificazione degli oggetti 5) e l'integrazione dei dati 6), argomenti che vengono trattati ampiamente descrivendo i paradigmi di ricerca relativi e le tecniche disponibili. Oggetto di trattazione del Capitolo 7 sono le dimensioni, i modelli, le attività e le tecniche, ingredienti di qualsiasi metodologia per la misurazione e il miglioramento della qualità dei dati. In particolare, nello stesso capitolo, le metodologie esistenti vengono analizzate e confrontate e viene proposta una metodologia originale ed esauriente. Conclude il capitolo un dettagliato case study. Gli strumenti, i framework e i toolbox proposti nella letteratura scientifica per l'uso efficace delle tecniche sono descritti nel Capitolo 8. Il libro si chiude con il Capitolo 9, che esamina in prospettiva tutte le idee discusse nei capitoli precedenti e analizza i problemi ancora aperti ed i loro possibili sviluppi.

A Chi è Destinato Questo Libro

Il libro è destinato ai lettori interessati ad una introduzione approfondita al vasto insieme di tematiche legate alla qualità dei dati. E' stato scritto principalmente per i ricercatori impegnati nel campo delle basi di dati e dei sistemi informativi e interessati a investigare le proprietà dei dati e dell'informazione che incidono sulla qualità dei processi e sulla vita reale. Questo libro invita il lettore ad una ricerca autonoma sulla qualità dei dati fornendo un'ampia gamma di definizioni, formalismi e metodi, insieme a confronti critici dello stato dell'arte. Per questo motivo, esso può aiutare a definire le aree di ricerca più importanti nel campo della qualità dei dati, le problematiche consolidate e problemi aperti.

Una seconda categoria di potenziali lettori è rappresentata dagli amministratori e dai professionisti che lavorano nel campo dei sistemi informatici, che hanno bisogno di una organizzazione razionale del settore. Questa categoria comprende anche i progettisti di sistemi e di servizi cooperativi complessi quali i sistemi e-Business ed e-Government, contesti nei quali la qualità dei dati è assai importante.

Le Figure 0.2 e 0.3 suggeriscono possibili percorsi di lettura per i lettori cui abbiamo accennato.

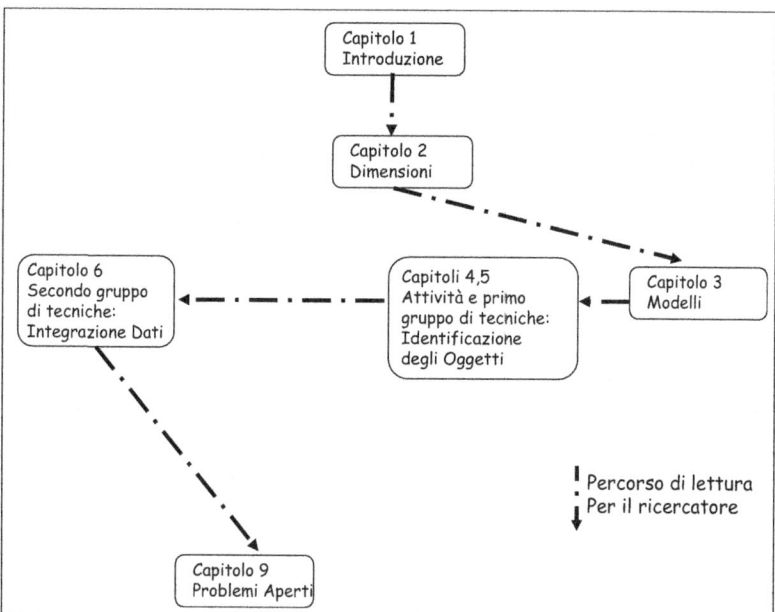

Figura 0.2. Percorso di lettura per il ricercatore

Prefazione   XIII

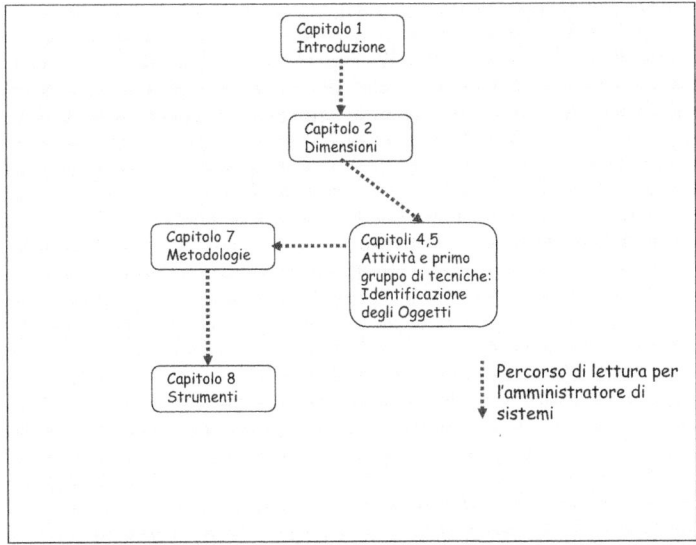

Figura 0.3. Percorso di lettura per l'amministratore di sistemi informativi

Il *percorso di lettura per il ricercatore*, dedicato ai ricercatori interessati alle aree di ricerca fondamentali nella qualità dei dati, non comprende i capitoli sulle metodologie (Capitolo 7) e sugli strumenti (Capitolo 8). Il *percorso di lettura per l'amministratore di sistemi informativi* esclude gli argomenti relativi ai modelli (Capitolo 3), all'integrazione dei dati (Capitolo 6) ed ai problemi aperti (Capitolo 9).

Linee Guida per l'Insegnamento

Per quanto ci è dato di sapere, la qualità dei dati non è generalmente considerata materia di studio nei corsi universitari e post-universitari. Parecchi corsi di dottorato si occupano di problemi di qualità dei dati, mentre si sta gradualmente allargando il mercato dei corsi professionali, spesso costosi. Tuttavia, recenti iniziative puntano ad inserire la qualità dei dati nei corsi universitari e post-universitari [2]. Abbiamo strutturato il libro in modo che possa essere usato in un corso avanzato sulla qualità delle basi di dati e dei sistemi informativi. Questi due settori mancano attualmente di libri di testo consolidati sulla materia in oggetto; noi abbiamo cercato di venire incontro a questa esigenza. Pur non potendo essere definito un libro di testo, esso può essere adottato, con qualche sforzo, come materiale di base per un corso sulla qualità dei dati.

---

[2] Per esempio, nel 2005, l'Università dell'Arkansas a Little Rock ha promosso un Master in Scienza della Qualità dell'Informazione (MS IQ).

A causa della innegabile importanza di questi argomenti, ciò che accadde negli anni Ottanta per altre tematiche afferenti alle basi di dati, per esempio la loro progettazione, potrebbe accadere per la qualità dei dati: il gran numero di libri di testo pubblicati favorì l'inserimento di questa specialità nei corsi universitari.

La qualità dei dati può essere argomento di studio in corsi dedicati esclusivamente ad essa o, altrimenti, in cicli di seminari in corsi sulla gestione delle basi di dati e dei sistemi informativi. Da seminari sulla qualità dei dati trarrebbero vantaggio anche i corsi di integrazione dei dati. Quanto alla gestione dei sistemi informativi, la qualità dei dati può essere insegnata assieme a materie quali la gestione dell'informazione, l'economia dell'informazione, la reingegnerizzazione dei processi aziendali, la qualità dei processi e dei servizi e l'analisi di costi e benefici. Le tecniche per la qualità dei dati possono essere trattate anche in corsi appositi sul data warehousing e il data mining.

Il contenuto di questo libro è adeguato a studenti in grado di seguire corsi su basi di dati. Per gli studenti, sarà utile ma non indispensabile avere nozioni di matematica e, in qualche misura, di teoria della probabilità, di statistica, di apprendimento automatico e di rappresentazione della conoscenza.

Il libro contiene materiale sufficiente ad affrontare tutti gli argomenti senza dover far ricorso ad altri testi. Nel caso dei corsi di dottorato, i riferimenti sono un buon punto di partenza per assegnare agli allievi attività di analisi approfondite su temi specifici.

Quanto alle esercitazioni, un approccio utile per gli studenti è quello di sviluppare un progetto complesso sulla qualità dei dati da articolare in due parti. La prima parte potrebbe essere dedicata alla valutazione della qualità di due o più basi di dati usate congiuntamente in numerosi processi aziendali di un'organizzazione. La seconda parte potrebbe vertere sulla scelta e l'applicazione delle metodologie e delle tecniche descritte nei Capitoli 4, 5, 6, e 7 per portare la qualità dei dati ad un livello stabilito. Questo approccio dà agli studenti un'idea dei problemi che dovranno affrontare in un contesto reale.

Ringraziamenti

I nostri ringraziamenti vanno innanzitutto agli amici e ai ricercatori che hanno influito positivamente su di noi con frequenti e proficue discussioni sugli argomenti trattati in questo libro; essi sono: Daniele Barone, Laure Berti-Equille, Elisa Bertino, Paola Bertolazzi, Federico Cabitza, Cinzia Cappiello, Tiziana Catarci, Fabrizio De Amicis, Luca De Santis, Ahmed K. Elmagarmid, Markus Helfert, Domenico Lembo, Maurizio Lenzerini, Andrea Maurino, Massimo Mecella, Diego Milano, Paolo Missier, Felix Naumann, Davide Orlandi, Barbara Pernici, Louiqa Rashid, Ruggero Russo, Divesh Srivastava, Carlo Vaccari, e Richard Wang. Tra gli studenti dei nostri corsi sulla qualità dei dati, un grazie particolare va a Matteo Strazzullo per i suoi apporti in materia di classificazione dei costi e dei benefici.

Una menzione speciale meritano i curatori di questa collana di libri, Stefano Ceri e Mike Carey. Ringraziamo infine Ralf Gerstner della Springer-Verlag, cui va il merito di aver per primo suggerito l'idea di prendere in esame la qualità dei dati come argomento consolidato da trattare in un libro.

Carlo Batini
Luglio 2006 *Monica Scannapieco*

Indice

1 Introduzione alla Qualità dei Dati 1
   1.1 Perché la Qualità dei Dati è Importante 1
   1.2 Introduzione alla Nozione di Qualità dei Dati 5
   1.3 Qualità dei Dati e Tipi di Dati 7
   1.4 Qualità dei Dati e Tipi di Sistema Informativo 9
   1.5 Principali Problemi di Ricerca e Domini Applicativi della Qualità dei Dati 12
      1.5.1 Problemi della Ricerca nel Campo della Qualità dei Dati 13
      1.5.2 Domini Applicativi della Qualità dei Dati 14
      1.5.3 Aree di Ricerca Legate alla Qualità dei Dati 17
   1.6 Sommario 19

2 Dimensioni della Qualità dei Dati 21
   2.1 Accuratezza 22
   2.2 Completezza 26
      2.2.1 Completezza dei Dati Relazionali 26
      2.2.2 Completezza dei Dati Web 29
   2.3 Dimensioni temporali: Aggiornamento, Tempestività e Volatilità 31
   2.4 Consistenza 33
      2.4.1 Vincoli di Integrità 33
      2.4.2 Data Edit 35
   2.5 Altre Dimensioni della Qualità dei Dati 36
      2.5.1 Accessibilità 37
      2.5.2 Qualità delle Sorgenti Informative 39
   2.6 Approcci alla Definizione delle Dimensioni di Qualità dei Dati . 40
      2.6.1 Approccio Teorico 40
      2.6.2 Approccio empirico 43
      2.6.3 Approccio Intuitivo 43
      2.6.4 Analisi Comparativa delle Definizioni delle Dimensioni . 43
      2.6.5 Trade-off Tra Dimensioni 46

XVIII Indice

    2.7 Dimensioni di Qualità dello Schema 46
           2.7.1 Leggibilità 49
           2.7.2 Normalizzazione 51
    2.8 Sommario 53

3 Modelli per la Qualità dei Dati 55
    3.1 Introduzione 55
    3.2 Estensioni dei Modelli dei Dati Strutturati 56
           3.2.1 Modelli Concettuali 56
           3.2.2 Modelli Logici per la Descrizione dei Dati 58
           3.2.3 Il Modello Polygen per la Manipolazione dei Dati 58
           3.2.4 Provenance dei Dati 60
    3.3 Estensione dei Modelli per Dati Semistrutturati 63
    3.4 Modelli per i Sistemi Informativi Gestionali 65
           3.4.1 Modelli per la Descrizione dei Processi: il modello IP-MAP 65
           3.4.2 Estensioni di IP-MAP 67
           3.4.3 Modelli per i Dati 69
    3.5 Sommario 73

4 Attività e Tecniche Inerenti la Qualità dei Dati: Generalità 75
    4.1 Attività Inerenti la Qualità dei Dati 76
    4.2 Composizione della Qualità 78
           4.2.1 Modelli e Assunzioni 79
           4.2.2 Dimensioni 82
           4.2.3 Accuratezza 84
           4.2.4 Completezza 86
    4.3 Localizzazione e Correzione degli Errori 88
           4.3.1 Localizzare e Correggere le Inconsistenze 89
           4.3.2 Dati Incompleti 91
           4.3.3 Scoperta dei Valori Anomali 93
    4.4 Classificazioni dei Costi e dei Benefici 95
           4.4.1 Classificazioni dei Costi 96
           4.4.2 Classificazione dei Benefici 101
    4.5 Sommario 102

5 Identificazione degli Oggetti 103
    5.1 Cenni Storici 104
    5.2 Identificazione degli Oggetti per le Diverse Tipologie di Dati .. 105
    5.3 Il Processo di Identificazione degli Oggetti ad Alto Livello 107
    5.4 Dettagli sui Passi dell'Identificazione degli Oggetti 109
           5.4.1 Preprocessing 109
           5.4.2 Riduzione dello Spazio di Ricerca 110
           5.4.3 Funzioni di Confronto 111
    5.5 Tecniche di Identificazione degli Oggetti 112

5.6	Tecniche Probabilistiche		113
	5.6.1	La Teoria di Fellegi e Sunter e sue Estensioni	113
	5.6.2	Una Tecnica Probabilistica Basata sui Costi	118
5.7	Tecniche empiriche		119
	5.7.1	Metodo del Sorted Neighborhood e sue Estensioni	120
	5.7.2	L'Algoritmo a Coda di Priorità	122
	5.7.3	Una Tecnica per Dati Strutturati Complessi: Delphi	123
	5.7.4	Scoperta dei Duplicati XML: DogmatiX	126
	5.7.5	Altri Metodi Empirici	127
5.8	Tecniche Basate sulla Conoscenza		128
	5.8.1	Un Approccio Basato su Regole: Intelliclean	129
	5.8.2	Metodi di Apprendimento per le Regole di Decisione: Atlas	130
5.9	Confronto delle Tecniche		133
	5.9.1	Metriche	133
	5.9.2	Metodi di Riduzione dello Spazio di Ricerca	134
	5.9.3	Funzioni di Confronto	135
	5.9.4	Metodi Decisionali	135
	5.9.5	Risultati	137
5.10	Sommario		138

6 Problemi Inerenti la Qualità dei Dati nei Sistemi di Integrazione dei Dati ... 141

6.1	Introduzione		141
6.2	Generalità sui Sistemi di Integrazione dei Dati		142
	6.2.1	Elaborazione delle Interrogazioni	144
6.3	Tecniche per l'Elaborazione delle Interrogazioni Guidata dalla Qualità		146
	6.3.1	Il QP-alg: Pianificazione delle Interrogazioni Guidata dalla Qualità	146
	6.3.2	Elaborazione delle Interrogazioni in DaQuinCIS	148
	6.3.3	Elaborazione dell'Interrogazione con Fusionplex	150
	6.3.4	Confronto tra le Tecniche di Elaborazione dell'Interrogazione Guidata dalla Qualità	152
6.4	Risoluzione dei Conflitti a Livello di Istanza		152
	6.4.1	Classificazione dei Conflitti a Livello di Istanza	153
	6.4.2	Panoramica delle Tecniche	155
	6.4.3	Confronto tra le Tecniche di Risoluzione dei Conflitti a Livello di Istanza	166
6.5	Gestione delle Inconsistenze nell'Integrazione dei Dati: una Prospettiva Teorica		166
	6.5.1	Un Framework Formale per l'Integrazione dei Dati	167
	6.5.2	Il Problema dell'Inconsistenza	168
6.6	Sommario		170

7 Metodologie per la Misurazione e il Miglioramento della Qualità dei Dati 173
- 7.1 Fondamenti delle Metodologie per la Qualità dei Dati 173
  - 7.1.1 Input e output 174
  - 7.1.2 Classificazione delle Metodologie 176
  - 7.1.3 Confronto tra Strategie Guidate dai Dati e Strategie Guidate dai Processi 177
- 7.2 Metodologie per la Valutazione 179
- 7.3 Analisi Comparativa Delle Metodologie per Scopi Generali 182
  - 7.3.1 Fasi Fondamentali Comuni tra le Metodologie 183
  - 7.3.2 La Metodologia TDQM 185
  - 7.3.3 La Metodologia TQdM 188
  - 7.3.4 La Metodologia Istat 190
  - 7.3.5 Confronto delle Metodologie 193
- 7.4 La Metodologia CDQM 194
  - 7.4.1 Ricostruire lo Stato dei Dati 195
  - 7.4.2 Ricostruire i Processi Aziendali 195
  - 7.4.3 Ricostruire Macroprocessi e Regole 196
  - 7.4.4 Verificare i Problemi con gli Utenti 197
  - 7.4.5 Misurare la Qualità dei Dati 198
  - 7.4.6 Fissare Nuovi Livelli Target della QD 198
  - 7.4.7 Scegliere le Attività di Miglioramento 199
  - 7.4.8 Scegliere le Tecniche per le Attività dei Dati 200
  - 7.4.9 Individuare i Processi di Miglioramento 201
  - 7.4.10 Scegliere il Processo di Miglioramento Ottimale 202
- 7.5 Lo Studio di un Caso per l'Area e-Government 202
- 7.6 Sommario 214

8 Strumenti per la Qualità dei Dati 217
- 8.1 Introduzione 217
- 8.2 Strumenti 218
  - 8.2.1 Potter's Wheel 220
  - 8.2.2 Telcordia 221
  - 8.2.3 Ajax 223
  - 8.2.4 Arktos 225
  - 8.2.5 Choice Maker 227
- 8.3 Framework per Sistemi Informativi Cooperativi 228
  - 8.3.1 Framework DaQuinCIS 230
  - 8.3.2 Framework FusionPlex 232
- 8.4 Toolbox per il Confronto degli Strumenti 233
  - 8.4.1 Approccio Teorico 233
  - 8.4.2 Tailor 234
- 8.5 Sommario 236

| | | | | Indice | XXI |

9 Problemi Aperti 237
   9.1 Dimensioni e Metriche 237
   9.2 Identificazione degli oggetti 238
       9.2.1 Identificazione degli Oggetti XML 239
       9.2.2 Identificazione degli Oggetti nel Personal Information
             Management 240
       9.2.3 Record Linkage e Privacy 241
   9.3 Integrazione dei Dati 244
       9.3.1 Elaborazione delle Interrogazioni Trust-Aware nei
             Contesti P2P 244
       9.3.2 Elaborazione delle Interrogazioni Guidata dai Costi 245
   9.4 Metodologie 247
   9.5 Conclusioni 252

Riferimenti bibliografici 253

Indice analitico 265

1
Introduzione alla Qualità dei Dati

La ricerca nel Web dell'espressione "qualità dei dati" con il motore di ricerca Google, dà un risultato di circa tre milioni di pagine, un indizio del fatto che le tematiche inerenti la qualità dei dati sono una realtà e stanno acquistando sempre maggiore importanza (spesso, d'ora in poi, invece dell'espressione qualità dei dati, useremo l'acronimo QD). In questo capitolo specifichiamo i motivi che fanno della qualità dei dati un tema di ricerca da analizzare e capire. Spiegheremo innanzitutto il concetto di qualità dei dati (Sezione 1.1), sottolineandone l'importanza nelle applicazioni concrete ed accennando ad alcune delle principali iniziative intraprese in questo campo nei settori pubblico e privato. Successivamente, nella Sezione 1.2, mostreremo con svariati esempi la natura multidimensionale della qualità dei dati. Le Sezioni 1.3 e 1.4 analizzano i diversi tipi di dati e di sistemi informativi per i quali la QD può essere studiata. Nella Sezione 1.5, discuteremo i principali problemi di ricerca nel campo della QD, i suoi ambiti applicativi e le aree di indagine correlate. I problemi della ricerca (Sezione 1.5.1) riguardano le dimensioni, i modelli, le tecniche, le metodologie, e gli strumenti; tutti questi aspetti insieme costituiscono l'argomento del resto del libro. L'insieme degli ambiti di applicazione è vasto, poiché i dati e le informazioni sono gli ingredienti fondamentali di tutte le attività dei singoli e delle imprese. Concentreremo l'attenzione (Sezione 1.5.2) su tre dei più importanti, l'e-Government, le Scienze della Vita, e il World Wide Web, mettendo in rilievo il ruolo svolto dalla QD in ciascuno di essi. Le aree di ricerca correlate con la QD saranno argomento della Sezione 1.5.3.

1.1 Perché la Qualità dei Dati è Importante

Le conseguenze della qualità scadente dei dati si sperimentano nella vita quotidiana, ma spesso non vengono messe nella necessaria relazione con la loro causa. Per esempio, un ritardo o un errore nella consegna di una lettera vengono spesso attribuiti al malfunzionamento del servizio postale; ma un esame più attento rivela spesso che le cause sono legate ai dati; un caso tipico è un errore nell'indirizzo, dovuto ad un errore nella base di dati degli indirizzi. Analogamente, invii multipli di corrispondenza inoltrata con procedure automatiche sono dovuti spesso alla presenza di record duplicati nelle basi di dati.

La qualità dei dati ha conseguenze serie e di vasta portata sull'efficiente ed efficace funzionamento di organizzazioni e imprese. Come abbiamo già accennato nella prefazione, dal rapporto sulla qualità dei dati pubblicato dal Data Warehousing Institute (si veda [52]) emerge che i problemi legati alla qualità dei dati costano alle imprese statunitensi oltre 600 miliardi di dollari annui. Le conclusioni del rapporto si basano su interviste ad esperti dell'industria e ad una clientela scelta, e su un sondaggio compiuto su un campione di 647 unità. Qui di seguito diamo altri esempi della rilevanza della qualità dei dati nei processi organizzativi:

- *Customer matching.* I sistemi informativi di organizzazioni pubbliche e private possono essere considerati come il risultato di un insieme di attività indipendenti e sottoposte a scarso controllo, che produce diverse basi di dati molto spesso contenenti in parte la stessa informazione. Nelle organizzazioni private, quali le aziende di marketing o le banche, non è insolito trovare numerosi elenchi di clienti (a volte dozzine!) aggiornati con diverse procedure organizzative, il che porta ad informazione inconsistente e ridondante. Ad esempio, fornire ai clienti un elenco unico di tutti i loro conti e titoli costituisce per le banche un problema assai complesso.
- *Gestione delle relazioni con nuclei familiari.* Molte organizzazioni stabiliscono rapporti separati con i singoli membri di nuclei familiari, o, più in generale, con gruppi di persone in relazione tra loro; nell'uno e nell'altro caso esse, per ragioni di marketing, desiderano ricostruire i rapporti con tali gruppi per poter attuare strategie di marketing più efficaci. Questo problema è anche più complesso del precedente, perché nel caso precedente i dati metter in corrispondenza riguardano la stessa persona, mentre in questo caso riguardano persone diverse facenti capo ad uno stesso gruppo. Per un esame approfondito sul rapporto tra l'informazione sulla gestione delle relazioni con nuclei familiari e le varie aree applicative aziendali, si veda [200].
- *Fusione di organizzazioni.* In caso di fusione di varie organizzazioni o di diverse unità di una singola organizzazione, è necessario integrare i rispettivi sistemi informativi legacy[1]. Tale integrazione richiede compatibilità e interoperabilità a qualsiasi livello del sistema informativo, e il livello dati dovrà garantire tanto l'interoperabilità fisica che quella semantica.

---

[1] **NdT:** Il termine *legacy* denota un sistema informativo o un'applicazione esistente, a volte caratterizzata dall'utilizzo di tecnologie poco recenti e quindi difficile da interfacciare con sistemi più recenti, che continua ad essere usata poiché l'utente (tipicamente un'organizzazione) non vuole o non può rimpiazzarla.

1.1 Perché la Qualità dei Dati è Importante

Dagli esempi appena citati si evince la crescente esigenza di integrare le informazioni tra sorgenti di dati completamente diverse. La scarsa qualità dei dati ostacola gli sforzi di integrazione. In molti contesti stiamo assistendo ad una crescente consapevolezza dell'importanza di migliorare la qualità dei dati. Riassumiamo qui di seguito alcune delle principali iniziative nei settori pubblico e privato.

Iniziative Private

Nel settore privato, tanto i fornitori di applicazioni e gli integratori di sistemi, quanto gli utenti finali devono confrontarsi con il ruolo che la QD riveste nei processi aziendali.

Per quanto riguarda i primi, la recente acquisizione da parte di IBM(2005) di Ascential Software, un fornitore di punta di strumenti per l'integrazione dei dati, mette in evidenza il ruolo cruciale svolto nell'impresa dalla stewardship dei dati e dell'informazione. Il rapporto Ascential 2005 [208] sull'integrazione dei dati dimostra che i problemi connessi con la qualità e la sicurezza rappresentano gli ostacoli principali (indicati dal 55% degli intervistati in un sondaggio a risposte multiple) al successo dei progetti di integrazione dei dati. Gli intervistati sottolineano anche che la qualità dei dati è ben più di un semplice problema tecnologico. Essa richiede che la dirigenza tratti i dati come risorsa aziendale e capisca che il valore di questa risorsa dipende dalla qualità.

Negli ultimi anni, SAP [84] ha avviato un progetto per sperimentare nell'area della QD e sviluppare una metodologia interna, con notevoli economie (documentate in [84]) in svariati processi aziendali interni.

La presa di coscienza della rilevanza della qualità dei dati ha indotto di recente Oracle(si veda [151]) a migliorare la suite dei suoi prodotti e servizi per sostenere un'architettura in grado di ottimizzare la qualità dei dati, onde accrescerne il valore, alleviare l'onere della loro migrazione e diminuire i rischi insiti nell'attività di integrazione dei dati.

Quanto agli utenti, Basel2 è un'iniziativa internazionale del settore finanziario che prevede il possesso, da parte delle aziende di servizi finanziari, di un framework che tenga conto dei fattori di rischio per la valutazione del regulatory capital[2]. I requisiti di regolamentazione di Basel2 richiedono miglioramenti della qualità dei dati. Per esempio, la Draft Supervisory Guidance on Internal Ratings-Based Systems for Corporate Credit dichiara (si veda [19]): "le istituzioni che si avvalgono dell'approccio Internal Ratings-Based per le finalità del regulatory capital, necessiteranno di pratiche di gestione dei dati avanzate per ottenere stime credibili e affidabili dei rischi"; e "i dati in possesso delle banche saranno essenziali per i calcoli del regulatory capital che tengono conto del rischio e per la pubblicazione di rapporti pubblici. Queste usi mettono in

---

[2] **NdT:** Il termine regulatory capital indica la quota del capitale di una banca necessaria come assicurazione contro i rischi, il cui ammontare è stabilito da normative.

evidenza la necessità di un struttura ben definita di manutenzione dei dati e rigorosi controlli della loro integrità ."

Iniziative Pubbliche

Nel settore pubblico sono state avviate numerose iniziative di interesse per le problematiche legate alla qualità dei dati a livello internazionale, europeo e nazionale. Nel resto di questa sezione accenneremo a due delle iniziative più importanti, il Data Quality Act negli Stati Uniti e la direttiva europea sul riutilizzo dei dati pubblici.

Nel 2001, il Presidente degli Stati Uniti ha approvato una legge importante sulla Qualità dei Dati relativa alle "Linee Guida per Assicurare e Massimizzare la Qualità, L'Obiettività, l'Utilità, e l'Integrità dell'Informazione Disseminata dalle Agenzie Federali," in breve il Data Quality Act. L'Ufficio per la Gestione e il Bilancio(OMB) emanò direttive su politiche e procedure riguardanti le problematiche legate alla qualità dei dati (si veda [149]). Gli obblighi cui si fa cenno in tali direttive sono rivolti alle agenzie che devono riferire periodicamente all'OMB tanto il numero e la natura dei reclami ricevuti, quanto le soluzioni adottate in merito. L'OMB deve includere anche un meccanismo che consenta al pubblico di presentare ricorso contro le agenzie affinché queste correggano le informazioni che non soddisfano gli standard dell'OMB. Nelle direttive dell'OMB la definizione del termine qualità dei dati comprende l'utilità, l'obiettività e l'integrità. L'obiettività è una misura per verificare che l'informazione diffusa sia accurata, affidabile, completa e imparziale e che essa sia presentata in modo accurato, chiaro, completo e imparziale. L'utilità si riferisce all'utilità delle informazioni alla luce degli scopi previsti dall'utenza cui sono dirette. L'OMB è impegnato a diffondere informazioni affidabili e utili. L'integrità si riferisce alla sicurezza delle informazioni, ovvero alla loro protezione da modifiche non autorizzate, impreviste o involontarie, onde impedirne la compromissione dovuta a corruzione o falsificazione. Per garantire l'integrità sono previste politiche specifiche, vantaggiose quanto a costi ed efficacia e che tengono conto del rischio.

La Direttiva Europea 2003/98/CE sul riuso di dati pubblici (si veda [71]) sottolinea l'importanza del riciclo del vasto bacino di dati in possesso degli enti pubblici. Il settore pubblico raccoglie, produce e distribuisce una vasta gamma di informazioni in molti settori di attività, quali informazioni sociali, economiche, geografiche, meteorologiche, aziendali e quelle relative all'istruzione. Mettere a disposizione del cittadino tutti i documenti generalmente disponibili in possesso del settore pubblico, riguardanti non solo l'iter politico ma anche i processi giuridici e amministrativi, viene considerato uno strumento fondamentale per estendere il diritto all'informazione che è un principio basilare della democrazia. Gli aspetti della qualità dei dati di cui si occupa la direttiva in questione sono l'accessibilità dei dati pubblici e la loro messa a disposizione in un formato che non dipende dall'uso di un software specifico. Allo stesso tempo, una misura correlata e necessaria per il riutilizzo dei dati pubblici è di garantirne la qualità in termini di accuratezza e livello di aggiornamento tramite campagne di pulizia dei dati. Ciò li rende appetibili ad altri eventuali utenti e clienti.

1.2 Introduzione alla Nozione di Qualità dei Dati

Dal punto di vista della ricerca, il problema della qualità dei dati è stato affrontato in settori diversi, tra cui la statistica, le scienze gestionali, e l'informatica. Gli esperti in statistica sono stati i primi a dedicarsi ad alcuni problemi connessi con la qualità dei dati: alla fine degli anni Sessanta, essi proposero una teoria matematica per verificare l'esistenza di duplicati negli insiemi di dati da loro trattati. Successivamente, si occuparono del problema i ricercatori operanti nel settore della gestione aziendale che, all'inizio degli anni Ottanta, rivolsero l'attenzione al modo di controllare i sistemi di manifattura dei dati per individuare e risolvere i problemi di qualità. Solo ai primi degli anni Novanta, gli esperti di informatica hanno cominciato ad occuparsi del problema di definire, misurare e migliorare la qualità dei dati elettronici memorizzati nelle basi di dati, nei data warehouse e nei sistemi legacy.

Quando si pensa alla qualità dei dati, il problema viene spesso ridotto ad una semplice questione di accuratezza. Per esempio, prendiamo il cognome "Batini"; quando lo si pronuncia durante una conversazione telefonica, l'interlocutore può percepirlo come "Vatini", "Battini", "Barini", "Basini", tutte versioni sbagliate rispetto all'originale. In effetti, i dati vengono considerati di qualità scadente quando contengono errori di battitura o quando ad un'istanza di un concetto vengono associati valori sbagliati, come ad esempio una data di nascita o un'età errate riferite ad una persona. Tuttavia, la qualità dei dati è più che una semplice questione di accuratezza. Per caratterizzare appieno la qualità dei dati occorrono altre dimensioni importanti come la completezza, la consistenza, il livello di aggiornamento e l'accuratezza. In Figura 1.1 diamo alcuni esempi di queste dimensioni, che, assieme ad altre, verranno trattate più nel dettaglio nel Capitolo 2. La tabella relazionale in figura descrive alcuni film, con titolo, regista, anno di produzione, numero di remake ed anno dell'ultimo remake.

Nella figura, sono in grigio le celle che presentano problemi di qualità dei dati. A prima vista, solo la cella contenente il titolo del film 3 sembra affetta da un problema di qualità. Infatti, il titolo contiene un errore di ortografia: `Rmane` invece di `Romane`. Abbiamo qui un problema di accuratezza. Tuttavia, c'è un altro problema di accuratezza, ovvero lo scambio di registi tra il film 1 e il film 2; infatti Weir è il regista del film 2 e Curtiz il regista del film 1. Altri problemi di qualità riscontrabili: manca un valore, ovvero il nome del regista del film 4 che determina un problema di completezza, c'è un valore 0 riferito al numero dei remake del film 4, che determina un problema di aggiornamento perché in realtà un remake c'è stato. Vi sono infine due problemi di consistenza: primo, il valore di `AnnoUltimoRemake` per il film 1 non può essere

Id	Titolo	Regista	Anno	#Remake	AnnoUltimoRemake
1	Casablanca	Weir	1942	3	1940
2	L'attimo fuggente	Curtiz	1989	0	NULL
3	Vacanze Rmane	Wylder	1953	0	NULL
4	Sabrina	null	1964	0	1985

Figura 1.1. Una relazione `Film` con problemi di qualità dei dati

inferiore al valore contenuto nella colonna `Anno`; secondo, nel film 4 il valore del `AnnoUltimoRemake` non può essere diverso da NULL perché il valore di `#Remake` è 0.

Gi esempi citati relativi alle dimensioni riguardano la *qualità dei dati* rappresentati nella tabella relazionale. Oltre ai dati, buona parte delle metodologie di progettazione per il modello relazionale si riferiscono a proprietà relative alla *qualità dello schema*; per esempio, sono state proposte varie forme normali allo scopo di modellare il concetto di schema relazionale ben progettato, privo di anomalie e ridondanze. Lo schema relazionale della Figura 1.1, ad esempio, è nella forma normale di Boyce Codd, in quanto tutti gli attributi non appartenenti ad una superchiave presentano una dipendenza funzionale dalle superchiavi (`Id` e `Titolo`). Altre dimensioni riguardanti la qualità dei dati e la qualità dello schema saranno oggetto di trattazione del Capitolo 2. Dagli esempi fatti si evince che:

- La qualità dei dati è un concetto a molte facce, poiché alla sua definizione concorrono diverse dimensioni.
- Per certe dimensioni di qualità, ad es. l'accuratezza, gli errori possono essere scoperti facilmente in certi casi (ad es. errori di ortografia) ma è più difficile individuarli in altri casi (ad es., quando vengono forniti valori ammissibili ma errati).
- E' stato mostrato un semplice errore di completezza ma, come accade per l'accuratezza, anche la completezza può essere difficilmente valutabile (per es., se dalla relazione `Film` manca completamente una tupla che rappresenta un film).
- La verifica della consistenza non sempre permette di individuare gli errori (per es., per il film 1, il valore dell'attributo `AnnoUltimoRemake` è sbagliato).

I suddetti esempi si riferiscono ad una tabella relazionale di un'unica base di dati. I problemi cambiano notevolmente se sono presenti anche altri *tipi di dati*, e quando vengono presi in considerazione *tipi di sistemi informativi* più complessi di un'unica base di dati. Ci occuperemo ora di questi due aspetti.

1.3 Qualità dei Dati e Tipi di Dati

I dati rappresentano oggetti del mondo reale, in un formato che ne permette la memorizzazione, il recupero, e l'elaborazione mediante procedure software, e la trasmissione in rete. Il processo di rappresentazione del mondo reale mediante dati può essere applicato ad un gran numero di fenomeni, come le misurazioni, gli eventi, le caratteristiche delle persone, l'ambiente, i suoni, gli odori. I dati si prestano a tale processo di rappresentazione in maniera estremamente versatile. Oltre ai dati, altri tipi di *informazione* vengono usati nella vita di tutti i giorni e nelle attività aziendali, come ad esempio informazioni su supporto cartaceo e informazioni trasmesse oralmente. Non ci occuperemo di questi tipi di informazione, ma concentreremo l'attenzione sui dati.

Poiché i ricercatori che studiano la qualità dei dati devono occuparsi di una vasta gamma delle loro possibili rappresentazioni, sono state proposte per essi numerose classificazioni. Innanzitutto, molti autori distinguono, esplicitamente o implicitamente, i dati in tre tipi:

1. *Strutturati*, quando ciascun elemento dei dati ha una struttura fissa associata. Le tabelle relazionali costituiscono il tipo più comune di dati strutturati.
2. *Semistrutturati*, quando la struttura dei dati presenta una certa flessibilità. I dati semistrutturati sono anche detti "privi di schema" o "autodescrittivi" (si veda [1], [35], e [40]). XML è il linguaggio di markup utilizzato solitamente per rappresentare i dati semistrutturati. Alcune caratteristiche comuni sono: (i) i dati possono contenere campi non noti al momento della progettazione; per esempio, un file XML può non avere un file di schema associato; (ii) la medesima specie di dati può essere rappresentata in molteplici modi; per esempio, una data può essere rappresentata da un campo o da campi multipli, anche entro uno stesso insieme di dati; (iii) a molti dei campi noti al momento della progettazione possono non essere assegnati dei valori.
3. *Non strutturati*, quando sono espressi in linguaggio naturale e non sono definiti né una struttura specifica, né tipi di dominio.

E' intuitivo che le dimensioni e le tecniche per il miglioramento della qualità dei dati devono essere adattate ai tre tipi di dati summenzionati e che dimensioni e tecniche sono sempre più complesse da sviluppare e usare man mano che si passa da dati strutturati a dati non strutturati.

Un secondo possibile punto di vista è di considerare i dati come un prodotto. Questo approccio è stato adottato ad esempio nel modello IP-MAP (si veda [177]), un'estensione dell'Information Manufacturing Product Model [201], di cui ci occuperemo nel dettaglio nella Sezione 3.4; il modello IP-MAP individua un parallelismo tra qualità dei dati e qualità dei prodotti così come vengono gestiti dalle aziende manifatturiere. In questo modello distinguiamo tre diversi tipi di dati:

- *dati elementari grezzi*[3] vengono considerati le più piccole unità di dati. Essi vengono usati per costruire informazioni e dati elementari componenti, che sono informazioni semi-lavorate;
- mentre i dati elementari grezzi possono essere memorizzati a lungo, i *dati elementari componenti* vengono memorizzati temporaneamente fino alla realizzazione del prodotto finale. I dati elementari componenti vengono generati nuovamente ogni volta che è necessario. Lo stesso insieme di dati elementari grezzi e componenti può essere usato (spesso simultaneamente) nella manifattura di numerosi prodotti diversi;
- *prodotti informativi*, che sono il risultato di un'attività manifatturiera eseguita sui dati.

Come discuteremo nei Capitoli 3 e 7, se i dati vengono considerati come prodotti, metodologie e procedure in uso da tempo possono essere ad essi applicate, con gli opportuni cambiamenti, per garantirne la qualità nei processi manifatturieri.

Una terza classificazione, proposta in [133], si riferisce ad una tipica distinzione fatta nei sistemi informativi tra dati elementari e dati aggregati. I dati *elementari* vengono trattati nelle organizzazioni mediante processi operativi e rappresentano fenomeni atomici del mondo reale (per es. il numero della previdenza sociale, l'età, il sesso). I dati *aggregati* si ottengono da una collezione di dati elementari applicando ad essi una qualche funzione di aggregazione (per es. il reddito medio dei contribuenti di una determinata città). Questa classificazione è utile per distinguere differenti livelli di rigore nella misurazione e nel conseguimento della qualità dei dati. A titolo di esempio, l'accuratezza di un attributo Sesso cambia drasticamente se si immette M (maschio) invece di F (femmina); se l'età di una persona viene registrata erroneamente come 25 invece di 35, l'accuratezza dell'età media di una popolazione di milioni di abitanti ne risulta influenzata solo in misura minima.

Dasu e Johnson in [50] studiano nuovi tipi di dati che emergono dalla diffusione delle reti e di Internet, e fanno notare che la definizione stessa di dati è cambiata fino a comprendere "qualsiasi tipo di informazione che viene analizzata sistematicamente." Essi distinguono numerosi nuovi tipi di dati. Questo libro ne tratta alcuni:

- *dati federati*, che provengono da diverse sorgenti eterogenee e, di conseguenza, necessitano di essere combinati tramite confronti approssimati;
- *dati Web*, che vengono "estratti" dal Web e che, pur se caratterizzati da formati non convenzionali e da scarso controllo, costituiscono spesso la fonte principale di informazioni per numerose attività.

---

[3] **NdT:** Si è tradotto qui con dato elementare il termine *data item*, che indica una unità di informazione a sè.

Le precedenti classificazioni non tengono in conto la dimensione temporale dei dati, studiata in [30]. Secondo la loro frequenza di aggiornamento, possiamo classificare i dati in tre categorie:

- dati *stabili* sono quelli il cui cambiamento è improbabile. Ne sono un esempio le pubblicazioni scientifiche: alla sorgente possono essere aggiunte nuove pubblicazioni, ma le vecchie pubblicazioni restano invariate;
- *dati che variano nel lungo termine* sono quelli la cui frequenza di aggiornamento è molto bassa. Ne sono esempi gli indirizzi, le valute e i listini di prezzi degli alberghi. Il concetto di "bassa frequenza" dipende dal dominio; in un'applicazione e-trade, se il valore di una quotazione azionaria viene verificato ogni ora, il cambiamento viene considerato a bassa frequenza, mentre un negozio che cambia le sue merci settimanalmente ha, per i clienti, una frequenza di aggiornamento elevata;
- *dati che cambiano di frequente* sono dati con elevata frequenza di aggiornamento, come le informazioni in tempo reale sul traffico, le misurazioni dei sensori termici e i volumi delle vendite. I cambiamenti possono verificarsi con frequenza specifica oppure ad intervalli casuali.

Le procedure per stabilire la qualità della dimensione temporale dei tre tipi di dati summenzionati diventano sempre più complesse all'aumentare della frequenza di aggiornamento.

Tra i diversi tipi di dati derivanti dalla classificazione introdotta sopra, quelli che qui ci interessano principalmente sono i *dati elementari strutturati* e i *dati elementari semistrutturati*, e i *prodotti dell'informazione*. Questi tipi di dati sono stati oggetto di studi approfonditi in svariate pubblicazioni e per essi sono state ideate tecniche e metodologie abbastanza consolidate. Ciò non significa che escluderemo dalla nostra analisi altri tipi di dati: le dimensioni per i dati variabili nel tempo verranno presentate e discusse nel Capitolo 2, e i dati disponibili sul Web verranno esaminati nel Capitolo 9, dedicato a problemi ancora aperti. Quanto alla terminologia, quando diamo esempi generici di dati strutturati usiamo il termine *tupla* per indicare un insieme di *campi* o *valori di celle*, che corrispondono di norma a diversi *domini di definizione* o *domini*, che descrivono proprietà o *attributi* di un oggetto specifico del mondo reale; per indicare un insieme di tuple usiamo indifferentemente le espressioni *tabella relazionale* o *tabella* o *relazione*. Ne consegue che la parola *tupla* può essere usata invece di *record* e *tabella/relazione* può essere usata al posto di *file strutturato*. Quando ci riferiamo a dati in generale, usiamo il termine *record* per indicare un insieme di campi e per indicare un insieme di tuple usiamo indifferentemente le parole *file* o *insieme di dati* .

1.4 Qualità dei Dati e Tipi di Sistema Informativo

I dati vengono raccolti, memorizzati, elaborati, recuperati e scambiati nei *sistemi informativi* usati nelle organizzazioni per fornire servizi ai processi

10   1 Introduzione alla Qualità dei Dati

aziendali. Per classificare i diversi tipi di sistemi informativi e le corrispondenti architetture possono essere adottati criteri diversi; essi sono di solito correlati con il modello organizzativo globale adottato dall'organizzazione o da un insieme di organizzazioni che utilizzano quel sistema informativo. Per chiarire l'impatto della qualità dei dati sui diversi *tipi di sistema informativo*, adattiamo i criteri di classificazione proposti in [153] per le basi di dati distribuite. I criteri proposti sono tre: distribuzione, eterogeneità e autonomia.

La *Distribuzione* riguarda la possibilità di distribuire dati e applicazioni su una rete di computer. Per la distribuzione usiamo, per semplicità, un dominio <si, no>. L'*Eterogeneità* riguarda tutti i tipi di diversità semantiche e tecnologiche tra i sistemi usati per modellare e rappresentare fisicamente i dati, come sistemi di gestione delle basi di dati, i linguaggi di programmazione, sistemi operativi, middleware, linguaggi di markup. Anche per l'eterogeneità adottiamo un dominio semplice <si, no> . L'*autonomia* ha a che fare con il livello gerarchico e le regole di coordinamento, che stabiliscono diritti e doveri definiti dall'organizzazione che utilizza quel sistema informativo. I due estremi sono: (i) un sistema completamente centralizzato dove un solo soggetto decide per tutti e non esiste alcuna autonomia; e (ii) una totale anarchia dove non esistono regole e ciascuna organizzazione componente è del tutto libera di decidere in materia di progettazione e gestione. In questo caso, adottiamo un dominio a tre valori <no, semi, totalmente>.

Le tre classificazioni sono rappresentate assieme nello spazio di classificazione della Figura 1.2. Fra tutte le possibili combinazioni, la figura evidenzia cinque tipi principali di sistemi informativi: Monolitico, Distribuito, Data Warehouse, Cooperativo, e Peer-to-Peer.

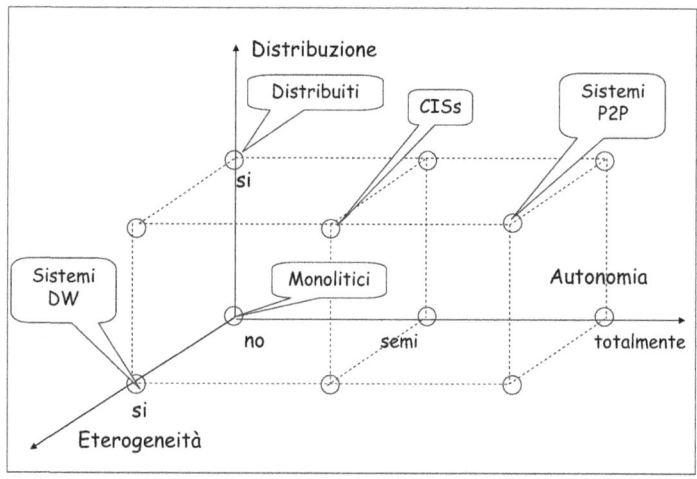

Figura 1.2. Tipi di sistemi informativi

1.4 Qualità dei Dati e Tipi di Sistema Informativo

- In un *sistema informativo monolitico*, la presentazione, la logica applicativa e la gestione dei dati vengono fusi in un unico nodo computazionale. Sono tuttora in uso molti sistemi informativi monolitici. Pur essendo estremamente rigidi, tali sistemi presentano dei vantaggi per le organizzazioni, come i costi ridotti consentiti dall'omogeneità delle soluzioni e dalla gestione centralizzata. Nei sistemi monolitici, i flussi di dati hanno un formato comune, e il controllo qualitativo dei dati è reso più facile dall'omogeneità e dalla centralizzazione di norme procedurali e gestionali.
- Il *data warehouse* (DW) è un insieme centralizzato di dati estratti da fonti diverse e destinati a supportare l'iter decisionale della dirigenza. Il problema più difficile nella progettazione di un DW è quello della pulizia e dell'integrazione delle diverse sorgenti di dati introdotti nel DW, come si evince dal fatto che buona parte del bilancio previsto per l'implementazione è destinato alle attività di pulizia dei dati.
- Il *sistema informativo distribuito* è più elastico rispetto alla rigida centralizzazione dei sistemi monolitici poiché consente la distribuzione di risorse e applicazioni tramite una rete di sistemi distribuiti geograficamente. La rete può essere organizzata su parecchi livelli, ciascuno costituito da uno o più nodi computazionali. La presentazione, la logica applicativa e la gestione dei dati sono distribuite tra i livelli. Normalmente, i diversi livelli e nodi hanno un'autonomia limitata e la progettazione dei dati viene svolta a livello centrale, ma può aversi un certo grado di eterogeneità data l'impossibilità di stabilire procedure unificate. I problemi di gestione dei dati sono più complessi che nei sistemi monolitici a causa del più basso livello di centralizzazione. Le eterogeneità e l'autonomia aumentano generalmente con l'aumentare dei livelli e dei nodi.
- Un *sistema informativo cooperativo* (CIS) può essere definito come un sistema informativo su vasta scala che connette tra loro vari sistemi di organizzazioni diverse che agiscono in modo autonomo pur condividendo obiettivi comuni. Secondo [58] il manifesto dei sistemi informativi cooperativi, "un sistema informativo è cooperativo se condivide obiettivi con altri attori del suo ambiente, quali altri sistemi informativi, agenti umani e l'organizzazione stessa e contribuisce positivamente al raggiungimento di tali obiettivi comuni." Il rapporto tra sistemi informativi cooperativi e la QD ha un duplice aspetto: da un lato, è possibile trarre vantaggio dalla cooperazione tra attori per la scelta delle sorgenti di migliore qualità e quindi migliorare la qualità dei dati in circolazione. Dall'altro, i flussi di dati sono soggetti a un minore controllo rispetto ai sistemi monolitici, e la qualità di dati scarsamente controllati può decrescere rapidamente col tempo. Altro fattore importante nei CIS è l'integrazione delle sorgenti di dati, specie quando i partner decidono di sostituire un gruppo di basi di dati sviluppate indipendentemente con una base di dati integrata comune. Nell'*integrazione virtuale dei dati* viene costruito un unico schema virtuale integrato per consentire l'accesso unificato. In questo caso, si presentano problemi di qualità poiché le inconsistenze tra dati memorizzati in sorgenti

diverse rendono difficile fornire informazione integrata.
- In un *sistema informativo peer-to-peer* (di solito abbreviato P2P), la classica distinzione tra client e server, tipica dei sistemi distribuiti, scompare. Un sistema P2P è caratterizzato da diverse proprietà: i peer hanno un elevato livello di autonomia ed eterogeneità, non hanno obblighi in merito alla qualità dei loro dati e servizi, non vi sono né coordinamento né base di dati centrale, nessun peer ha una visione globale del sistema, il comportamento globale emerge dalle interazioni locali. E' chiaro che i sistemi P2P sono estremamente critici dal punto di vista della qualità dei dati, dal momento che gli attori partecipanti al sistema non hanno alcun obbligo. Per un singolo attore è anche costoso valutare la reputazione di altri partner.

Nel resto del libro esamineremo i problemi di qualità dei dati che riguardano principalmente sistemi informativi monolitici, distribuiti, data warehouse e cooperativi, mentre i problemi ancora aperti riguardanti i sistemi P2P verranno discussi nel Capitolo 9.

1.5 Principali Problemi di Ricerca e Domini Applicativi della Qualità dei Dati

Data l'importanza della qualità dei dati, la sua natura e la varietà di tipi di dati e di sistemi informativi, il problema di ottenere dati qualitativamente validi è un campo di indagine complesso e multidisciplinare. Esso coinvolge svariate aree di ricerca e settori applicativi della vita reale. I principali sono rappresentati in Figura 1.3.

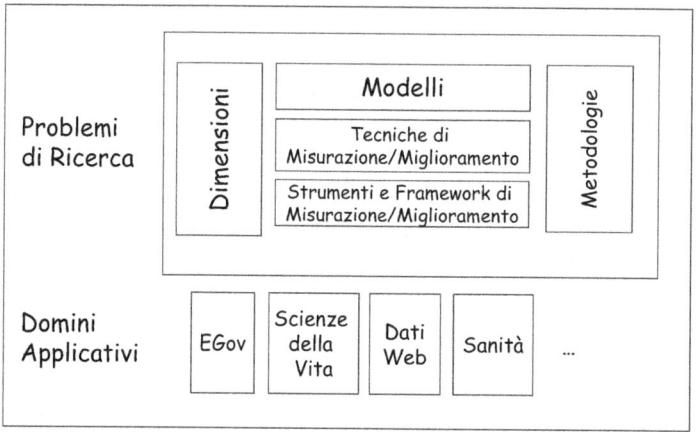

Figura 1.3. Principali aree di ricerca nella qualità dei dati

Tra le aree di ricerca rientrano i modelli, le tecniche e gli strumenti, e due settori "verticali" che si incrociano con i primi tre, cioè le dimensioni e

1.5 Principali Problemi di Ricerca e Domini Applicativi della Qualità dei Dati

le metodologie. Ne parleremo nella Sezione 1.5.1. Tre dei domini applicativi mostrati nella Figura 1.3, e cioè l'e-Government, le Scienze della Vita, e il World Wide Web, nei quali la QD assume speciale rilevanza, sono trattati nella Sezione 1.5.2.

I problemi affrontati nell'ambito della QD derivano da paradigmi di ricerca sviluppati inizialmente in altri ambiti di indagine. Il rapporto tra qualità dei dati e questi ambiti di indagine correlati sarà oggetto di discussione nella Sezione 1.5.3.

1.5.1 Problemi della Ricerca nel Campo della Qualità dei Dati

Il primo passo da compiere in qualsiasi attività legata alla QD è la scelta delle *dimensioni* per misurare il livello di qualità dei dati. La misurazione della qualità di tecnologie, manufatti, processi e servizi ICT non è una novità nel campo della ricerca, e numerosi istituti per la standardizzazione (per es. ISO, si veda [97]) si sono dedicati per molti anni alla definizione di concetti avanzati in materia di caratteristiche della qualità, indicatori misurabili e procedure di misurazione affidabili. Tratteremo delle dimensioni nel Capitolo 2. Le dimensioni vengono applicate, con ruoli diversi, a modelli, tecniche, strumenti e framework.

I *Modelli* vengono usati nelle basi di dati per rappresentare dati e schemi di dati. Vengono inoltre utilizzati nei sistemi informativi per rappresentare i processi aziendali dell'organizzazione; questi modelli devono essere arricchiti per rappresentare le dimensioni ed altri aspetti connessi con la QD. Dei modelli parleremo nel Capitolo 3.

Le *Tecniche* sono algoritmi, euristiche, procedure basate sulla conoscenza e processi di apprendimento che forniscono una soluzione ad un problema di QD specifico o, come noi diciamo, ad un'*attività inerente la QD*, come definito nel Capitolo 4. Esempi di attività relative alla QD sono individuare se due record di diverse basi di dati rappresentano o meno lo stesso oggetto del mondo reale o trovare la sorgente più affidabile per certi dati specifici. Parleremo delle attività relative alla QD nel Capitolo 4 e delle tecniche nei Capitoli 4, 5, e 6.

Le *Metodologie* forniscono direttive per scegliere, partendo dalle tecniche e dagli strumenti disponibili, i processi di misurazione e miglioramento della QD più efficaci (e, auspicabilmente, i più economici a parità di risultati) entro uno specifico sistema informativo. Tratteremo le metodologie nel Capitolo 7.

Affinché metodologie e tecniche siano efficaci, esse devono essere affiancate da *strumenti*, vale a dire procedure automatizzate, fornite di interfaccia, che risparmiano all'utente l'esecuzione manuale di alcune tecniche. Quando un insieme di strumenti coordinato viene integrato per fornire un insieme di servizi di QD, usiamo il termine *framework*. Strumenti e tecniche verranno trattati nel Capitolo 8.

1.5.2 Domini Applicativi della Qualità dei Dati

In questa sezione analizziamo tre distinti domini applicativi della QD. La loro importanza è aumentata negli ultimi anni data la loro rilevanza nella vita quotidiana dei cittadini e delle organizzazioni. Essi sono l'e-Government, le Scienze della Vita e il World Wide Web.

e-Government

L'obiettivo principale di tutti i progetti di e-Government è il miglioramento del rapporto tra governo, pubblica amministrazione e cittadini mediante l'uso della tecnologia dell'informazione e delle comunicazioni. A sua volta, questo obiettivo ambizioso ne comprende altri che possono essere così schematizzati:

1. la completa automazione dei processi amministrativi governativi che erogano servizi ai cittadini ed alle aziende e che comportano lo scambio di dati tra agenzie governative;
2. la realizzazione di un'architettura che, collegando tra loro i vari enti della pubblica amministrazione, li mette in grado di svolgere i rispettivi compiti amministrativi senza ulteriori oneri per gli utenti che si avvalgono della loro opera; e
3. la creazione di portali che semplifichino l'accesso ai servizi da parte degli utenti autorizzati.

I progetti di e-Government devono affrontare il problema che informazioni simili su un cittadino o un'azienda possono essere memorizzate in diverse basi di dati. Ciascuna base di dati è gestita autonomamente da enti diversi, che in precedenza non sono mai stati in grado di condividere i dati su cittadini e aziende in loro possesso.

Il problema è reso ancora più complicato da numerosi errori che, per svariati motivi, possono essere presenti nelle basi di dati. Innanzitutto, per la natura stessa dei processi amministrativi, molti dati riguardanti i cittadini (per es. gli indirizzi) non vengono aggiornati per lunghi periodi di tempo. Ciò accade perché spesso è difficile ottenere aggiornamenti dai soggetti che conservano i dati ufficiali sugli indirizzi di residenza. Inoltre, possono essere introdotti errori anche nel momento in cui i dati personali dei cittadini vengono memorizzati. Alcuni di questi errori non vengono corretti e buona parte di essi non viene neanche scoperta. Per di più, dati forniti da sorgenti diverse possono avere formati differenti, che riflettono convenzioni locali. Tali convenzioni possono anche cambiare nel tempo, dando luogo a versioni multiple di un certo formato. Infine, molti record che si trovano attualmente in una base di dati vi sono stati inseriti nel corso degli anni tramite procedure legacy, che prevedevano una o più fasi di inserimento manuale dei dati.

Una conseguenza diretta di questa combinazione di ridondanze ed errori è la frequente discrepanza tra record diversi che si riferiscono allo stesso cittadino o alla stessa azienda. Un effetto importante dell'esistenza di tante

1.5 Principali Problemi di Ricerca e Domini Applicativi della Qualità dei Dati

versioni difformi della medesima informazione sta nel fatto che cittadini ed aziende notano un costante degrado del servizio offerto dagli enti con i quali essi entrano in contatto. Inoltre, tale disallineamento è causa di costi aggiuntivi. In primo luogo, la riconciliazione dei record da parte degli enti comporta investimenti per il ricorso a controlli manuali, per es. rintracciare di persona cittadini ed aziende che non possono essere identificati con certezza e in modo inequivocabile. In secondo luogo, poiché molte tecniche di indagine, per es. quelle per prevenire l'evasione fiscale, si basano su controlli incrociati su record di enti diversi, il disallineamento impedisce la scoperta di frodi fiscali e determina quindi minori entrate tributarie.

Scienze della Vita

I dati riguardanti le Scienze della Vita, e in particolar modo i dati biologici, sono caratterizzati da una grande varietà di tipi di dato, da grandi volumi di dati e da qualità molto variabile. I dati sono disponibili tramite fonti estremamente diverse e collezioni di dati indipendenti fra loro. La loro qualità è difficile da valutare ed è spesso inaccettabile per gli usi previsti. I biologi in genere si servono di parecchie fonti, ad esempio per rintracciare dati di buona qualità adatti a svolgere esperimenti in-silico affidabili. Tuttavia, lo sforzo di valutare effettivamente il livello qualitativo dei dati cercati è affidato interamente ai biologi; essi devono analizzare manualmente sorgenti diverse, cercando di integrare e riconciliare dati eterogenei e contraddittori allo scopo di trovare l'informazione migliore. Consideriamo ad esempio il caso di una ricerca genetica. La Figura 1.4 mostra un esempio di una semplice sequenza di analisi dei dati. In un esperimento con micro-array, il biologo analizza un gruppo di geni per comprenderne le funzioni.

Nella Fase 1, il biologo esegue una ricerca su un sito Web che sa contenere dati genetici riferiti all'organismo in esame. Raccolti i dati, il biologo deve valutarne l'affidabilità. Quindi, nella Fase 2, il biologo effettua una nuova ricerca sul Web, per verificare se vi siano altri siti che offrano le stesse informazioni genetiche. Può accadere che siti diversi diano risultati contraddittori. Allora (Fase 3), il biologo deve anche verificare se i risultati ottenuti sono aggiornati, cioè se un gene è sconosciuto nei siti interrogati oppure se su quel gene non vi siano pubblicazioni recenti, per es. su Pubmed (si veda [192]). Lo scenario descritto presenta molti punti deboli:

1. il biologo deve svolgere personalmente una lunga ricerca in tutte le fonti che possano fornire una risposta sulla funzione del gene interessato. Su questa ricerca incide anche il fatto che il biologo sappia o meno quali siti visitare;
2. il biologo non ha alcun modo di valutare l'affidabilità di un risultato;
3. nella Fase 2, il biologo non ha alcun modo per giudicare in merito alla qualità dei risultati ottenuti dai diversi siti;
4. nella Fase 3, deve essere effettuata un'altra ricerca sul Web che, anche questa volta, può richiedere molto tempo.

16   1 Introduzione alla Qualità dei Dati

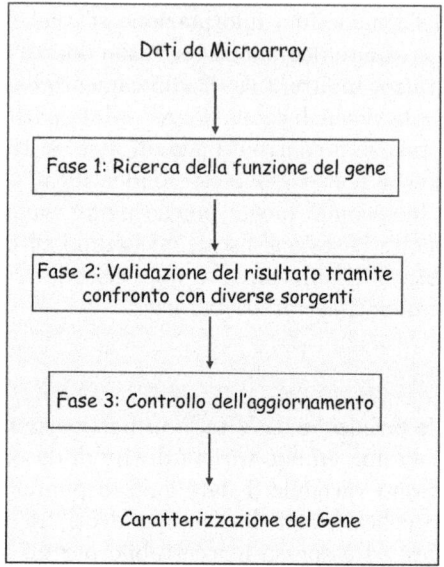

Figura 1.4. Esempio di sequenza di analisi di dati biologici

Per superare questi punti deboli, le Scienze della Vita e la biologia necessitano di tecniche molto valide per verificare la qualità dei dati.

World Wide Web

I sistemi informativi sul Web mettono a disposizione di una vasta utenza un'enorme mole di dati la cui qualità può essere molto eterogenea. I motivi di questa eterogeneità sono molteplici. Innanzitutto, ogni organizzazione ed ogni cittadino possono creare un proprio sito Web e rendere disponibile tramite esso ogni genere di informazione, senza controllarne la qualità e, a volte, con scopi fraudolenti. In secondo luogo, vi sono due esigenze contraddittorie. Da un lato, i sistemi informativi sul Web hanno la necessità di pubblicare le informazioni nel più breve tempo possibile dopo che essere vengono rese disponibili dalle sorgenti. Dall'altro, è necessario controllare l'accuratezza, il livello di aggiornamento e l'attendibilità delle sorgenti informative. Queste due esigenze sono per molti versi contrastanti: progettare in modo accurato strutture dati e, nel caso dei siti Web, buoni percorsi di navigazione tra le pagine e certificare i dati per verificarne la correttezza, sono attività lunghe e costose. In ogni caso, la pubblicazione di dati su siti Web è soggetta a vincoli temporali.

I sistemi informativi sul Web presentano altri due aspetti legati alla qualità che li differenziano dalle tradizionali fonti di informazione: primo, un sito Web è una sorgente informativa in continua evoluzione e non è legata ad una precisa periodicità nella pubblicazioni di informazioni; secondo, l'informazione

1.5 Principali Problemi di Ricerca e Domini Applicativi della Qualità dei Dati

cambia nel tempo, ed è possibile non solo aggiungere nuova informazione, ma correggere quella già esistente; si creano in tal modo ulteriori esigenze di controllo della qualità. Tali caratteristiche danno luogo ad un tipo di informazione diversa da quella fornita dai mezzi tradizionali.

Infine, nei sistemi informativi sul Web è praticamente impossibile individuare un soggetto, di solito chiamato *data owner*[4], responsabile di una certa categoria di dati. In effetti, i dati vengono replicati dalle diverse organizzazioni partecipanti e non è possibile accertare quale organizzazione o quale individuo è il principale responsabile di determinati dati.

Tutti gli aspetti descritti finora rendono difficile certificare la qualità delle sorgenti di dati e, per un utente, valutare la reputazione di altri utenti ed altre fonti.

1.5.3 Aree di Ricerca Legate alla Qualità dei Dati

La ricerca sulla qualità dei dati è abbastanza recente. Numerose altre branche (si veda Figura 1.5) dell'informatica e di altre scienze si sono occupate in passato di problemi ad essa correlati; allo stesso tempo, in questi settori, sono stati sviluppati negli ultimi decenni (nel caso della statistica, nell'ultimo secolo) paradigmi, modelli e metodologie rivelatisi di primaria importanza nel gettare le basi della ricerca sulla qualità dei dati. Discuteremo ora di questi ambiti di ricerca.

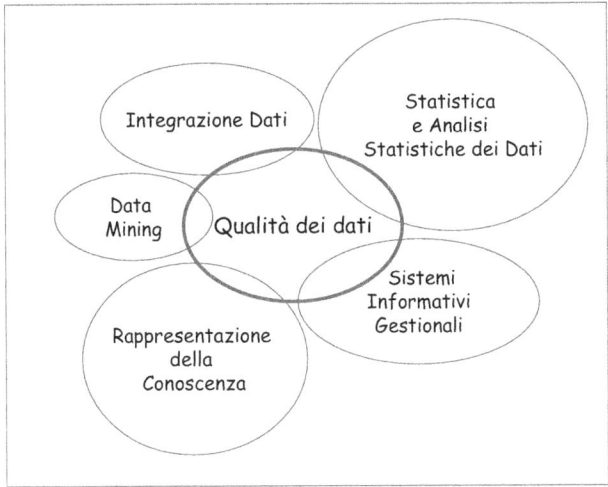

Figura 1.5. Aree di ricerca legate alla qualità dei dati

---

[4] **NdT:** Letteralmente, proprietario dei dati.

1. La *Statistica* comprende una serie di metodi che vengono usati per raccogliere, analizzare, presentare e interpretare i dati. In campo statistico, negli ultimi due secoli è stata sviluppata una vasta gamma di metodi e modelli che consentono di esprimere predizioni e formulare decisioni in tutti i contesti in cui l'informazione sul il dominio di interesse a disposizione è incerta e imprecisa . Come discusso in [121], la statistica e la metodologia statistica, come base dell'analisi dei dati, si occupano di due tipi di problemi fondamentali: (i) riassumere, descrivere ed esplorare i dati, (ii) dedurre, a partire da dati campione, la natura del processo che li ha prodotti. Poiché dati di scarsa qualità rappresentano la realtà in modo non accurato, sono stati elaborati svariati metodi statistici per misurare e migliorare la qualità dei dati. Descriveremo alcuni di questi metodi statistici nei Capitoli 4 e 5.
2. La *Rappresentazione della conoscenza*. (Si rimanda a [144] e [54] per un'introduzione dettagliata sull'argomento) è lo studio di come può essere rappresentata la conoscenza su un certo dominio applicativo e quali tipi di ragionamento automatico possono essere fatti con quella conoscenza (ciò è detto *knowledge reasoning*). La conoscenza di un dominio applicativo può essere presentata in maniera procedurale come codice in un linguaggio di programmazione, o implicitamente, come pattern di attivazione in una rete neurale. In alternativa, il settore della rappresentazione della conoscenza adotta una rappresentazione esplicita e dichiarativa, in termini di una *base di conoscenza*, che consiste di formule o regole logiche espresse in un linguaggio di modellazione. La possibilità di fornire una rappresentazione ricca del dominio applicativo ed essere in grado di effettuare ragionamento automatico su di essa sta diventando uno strumento importante in molte tecniche per il miglioramento della qualità dei dati; vedremo alcune di queste tecniche nei Capitoli 5 and 8.
3. Il *Data mining* (si veda [92]) è un processo analitico concepito per esplorare grandi insiemi di dati alla ricerca di pattern frequenti e/o rapporti sistematici tra attributi/variabili. L'*Exploratory data mining* viene definito in [50] come il processo preliminare di scoperta della struttura di un insieme di dati tramite sommari statistici, visualizzazione e altri mezzi. Ottenere una buona qualità dei dati è un prerequisito intrinseco di qualsiasi attività di data mining (si veda [46]), altrimenti il processo di scoperta di pattern, rapporti e strutture viene gravemente compromesso. In un'ottica diversa, le tecniche di data mining possono essere usate in un ampio ventaglio di attività per migliorare la qualità dei dati; esamineremo alcune di queste attività nel Capitolo 4.
4. I *Sistemi informativi gestionali* (si veda [53]) vengono definiti come sistemi che forniscono l'informazione necessaria a gestire efficacemente un'organizzazione. Poiché i dati e la conoscenza stanno diventando importanti risorse nei processi aziendali, tanto in quelli operativi quanto in quelli decisionali, e i dati di qualità scadente danno luogo a processi scadenti, sta assumendo sempre maggiore importanza fornire ai sistemi informativi

gestionali funzionalità e servizi che consentano di controllare e migliorare la qualità della risorsa dati.
5. L'*Integrazione dei dati* (si veda [116]) ha come obiettivo la realizzazione e la presentazione di una visione unificata dei dati contenuti in sorgenti di dati eterogenee nei sistemi informativi distribuiti, cooperativi e peer-to-peer. L'integrazione dei dati verrà trattata nel Capitolo 4 come una delle attività fondamentali aventi lo scopo di migliorare la qualità dei dati, e discussa più nel dettaglio nel Capitolo 6. Pur essendo un'area di indagine indipendente e ben definita, l'integrazione dei dati verrà considerata in questo libro come strettamente correlata alla qualità dei dati, con riferimento a due aspetti principali: fornire risultati di interrogazioni in base ad una caratterizzazione della qualità dei dati presenti presso le sorgenti e individuare e risolvere conflitti sui valori che si riferiscono a medesimi oggetti del mondo reale.

1.6 Sommario

In questo capitolo abbiamo compreso che la qualità dei dati è un'area multidisciplinare. Ciò non sorprende poiché i dati, in una varietà di formati e con una varietà di mezzi, vengono utilizzati in ogni attività della vita quotidiana dei singoli cittadini o delle aziende, ed influenzano profondamente la qualità dei processi che di essi si servono. Molte organizzazioni pubbliche e private hanno percepito l'impatto della qualità dei dati sulle loro risorse e i loro obiettivi e, conseguentemente, hanno lanciato iniziative di grande portata. Allo stesso tempo, mentre nei sistemi informativi monolitici i dati vengono elaborati nell'ambito di attività controllate, con la comparsa delle reti e di Internet, i dati vengono creati e scambiati con processi molto più dinamici e richiedono una gestione più sofisticata.
I problemi discussi in questo capitolo introducono alla struttura del resto del libro: dimensioni, modelli, tecniche, strumenti e framework saranno gli argomenti principali trattati. Mentre la qualità dei dati costituisce un'area di ricerca relativamente recente, altri settori, come quello dell'analisi statistica dei dati, hanno trattato nel passato alcuni aspetti legati alla qualità dei dati; insieme con l'analisi statistica dei dati, anche la rappresentazione della conoscenza, il *data mining*, i sistemi informativi gestionali e l'integrazione dei dati sono tutte aree che hanno in comune con la ricerca sulla qualità dei dati alcuni problemi ed argomenti e, allo stesso tempo, forniscono paradigmi e tecniche utilizzabili nella misurazione e nel miglioramento della qualità dei dati.

2
Dimensioni della Qualità dei Dati

Nel Capitolo 1 abbiamo dato un'idea intuitiva di cosa sia la qualità dei dati ed abbiamo accennato in modo informale a numerose dimensioni di qualità dei dati, come l'accuratezza, la completezza, il livello di aggiornamento, e la coerenza.

Questo capitolo approfondisce il tema della qualità dei dati, e presenta diverse *dimensioni* ad essa associate. Ciascuna dimensione cattura uno specifico aspetto tra quelli che si possono considerare nel contesto generale della qualità dei dati. Sono importanti tanto le dimensioni legate ai dati quanto quelle relative allo schema. I dati di scarsa qualità hanno un profondo impatto sulla qualità dei processi aziendali, mentre uno schema di bassa qualità, come ad esempio uno schema relazionale non normalizzato, dà luogo a possibili ridondanze ed anomalie durante il ciclo di vita dei dati. Nelle applicazioni e nei processi reali, le dimensioni legate ai dati possono essere considerate più rilevanti delle dimensioni relative allo schema.

Più specificamente, le dimensioni di qualità possono riferirsi o all'*estensione* dei dati, cioè ai loro valori, oppure alla loro *intensione*, cioè al loro schema. Tanto le dimensioni relative ai dati che quelle relative allo schema vengono di solito definite in termini qualitativi, facendo riferimento a proprietà generali dei dati e degli schemi, e le rispettive definizioni non forniscono spunti per l'assegnazione di valori alle dimensioni stesse. In altre parole, le definizioni non danno le misure quantitative, e ad esse devono essere associate una o più *metriche* come proprietà separate e distinte. Per ciascuna metrica occorre fornire uno o più *metodi di misurazione*, che riguardano (si veda [169]) (i) dove viene effettuata la misurazione, (ii) quali dati vengono presi in considerazione, (iii) lo strumento di misurazione, e (iv) la scala che si utilizza per indicare i risultati. A seconda della letteratura considerata, a volte distingueremo tra dimensioni e metriche, altre volte presenteremo direttamente le metriche.

La qualità degli schemi concettuali e logici è di grande importanza nella progettazione e nell'uso delle basi di dati. Gli schemi concettuali vengono in genere prodotti nella prima fase dello sviluppo di un sistema informativo. Gli errori nella progettazione di uno schema concettuale hanno pesanti ripercussioni sullo sviluppo del sistema e devono essere individuati il prima possibile. Gli schemi logici sono alla base dell'implementazione di qualsiasi applicazione che si serve di una base di dati. Metodi e tecniche per valutare, stimare e migliorare gli schemi concettuali e logici in svariati domini applicativi costituiscono ancora un ambito di ricerca ricco di fermento.

Pur riconoscendo l'importanza del problema, nella definizione delle dimensioni di qualità dei dati è stato tuttavia dedicato più spazio ai valori dei dati che, rispetto agli schemi, trovano più largo impiego nei processi aziendali e amministrativi. Ne consegue che in questo capitolo ci occuperemo soprattutto delle dimensioni relative ai dati, pur lasciando spazio alla discussione sulle dimensioni di maggior rilievo fra quelle relative agli schemi.

Nelle sezioni seguenti descriviamo in modo particolareggiato le dimensioni relative ai dati , allo scopo di comprenderne i diversi possibili significati e le diverse possibili metriche. Alcune definizioni di dimensioni relative ai dati non dipendono dal modello usato per rappresentare i dati stessi. In particolare, sono indipendenti dal modello le definizioni date per l'accuratezza e le dimensioni temporali. Nel caso in cui specifiche caratteristiche delle dimensioni richiedano un riferimento al modello dei dati, ne faremo esplicita menzione. La maggior parte degli esempi si riferisce al modello relazionale e, pertanto, adottiamo la terminologia relazionale introdotta nel Capitolo 1. Più nel dettaglio, diamo una descrizione dettagliata dell'accuratezza (Sezione 2.1), della completezza (Sezione 2.2), del livello di aggiornamento e di altre dimensioni temporali (Sezione 2.3), e infine della consistenza (Sezione 2.4). Nella Sezione 2.5 discutiamo altre dimensioni legate essenzialmente all'evoluzione dei sistemi informativi in direzione dei sistemi informativi sul Web. Nella Sezione 2.6 illustriamo e quindi confrontiamo alcune proposte di classificazione delle dimensioni. La Sezione 2.7 tratta delle dimensioni dello schema, descrivendo brevemente correttezza, minimalità, completezza e pertinenza, e in maggior dettaglio leggibilità e normalizzazione.

2.1 Accuratezza

L'*Accuratezza*[1] si definisce come la vicinanza tra un valore v e un valore v', considerato come la corretta rappresentazione di un fenomeno del mondo reale che v intende rappresentare. Ad esempio, se il nome di una persona è John, il valore v' = John è corretto, mentre il valore v = Jhn non lo è. Possiamo identificare due specie di accuratezza, l'accuratezza sintattica e l'accuratezza semantica.

---

[1] **NdT:** Come si apprende in questo capitolo, per molte dimensioni di qualità non esiste una nomenclatura unanimemente accettata. Per il lettore interessato ad approfondire, sarà utile disporre anche dell'originale inglese dei nomi. Qui, accuratezza rende il termine *accuracy*.

2.1 Accuratezza

L'*Accuratezza sintattica*[2] è la vicinanza di un valore v agli elementi del corrispondente dominio di definizione D. Nell'accuratezza sintattica non ci interessa confrontare v con il valore vero v'; ci interessa piuttosto verificare se v è uno qualsiasi dei valori in D, qualunque esso sia. Così, se v = Jack, anche se v' = John, v è considerato sintatticamente corretto, poiché Jack è un valore ammissibile nel dominio dei nomi di persona. L'accuratezza sintattica si misura mediante funzioni chiamate *funzioni di confronto*, che valutano la distanza tra v e i valori in D. La edit distance, che tiene conto del numero minimo di inserimenti, cancellazioni e sostituzioni di caratteri necessari per trasformare una stringa s in una stringa s', è un esempio semplice di funzione di confronto. Esistono funzioni di confronto più complesse, che ad esempio tengono in considerazione similarità fra suoni o inversioni di caratteri. Nel Capitolo 5, diamo una descrizione più particolareggiata delle principali funzioni di confronto.

Si consideri la relazione Film riportata nel Capitolo 1, illustrata in Figura 2.1.

Id	Titolo	Regista	Anno	#Remake	AnnoUltimoRemake
1	Casablanca	Weir	1942	3	1940
2	L'Attimo Fuggente	Curtiz	1989	0	NULL
3	Vacanze Rmane	Wylder	1953	0	NULL
4	Sabrina	NULL	1964	0	1985

Figura 2.1. La relazione Film

Il valore Vacanze Rmane nel film 3 nella colonna Titolo è sintatticamente inaccurato: infatti, non esiste alcun film con questo titolo. Vacanze Romane è il titolo di film che più si avvicina a Vacanze Rmane; infatti, la edit distance tra Vacanze Rmane e Vacanze Romane è uguale a 1, e corrisponde semplicemente all'inserimento del carattere o nella stringa Vacanze Rmane. Dato che la edit distance è 1, la misura dell'accuratezza sintattica è 1. Volendo essere più precisi, data una funzione di confronto C, possiamo definire una misura dell'accuratezza sintattica di un valore v rispetto ad un dominio di definizione D, come il valore minimo di C, quando confrontiamo v con tutti i valori in D. Tale misura sarà nel dominio [0, ..., n], dove n è il valore massimo che la funzione di confronto può assumere.

L'*Accuratezza semantica*[3] è la vicinanza del valore v al valore reale v'. Si consideri ancora la relazione Film della Figura 2.1. Lo scambio tra i nomi dei

---
[2] **NdT**: syntactic accuracy.
[3] **NdT**: semantic accuracy.

registi nelle tuple 1 and 2 è un esempio di errore di accuratezza semantica: in effetti, per quanto riguarda il film 1, un regista di nome `Curtiz` sarebbe ammissibile e pertanto sintatticamente corretto. Tuttavia, `Curtiz` non è il regista di `Casablanca`; abbiamo quindi un errore di accuratezza semantica.

Gli esempi fatti mostrano chiaramente la differenza tra accuratezza sintattica e accuratezza semantica. Si noti che, se è ragionevole misurare l'accuratezza sintattica usando una funzione distanza, l'accuratezza semantica si misura meglio con un dominio <yes, no> oppure <corretto, non corretto>. Ne consegue che il concetto di accuratezza semantica coincide con quello di *correttezza*. A differenza di quanto accade per l'accuratezza sintattica, per misurare l'accuratezza semantica di un valore v, deve essere noto il valore reale corrispondente. In alternativa, sulla base di ulteriore conoscenza, deve essere possibile dedurre se il valore v è o non è il valore vero.

Dalle considerazioni appena fatte, risulta chiaro che l'accuratezza semantica è tipicamente più complessa da calcolare che non l'accuratezza sintattica. Quando si sa a priori che il tasso di errori è basso e che gli errori derivano tipicamente da digitazioni sbagliate, l'accuratezza sintattica tende a coincidere con l'accuratezza semantica, dato che gli errori di battitura danno valori prossimi a quelli veri. Ne deriva che si può avere accuratezza semantica sostituendo un valore inesatto col valore più vicino nel dominio di definizione, presupponendo che esso sia il valore vero.

In un contesto più generale, una tecnica per verificare l'accuratezza semantica consiste nel cercare gli stessi dati in sorgenti di dati diverse e trovare i dati corretti tramite confronto. Quest'ultimo approccio richiede anche che venga risolto il *problema di identificazione degli oggetti*, cioè capire se due tuple si riferiscono o meno alla stessa entità del mondo reale; questo argomento sarà oggetto di discussione approfondita nel Capitolo 5. I problemi principali da affrontare per la soluzione del problema di identificazione degli oggetti sono:

- *Identificazione*: le tuple in una o più sorgenti possono non avere identificatori univoci e pertanto esse devono essere messe in corrispondenza mediante appropriate *chiavi di confronto*.
- *Strategia decisionale*: una volta che le tuple sono state messe in relazione in base ad una chiave di confronto, occorre appurare se esse corrispondono o meno alla stessa entità.

L'accuratezza di cui abbiamo appena parlato è riferita ad un valore singolo dell'attributo di una relazione. Nei casi pratici possono essere applicate definizioni e metriche dell'accuratezza più approssimative. Ad esempio, è possibile calcolare l'accuratezza di un attributo, chiamata *accuratezza di attributo* (o *di colonna*), di una relazione (*accuratezza di relazione*), o di un'intera base di dati (*accuratezza della base di dati*).

Quando consideriamo l'accuratezza di un insieme di valori invece che di un valore singolo, possiamo introdurre un altro concetto legato all'accuratezza, e cioè quello di duplicazione. La *duplicazione* si verifica quando un'entità del mondo reale viene memorizzata due o più volte in una sorgente di dati.

2.1 Accuratezza

Naturalmente, se si effettua un controllo della consistenza della chiave primaria nel processo di popolamento di una tabella relazionale, non si verifica alcun problema di duplicazione, se l'assegnazione della chiave primaria è stata effettuata con procedura affidabile. Il problema della duplicazione è più rilevante nel caso dei file o di strutture di dati che non consentono la definizione di vincoli di chiave. La duplicazione comporta costi: un costo tipico è, per esempio, quello aggiuntivo pagato dalle imprese per spedire ripetutamente la stessa corrispondenza ai propri clienti se questi sono memorizzati più di una volta nella base di dati dell'impresa. A questo costo diretto deve aggiungersi un costo indiretto che l'impresa paga in termini di perdita di reputazione dinanzi ai propri clienti, che possono essere infastiditi nel vedersi recapitare la stessa corrispondenza più di una volta.

Per l'accuratezza di una relazione o di una base di dati, sia quella sintattica sia quella semantica, è tipico calcolare un *rapporto* tra valori accurati e il numero totale di valori. Per esempio, l'accuratezza di una relazione può essere stimata come il rapporto tra il numero di valori corretti delle celle e il numero totale delle celle della tabella. Possono essere definite metriche più complesse che utilizzano funzioni di confronto; per esempio, come si è detto prima, un processo tipico per la stima dell'accuratezza sintattica è di associare le tuple della sorgente in esame alle tuple di un'altra sorgente che si suppone contenga le stesse tuple, ma corrette.

In tale processo, errori di accuratezza sui valori degli attributi possono non influire affatto sulla corrispondenza tra tuple, oppure possono interrompere il processo stesso non consentendo il confronto. Per esempio, un errore di accuratezza sul valore di un attributo `CodiceFiscale` può avere gravi effetti sul tentativo di confronto; invece, dato che per il confronto vengono usati i codici fiscali, un errore di accuratezza su un attributo con minor potere di identificazione, come `Età`, non impedisce l'esecuzione corretta del processo di identificazione. Nella parte restante di questa sezione, illustriamo alcune metriche (si veda [74]) tenendo conto di questi aspetti.

Si consideri uno schema relazionale R avente attributi K ed una tabella relazionale r avente N tuple. Sia q_{ij} ($i = 1..N, j = 1..K$) una variabile booleana relativa al valore di una cella y_{ij} tale che q_{ij} è uguale a 0 se y_{ij} è sintatticamente accurato, uguale a 1 altrimenti.

Per verificare se gli errori di accuratezza influenzano o meno la concordanza tra una tabella relazionale r e una tabella di riferimento r' contenente valori corretti, introduciamo un'altra variabile booleana s_i, uguale a 0 se la tupla t_i viene identificata con una tupla in r', uguale a 1 nel caso contrario. Possiamo introdurre tre metriche per distinguere l'importanza relativa dell'accuratezza del valore nel contesto della tupla. Le prime due metriche hanno lo scopo di dare importanza diversa agli errori su attributi aventi un maggior potere di identificazione, in linea con quanto abbiamo detto prima.

La prima metrica viene detta *errore di accuratezza lieve*, e si definisce come:

$$\sum_{i=1}^{N} \frac{\beta((q_i > 0) \bigwedge (s_i = 0))}{N},$$

dove $\beta(.)$ è una variabile booleana uguale a 1 se la condizione in parentesi è vera, altrimenti 0, e $q_i = \sum_{j=1}^{K} q_{ij}$. Tale metrica considera il caso in cui per una tupla t_i si verificano errori di correttezza ($q_i > 0$) ma non influiscono sull'identificazione ($s_i = 0$).

La seconda metrica si chiama *errore di accuratezza grave*, e si definisce come

$$\sum_{i=1}^{N} \frac{\beta((q_i > 0) \bigwedge (s_i = 1))}{N},$$

dove $\beta(.)$ e q_i hanno lo stesso significato che nella metrica precedente. Tale metrica considera il caso in cui si verificano errori di accuratezza ($q_i > 0$) per una tupla t_i e, in effetti, influiscono sull'identificazione ($s_i = 1$).

La terza metrica dà la percentuale di tuple accurate identificate con altre nella la tabella di riferimento. Essa è espressa dal grado di accuratezza sintattica dell'istanza relazionale r

$$\sum_{i=1}^{N} \frac{\beta((q_i = 0) \bigwedge (s_i = 0))}{N}$$

considerando la frazione di tuple accurate ($q_i = 0$) che concordano ($s_i = 0$).

2.2 Completezza

La Completezza [4] può essere definita genericamente come "la misura in cui i dati sono di sufficiente ampiezza, profondità e portata ai fini dell'attività in corso" [205]. In [161], vengono identificati tre tipi di completezza. La *Completezza di schema* è definita come il grado in cui i concetti e le loro proprietà non sono assenti dallo schema. La *Completezza di colonna* è definita come la misura dei valori mancanti per/in una proprietà o colonna specifica di una tabella. La *Completezza di popolazione* misura i valori mancanti rispetto ad una popolazione di riferimento.

Se concentriamo l'attenzione su uno specifico modello dati, possiamo dare una definizione più precisa della completezza. Qui di seguito facciamo riferimento al modello relazionale.

2.2.1 Completezza dei Dati Relazionali

E' intuitivo che la completezza di una tabella definisce quanto la tabella rappresenta la porzione del mondo reale corrispondente. La completezza nel modello relazionale può essere caratterizzata rispetto a: (i) la presenza/assenza

---

[4] **NdT:** completeness.

2.2 Completezza

ed il significato di valori nulli , e (ii) la validità di una delle due ipotesi dette *open world assumption*[5] e *closed world assumption*[6]. Trattiamo i due argomenti separatamente.

In un modello *con* valori nulli, la presenza di un valore nullo ha il significato generale di valore mancante, cioè, un valore che esiste nel mondo reale ma per qualche motivo non è disponibile. Per definire la completezza, è importante capire *perché* il valore manca. In realtà, un valore può mancare o perché esiste ma è sconosciuto o perché non esiste affatto o perché può esistere ma in effetti non è noto se esiste o meno. Per una trattazione generale sui diversi tipi di valori nulli si veda [11]; in questa sede descriviamo i tre tipi di valori nulli con un esempio.

Si consideri una relazione `Persona` con gli attributi `Nome`, `Cognome`, `DataDiNascita` e `Email`. La relazione è in Figura 2.2. Per le tuple con `Id` uguale a 2, 3, and 4, il valore `Email` è `NULL`. Supponiamo che la persona rappresentata dalla tupla 2 non abbia una e-mail: non abbiamo un caso di incompletezza. Se la persona rappresentata dalla tupla 3 ha una e-mail ma il suo valore non è noto, allora la tupla 3 presenta un'incompletezza. Infine, se non è noto se la persona rappresentata dalla tupla 4 abbia o meno una e-mail, può darsi che non si tratti di incompletezza.

ID	Nome	Cognome	DataDiNascita	Email	
1	John	Smith	17/03/1974	smith@abc.it	Inesistente
2	Edward	Monroe	03/02/1967	NULL	Esistente ma sconosciuto
3	Anthony	White	01/01/1936	NULL	
4	Marianne	Collins	20/11/1955	NULL	Non noto se esistente

Figura 2.2. La relazione `Persona` con diversi significati del valore null per l'attributo Email

Nei modelli logici per le basi di dati, quali il modello relazionale, vi sono due diverse ipotesi riguardanti la completezza dei dati rappresentati in un'istanza di relazione `r`. La *closed world assumption* (CWA) asserisce che solo i valori effettivamente presenti in una tabella relazionale `r`, e nessun altro valore, rappresentano fatti del mondo reale. Nell'*open world assumption* (OWA) non è possibile dichiarare né la verità né la falsità di fatti non rappresentati nelle tuple di `r`.

E' possibile individuare quattro possibili combinazioni, che emergono da (i) considerare o meno i valori nulli, e (ii) OWA e CWA. Concentriamo l'attenzione sui due casi più interessanti, che sono i seguenti:

1. modello senza valori nulli con OWA;

---

[5] **NdT:** assunzione di mondo aperto.
[6] **NdT:** assunzione di mondo chiuso.

2. modello con valori nulli con CWA.

In un modello *senza* valori nulli con OWA, per definire la completezza è necessario introdurre il concetto di *relazione di riferimento*. Data la relazione r, la relazione di riferimento di r, detta ref(r), è la relazione contenente tutte le tuple che soddisfano lo schema relazionale di r, cioè, quelle che rappresentano oggetti del mondo reale che costituiscono l'estensione vera dello schema.

A titolo di esempio, se Dip è una relazione che rappresenta gli impiegati di un dato dipartimento, e uno specifico impiegato di quel reparto non è rappresentato come una tupla di Dip, allora la tupla corrispondente all'impiegato mancante è in ref(Dip), e ref(Dip) differisce da Dip esattamente per quella tupla. In situazioni pratiche, le relazioni di riferimento sono di rado disponibili. E' invece molto più facile ottenere la loro cardinalità. Vi sono anche casi in cui la relazione di riferimento è disponibile ma solo periodicamente (per es., in caso di censimenti generali).

Sulla base della relazione di riferimento, la completezza di una relazione r si valuta in un modello senza valori nulli come frazione delle tuple effettivamente rappresentate nella relazione r, e cioè la sua *taglia* rispetto al numero totale di tuple in ref(r):

$$C(r) = \frac{|r|}{|ref(r)|}$$

Per esempio, consideriamo i cittadini di Roma. Si assuma che il registro anagrafico del comune di Roma riporti un numero complessivo di cittadini di sei milioni. Supponiamo che una ditta memorizzi i dati sui cittadini di Roma per le proprie finalità commerciali; se la cardinalità della relazione r che memorizza i dati è 5,400,000, allora $C(r)$ è uguale a 0.9.

Nel modello con valori nulli con CWA, possono essere date definizioni specifiche per la completezza considerando la granularità degli elementi del modello, cioè il valore, la tupla, l'attributo e le relazioni, come può vedersi in Figura 2.3. In particolare, è possibile definire

- una *completezza di valore*, per catturare la presenza di valori nulli nei campi di una tupla;
- una *completezza di tupla*, per caratterizzare la completezza di una tupla rispetto ai valori di tutti i suoi campi;
- una *completezza di attributo*, per valutare il numero di valori nulli di uno specifico attributo in una relazione;
- una *completezza di relazione*, per catturare la presenza di valori nulli in un'intera relazione.

Facciamo un esempio. La Figura 2.4, mostra una relazione Studente. La completezza di tupla valuta la percentuale di valori specificati nella tupla rispetto al numero totale di attributi della tupla stessa. Pertanto, nell'esempio, la completezza è 1 per le tuple 6754 e 8907, 0.8 per la tupla 6587, pari a 0.6 per la tupla 0987, e così via. Un modo di vedere la completezza di tupla

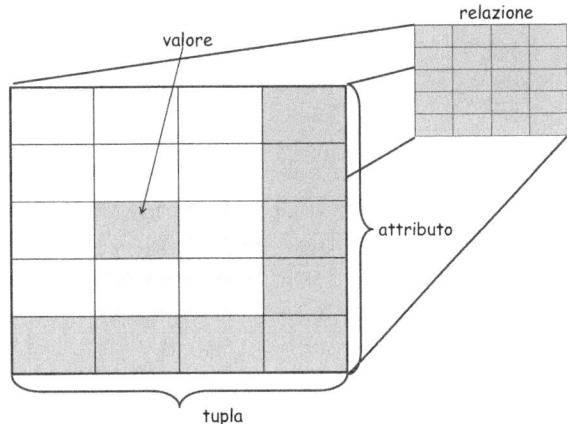

Figura 2.3. Completezza di diversi elementi nel modello relazionale

è di considerarla come una misura del suo contenuto informativo rispetto al suo massimo contenuto potenziale di informazione. Per quanto riguarda questa interpretazione, si assume implicitamente che tutti i valori della tupla contribuiscano in ugual misura al contenuto informativo totale della tupla stessa. Naturalmente, potrebbe non essere così, poiché applicazioni diverse possono pesare gli attributi di una tupla in maniera diversa.

La completezza di attributo valuta la percentuale di valori specificati nella colonna corrispondente all'attributo rispetto al numero totale di valori che avrebbero dovuto essere specificati. Con riferimento alla Figura 2.4, consideriamo un'applicazione che calcoli la media ottenuta dagli studenti. L'assenza di alcuni valori per l'attributo Voto implica una deviazione nel calcolo della media; pertanto una caratterizzazione della completezza di Voto può essere utile.

La completezza di relazione è importante in tutte quelle applicazioni che richiedono la valutazione della completezza in un'intera relazione, e possono ammettere la presenza di valori nulli su alcuni attributi. Essa misura la quantità di informazione rappresentata nella relazione valutando il contenuto di informazione effettivamente disponibile rispetto al massimo contenuto possibile, cioè senza valori nulli. Secondo questa interpretazione, la completezza della relazione Studente in Figura 2.4 è 53/60.

2.2.2 Completezza dei Dati Web

I dati pubblicati nei sistemi informativi Web possono essere caratterizzati da un'evoluzione nel tempo. Mentre nei supporti cartacei tradizionali, l'informazione viene pubblicata una volta per tutte, i sistemi informativi Web sono caratterizzati da informazione soggetta a pubblicazione continua.

Si consideri il sito Web di un'università che pubblica un elenco dei corsi ivi tenuti nell'anno accademico in corso. In un dato momento, l'elenco può essere

IDStudente	Nome	Cognome	Voto	DataEsame
6754	Mike	Collins	29	17/07/2004
8907	Anne	Herbert	18	17/07/2004
6578	Julianne	Merrals	NULL	17/07/2004
0987	Robert	Archer	NULL	NULL
1243	Mark	Taylor	26	30/09/2004
2134	Bridget	Abbott	30	30/09/2004
6784	John	Miller	30	NULL
0098	Carl	Adams	25	30/09/2004
1111	John	Smith	28	30/09/2004
2564	Edward	Monroe	NULL	NULL
8976	Anthony	White	21	NULL
8973	Marianne	Collins	30	15/10/2004

Figura 2.4. La relazione Studente esemplifica la completezza delle tuple, degli attributi e delle relazioni.

considerato *completo* nel senso che include i corsi ufficialmente approvati. Tuttavia, sappiamo che altri corsi verranno aggiunti all'elenco non appena saranno approvati. Perciò, è necessario sapere come si evolverà l'elenco nel tempo in termini di completezza. La dimensione completezza *tradizionale* fornisce di questa solo una definizione statica. Per considerare la dinamica temporale della completezza, quale richiesta nel sistemi informativi Web, introduciamo la nozione di completabilità[7].

Si consideri una funzione $C(t)$, definita come il valore della completezza nell'istante t, con $t \in [\texttt{t\_pub}, \texttt{t\_max}]$, dove t_pub è l'istante iniziale della pubblicazione dei dati e t_max corrisponde al tempo massimo entro il quale la serie dei diversi aggiornamenti previsti sarà completata. Iniziando dalla funzione $C(t)$, possiamo definire la *completabilità* dei dati pubblicati come

$$\int_{t\_curr}^{t\_max} C(t),$$

dove t_curr è il momento in cui viene valutata la completabilità e t_curr < t_max.

Come mostrato in Figura 2.5, la completabilità può essere raffigurata graficamente come un'area Cb di una funzione che rappresenta come varia la completezza tra un istante t_curr di osservazione e t_max. Si noti che il valore corrispondente a t_curr è indicato come c_curr; c_max è il valore della completezza stimato per t_max. Il valore c_max è un limite reale raggiungibile che può essere specificato per la completezza della serie di elementi; se tale limite reale non esiste, c_max è uguale a 1. Nella Figura 2.5, è visibile anche un'area di riferimento A, definita come

---

[7] **NdT:** completability.

2.3 Dimensioni temporali: Aggiornamento, Tempestività e Volatilità

$$(t\_max - t\_curr) * \frac{c\_max - c\_pub}{2},$$

che, confrontata con Cb, permette di definire livelli di completabilità [Alto, Medio, Basso].

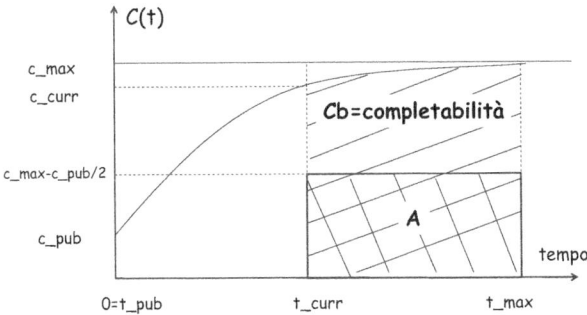

Figura 2.5. Una rappresentazione grafica della completabilità

Facendo riferimento all'esempio, considerando l'elenco dei corsi pubblicato su un sito Web di un'università, la dimensione completezza indica il grado attuale di completezza; l'informazione completabilità indica quanto in fretta questo grado aumenterà nel tempo, cioè con quanta rapidità sarà completato l'elenco dei corsi. Il lettore interessato può trovare ulteriori dettagli in [159].

2.3 Dimensioni temporali: Aggiornamento, Tempestività e Volatilità

Un aspetto importante dei dati è relativo al loro cambiamento e aggiornamento nel tempo. Nel Capitolo 1 abbiamo fornito una classificazione dei tipi di dati secondo la dimensione temporale, in termini di dati stabili, dati che cambiano nel lungo termine e dati che cambiano di frequente. Le principali dimensioni temporali proposte per definire questi tre tipi di dati sono il livello di aggiornamento, la volatilità e la tempestività.

Il *Livello di aggiornamento*[8] riguarda la misura in cui i dati vengono aggiornati prontamente. Nell'esempio in Figura 2.1, l'attributo #Remake del film 4 ha un livello di aggiornamento basso perché un remake del film 4 esiste, ma quest'informazione non è riflessa da un incremento del valore del numero di

---

[8] **NdT:** Si è tradotto il termine *currency* con "livello di aggiornamento" per evitare confusioni con il termine "aggiornamento" inteso come atto di aggiornare i dati. L'aggettivo *current*, che si riferisce a dati con elevata currency, è stato reso in italiano con "aggiornato".

remake corrispondente. Analogamente, se l'indirizzo di residenza di una persona è aggiornato, corrisponde cioè all'indirizzo dove la persona vive, allora il corrispondente livello di aggiornamento è alto.

La *Volatilità*[9] definisce la frequenza di variazione dei dati nel tempo. Per esempio, dati stabili come le date di nascita hanno una volatilità pari a 0, in quanto essi non subiscono alcuna variazione. Al contrario, le quote azionarie, una specie di dati soggetti a cambiamenti frequenti, hanno un alto grado di volatilità poiché essi restano validi per periodi di tempo molto brevi.

La *Tempestività*[10] esprime quanto siano tempestivi i dati rispetto alle esigenze temporali del contesto di utilizzo. La dimensione tempestività è motivata dal fatto che è possibile avere dati aggiornati ma inutili perché arrivati *in ritardo* per l'uso specifico che se ne deve fare. Per esempio, l'orario dei corsi universitari può essere aggiornato, perché contiene i dati più recenti, ma non è tempestivo se reso disponibile solo dopo l'inizio dei corsi.

Forniamo ora possibili metriche per le dimensioni temporali. Il livello di aggiornamento può essere tipicamente misurato rispetto ai metadati sull'*ultimo aggiornamento* effettuato, che indicano l'ultima volta in cui un dato specifico è stato aggiornato. Per i tipi di dati che cambiano con frequenza fissata, i metadati sull'ultimo aggiornamento effettuato permettono di calcolare facilmente il livello di aggiornamento. Al contrario, per i tipi di dati la cui frequenza di aggiornamento può essere soggetta a variazioni, una possibilità è quella di calcolare una frequenza di cambiamento media ed effettuare il calcolo del livello di aggiornamento rispetto ad essa, ammettendo la possibilità di errore. Per esempio, se una sorgente di dati memorizza indirizzi che si stima cambino ogni cinque anni, allora un indirizzo i cui metadati sull'ultimo aggiornamento effettuato riportino una data corrispondente ad un mese prima del momento di osservazione può assumersi *aggiornato*; contrariamente, se la data riportata risale a dieci anni prima del momento di osservazione, si assume che essa sia *non aggiornata*.

La volatilità è una dimensione che caratterizza intrinsecamente certi tipi di dati. Una metrica per la volatilità è data dalla durata del periodo di validità dei dati (o dal suo inverso).

La tempestività implica che i dati sono non solo aggiornati, ma anche tempestivi rispetto ad eventi che corrispondono al momento del loro utilizzo. Pertanto, una misurazione possibile consiste di (i) una misurazione del livello di aggiornamento e (ii) una verifica della disponibilità dei dati *prima* del momento previsto per il loro uso.

Per le dimensioni temporali possono essere definite metriche più complesse. Come esempio citiamo la metrica definita in [17] in cui le tre dimensioni, livello di aggiornamento, volatilità e tempestività sono collegate, e la tempestività viene definita come funzione del livello di aggiornamento e della volatilità. Più in particolare:

---

[9] **NdT:** volatility.
[10] **NdT:** timeliness.

1. Il livello di aggiornamento si definisce come

$$LivellodiAggiornamento = Et\grave{a}+(TempoDiConsegna-TempoDiRicezione),$$

dove $Et\grave{a}$ misura quanto sia vecchia l'unità di dati al momento della ricezione, $TempoDiConsegna$ è il momento in cui il prodotto dell'informazione viene inviato al cliente, e $TempoDiRicezione$ il momento in cui l'unità di dati viene ricevuta. Pertanto, il livello di aggiornamento è la somma tra l'età dei dati al momento della ricezione ($Et\grave{a}$) e un secondo periodo che misura il tempo di permanenza dei dati nel sistema informativo, ($TempoDiConsegna - TempoDiRicezione$);
2. La volatilità si definisce come la durata temporale della validità dei dati;
3. La tempestività si definisce come,

$$\max\{0, 1 - \frac{LivellodiAggiornamento}{Volatilit\grave{a}}\}.$$

La tempestività varia tra 0 e 1, dove 0 indica scarsa tempestività e 1 buona tempestività.

Si noti che l'importanza del livello di aggiornamento dipende dalla volatilità: i dati altamente volatili devono essere aggiornati, mentre il livello di aggiornamento è meno importante per i dati aventi bassa volatilità.

2.4 Consistenza

La dimensione consistenza[11] cattura la violazione di regole semantiche definite su (un insieme di) elementi dati, dove gli elementi possono essere le tuple di tabelle relazionali o record in un file. Con riferimento alla teoria relazionale, tali regole semantiche sono istanziate tramite i *vincoli di integrità*. In statistica, i *data edit* sono un altro esempio di regole semantiche che permettono la verifica della consistenza.

2.4.1 Vincoli di Integrità

Il lettore interessato può approfondire l'argomento dei vincoli di integrità nel modello relazionale in [11]. Lo scopo di questa sezione è di riassumere le nozioni principali utili per introdurre il lettore agli argomenti legati alla consistenza.

I vincoli di integrità sono proprietà che devono essere soddisfatte da tutte le istanze dello schema di una base di dati. Sebbene i vincoli di integrità siano tipicamente definiti sugli schemi, essi possono essere anche controllati su un'istanza specifica dello schema, che al momento rappresenta l'estensione della base di dati. Pertanto, possiamo definire vincoli di integrità per gli schemi, che descrivono una dimensione di qualità dello schema, e per le istanze, che

---

[11] **NdT:** consistency.

rappresentano una dimensione relativa ai dati. In questa sezione, definiamo i vincoli per le istanze, mentre nella sezione 2.7 li definiamo per gli schemi.

Possiamo distinguere due categorie principali di vincoli di integrità, cioè i *vincoli intrarelazionali* e *vincoli interrelazionali*. I vincoli di integrità intrarelazionali possono riguardare singoli attributi (chiamati anche *vincoli di dominio*) o diversi attributi di una relazione.

Si consideri uno schema della relazione Impiegato, con gli attributi Nome, Cognome, Età, AnniDiEsperienza, e Salario. Un esempio di vincolo di dominio definito sulla schema è "Età è compresa tra 0 e 120." Un esempio di vincolo di integrità di un attributo multiplo è: "Se AnniDiEsperienza è inferiore a 3, allora Salario non può essere superiore a 25.000 Euro l'anno."

I vincoli di integrità interrelazionali riguardano attributi di più di una relazione. Si consideri per esempio l'istanza della relazione Film in Figura 2.1. Si consideri un'altra relazione PremiOscar, che riporta i premi Oscar vinti da ciascun film, e che include un attributo Anno corrispondente all'anno di assegnazione del premio. Un esempio di vincolo interrelazionale specifica che " Anno della relazione Film deve essere uguale ad Anno di PremiOscar."

La maggior parte dei vincoli di integrità considerati sono *dipendenze*. Possiamo prendere in esame i seguenti tipi principali di dipendenze:

- *Dipendenza di chiave.* Questo è il tipo più semplice di dipendenza. Data un'istanza di relazione r, definita su un insieme di attributi, diciamo che è presente in r una dipendenza di chiave per un sottoinsieme K dei suoi attributi, se nessuna coppia di righe di r ha gli stessi valori per gli attributi in K. Per esempio, un attributo come CodiceFiscale può servire come chiave in qualsiasi istanza di relazione di uno schema di relazione Persona. Quando i vincoli di dipendenza chiave vengono rispettati, non si avrà nessuna duplicazione entro la relazione (si veda anche la Sezione 2.1 sui problemi legati alla duplicazione).
- *Dipendenza di inclusione* La dipendenza di inclusione è un tipo di vincolo molto comune, noto anche come *vincolo referenziale*. Una dipendenza di inclusione su un'istanza relazionale r afferma che alcune colonne di r sono contenute in altre colonne di r o nell'istanza di un'altra relazione s. Un *vincolo di chiave esterna* è un esempio di dipendenza di inclusione, che specifica che le colonne di una relazione soggette al vincolo referenziale devono essere contenute nelle colonne della chiave primaria della relazione a cui fanno riferimento.
- *Dipendenza funzionale.* Data un'istanza relazionale r, siano X e Y due insiemi di attributi non vuoti in r. r soddisfa la dipendenza funzionale X → Y, se la formula seguente è valida per ciascuna coppia di tuple t_1 e t_2 in r:

    If $t_1.X = t_2.X$, then $t_1.Y = t_2.Y$,

    dove la notazione $t_1.X$ indica la proiezione della tupla t_1 sugli attributi in X. La Figura 2.6, mostra esempi di relazioni che rispettivamente soddisfano e violano una dipendenza funzionale AB → C. Nella figura, la relazione r_1

soddisfa la dipendenza funzionale, poiché le prime due tuple, avendo gli stessi valori per l'attributo A e l'attributo B, hanno anche lo stesso valore per l'attributo C. La relazione r_2 non soddisfa la dipendenza funzionale perché le prime due tuple hanno un campo C differente.

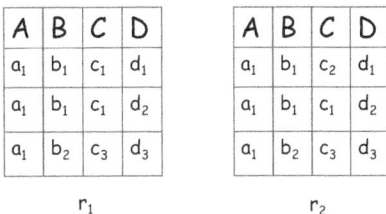

Figura 2.6. Esempio di dipendenze funzionali

2.4.2 Data Edit

Nella sezione precedente abbiamo discusso dei vincoli di integrità entro il modello relazionale inquadrandoli come una specifica categoria di regole semantiche di consistenza. Tuttavia, anche se i dati non sono relazionali è ancora possibile definire regole di consistenza. Ad esempio, in campo statistico, i dati ottenuti dai questionari per i censimenti hanno una struttura che corrisponde allo *schema del questionario*. Le regole semantiche vengono perciò definite su tale struttura, in maniera molto simile a quanto avviene per i vincoli relazionali. Tali regole, chiamate *edit*, sono meno potenti dei vincoli di integrità, perché non si basano su un modello dati come quello relazionale. Ciò nonostante, il data editing è stato largamente applicato dagli istituti nazionali di statistica sin dagli anni Cinquanta, rivelandosi un'area di applicazione fruttuosa ed efficace. Il *data editing* si definisce come il compito di individuare le inconsistenze formulando regole che devono essere rispettate da ogni insieme corretto di risposte. Tali regole sono espresse come *edit*, che denotano condizioni di errore.

Per esempio, una risposta incoerente ad un questionario potrebbe essere la seguente dichiarazione

```
stato civile = ''coniugato'', età = ''5 anni''
```

La regola per individuare questo tipo di errore potrebbe essere la seguente:

```
se lo stato civile è ''coniugato'',
l'età non deve essere minore di 14 anni.
```

2 Dimensioni della Qualità dei Dati

La regola può essere messa sotto forma di edit, che esprime la condizione di errore, e cioè:

stato civile = coniugato ∧ età < 14

Dopo aver individuato i record errati, l'azione per correggere i campi sbagliati ripristinando i valori corretti prende il nome di *imputation*. Il problema di localizzare gli errori mediante edit e imputazione di campi sbagliati è noto come *problema di edit-imputation.*. Nel Capitolo 4 ci occuperemo di alcuni aspetti e metodi per tale problema.

2.5 Altre Dimensioni della Qualità dei Dati

Nella sezione precedente abbiamo dato una descrizione delle principali dimensioni di qualità dei dati. Tuttavia, nella letteratura sulla qualità dei dati sono state proposte ulteriori dimensioni oltre alle quattro descritte prima.

Esistono proposte generali per insiemi di dimensioni che mirano a specificare esaurientemente il concetto di qualità dei dati in un contesto generale (si veda Sezione 2.6). Altre proposte sono correlate a domini specifici, che richiedono dimensioni ad hoc per poter catturare le peculiarità del dominio. Per esempio, nei seguenti domini sono state proposte dimensioni specifiche della qualità dei dati:

1. Il *dominio archivistico* (si vedano [217] e [111]) e il progetto Interpares [101], che utilizza dimensioni quali la *condizione*[12] (di un documento) che si riferisce all'idoneità fisica del documento per la scansione.
2. Il *dominio statistico*; ogni ente nazionale che si occupa di indagini statistiche e le organizzazioni internazionali come l'Unione Europea o il Fondo Monetario Internazionale definiscono numerose dimensioni per i dati statistici e scientifici (si veda [96]), quali l'*integrità*[13], partendo dall'idea che i sistemi statistici dovrebbero essere basati sul rispetto del principio di obiettività nella raccolta, compilazione e divulgazione dei dati statistici.
3. Il dominio *geografico* ed il dominio *geospaziale* (si vedano [152], [89], e [101]), dove vengono proposte tra le altre le seguenti dimensioni: (i) *accuratezza posizionale*[14], definita come parametro di qualità che indica l'accuratezza delle posizioni geografiche, e (ii) l'*accuratezza attributo/tematica*[15], definita come l'accuratezza posizionale e/o di valore di proprietà quali gli attributi socio-demografici nelle mappe tematiche.

Descriviamo qui di seguito alcune nuove dimensioni che stanno acquistando crescente importanza nei sistemi informativi collegati in rete. Con l'avvento dei sistemi informativi sul Web, e dei sistemi informativi peer-to-peer,

---
[12] **NdT:** condition.
[13] **NdT:** integrity.
[14] **NdT:** positional accuracy.
[15] **NdT:** attribute/thematic accuracy.

2.5 Altre Dimensioni della Qualità dei Dati 37

il numero delle sorgenti di dati è andato aumentando considerevolmente, e, nella maggior parte dei casi, è difficile valutare la provenienza dei dati resi disponibili. Si tratta di un cambiamento radicale rispetto ai vecchi sistemi centralizzati (ancora diffusi in certe organizzazioni, come le banche), dove le sorgenti ed i flussi di dati vengono scrupolosamente controllati e monitorizzati. In questo contesto, sorgono nuove dimensioni di qualità; tra esse, ci occupiamo ora dell'interpretabilità, della sincronizzazione nelle serie temporali e, più diffusamente, dell'accessibilità e dell'insieme di dimensioni proposte per definire la qualità di una sorgente informativa. Altre dimensioni sono introdotte e discusse in [50].

L'*interpretabilità*[16] si riferisce alla documentazione ed ai metadati disponibili per interpretare correttamente il significato e le proprietà delle sorgenti di dati. Per garantire la massima interpretabilità, si dovrebbe disporre dei seguenti tipi di documentazione:

1. lo schema concettuale del/dei file o della/delle basi di dati disponibili;
2. i vincoli di integrità esistenti tra i dati;
3. un insieme di metadati adatti alla descrizione di risorse informatiche in diversi domini, come quello descritto nello standard Dublin core (si veda [63] per un'introduzione esaustiva a questo standard che comprende, tra l'altro, metadati, come *creatore*, *soggetto*, *descrizione*, *editore*, *data*, *formato*, *sorgente*, e *linguaggio*);
4. un certificato che descriva le misure delle dimensioni di qualità dei dati e dello schema disponibili; e
5. informazioni sulla storia e la *provenance* dei dati, cioè, come e dove essi sono stati creati, prodotti e conservati. Per una trattazione della provenance dei dati, si rimanda al Capitolo 3.

La *sincronizzazione tra differenti serie temporali*[17] riguarda l'opportuna integrazione dei dati aventi diversi timestamp[18]. La sincronizzazione è un problema serio per le organizzazioni che producono dati statistici e nelle quali i dati provengono da fonti diverse con diversi timestamp. Per esempio, se in una società riuniamo dati sulle spese e dati sui ricavi, è importante che i dati siano sincronizzati correttamente, altrimenti l'analisi potrebbe produrre risultati non corretti. Per sincronizzare i dati e permetterne la fusione vengono usati metodi statistici, la cui trattazione esula dagli scopi di questo lavoro. Rinviamo ancora a [50] per maggiori dettagli su questo punto.

---

[16] **NdT:** interpretability.
[17] **NdT:** synchronization between different time series.
[18] **NdT:** Il termine *timestamp* indica un dato che registra la data e/o l'ora in cui si è verificato un certo evento. I timestamp sono utilizzati in genere nei file di log o nelle basi di dati per tenere traccia di eventi quali l'aggiornamento di un dato.

2.5.1 Accessibilità

Pubblicare una grande mole di dati sui siti Web non è condizione sufficiente perché essi siano disponibili a tutti. Per aver accesso ai dati, l'utente deve accedere ad una rete, capire il linguaggio da usare per navigare e interrogare il Web e percepire con i propri sensi l'informazione resa disponibile. L'*accessibilità*[19] misura la capacità dell'utente di avere accesso ai dati in base alla propria cultura, al suo stato ed alle sue funzioni fisiche ed alla tecnologia di cui dispone. Esaminiamo in primo luogo le cause che possono ridurre le capacità fisiche o sensoriali e, di conseguenza, ridurre l'accessibilità poi ci soffermiamo brevemente sulle linee guida che consentono di raggiungere l'accessibilità. Tra gli altri, il World Wide Web Consortium [198] definisce i soggetti disabili come persone che:

1. possono non essere in grado di vedere, udire, muoversi o elaborare del tutto o in parte alcuni tipi di informazione;
2. possono avere difficoltà nella lettura o nella comprensione di testi;
3. possono non disporre di una tastiera o di un mouse o non essere in grado di usarli;
4. possono disporre di un terminale in grado di visualizzare solo caratteri, di uno schermo piccolo o di una connessione ad Internet lenta;
5. possono non essere in grado di parlare o capire bene un linguaggio naturale.

Esistono numerose linee guida, emanate da enti nazionali e internazionali, che regolano la produzione di dati, applicazioni, servizi e siti Web onde assicurarne l'accessibilità. Descriviamo qui di seguito alcune linee guida relative ai dati fornite dal World Wide Web Consortium in [198].

La prima e forse più importante consiste nell'offrire un'alternativa equivalente a contenuti visivi e auditivi, chiamata *testo equivalente*. Affinché un testo equivalente renda un'immagine accessibile, il suo contenuto può essere presentato all'utente tramite sintesi vocale, alfabeto braille, o visualizzandolo. Ciascuno di questi tre meccanismi prevede l'uso di un senso diverso, rendendo l'informazione accessibile a categorie di persone affette da svariate disabilità, sensoriali o di altro genere. Per poter essere utile, il testo deve avere lo stesso scopo dell'immagine o svolgerne la stessa funzione. Si consideri per esempio un testo equivalente per un'immagine fotografica del continente africano visto da un satellite. Se l'immagine ha soprattutto uno scopo decorativo, allora il testo "Fotografia dell'Africa vista da un satellite" potrebbe soddisfare la funzione necessaria. Se la fotografia ha lo scopo di dare informazioni specifiche sulla geografia dell'Africa, come la sua organizzazione e la suddivisione in Stati, allora il testo equivalente deve trasmettere l'informazione con un testo più articolato e ricco di informazioni. Se la fotografia è stata concepita per consentire all'utente di scegliere tutta l'immagine o una sua parte (per es., cliccandovi sopra) per ottenere informazioni sull'Africa, il testo equivalente

---

[19] **NdT:** accessibility.

potrebbe essere "Informazioni sull'Africa", con un elenco di voci che descrivono le parti che possono essere scelte. Perciò, se il testo svolge per l'utente disabile la stessa funzione o scopo che l'immagine ha per altri utenti, esso può essere considerato un testo equivalente.

Altre linee guida suggeriscono di:

- evitare l'uso del colore come unico mezzo per esprimere la semantica, per aiutare i soggetti affetti da daltonismo a capire il significato dei dati;
- usare un linguaggio naturale chiaro, ottenuto tramite scioglimento degli acronimi, miglioramento della leggibilità e uso frequente di termini semplici;
- progettare siti Web in modo da assicurare l'indipendenza dall'uso di dispositivi specifici, con l'adozione di tecnologie che consentano l'attivazione di elementi di pagina tramite un insieme di dispositivi di input;
- fornire informazioni sul contesto e l'orientamento, per aiutare gli utenti a capire pagine o elementi complessi.

Sono diversi i paesi che hanno approvato leggi ad hoc che garantiscono l'accessibilità a siti e applicazioni Web pubblici e privati, per garantire che cittadini e lavoratori possano effettivamente accedervi ed abbattere le barriere architettoniche digitali.

2.5.2 Qualità delle Sorgenti Informative

Sono state proposte numerose dimensioni per definire la qualità di una sorgente di informazione nel suo complesso.

In Wang and Strong [205], tre dimensioni modellano quanto una sorgente informativa che fornisce dati sia "affidabile". Queste dimensioni sono: credibilità, reputazione e obiettività[20]. La credibilità valuta se i dati forniti da una certa sorgente possono essere considerati veri, reali e credibili. La reputazione si riferisce al grado di fiducia che si può riporre in una sorgente informativa. L'obiettività si riferisce all'imparzialità delle sorgenti che forniscono i dati.

E' stata proposta anche un'altra dimensione analoga a quelle appena descritte, l'affidabilità (o attendibilità)[21], che indica se la sorgente fornisce dati che convoglino informazione corretta (ad es., in Wand e Wang [199]).

Recentemente, assieme al crescente interesse per i sistemi peer-to-peer, si sta affermando sempre più l'esigenza di fornire una descrizione della qualità di una sorgente (o peer). In effetti in tali sistemi, che sono completamente aperti, esiste la necessità di valutare e filtrare i dati che circolano nel sistema, ed una possibilità è quella di basarsi sulla *trustability* [22] di ciascun peer. Ad esempio,

---

[20] **NdT:** risp. believability, reputation e objectivity.
[21] **NdT:** reliability (o credibility).
[22] **NdT:** Si è preferito lasciare in inglese il termine *trust* (fiducia) ed alcuni suoi derivati come *trustability*, *trustworthiness*, per evitare ambiguità con dimensioni quali l'affidabilità (*reliability*) descritta sopra.

in [59], viene proposto un modello di trust per i peer, in cui ad un dato peer viene associato un livello di trust per ciascuna tipologia di dati forniti all'utenza. Il lettore interessato potrà approfondire l'argomento sui problemi inerenti il trust nei sistemi peer-to-peer nel Capitolo 9.

2.6 Approcci alla Definizione delle Dimensioni di Qualità dei Dati

In questa sezione ci concentriamo sulle proposte generali riguardanti le dimensioni, illustrando alcune di esse. Gli approcci principali adottati per proporre insiemi generali di definizioni di dimensioni sono tre, e cioè quello teorico, quello empirico e quello intuitivo. L'*approccio teorico* adotta un modello formale per definire o giustificare le dimensioni. L' *approccio empirico* costruisce l'insieme di dimensioni partendo da esperimenti, interviste e questionari. L'*approccio intuitivo* definisce semplicemente le dimensioni in base al buon senso ed all'esperienza pratica.

Riassumiamo qui di seguito tre proposte che rappresentano i tre approcci alla definizione delle dimensioni: Wand e Wang [199], Wang e Strong [205], e Redman [167].

2.6.1 Approccio Teorico

Un approccio teorico alla definizione di qualità dei dati è stato proposto da Wand and Wang [199]. Questo approccio considera un sistema informativo (IS) come rappresentazione di un *sistema del mondo reale* (RW); RW è *rappresentato in modo appropriato* in un sistema informativo se (i) esiste una mappatura completa $RW \rightarrow IS$, e (ii) non vi sono due stati di RW mappati sullo stesso stato di IS, cioè la mappatura inversa è una funzione (si veda Figura 2.7).

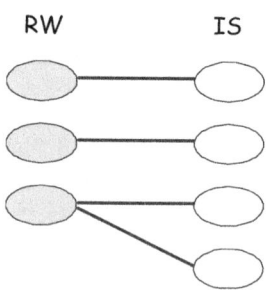

Figura 2.7. Rappresentazione corretta del sistema del mondo reale nell'approccio teorico proposto da [199]

2.6 Approcci alla Definizione delle Dimensioni di Qualità dei Dati

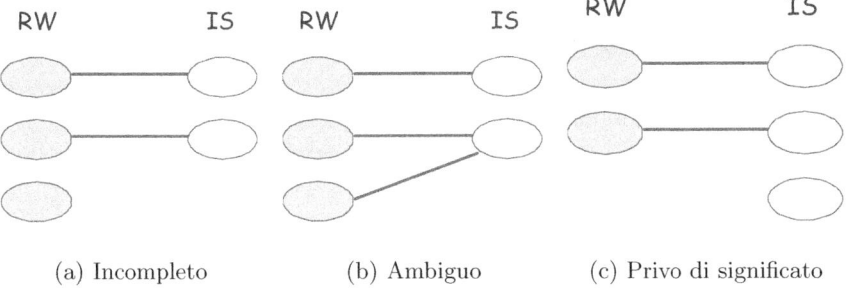

(a) Incompleto (b) Ambiguo (c) Privo di significato

Figura 2.8. Rappresentazione incompleta, ambigua, e priva di significato del sistema del mondo reale nell'approccio teorico

Tutte le rappresentazioni che si discostano da quelle corrette generano difetti. Questi si distinguono in *difetti di progetto* e *difetti di funzionamento*. I difetti di progetto sono di tre tipi: *rappresentazione incompleta, rappresentazione ambigua* e *stati privi di significato*. Essi sono rappresentati graficamente in Figura 2.8.

Viene individuato un solo tipo di difetto di funzionamento, nel quale uno stato in RW potrebbe essere mappato verso uno stato errato in un sistema informativo; a questo problema si fa riferimento con il termine *garbling*[23]. Il fatto che avvenga una mappatura verso uno stato privo di significato a causa del garbling è pericoloso perché preclude la possibilità di rimappare lo stato del sistema informativo su uno del mondo reale (Figura 2.9a). Il garbling verso uno stato significativo ma errato consente all'utente la rimappatura su uno stato del mondo reale (Figura 2.9b).

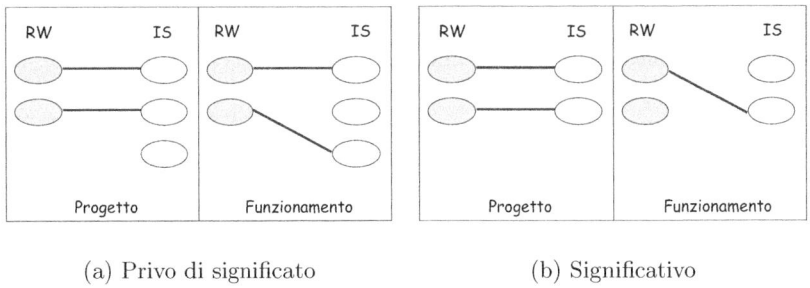

(a) Privo di significato (b) Significativo

Figura 2.9. Rappresentazione con garbling del sistema del mondo reale da [199]

---

[23] **NdT:** Letteralmente "ingarbugliamento".

Facendo riferimento ai difetti descritti sopra, viene definita una serie di dimensioni di qualità dei dati. In modo più specifico, le dimensioni individuate sono (il testo tra virgolette è tratto da [199]):

- *Accuratezza*: "l'inaccuratezza implica che il sistema informativo rappresenta uno stato del mondo reale diverso da quello che avrebbe dovuto essere rappresentato." L'inaccuratezza si riferisce ad una mappatura con garbling su uno stato errato del sistema informativo, da cui è possibile ricavare uno stato valido del mondo reale anche se non quello corretto (si veda Figura 2.9b).
- L'*affidabilità* indica "se si può fare affidamento sui dati per veicolare l'informazione corretta; la si può considerare come correttezza dei dati." Non viene data alcuna interpretazione in termini di imperfezioni.
- La *tempestività* si riferisce al "ritardo tra un cambiamento dello stato del mondo reale e la risultante modificazione dello stato del sistema informativo." La mancanza di tempestività può portare ad uno stato del sistema informativo che riflette uno stato RW trascorso.
- La *completezza* è "la capacità di un sistema informativo di rappresentare ogni stato significativo del sistema del mondo reale rappresentato." La completezza è ovviamente correlata a rappresentazioni incomplete.
- La *consistenza* dei valori dei dati entra in gioco se esiste più di uno stato del sistema informatico che si associa con uno stato del sistema del mondo reale; pertanto "inconsistenza significherebbe che la mappatura della rappresentazione è di uno-a-molti." Ciò è consentito in una rappresentazione corretta, quindi l'inconsistenza non è considerata il risultato di un difetto.

2.6.2 Approccio empirico

Nella proposta discussa in Wang and Strong [205], le dimensioni di qualità dei dati sono state scelte intervistando gli utilizzatori dei dati. Partendo da 179 dimensioni di qualità dei dati, gli autori hanno scelto 15 dimensioni diverse, rappresentate in Figura 2.10 con le rispettive definizioni. Viene proposta una classificazione a due livelli in cui quattro *categorie* vengono ulteriormente ripartite in un certo numero di *dimensioni*. Le quattro categorie sono:

- Le *qualità intrinseche dei dati*, che descrivono qualità proprie dei dati in sè. Per esempio, l'accuratezza è una dimensione di qualità intrinseca dei dati;
- Le *qualità contestuali dei dati* tengono conto del contesto in cui i dati vengono usati. Ad esempio, la dimensione completezza è strettamente correlata al contesto rappresentato dal compito da svolgere;
- Le *qualità della rappresentazione dei dati* riguardano aspetti connessi con la rappresentazione dei dati. Ne è un esempio l'interpretabilità;
- Le *qualità di accessibilità dei dati* si riferiscono all'accessibilità dei dati e ad un'ulteriore proprietà non funzionale dell'accesso ai dati, cioè il livello di sicurezza.

2.6 Approcci alla Definizione delle Dimensioni di Qualità dei Dati 43

Categoria	Dimensione	Definizione: la misura in cui...
Intrinseche	Credibilità	i dati sono accettati o considerati come veri, reali and credibili
	Accuratezza	i dati sono corretti, affidabili e certificati come privi di errori
	Obiettività	i dati sono equilibrati ed imparziali
	Reputazione	la sorgente ed il contenuto dei dati sono affidabili o molto stimati
Contestuali	Valore Aggiunto	i dati sono utili ed il loro uso porta benefici
	Rilevanza	i dati sono utilizzabili e adatti all'uso che se ne intende fare
	Attualità	l'età dei dati è appropriata all'uso che se ne intende fare
	Completezza	i dati sono di sufficiente vastità, profondità e portata per l'uso che se ne intende fare
	Quantità appropriata	la quantità dei dati a disposizione è appropriata
Della rappresentazione	Intepretabilità	i dati sono espressi in un linguaggio o un unità di misura appropriati e le loro definizioni sono chiare
	Facilità di comprensione	i dati sono chiari, privi di ambiguità e di facile comprensione
	Consistenza di rappresentazione	i dati sono rappresentati tutti nello stesso formato e sono compatibili con dati precedentemente usati
	Concisione della rappresentazione	i dati sono rappresentati in maniera compatta e non ridondante
Di accessibilità	Accessibilità	i dati sono disponibili o si possono ottenere in modo semplice e rapido
	Sicurezza nell'accesso	l'accesso ai dati può essere limitato e quindi mantenuto sicuro

Figura 2.10. Dimensioni proposte nell'approccio empirico

2.6.3 Approccio Intuitivo

Redman [167] classifica le dimensioni di qualità dei dati secondo tre categorie: relative allo schema concettuale, ai valori dei dati e al formato dei dati. Le dimensioni relative *schema concettuale* corrispondono a ciò che noi abbiamo chiamato dimensioni relative allo schema. Le dimensioni relative ai *valori dei dati* si riferiscono in modo specifico ai valori, indipendentemente dalla rappresentazione interna dei dati; quest'ultimo aspetto è coperto dalle dimensioni relative al *formato dei dati*. Qui ci concentriamo sui dati; pertanto, in Figura 2.11, diamo solo le definizioni delle dimensioni relative al valore dei dati e al formato.

2.6.4 Analisi Comparativa delle Definizioni delle Dimensioni

Analizzando le definizioni descritte nella sezione precedente si vede che non c'è accordo unanime né su quale insieme di dimensioni definisca la qualità dei dati né sul significato esatto di ciascuna dimensione. In effetti, nelle proposte illustrate le dimensioni non sono definite in modo misurabile e formale. Al contrario, esse sono definite mediante frasi descrittive, la cui semantica è di conseguenza opinabile. Ciò nonostante, tentiamo un confronto tra le diverse definizioni date, allo scopo di mettere in evidenza eventuali punti di contatto e divergenze tra le diverse proposte. Per trattare un numero più vasto di proposte, oltre a quelle descritte in precedenza di Wand and Wang [199],

Nome della dimensione	Tipo di dimensione	Definizione
Accuratezza	Valore	Distanza fra v and v', considerato come corretto
Completezza	Valore	Misura in cui i valori sono presenti in una collezione di dati
Livello di aggiornamento	Valore	Misura in cui in cui un dato è aggiornato
Consistenza	Valore	Coerenza dello stesso dato, rappresentato in diverse copie, o rispetto di vincoli e regole d'integrità per dati diversi
Appropriatezza	Formato	Un formato è più appropriato di un altro se è più adatto alle necessità dell'utente
Interpretabilità	Formato	Capacità dell'utente di interpretare correttamente valori del formato
Portabilità	Formato	Il formato può essere applicato nel più ampio insieme possibile di situazioni
Precisione del formato	Formato	Capacità di distinguere fra elementi del dominio che l'utente deve poter distinguere
Flessibilità del formato	Formato	Si adatta facilmente a cambiamenti delle necessità dell'utente e del supporto di memorizzazione
Capacità di rappresentare valori nulli	Formato	Capacità di distinguere in modo chiaro (senza ambiguità) valori nulli e di default da valori effettivi del dominio
Uso efficiente della memoria	Formato	Efficienza della rappresentazione fisica. Un'icona è meno efficiente di un codice.
Consistenza di rappresentazione	Formato	Coerenza delle istanze fisiche dei dati con il loro formato

Figura 2.11. Dimensioni proposte nell'approccio intuitivo [167]

Wang and Strong [205], e Redman [167], prendiamo in considerazione anche Jarke et al. [104], Bovee et al. [31], Naumann [139], e Liu [120]. D'ora in poi faremo riferimento alle proposte indicandole con il nome del primo autore dei lavori relativi.

Per quanto concerne le dimensioni temporali, in Figura 2.12 sono illustrate le definizioni di livello di aggiornamento, volatilità e tempestività di diversi autori. Come si vede nella figura, Wand e Redman danno definizioni molto simili ma riferite a dimensioni diverse, cioè tempestività e livello di aggiornamento rispettivamente. Wang e Liu danno lo stesso significato alla tempestività, mentre Naumann ne propone una definizione molto diversa e Bovee dà solo la definizione di tempestività in termini di livello di aggiornamento e volatilità. La dimensione livello di aggiornamento di Bovee corrisponde alla tempestività quale definita da Wang and Liu. La volatilità ha un significato simile in Bovee e Jarke. Il confronto mostra che non c'è accordo sostanziale sulla nomenclatura da usare per le dimensioni temporali; anzi, livello di aggiornamento e tempestività vengono spesso usate con riferimento allo stesso concetto. Non c'è neanche accordo sulla semantica di una specifica dimensione, infatti la dimensione tempestività ha significato diverso per i diversi autori.

2.6 Approcci alla Definizione delle Dimensioni di Qualità dei Dati

Riferimento	Definizione
Wand 1996	La tempestività si riferisce solo al ritardo fra un cambiamento dello stato del mondo reale e la modifica risultante dello stato del sistema informativo
Wang 1996	La tempestività è la misura in cui l'età dei dati è appropriata all'uso che se ne intende fare
Redman 1996	Il livello di aggiornamento è la misura in cui un dato è aggiornato. Un dato è aggiornato se è corretto nonostante possibili discrepanza causate da cambiamenti del valore corretto dipendenti dal tempo
Jarke 1999	Il livello di aggiornamento descrive quando l'informazione è stata immessa nelle sorgenti e/o il data warehouse. La volatilità descrive il periodo di tempo durante il quale l'informazione resta valida nel mondo reale
Bovee 2001	La tempestività ha due componenti: età e volatilità. L'età o livello di aggiornamento è una misura di quanto è vecchia l'informazione, basata su quanto tempo prima essa è stata registrata. La volatilità è una misura dell'instabilità dell'informazione – la frequenza di cambiamento del valore per un attributo di un'entità
Naumann 2002	La tempestività è l'età media dei dati in una sorgente
Liu 2002	La tempestività è la misura in cui i dati sono sufficientemente aggiornati per un determinato uso

Figura 2.12. Definizioni delle dimensioni temporali

Per quanto riguarda la completezza, la Figura 2.13, mostra le diverse proposte per la sua definizione. Confrontandole, si nota che c'è accordo sostanziale su ciò che è la completezza, anche se essa si riferisce spesso a diversi livelli di granularità e a diversi elementi del modello dati, come ad esempio, il sistema informativo in Wand, il data warehouse in Jarke, e l'entità in Bovee.

Riferimento	Definizione
Wand 1996	La capacità di un sistema informativo di rappresentare ogni stato significativo del sistema del mondo reale rappresentato
Wang 1996	La misura in cui i dati sono di sufficiente vastità, profondità e portata per l'uso che si intende farne
Redman 1996	Il grado in cui i valori sono presenti in una collezione di dati
Jarke 1999	La percentuale dell'informazione presente nel mondo reale immessa nelle sorgenti e/o il data warehouse
Bovee 2001	Riguarda il fatto che siano disponibili tutte le parti necessarie dell' informazione relativa ad un'entità
Naumann 2002	E' il quoziente fra il numero di valori non nulli in una sorgente e la taglia della relazione universale
Liu 2002	Tutti i valori che si assume debbano essere raccolti in base ad una teoria

Figura 2.13. Definizioni delle dimensioni di completezza

2.6.5 Trade-off Tra Dimensioni

Le dimensioni di qualità dei dati non sono indipendenti, ma tra loro esistono correlazioni. Se una dimensione viene considerata più importante delle altre per una specifica applicazione, la scelta di favorirla può ripercuotersi negativamente sulle altre. In questa sezione, diamo qualche esempio dei possibili trade-off.

Innanzitutto potrebbe essere necessario considerare il trade-off tra tempestività e una qualsiasi delle tre dimensioni: accuratezza, completezza e consistenza. In effetti, avere dati accurati (o completi o consistenti), può richiedere controlli e attività che richiedono tempo, e quindi la tempestività ne viene influenzata negativamente. Al contrario, poter disporre dei dati in tempi brevi può essere causa di minore accuratezza (o completezza o consistenza). Una situazione tipica in cui la tempestività può essere preferita ad accuratezza, completezza, o consistenza si ha nella maggior parte delle applicazioni Web: poiché i vincoli temporali sono spesso molto stringenti per i dati Web, è possibile che tali dati siano carenti rispetto ad altre dimensioni di qualità. Per esempio, un elenco di corsi pubblicato sul sito Web di un'università deve essere fornito in tempo, anche se potrebbero esservi errori di accuratezza o coerenza e mancare i campi relativi ad alcuni corsi. Al contrario, nel caso di un'applicazione di tipo amministrativo, i requisiti di accuratezza, consistenza e completezza sono più rigorosi di quelli relativi alla tempestività e pertanto i ritardi sono per lo più ammessi.

Un altro caso significativo di trade-off si ha tra la consistenza e la completezza [15]. Qui il problema è "E' meglio avere meno dati, cioè con scarsa completezza, purché consistenti, o avere più dati ma inconsistenti?". Anche questa scelta è molto legata al dominio applicativo. Per esempio, l'analisi dei dati statistici richiede tipicamente una quantità di dati significativi e rappresentativi che consentano di eseguire l'analisi stessa; in questo caso, l'approccio è di favorire la completezza, tollerando le inconsistenze o adottando tecniche per risolverle. Al contrario, nel caso della pubblicazione di un elenco di voti ottenuti dagli studenti in un esame, è più importante avere un elenco di cui sia stata controllata la consistenza piuttosto che uno completo, rinviando eventualmente la pubblicazione dell'elenco completo ad un momento successivo.

2.7 Dimensioni di Qualità dello Schema

Nelle sezioni precedenti abbiamo fornito una descrizione particolareggiata delle dimensioni di qualità dei dati. In questa sezione ci occupiamo delle dimensioni di qualità dello schema. In ogni caso, esiste una stretta relazione tra la qualità degli schemi e la qualità dei dati, come evidenzia il prossimo esempio. Si supponga di voler rappresentare indirizzi di cittadini; la Figura 2.14 evidenzia due possibilità di modellare tale concetto. Nello specifico, in Figura

2.14a, gli indirizzi di residenza sono modellati come attributi di una relazione Persona, mentre in Figura 2.14b, gli indirizzi di residenza sono modellati come una relazione Indirizzo, con i campi Id, Prefisso, NomeStrada, NCivico, Città, ed una relazione Residenza che memorizza l'indirizzo di residenza delle persone. La soluzione in Figura 2.14a presenta qualche problema. Innanzitutto, rappresentare gli indirizzi come un singolo campo crea ambiguità circa il significato delle diverse componenti; per esempio, nella tupla 3 della relazione Persona, il 4 è un numero civico o fa in effetti parte del nome della strada? Secondo, i valori dell'attributo Indirizzo possono contenere anche un'informazione la cui rappresentazione non è esplicitamente richiesta (per es., il numero del piano e il codice di avviamento postale delle tuple 1 and 2 della relazione Persona). Terzo, poiché la relazione Persona non è normalizzata, si ha un problema di ridondanza e, di conseguenza, è potenzialmente possibile introdurre altri errori sull'attributo Indirizzo (si vedano gli stessi valori degli indirizzi per le tuple 1 and 2 della relazione Persona). D'altra parte, la soluzione in Figura 2.14b è più complessa. Nell'implementazione reale è spesso necessario gestire i trade-off tra le due soluzioni di modellazione.

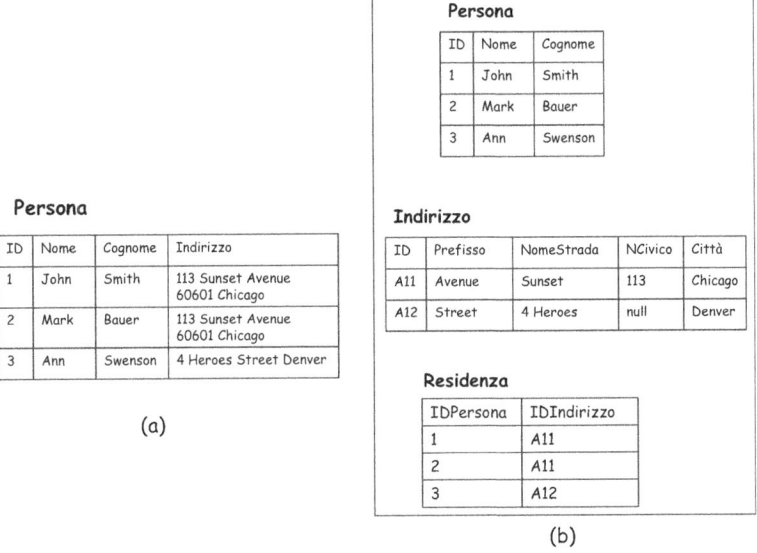

Figura 2.14. Due modi di modellare gli indirizzi di residenza

Una proposta esauriente sulle dimensioni relative allo schema è descritta nel libro di Redman [167], e include 6 dimensioni e 15 sottodimensioni che si riferiscono alla qualità dello schema. Qui ci occupiamo di sette sottodimensioni che nella sezione seguente chiameremo dimensioni. Nelle definizioni che ci accingiamo a dare, assumiamo che lo schema della base di dati sia il risultato della traduzione da un insieme di requisiti, espressi di solito in linguaggio naturale, in un insieme di strutture concettuali (o logiche), espresse in termini di un modello concettuale (o logico) per basi di dati. Due di queste dimensioni, cioè la *leggibilità* e la *normalizzazione*, saranno oggetto di discussione in sezioni specifiche. Introduciamo brevemente le restanti cinque dimensioni.

1. La *correttezza rispetto al modello* riguarda l'uso corretto delle categorie del modello nella rappresentazione dei requisiti. Per esempio, nel modello Entità Relazione possiamo rappresentare il legame logico tra persone e i rispettivi nomi usando le due entità Persona e NomeProprio e una relazione tra di essi. Lo schema non è corretto rispetto al modello, poiché un'entità dovrebbe essere usata solo quando il concetto ha un'esistenza univoca nella realtà ed ha un identificatore; non è questo il caso di NomeProprio, che sarebbe più appropriato rappresentare come attributo dell'entità Persona.
2. La *correttezza rispetto ai requisiti* riguarda la rappresentazione corretta dei requisiti in termini di categorie del modello. Si assuma che a capo di ciascun reparto di un'organizzazione vi sia esattamente un dirigente e che ciascun dirigente possa essere a capo di un reparto. Se rappresentiamo Dirigente e Dipartimento come entità, il rapporto tra di essi dovrebbe essere uno-a-uno; in questo caso, lo schema è corretto rispetto ai requisiti. Se usiamo un rapporto uno-a-molti, lo schema è sbagliato.
3. La *minimalità*. Uno schema è minimale se ogni parte dei requisiti è rappresentata in esso una sola volta. In altre parole, non è possibile eliminare alcuni elementi dallo schema senza che ne venga compromesso il contenuto informativo. Si consideri lo schema in Figura 2.15, che rappresenta numerose relazioni tra i concetti Studente, Corso, e Docente. Rappresentiamo anche le cardinalità minima e massima delle entità delle relazioni, eccezion fatta in un caso dove indichiamo la cardinalità massima con il simbolo "?". Lo schema è ridondante nel caso in cui la relazione orientata Assegnato a tra Studente e Docente abbia lo stesso significato della composizione logica delle due relazioni Frequenta e Impartisce; altrimenti, non è ridondante. Si osservi che lo schema può essere ridondante solo nel caso in cui la cardinalità massima non specificata dell'entità Corso sia "1", dal momento che solo in questo caso un unico docente corrisponde a ciascun corso e la composizione delle due relazioni Frequenta e Impartisce può dare lo stesso risultato della relazione Assegnato a.
4. La *completezza* indica la misura in cui uno schema concettuale include tutti gli elementi concettuali necessari a soddisfare qualche requisito specifico. E' possibile che il progettista non abbia incluso certe caratteristiche presenti nei requisiti dello schema, per esempio attributi correlati ad un'entità Persona; in questo caso, lo schema è incompleto.
5. La *pertinenza* misura quanti elementi concettuali non necessari sono inclusi nello schema concettuale. Nel caso di uno schema non pertinente,

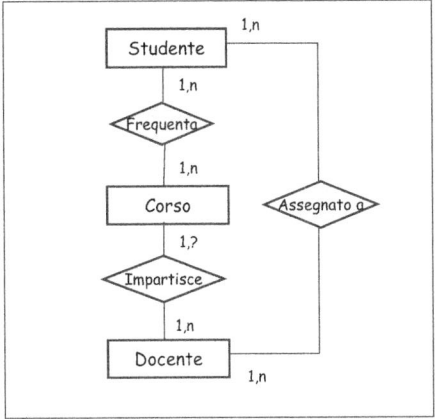

Figura 2.15. Uno schema che può essere ridondante

il progettista ha esagerato nel modellare i requisiti ed ha incluso troppi concetti.

Completezza e pertinenza sono due facce dello stesso problema, cioè ottenere uno schema al termine della fase di progettazione concettuale che trovi *esatta* corrispondenza nel modello di realtà descritto dai requisiti.

2.7.1 Leggibilità

Dal punto di vista intuitivo, uno schema è leggibile quando il significato della realtà che esso rappresenta è chiaro per l'uso che se ne intende fare. Questa semplice definizione di qualità non è facile da tradurre in modo più formale, dato che la valutazione espressa dal termine *chiaro* contiene un elemento di soggettività. Nei modelli come quello Entità Relazione, che forniscono una rappresentazione grafica dello schema, chiamato *diagramma*, la leggibilità si riferisce sia al diagramma sia allo schema stesso. Ne discutiamo di seguito.

Per quanto concerne la rappresentazione diagrammatica, la leggibilità può essere espressa da un certo numero di *criteri estetici* che gli individui adottano nel disegnare i diagrammi: sarebbe opportuno evitare il più possibile gli incroci tra linee, i simboli grafici dovrebbero essere inclusi in un reticolo, le linee dovrebbero essere costituite da segmenti orizzontali o verticali, il numero di curve dovrebbe essere ridotto al minimo, l'area totale del diagramma dovrebbe anch'essa essere ridotta al minimo e, infine, le strutture gerarchiche quali le gerarchie di generalizzazione, tra, per esempio, un'entità E1 e due entità E2 e E3 dovrebbero essere tali che E1 venga a trovarsi ad un livello superiore del diagramma rispetto a E2 e E3. Infine, le entità figlie nella gerarchia di generalizzazione dovrebbero essere simmetriche rispetto all'entità padre. Per un approfondimento dei criteri estetici, si veda [22], e [186].

I suddetti criteri non vengono rispettati nel caso del diagramma Entità Relazione della Figura 2.16. Nel diagramma compaiono molti incroci tra le linee. La maggioranza degli oggetti è disposta a caso nell'area dello schema ed è difficile individuare il gruppo di entità correlate dalla gerarchia di generalizzazione. In parole povere, lo schema ha uno "stile spaghetti."

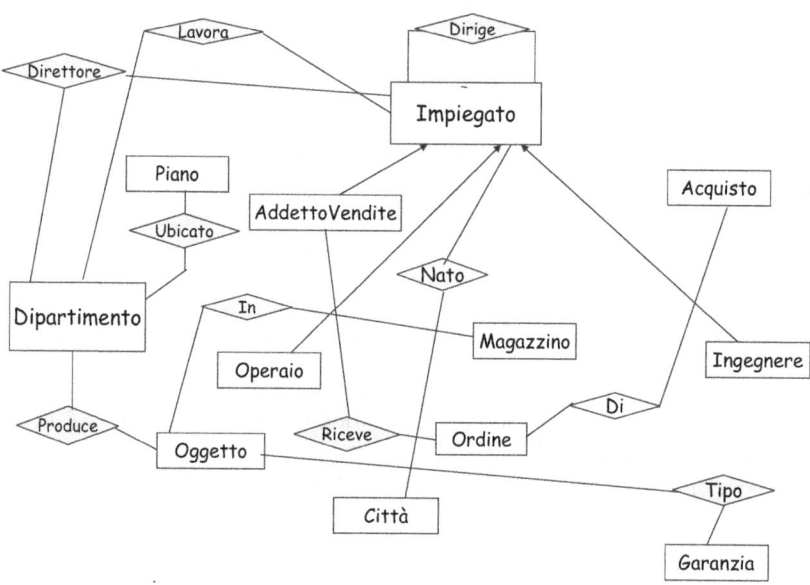

Figura 2.16. Schema Entità Relazione "stile spaghetti"

Seguendo i criteri estetici elencati prima, possiamo ristrutturare completamente il diagramma fino ad ottenerne un altro come quello mostrato in Figura 2.17. In questo caso, i concetti più importanti hanno una dimensione superiore, non vi sono linee curve e la gerarchia di generalizzazione è più evidente.

Il secondo aspetto riguardante la leggibilità è la semplicità della rappresentazione dello schema. Tra schemi concettuali differenti che rappresentano in modo equivalente una certa realtà, preferiamo quello o quelli più compatti, perché la compattezza favorisce la leggibilità. Per esempio, sul lato sinistro della Figura 2.18, vediamo uno schema in cui l'entità Città che vi è rappresentata è collegata a tre entità figlie da una gerarchia di generalizzazione. Grazie alla proprietà di ereditarietà [66], in base alla quale tutti i concetti in relazione con l'entità padre sono anche in relazione con le entità figlie, possiamo omettere le tre occorrenze di relazioni che coinvolgono l'entità Città trasformandole in una relazione unica con l'entità Impiegato, ottenendo così uno schema più compatto e leggibile.

2.7 Dimensioni di Qualità dello Schema 51

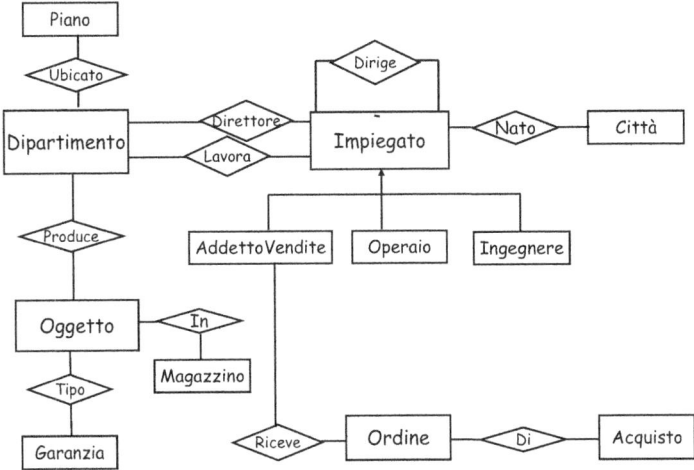

Figura 2.17. Uno schema equivalente leggibile

2.7.2 Normalizzazione

La proprietà di *normalizzazione* è stata studiata a fondo, in special modo per il modello relazionale, sebbene essa esprima una proprietà generale degli schemi, indipendente dal modello.

Nel modello relazionale, la normalizzazione è strettamente correlata alla struttura delle dipendenze funzionali. Nel modello relazionale sono stati definiti numerosi gradi di normalizzazione, come la prima, seconda, terza e quarta forma normale di Boyce Codd, e altre forme normali. La forma normale più diffusa e intuitiva è la *forma normale di Boyce Codd* (BCNF). Uno schema relazionale R è in BCNF se per ciascuna dipendenza funzionale non banale X -> Y definita su R, X contiene una chiave K di R, cioè X è una superchiave di R. Per maggiori dettagli sulla BCNF ed altre forme normali, si vedano [11] e [66].

A scopo esemplificativo, uno schema relazionale R è in BCNF se tutte le dipendenze funzionali non banali hanno una chiave sul lato sinistro, cosicché

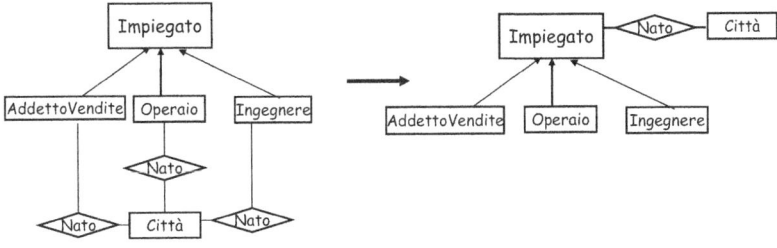

Figura 2.18. Uno schema equivalente leggibile e più compatto

tutti gli attributi non-chiave dipendono da un'unica chiave. L'interpretazione di questa proprietà è che lo schema relazionale rappresenta un concetto unico, al quale sono associate in modo omogeneo tutte le dipendenze funzionali non banali, e le cui proprietà sono rappresentate da tutti gli attributi non-chiave.

Come già detto, la normalizzazione è una proprietà che può essere definita in ogni modello concettuale o logico; come esempio di normalizzazione non applicata al modello relazionale, la Figura 2.19 mostra uno schema non normalizzato nel modello Entità Relazione. E' costituita da un'unica entità Impiegato-Progetto, con cinque attributi; due di essi, quelli sottolineati, definiscono l'identificatore dell'entità. Seguendo [20], possiamo definire il con-

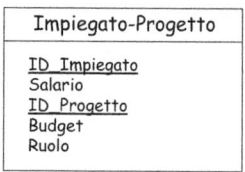

Figura 2.19. Uno schema Entità Relazione non normalizzato

cetto di schema Entità Relazione normalizzato associando le dipendenze funzionali definite tra gli attributi dell'entità, e adattando la suddetta definizione di BCNF alle entità ed alle relazioni. Per lo schema dato definiamo le seguenti dipendenze funzionali:

- ID_Impiegato → Salario
- ID_Progetto → Budget
- ID_Impiegato,ID_Progetto → Ruolo

che portano ad una violazione della BCNF. Volendo normalizzare lo schema, possiamo trasformare l'entità Impiegato-Progetto in un nuovo schema (si veda la Figura 2.20) costituito da due entità, Impiegato e Progetto, e da una relazione molti-a-molti definita tra loro. A questo punto le entità e la relazione sono in BCNF, come pure l'intero schema.

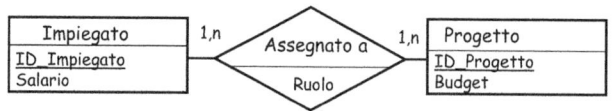

Figura 2.20. Uno schema normalizzato

2.8 Sommario

In questo capitolo abbiamo presentato numerose dimensioni e metriche che caratterizzano il concetto di qualità dei dati. Queste dimensioni forniscono un contesto di riferimento per le organizzazioni interessate alla qualità dei dati e consentono loro di caratterizzare, e in qualche misura di misurare, la qualità di insiemi di dati. Inoltre, fissando e misurando le dimensioni di qualità dei dati è possibile effettuare un confronto con soglie e valori di riferimento che possono essere considerati valori di qualità target che l'organizzazione deve raggiungere. Ne consegue che in un'organizzazione le dimensioni di qualità sono il fondamento di qualsiasi processo di misurazione e miglioramento della qualità dei dati. Ad esempio, nei contratti sulla vendita dei dati l'aspetto della qualità del servizio è fondamentale poiché esprime in modo preciso e non ambiguo la richiesta di qualità dei dati. Infine, le dimensioni possono essere citate in leggi e regolamenti sull'uso dei dati in ambito governativo relativamente ai rapporti cittadino/azienda.

Non sorprende che le dimensioni siano tante, poiché i dati rappresentano ogni specie di fenomeno spaziale, temporale e sociale del mondo reale; inoltre, nelle basi di dati, i dati vengono rappresentati a due diversi livelli, l'intensione e l'estensione, e, di conseguenza, è necessario ideare diverse dimensioni per i due livelli. Inoltre, abbiamo visto che le dimensioni possono essere indipendenti dal dominio, e cioè di applicazione generale, oppure dipendenti dal dominio quando si riferiscono a fenomeni caratteristici di domini specifici. Fin quando le tecnologie ICT si evolveranno e la loro applicazione verrà estesa sempre più a nuove scienze ed applicazioni del mondo reale, le dimensioni di qualità dei dati si evolveranno e nasceranno nuove dimensioni. Il concetto di dato è in rapida evoluzione, e si sta estendendo dai dati strutturati tipici delle basi di dati relazionali, ai dati semistrutturati, a quelli non strutturati, ai documenti, alle immagini, ai suoni ed alle mappe. Ciò dà luogo ad una continua trasformazione del concetto di qualità dei dati.

Dato questo fenomeno evolutivo e la relativa immaturità del campo di ricerca di cui tratta questo libro, un altro aspetto che non sorprende ma che è significativo nel nostro contesto è l'assenza di norme sulla classificazione e la definizione di dimensioni e metriche di qualità dei dati emanate da organizzazioni internazionali che costituiscano degli standard "de facto", effettivamente applicati.

Le dimensioni sono il nucleo centrale di qualsiasi indagine nel campo della qualità dei dati e ne parleremo diffusamente nel resto del libro.

3
Modelli per la Qualità dei Dati

3.1 Introduzione

Nel Capitolo 2 abbiamo introdotto numerose dimensioni utili per descrivere e misurare la qualità dei dati nei suoi diversi aspetti e significati. Per poter usare i sistemi di gestione delle basi di dati (DBMS) rappresentiamo i dati, e le relative operazioni su di essi, tramite *modelli dati* e *linguaggi di definizione e manipolazione dei dati*, e cioè una serie di strutture e comandi che possono essere rappresentati, interpretati ed eseguiti dal computer. Potremmo usare lo stesso processo per rappresentare, oltre ai dati, le loro dimensioni di qualità. Ciò significa che per rappresentare la qualità dei dati dobbiamo estenderne i modelli.

I modelli sono largamente usati nelle basi di dati per vari scopi, come analizzare una serie di requisiti e rappresentarli sotto forma di descrizione concettuale, detta *schema concettuale*; tale descrizione viene tradotta in uno *schema logico* sul quale vengono espresse interrogazioni e transazioni.

Dei modelli vengono usati anche nel più vasto contesto dei sistemi informativi per rappresentare i processi aziendali di organizzazioni in termini dei loro sottoprocessi, dei loro input e output, delle relazioni causali tra di essi e dei relativi requisiti funzionali/non-funzionali ad essi correlati. Tali modelli sono necessari per aiutare l'analista, per esempio ad analizzare e prevedere il comportamento dei processi, misurare la performance, e progettare eventuali miglioramenti.

In questo capitolo ci occupiamo delle principali estensioni dei modelli classici per le basi di dati e i sistemi informativi, proposte per la trattazione dei problemi riguardanti le dimensioni di qualità dei dati. Nella Sezione 3.2 esploriamo le estensioni dei modelli concettuali e logici per i dati strutturati, tipici dei sistemi di gestione di basi di dati relazionali. I modelli logici vengono esaminati tanto come modelli di descrizione dei dati, che in relazione alla manipolazione dei dati e alla loro provenienza. Discutiamo poi i modelli per i dati semistrutturati, curando in particolar modo gli schemi XML(Sezione 3.3). Nella Sezione 3.4 proseguiamo con i modelli dei sistemi informativi gestionali;

56   3 Modelli per la Qualità dei Dati

qui affrontiamo due problemi "ortogonali": (i) le estensioni dei modelli per la descrizione dei processi, introdotte per tenere conto di problemi connessi con le sorgenti, con gli utenti che si occupano dei controlli dei dati, ecc., e (ii) le proposte per la rappresentazione congiunta di dati elementari e aggregati e della relativa qualità. Vedremo che, in tutti i modelli che ci accingiamo a descrivere, le estensioni introdotte per tener conto di aspetti relativi alla qualità dei dati portano a strutture caratterizzate da elevata complessità.

3.2 Estensioni dei Modelli dei Dati Strutturati

I principali modelli di basi di dati sono il modello Entità Relazione, il più comune per la progettazione di basi di dati concettuali (si veda [20]), e il modello relazionale, adottato da una vasta gamma di sistemi di gestione di basi di dati.

3.2.1 Modelli Concettuali

Esistono numerose soluzioni per estendere il modello Entità Relazione con caratteristiche di qualità (si vedano [184] and [183]). Le varie proposte sono incentrate sugli *attributi*, unica struttura di rappresentazione nel modello cui possono essere associati i valori dei dati. Una possibilità è quella di modellare la qualità dei valori di un attributo come un altro attributo della stessa entità. Se, per esempio, vogliamo esprimere una dimensione (ad es., accuratezza o completezza) per l'attributo Indirizzo di un'entità Persona, possiamo aggiungere all'entità (si veda la Figura 3.1) un nuovo attributo DimensioneQualitàIndirizzo.

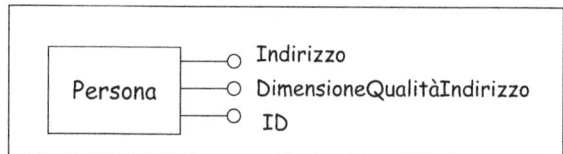

Figura 3.1. Un primo esempio di dimensione di qualità rappresentata nel modello Entità Relazione

L'inconveniente di questa soluzione è che ora l'entità non è più normalizzata, dal momento che l'attributo DimensioneQualitàIndirizzo dipende da Indirizzo, che a sua volta dipende da Id. Un altro problema è che, se vogliamo definire parecchie dimensioni per un attributo, dobbiamo definire un nuovo attributo per ciascuna dimensione, con il risultato che avremo una proliferazione di attributi.

3.2 Estensioni dei Modelli dei Dati Strutturati

Una seconda possibilità è di introdurre due tipi di entità, definite esplicitamente per esprimere le dimensioni di qualità ed i loro valori: un'entità dimensione di qualità ed un'entità misura di qualità dei dati.

Lo scopo dell'entità DimensioneQualitàDati è di rappresentare tutte le possibili coppie di dimensioni e le relative valutazioni; le coppie <NomeDimensione, Valore> costituiscono l'insieme di dimensioni ed i possibili valori corrispondenti risultanti dalle misurazioni. Nella definizione precedente abbiamo assunto implicitamente che la scala di valutazione sia la stessa per tutti gli attributi. Se la scala dipende dall'attributo considerato, allora dobbiamo estendere le proprietà DimensioneQualitàDati dell'entità a <NomeDimensione, Attributo, Valore>.

Per rappresentare la metrica per le dimensioni e il suo rapporto con entità, attributi e dimensioni, dobbiamo adottare una struttura più complessa di quella mostrata in Figura 3.2, nella quale introduciamo l'entità MisuraQualitàDati; i suoi attributi sono Valore, i cui valori dipendono dalla specifica dimensione modellata, e DescrizioneValore. Lo *schema di qualità dei dati* completo, che mostriamo con un esempio in Figura 3.2, è costituito da:

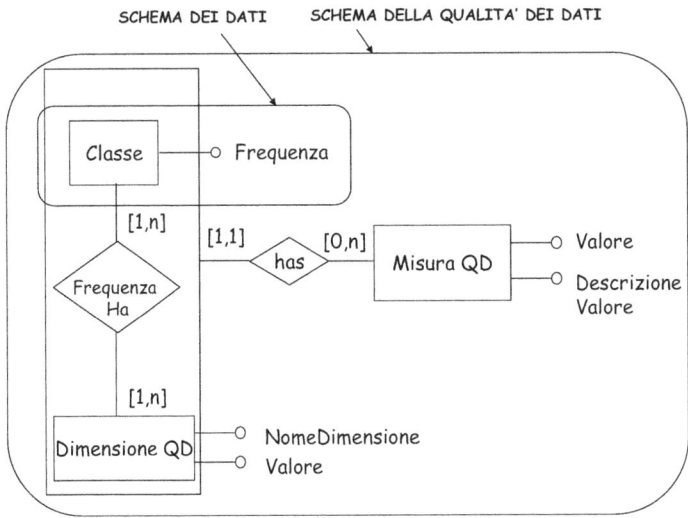

Figura 3.2. Un altro esempio di dimensione di qualità rappresentato nel modello Entità Relazione

1. Lo *schema dei dati* originale, presentato nell'esempio dell'entità Classe con tutti i suoi attributi (qui presentiamo solo l'attributo Frequenza).
2. L'entità DimensioneQualitàDati con una coppia di attributi <NomeDimensione, Valore>.

3. La relazione tra l'entità Classe, il relativo attributo Frequenza, e l'entità DimensioneQualitàDati con una relazione molti-a-molti FrequenzaClasseHa; per ciascun attributo dell'entità Classe deve essere introdotta una relazione distinta.
4. La relazione tra la struttura precedente e l'entità MisuraQualitàDati con una nuova struttura di rappresentazione che estende il modello Entità Relazione, e mette in relazione entità e relazioni.

La struttura complessiva adottata in Figura 3.2 è stata proposta in [184].

Gli esempi fatti dimostrano quanto diventa complesso uno schema esteso con le suddette strutture per descrivere le qualità.

3.2.2 Modelli Logici per la Descrizione dei Dati

[204] e [206] estendono il modello relazionale con valori di qualità associati al valore di ciascun attributo, e ne deriva un *modello degli attributi di qualità*. Spieghiamo il modello con l'esempio in Figura 3.3. La figura mostra un schema relazionale Impiegato, definito tramite gli attributi IdImpiegato, DataNascita ed altri, ed una delle sue tuple. Gli schemi relazionali vengono estesi aggiungendo un numero arbitrario di livelli sottostanti di *indicatori di qualità* (un livello solo nella figura) agli attributi dello schema cui essi sono collegati tramite una chiave di qualità. Nell'esempio, l'attributo IdImpiegato è esteso con tre attributi di qualità, che sono accuratezza, livello di aggiornamento e completezza, mentre l'attributo DataNascita è esteso con accuratezza e completezza, poiché il livello di aggiornamento non è significativo per dati permanenti quali DataNascita. I valori di tali attributi di qualità misurano i valori delle dimensioni di qualità associati con l'intera istanza di relazione (parte superiore della figura). Pertanto, la completezza uguale a 0.7 per l'attributo DataNascita sta ad indicare che il 70% delle tuple hanno un valore non-nullo per tale attributo. Strutture analoghe vengono usate per le relazioni degli indicatori di qualità a livello di istanza (parte inferiore della figura); se vi sono n attributi dello schema relazionale, n tuple di qualità saranno associate a ciascuna tupla nell'istanza.

3.2.3 Il Modello Polygen per la Manipolazione dei Dati

In generale, in ogni processo di raccolta e analisi dei dati, come nel caso degli esperimenti in campo medico e biologico, dati che hanno origine da sorgenti differenti vengono manipolati in fasi differenti; i nuovi dati prodotti in ciascuna fase ereditano la qualità dei loro antenati secondo linee di discendenza che dipendono dal piano di esecuzione. Nel Capitolo 4 esploriamo le relazioni funzionali tra i valori di qualità dei dati in ingresso e quelli dei dati in uscita per diverse dimensioni di qualità e operazioni dell'algebra relazionale. In questa sezione ci occupiamo di un'estensione del modello relazionale, detto *modello Polygen* ([202] e [206]), proposto per mantenere traccia esplicitamente delle

3.2 Estensioni dei Modelli dei Dati Strutturati 59

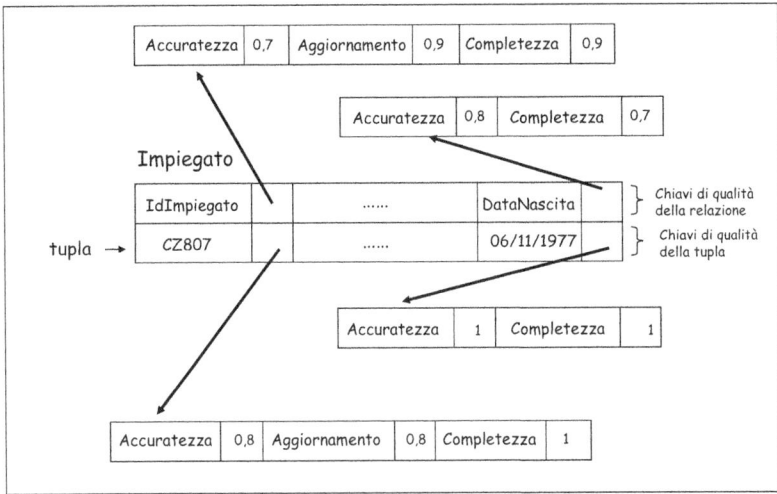

Figura 3.3. Un'estensione del modello relazionale

origini dei dati e delle loro sorgenti intermedie. Il modello è mirato ai sistemi distribuiti eterogenei; il nome del modello deriva da "sorgenti" "multiple" (rispettivamente, dal greco "gen" e "poly"). Discutiamo ora brevemente il modello che deve la sua importanza al suo ruolo pionieristico nell'area. Un *dominio polygen* è un insieme di terne ordinate:

1. un dato tratto da un dominio semplice di uno schema di base di dati locale;
2. un insieme di *basi di dati di origine*, che denotano le basi di dati locali da cui ha origine il dato; e
3. un insieme di *basi di dati intermedie*, i cui dati hanno portato alla selezione del dato.

Una *relazione Polygen* è un insieme finito di tuple variabili nel tempo, ciascuna avente lo stesso insieme di valori degli attributi per i domini polygen corrispondenti. Un'*algebra polygen* è un insieme di operatori algebrici relazionali la cui semantica consente la propagazione dell'annotazione. I primi cinque operatori primitivi nel modello sono proiezione, prodotto cartesiano, restrizione, unione, and differenza. Più precisamente:

1. *proiezione, prodotto cartesiano, unione,* e *differenza* sono estesi dall'algebra relazionale. L'operatore differenza su due relazioni Polygen r_1 e r_2 viene esteso come segue (per i rimanenti operatori si vedano [202] e [206]). Una tupla **t** in r_1 viene scelta se la parte di dati di **t** non è identica a quella delle tuple di r_2. Poiché ciascuna tupla in r_1 deve essere confrontata con tutte le tuple in r_2, ne consegue che tutte le sorgenti da cui originano i dati in r_1 devono essere incluse nell'insieme di sorgenti intermedie prodotte dall'operatore differenza.

60   3 Modelli per la Qualità dei Dati

2. L'operatore *restrizione* viene introdotto per selezionare le tuple in una relazione polygen che soddisfi una data condizione, e tali tuple popolano le sorgenti intermedie.
3. *Selezione* e *join* vengono definiti in termini dell'operatore di restrizione, cosicché essi coinvolgono anche le sorgenti intermedie.
4. Vengono introdotti nuovi operatori, come ad es. *coalesce*, che prende in input due colonne e le fonde in un unica colonna (non è ammessa alcuna inconsistenza).

Si noti che, in generale, in sistemi con basi di dati multiple ed eterogenee, i valori fusi possono essere inconsistenti. Questo argomento non viene trattato nell'approccio Polygen; esso verrà discusso in modo approfondito nella Sezione 6.4.3 dedicata alle tecniche di risoluzione dei conflitti a livello di istanza.

3.2.4 Provenance dei Dati

Il modello Polygen è un primo tentativo di rappresentare e analizzare la provenance dei dati, oggetto di studi recenti in un contesto più generale. La *data provenance* viene definita in [36] come la "descrizione dell'origine di un dato e del processo tramite il quale esso arriva nella base di dati." Il meccanismo tipico per mantenere traccia della provenance consiste nell'uso di *annotazioni*, che possono essere sfruttate per rappresentare un ampio ventaglio di informazioni riguardanti i dati, come commenti o altri tipi di metadati, e, in particolare, i dati che rappresentano la qualità dei dati. Le annotazioni possono essere usate per vari scopi, tra cui per:

1. mantenere traccia in modo sistematico della provenance e del flusso dei dati; vale a dire che anche se i dati sono stati sottoposti ad un processo complesso di trasformazioni, se ne possono determinarne le origini esaminando le annotazioni;
2. descrivere informazione sui dati che in caso contrario andrebbe persa nella base di dati, per es. la segnalazione di un errore da cui è affetto un dato;
3. consentire all'utente di interpretare la semantica dei dati con maggiore accuratezza, e di risolvere potenziali conflitti tra i dati recuperati da sorgenti differenti. Questa capacità è utile nel campo dell'integrazione dei dati (si veda Capitolo 6), ove ci interessa capire come possono essere integrati dati di basi di dati diverse, con diverse semantiche e differenti livelli di qualità;
4. filtrare dati ottenuti da una base di dati a seconda dei requisiti di qualità;
5. migliorare la gestione della trustworthiness dei dati tramite annotazioni che fanno riferimento alla reputazione di una sorgente o alle procedure di certificazione.

Gli autori definiscono due tipi di provenance: *why provenance* e *where provenance* (si vedano [49], [36] e [47], considerati i principali punti di riferimento in questo campo). Introduciamo i due tipi con un esempio. Supponiamo di fare la seguente interrogazione:

```
SELECT IdStudente, Cognome, Sesso
FROM Studente
WHERE Età > SELECT AVERAGE Età FROM Studente
```

sullo schema relazionale `Studente` (`IdStudente`, `Cognome`, `Sesso`, `Età`).

Se l'output è la tupla <03214, Ngambo, Femminile>, la provenance della tupla può essere messa in relazione con due distinti elementi:

1. L'insieme di tuple nella relazione input che ha contribuito al risultato finale. In questo caso, tutte le tuple devono essere scelte come tuple partecipanti, dal momento che qualsiasi modifica in una tupla può influire sulla presenza di <03214, Ngambo, Femminile> nel risultato. Questa specie di provenance viene detta *why provenance*, poiché siamo interessati a trovare le tuple che spieghino la natura dell'output.
2. La/e tupla/e nella relazione input da cui sono scaturiti i valori 03214, Ngambo, e Femminile nella tupla output. In questo caso, l'insieme è costituito dall'unica tupla con `IdStudente` = 03214. Questa specie di provenance viene chiamata *where provenance*, poiché in questo caso interessa sapere da dove provengono le annotazioni. Nel caso di un join tra due tuple, entrambe verrebbero considerate parte dell'insieme input.

La where provenance è particolarmente utile nel contesto della qualità dei dati. Nel caso in cui le annotazioni rappresentano valori di qualità, è possibile controllare il processo di propagazione della dimensioni di qualità identificando le sorgenti responsabili del degrado della qualità. Per questi motivi, ci concentriamo ora sulla where provenance.

Discuteremo il concetto di where provenance e dei suoi diversi significati nel contesto seguente: data una base di dati relazionale D, con un'insieme di annotazioni associate alle tuple in D, e un'interrogazione Q su D, calcolare la provenance di una tupla t nel risultato di Q.

In relazione ai possibili significati della where provenance (per la why provenance valgono considerazioni analoghe), cioè ai possibili metodi per calcolarla, esistono due diversi approcci: l'approccio *reverse query* (o lazy) e l'approccio *forward propagation* (o eager).

Nell'approccio *reverse query* (si vedano [49]) e [36]), viene generata una interrogazione "inversa" Q' il cui risultato è la tupla o l'insieme di tuple che contribuiscono al risultato dell'esecuzione di Q.

Nell'approccio *forward propagation*, nel momento in cui viene eseguita Q, viene generata ed eseguita una interrogazione aumentata Q* che calcola come vengono propagate le annotazioni nel risultato di Q. Questo approccio è detto *eager*, poiché la provenance è resa immediatamente nota assieme all'output di Q. L'approccio forward propagation, a sua volta, ha tre possibili tipi di esecuzione o *schemi di propagazione* [47], detti rispettivamente *schema di default*, *schema default-all*, e *schema di propagazione personalizzato*. Introduciamo i tre schemi con un esempio. Si assuma (si veda la Figura 3.4) di avere una base di dati di clienti costituita da due tabelle diverse Cliente1 e Cliente2 ed una tabella di mappatura tra gli identificatori dei clienti in Cliente1 e Cliente2, (una situazione tipica in molte organizzazioni).

Cliente1

Id	Descrizione
071 [ann_1]	Cded [ann_2]
358 [ann_3]	Hlmn [ann_4]
176 [ann_5]	Stee [ann_6]

Cliente2

Id	Cognome
E3T [ann_7]	Nugamba [ann_8]
G7N [ann_9]	Mutu [ann_{10}]

Mappatura

Id	IdCliente1	IdCliente2
1 [ann_{11}]	071 [ann_{12}]	E3T [ann_{13}]
2 [ann_{14}]	358 [ann_{15}]	G7N [ann_{16}]

Figura 3.4. Due relazioni Cliente ed una relazione di mappatura

Lo schema di propagazione default propaga le annotazioni dei dati in base a dove i dati vengono copiati. Si assuma che la seguente interrogazione Q_1 venga calcolata sulla base di dati della Figura 3.4:

SELECT DISTINCT c.Id, c.Descrizione
FROM Cliente1 c
WHERE c.Id = 071

Nello schema di propagazione di default, il risultato di Q_1 eseguita sulla relazione Cliente1 è l'unica tupla:

$< 071[\text{ann}_1]; \text{Cded}[\text{ann}_2] >$

La semantica dello schema di default è del tutto naturale, ma ha un inconveniente, in quanto due interrogazioni equivalenti (cioè, interrogazioni che producono lo stesso risultato se eseguite sulla stessa base di dati, indipendentemente dalla base di dati) possono non propagare le stesse annotazioni all'output. Si considerino le due interrogazioni, Q_2:

SELECT DISTINCT c2.Id AS Id, c2.Cognome AS Cognome
FROM Client2 c2, Mappatura m
WHERE c2.Id = m.IdCliente2

e Q_3:

```
SELECT DISTINCT m.Id AS Id, c2.Cognome AS Cognome
FROM Client2 c2 , Mappatura m
WHERE c2.Id = m.IdCliente2
```

I risultati dell'esecuzione di Q_2 e Q_3 in base allo schema di propagazione di default sono mostrati in Figura 3.5. Per Q_2 le annotazioni per l'attributo Id vengono dalla relazione Cliente2 mentre per Q_3 le annotazioni per l'attributo Id vengono dalla Mappatura.

Risultato di Q2		Risultato di Q3	
Id	Cognome	Id	Cognome
E3T [ann_7]	Nugamba [ann_8]	E3T [ann_{13}]	Nugamba [ann_8]
E3T [ann_9]	Muto [ann_{10}]	E3T [ann_{16}]	Muto [ann_{10}]

Figura 3.5. Risultati delle due interrogazioni

Lo *schema di default* propaga l'annotazione in modo diverso per interrogazioni equivalenti. Abbiamo dunque bisogno di un secondo schema di propagazione, in cui la propagazioni è la stessa se le interrogazioni sono equivalenti. Questo schema viene chiamato *schema di propagazione default-all* in [47]; esso propaga le annotazioni in base a dove i dati vengono copiati, tenendo conto di tutte le formulazioni equivalenti di un'interrogazione. Nel caso in cui l'utente voglia assumersi la responsabilità di specificare come dovrebbero propagarsi le annotazioni, si può adottare un terzo schema, cosiddetto *schema personalizzato*, in cui le propagazioni dell'annotazione sono dichiarate in modo esplicito nell'interrogazione.

I suddetti schemi possono essere applicati in maniera flessibile, indipendente dal tipo di informazione contenuta nell'annotazione, sia essa la relazione sorgente, l'esatta locazione all'interno della sorgente o un commento sui dati.

3.3 Estensione dei Modelli per Dati Semistrutturati

In [175], viene proposto un modello per associare i valori di qualità a documenti XML orientati ai dati. Il modello, chiamato *Data and Data Quality* (D^2Q), è destinato all'uso nel contesto di un sistema informativo cooperativo (CIS). In questo tipo di sistemi, le organizzazioni disposte a cooperare hanno la necessità di scambiarsi dati, ed è quindi fondamentale per esse conoscere la qualità di tali dati. D^2Q può essere usato per certificare l'accuratezza, la consistenza, la completezza, e l'aggiornamento dei dati. Il modello è semistrutturato e ciò consente a ciascuna organizzazione di esportare la qualità dei propri dati con un certo grado di flessibilità. Più specificatamente, i valori delle dimensioni di qualità dei dati possono essere associati ai vari elementi del modello di dati, dai singoli valori all'intera sorgente. Riassumiamo come segue le principali caratteristiche del modello D^2Q:

- Vengono introdotti una *classe dati* ed uno *schema dati* per rappresentare la porzione del modello D^2Q relativa al *dominio* dei dati, cioè i valori dei dati che sono specifici del dominio di una data organizzazione partecipante.
- Una *classe di qualità* ed uno *schema di qualità* corrispondono alla porzione del modello D^2Q relativa alla qualità.
- Una *funzione di associazione della qualità* mette in relazione i nodi del grafo corrispondenti allo schema dati ai nodi del grafo corrispondente allo schema di qualità. Le associazioni di qualità rappresentano funzioni biunivoche tra tutti i nodi dello schema dati e tutti i nodi interni dello schema di qualità.

Un esempio di schema D^2Q è in Figura 3.6. A sinistra, si vede uno schema di dati che rappresenta le imprese ed i rispettivi proprietari. A destra è rappresentato lo schema di qualità associato. In particolare, alle classi di dati Impresa e Proprietario sono associate due classi di qualità Qualità_Impresa e Qualità_Proprietario. Nodi relativi all'accuratezza sono associati tanto alle classi dati quanto alle le relative proprietà. Per esempio, Accuratezza_Codice è un nodo di accuratezza associato alla proprietà Codice, mentre Accuratezza_Impresa è un nodo di accuratezza associato alla classe di dati Impresa. Gli archi etichettati con dimensione di qualità che collegano lo schema dei dati e lo schema di qualità rappresentano le funzioni di associazione.

Il modello D^2Q è concepito per essere tradotto facilmente nel modello di dati XML. Ciò è importante per soddisfare i requisiti di interoperabilità, che sono particolarmente restrittivi nei sistemi cooperativi. Una volta tradotto in XML, il modello può essere interrogato tramite un'estensione del linguaggio XQuery che interroga i valori di qualità nel modello. XQuery permette agli utenti di definire nuove funzioni. Ai valori di qualità rappresentati sulla base del modello D^2Q si può accedere tramite un insieme di funzioni XQuery, chiamate *selettori di qualità*. I selettori di qualità sono definiti per l'accuratezza, la completezza, la consistenza, il livello di aggiornamento e per la globalità dei valori di qualità associabili ad un nodo di dati.

A titolo di esempio mostriamo in Figura 3.7, l'implementazione del selettore di qualità *accuracy()*. Searchroot è una funzione definita per raggiungere la radice di un documento contenente il nodo di input.

Il modello D^2Q rappresenta valori di qualità da associare a dati generici. XML viene usato come linguaggio per la modellazione delle dimensioni di qualità in un numero crescente di contributi. Per esempio, si veda in [126] una proposta per modellare la qualità dei dati mediante sei misure di qualità si-

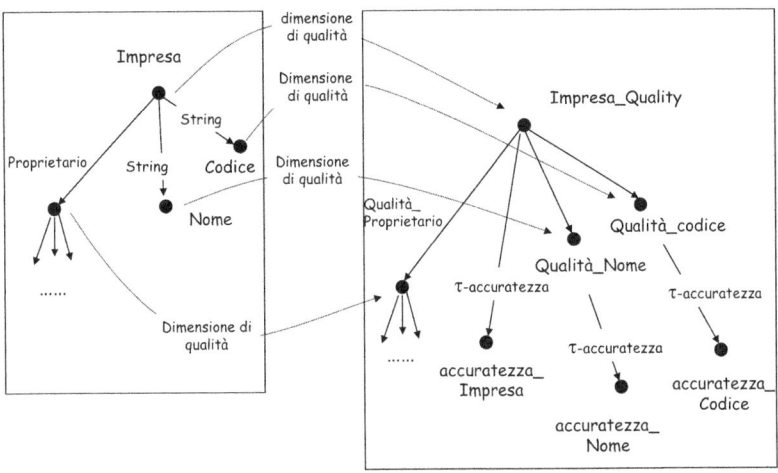

Figura 3.6. Esempio di schema della qualità D^2Q

```
define function accuracy($n as node*) as node* {
let $root := searchroot($n), qualitydoc:=document(string($root/@qualityfile))
for $q in $n/@quality
for $r in $qualitydoc//*[@qOID eq $q]/accuracy
return $r }
```

Figura 3.7. Implementazione del selettore di accuratezza come funzione XQuery

gnificative nel dominio biologico. Essendo specifica del dominio, tale proposta comprende anche metriche che permettono il computo dei valori di qualità dei nodi sul grafo XML, considerando l'interdipendenza tra i valori di qualità dei vari nodi nel grafo.

3.4 Modelli per i Sistemi Informativi Gestionali

In questa sezione discutiamo i modelli per i sistemi informativi gestionali in relazione alle tematiche inerenti la qualità dei dati. Nelle Sezioni 3.4.1 e 3.4.2 discutiamo i modelli per i processi, introducendo il modello IP-MAP e le sue estensioni. La Sezione 3.4.3 tratta gli argomenti riguardanti i modelli per i dati.

3.4.1 Modelli per la Descrizione dei Processi: il modello IP-MAP

Il modello Information Production Map (IP-MAP) [177] si basa sul principio che i dati possono essere visti come prodotto particolare di un'attività manifatturiera, cosicché i modelli descrittivi (e le metodologie) per la qualità dei dati possono essere basati su modelli concepiti negli ultimi due secoli per la produzione di prodotti tradizionali. Il modello IP-MAP si fonda sul concetto di *prodotto informativo (IP)*, cui abbiamo accennato nel Capitolo 1.

Una *information production map* è un modello grafico concepito per aiutare gli utenti a comprendere, valutare e descrivere come un prodotto informativo, quale una fattura, un ordine del cliente o una prescrizione viene assemblato in un processo business. La IP-MAP ha lo scopo di creare una rappresentazione sistematica per catturare i dettagli connessi con la produzione di un prodotto informativo. Le IP-MAP sono predisposte per aiutare gli analisti a visualizzare il processo di produzione dell'informazione, individuare le responsabilità delle fasi del processo, capire i limiti dell'informazione e organizzativi e stimare le metriche temporali e di qualità associate con il processo di produzione in esecuzione. Esistono otto tipi di blocchi fondamentali utilizzabili per creare una IP-MAP. Ciascun blocco costitutivo viene identificato da un nome univoco ed è ulteriormente descritto mediante un insieme di attributi (metadati). Il contenuto dei metadati varia a seconda del tipo di blocco. I possibili tipi di blocchi costitutivi sono mostrati in Figura 3.8, accompagnati dal simbolo usato per la loro rappresentazione.

Nome Concetto	Simbolo	Descrizione
Source (raw input data)		Rappresenta la sorgente di tutti i dati grezzi (in input) che devono essere disponibili per produrre i prodotti dell'informazione richiesti dal cliente
Customer (output)		Rappresenta il consumatore del prodotto dell'informazione. Il consumatore specifica gli elementi che costituiscono i prodotti dell'informazione "finiti".
Data quality		Rappresenta i controlli di qualità dei dati su quei data item che sono essenziali per la produzione di un prodotto dell'informazione "privo di difetti".
Processing		Rappresenta tutti i calcoli che coinvolgono alcuni o tutti i raw data item o component data item in input richiesti per produrre il blocco informativo.
Data Storage		Ogni data item memorizzato in una base di dati.
Decision		E' usato per descrivere le differenti condizioni che devono essere valutate per prendere decisioni e le procedure corrispondenti per manipolare i data item in arrivo, sulla base delle decisioni.
Business Boundary		Specifica il movimento del prodotto dell'informazione attraverso i confini di un dipartimento o dell'organizzazione.
Information system boundary		Riflette i cambiamenti subiti dai raw e component data item quando passano da un sistema informativo ad uno di tipo diverso. Questi cambiamenti di sistema possono essere inter- o intra-business unit.

Figura 3.8. Blocchi costitutivi dell'IP-MAP

Si osservi in Figura 3.9 un esempio di information production map. I prodotti informativi (IP in figura) vengono realizzati mediante attività di elabo-

3.4 Modelli per i Sistemi Informativi Gestionali

razione e di controllo della qualità sui *dati grezzi* (RD[1]), e sull'informazione semi-lavorata o *dati componenti* (CD[2]), di cui abbiamo parlato nel Capitolo 2. Nell'esempio, supponiamo che istituti di istruzione superiore ed università di una certa regione abbiano deciso di cooperare allo scopo di migliorare le rispettive offerte di corsi agli studenti, evitando sovrapposizioni e raggiungendo una maggiore efficacia nella catena del valore dell'istruzione. A tal fine, istituti superiori ed universitari devono condividere dati storici sugli studenti ed i loro curricula. Pertanto, essi effettuano un'attività di record linkage che associa gli studenti in base ai rispettivi cicli di istruzione. Per raggiungere questo obiettivo, gli istituti di istruzione superiore forniscono periodicamente informazione relativa agli studenti; se il formato è cartaceo, essa deve essere convertita in formato elettronico. A questo punto i dati non validi vengono filtrati e associati alla base di dati degli studenti universitari. I dati relativi a studenti che non trovano corrispondenza vengono inviati nuovamente agli istituti di istruzione superiore per controlli effettuati direttamente dal personale, mentre quelli che trovano corrispondenza vengono analizzati; il risultato dell'analisi su curricula e materie dei corsi vengono inviati al comitato consultivo delle università.

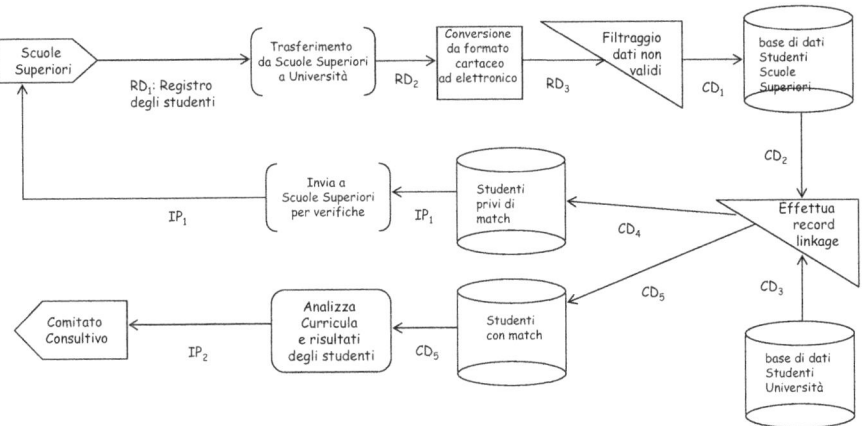

Figura 3.9. Un esempio di IP-MAP

3.4.2 Estensioni di IP-MAP

Il modello IP-MAP è stato esteso in diverse direzioni. Innanzitutto, in [160] e [174] sono stati proposti meccanismi di rappresentazione più potenti, chiamati *event process chain diagrams*, che rappresentano la *business process overview*,

---

[1] **NdT:** Da raw data.
[2] **NdT:** Da component data.

68   3 Modelli per la Qualità dei Dati

l'*interaction model* (come interagiscono le unità della ditta), l'*organization model* (chi fa che cosa), il *component model* (che cosa succede), e il *data model* (quali dati sono necessari). Ciò viene fatto modellando:

- l'evento che innesca l'uso di dati da parte di un processo;
- la struttura di comunicazione tra fonti, consumatori e gruppi organizzativi;
- la gerarchia dei gruppi/delle funzioni organizzative;
- il rapporto tra prodotti, scorte, e altri dati componenti;
- relazioni logiche tra eventi e processi.

[174] propone un formalismo di modellazione, chiamato IP-UML, che estende l'UML con un profilo di qualità dei dati basato sull'IP-MAP. L'uso dell'UML invece del formalismo IP-MAP ha i seguenti vantaggi:

1. UML è un linguaggio standard per il quale sono stati realizzati strumenti di supporto informatico;
2. UML è un linguaggio che fornisce strumenti di analisi, progettazione e implementazione, cosicché in tutte le fasi dell'analisi e dello sviluppo può essere usato lo stesso linguaggio;
3. la potenza espressiva del linguaggio UML, con riferimento ai costrutti di modellazione di processi, è superiore.

Ricordiamo brevemente che nell'UML (si vedano [150] e [79]) la specifica degli elementi di analisi e di progetto si basa sul concetto di *elemento del modello*, che si definisce come un'astrazione tratta dal sistema che viene modellato; gli elementi principali del modello sono le *classi* e le *relazioni* tra le classi. Per *vincolo* si intende una restrizione semantica che può essere posta sull'elemento di un modello. La *definizione di tag* specifica nuovi tipi di proprietà che possono essere posti sugli elementi del modello. Un *valore tagged* specifica i valori effettivi dei singoli elementi del modello. Uno *stereotipo* è un nuovo elemento del modello che estende gli elementi del modello summenzionati tramite una precisa semantica. Secondo la specifica UML [148] "un insieme logico di tali estensioni, definito per uno scopo specifico, costituisce un *profilo UML*."

I concetti di base dell'IP-UML sono quelli definiti nel framework IP-MAP; il risultato dell'estensione proposta è un profilo UML chiamato profilo di qualità di dati. Il *profilo di qualità dei dati* consiste di tre diversi modelli: il modello per l'analisi dei dati, il modello per l'analisi della qualità ed il modello per la progettazione della qualità.

Il *modello per l'analisi dei dati* specifica quali dati sono importanti per i consumatori, poiché la loro qualità è fondamentale per il successo dell'organizzazione. Nel modello per l'analisi dei dati, i prodotti informativi, i dati grezzi ed i dati componenti vengono rappresentati tramite classi UML stereotipate. Una *quality data class* è una classe che rappresenta una generalizzazione delle classi per i prodotti, i dati elementari grezzi, e i dati elementari componenti.

Il *modello per l'analisi della qualità* consiste di elementi di modellazione che possono rappresentare i requisiti di qualità dei dati, correlati ad una delle

3.4 Modelli per i Sistemi Informativi Gestionali

dimensioni tipicamente definite per la qualità dei dati. L'insieme di dimensioni proposte comprende quattro categorie; per esempio la categoria *qualità intrinseca dell'informazione* comprende l'accuratezza, l'obiettività, la plausibilità e la reputazione. Per modellare l'insieme dei requisiti relativi alle dimensioni, vengono introdotti i seguenti stereotipi:

1. Una classe *requisito di qualità* esprime in termini generali l'insieme di requisiti di qualità che possono essere specificati su una quality data class.
2. Una classe *quality association* associa una classe requisito di qualità ad una quality data class. I requisiti di qualità sui dati devono essere verificati cosicché, se non vengono soddisfatti, sarà possibile intervenire con azioni di miglioramento; pertanto, sulla quality association viene specificamente introdotto un vincolo.

La specifica di un distinto stereotipo per ciascun requisito di qualità ha il vantaggio di determinare chiaramente i tipi di requisiti associabili con i dati.

Il *modello quality design* specifica le IP-MAP. La prospettiva dinamica propria di IP-MAP, in cui i processi vengono descritti assieme ai dati scambiati, si può ottenere combinando gli *activity diagram* con gli *object flow diagram* di UML. Gli activity diagram sono un caso speciale di diagrammi di stato in cui gli stati sono stati di azione o di sottoattività e nei quali le transizioni vengono innescate dal completamento delle azioni o delle sottoattività negli stati sorgente. Gli object flow sono diagrammi nei quali gli oggetti che sono input o output di un'azione possono essere mostrati come simboli di oggetto. Per rappresentare elementi IP-MAP occorre introdurre le seguenti estensioni UML:

- *attività stereotipate*, per rappresentare i blocchi di elaborazione e di qualità dei dati;
- *attore stereotipato*, per rappresentare il cliente, la sorgente e i blocchi di memorizzazione dei dati;
- *relazioni di dipendenza stereotipate*, per dare una semantica precisa alle relazioni tra alcuni elementi.

Malgrado il considerevole insieme di nuove strutture introdotte nelle estensioni dell'IP-MAP, tali estensioni hanno diverse limitazioni, che discuteremo nella prossima sezione, insieme a nuovi modelli con i quali si cerca di superare tali limiti.

3.4.3 Modelli per i Dati

Una prima limitazione dell'IP-MAP (e delle estensioni IP-MAP) sta nel fatto che esso non fornisce specifici formalismi né fa distinzione fra *processi operativi*, che fanno uso dei *dati elementari*, e *processi decisionali*, che utilizzano *dati aggregati*. Il sistema informativo di un'organizzazione comprende entrambi i tipi di dati, i quali presentano differenti problemi di qualità. Sembra dunque importante arricchire un modello di dati per i sistemi informativi gestionali

3 Modelli per la Qualità dei Dati

fornendo esplicitamente un formalismo omogeneo per rappresentare entrambi i tipi di dato e le loro dimensioni di qualità.

In secondo luogo, IP-MAP non tiene conto delle caratteristiche specifiche dei sistemi informativi cooperativi (CIS). In un CIS, come mostra la Figura 3.10, un'organizzazione può essere modellata come una collezione di processi che trasformano flussi informativi input in flussi informativi output, e che producono un flusso di prodotti informativi. Nella Figura 3.10 sono rappresentate tre organizzazioni che scambiano quattro flussi di informazione: due di essi sono composti ciascuno da due prodotti informativi; gli altri due flussi scambiano un solo prodotto informativo. Nel dominio di una specifica organizzazione, un flusso input ad un processo può essere trasformato in (i) un flusso interno, (ii) un input verso un altro processo intra-organizzativo, o (iii) un flusso output ad una o più organizzazioni esterne.

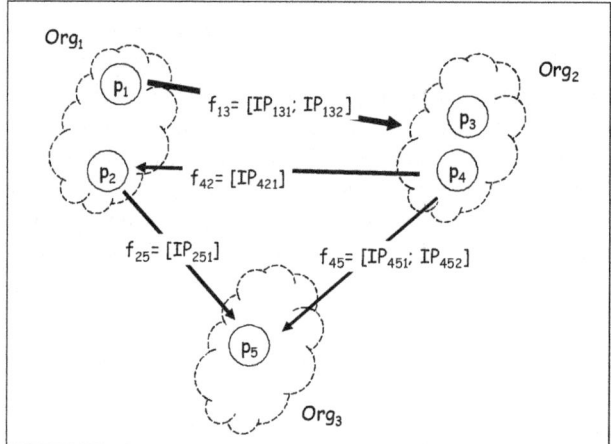

Figura 3.10. Organizzazioni, processi, e flussi informativi in un Sistema Informativo Cooperativo

[131], [130] e [132], presentano un approccio esauriente per superare le citate limitazioni. Ne discuteremo nelle prossime sezioni.

Un Modello Dati per i Flussi di Informazione di un'Organizzazione

Distinguiamo innanzitutto due diversi ruoli per le organizzazioni che scambiano flussi di informazione in un sistema informativo cooperativo, cioè quello di *produttore* quando essa produce flussi per altre organizzazioni, e quello di *consumatore* quando essa riceve flussi da altre organizzazioni. Di solito, ogni organizzazione svolge entrambi i ruoli. Seguendo le consuetudini del settore manifatturiero, definiamo la qualità dei singoli articoli realizzati da un produttore; per estensione, associamo un *profilo dell'offerta di qualità* ad

3.4 Modelli per i Sistemi Informativi Gestionali 71

un'organizzazione produttore. Questo profilo rappresenta la qualità che l'organizzazione intende offrire ai suoi clienti, cioè altre organizzazioni con ruolo di consumatore che necessitano di quell'informazione per usarla in un processo cooperativo. Simmetricamente, sul lato del consumatore, definiamo il concetto di *profilo della richiesta di qualità* per esprimere livelli di qualità accettabili per l'informazione che quei clienti acquisteranno. In pratica inquadriamo il problema di gestire la qualità dell'informazione nell'ambito di un'organizzazione come un problema di corrispondenza tra il profilo di qualità offerto da quell'organizzazione e la qualità richiesta dai suoi clienti. A questo punto possiamo definire un framework per esprimere l'offerta e la richiesta di qualità in un contesto CIS. Il framework modella tanto la struttura dell'organizzazione cooperativa (*schema dei dati*) quanto i suoi profili di qualità (per il concetto di *schema di qualità* si rimanda alla prossima sezione) in modo gerarchico e uniforme.

Per prima cosa associamo i profili di qualità con gli elementi di informazione che l'organizzazione produce e consuma durante l'esecuzione di processi (si veda la Figura 3.11 per il metaschema dello schema dei dati, rappresentato con un diagramma delle classi in UML).

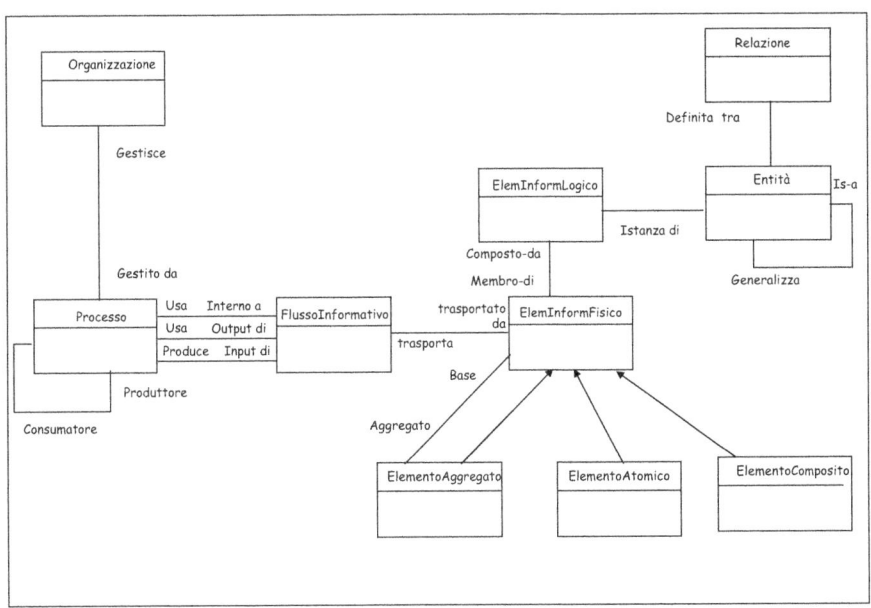

Figura 3.11. Dati, processo e schema dell'organizzazione

Un *flusso informativo* f è una sequenza di *elementi di informazione fisici* (PII), che vengono fatti fluire da un processo di un produttore ad uno o più processi di un consumatore. Per esempio, data un'entità del dominio

72   3 Modelli per la Qualità dei Dati

Indirizzo, e una sua istanza 4 Heroes Street (opportunamente individuati usando le chiavi definite per Indirizzo), un PII è una copia specifica dell'indirizzo di J.Smith, prodotta in un momento specifico t da un processo p_1 e inviata ad un processo p_2 sul flusso f. Tutti i PII che si riferiscono agli stessi dati e con lo stesso significato prodotti da un qualsiasi processo in un qualsiasi momento, vengono associati a un unico *elemento di informazione logico* 4 Heroes Street.

Gli elementi di informazione fisici e gli elementi di informazione logici descrivono elementi di informazione *atomici* (o *elementari*) e i rispettivi flussi nel tempo. Come evidenzia il metaschema in Figura 3.11, un *elemento composito* si ottiene da altri elementi, compositi o elementari, applicando ricorsivamente funzioni di composizione, come la funzione tipo record (per es. un Indirizzo è composto da Strada, Città, e Cap). Un *elemento aggregato* si ottiene da una collezione di elementi atomici e/o compositi applicando ad essi una funzione di aggregazione (per es., il reddito medio dei contribuenti di una data città).

Con le strutture di rappresentazione di cui abbiamo parlato siamo in grado di modellare tanto i flussi di informazione costituiti da elementi atomici quanto quelli costituiti da elementi aggregati. Infine, associamo i flussi di informazione tra processi e i processi stessi con le organizzazioni. I flussi di informazione sono di tre tipi: di input, di output, ed interni ai processi. Come si vede nello schema in Figura 3.11, arricchiamo la serie di strutture di rappresentazione con altre strutture, tipiche di un modello concettuale, quali l'*entità*, la *relazione* tra entità, e *generalizzazione* tra entità, con lo stesso significato che esse hanno nel modello Entità Relazione.

Un Modello di Profilo di Qualità

Per rappresentare e calcolare i profili di qualità associati a tutte le classi dello schema precedente, modelliamo il profilo di qualità di un'organizzazione come un *cubo di dati* su un dato insieme di dimensioni, usando il *modello per basi di dati multidimensionali* proposto in [3]. Vediamo il profilo di qualità di un singolo elemento come un punto in un *cubo multidimensionale*, nel quale gli assi comprendono una gerarchia di entità consistenti di elementi di informazione fisici e logici, flussi, processi, organizzazioni, e dimensioni di qualità.

L'informazione presente in ciascun punto del *cubo di qualità* che ne deriva rappresenta una singola misura di qualità al livello di granularità più fine, cioè il descrittore di qualità associato ad un unico elemento di dati fisico e per un'unica dimensione. La Figura 3.12 mostra lo *schema a stella*, nell'approccio data warehouse; in esso i valori di qualità appartengono all'entità fatto, e i rimanenti valori all'entità dimensione; in figura, gli attributi delle entità fatto e dimensione non sono indicati.

I profili di qualità per i flussi informativi, i processi, e le organizzazioni nel loro complesso sono calcolati come aggregazioni su un cubo di qualità base. Quindi, una volta definito sui descrittori di qualità un insieme appropriato di *funzioni di aggregazione* (per es., la media), i profili di qualità a ciascun

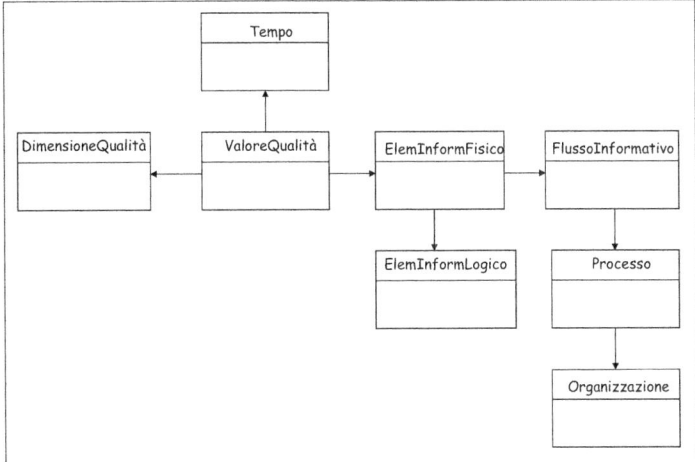

Figura 3.12. Schema a stella del cubo di qualità dei dati

livello di granularità in un'organizzazione sono descritti nei termini di un framework per i dati multidimensionali prestabilito. Ad esempio, si consideri ancora la Figura 3.10, dove sono definite due organizzazioni, cinque processi e quattro flussi. Possiamo aggregare i valori di qualità nel seguente ordine: (i) elemento di informazione fisico, (ii) flusso informativo, (iii) processo, (iv) organizzazione; e, usando le funzioni di aggregazione, possiamo associare valori di qualità con ciascuno dei suddetti flussi informativi, processi, e organizzazioni, a seconda della prospettiva scelta.

3.5 Sommario

In questo capitolo abbiamo esaminato diverse proposte di estensione dei modelli per i dati ed i processi, mirate a integrare in tali modelli strutture per la rappresentazione delle dimensioni di qualità, ed in virtù delle quali essi possono essere usati per misurare e migliorare i profili di qualità dei dati di singoli flussi di informazione, di processi, e di intere organizzazioni. Nei capitoli successivi tratteremo gli argomenti centrali della ricerca e delle esperienze nel campo della qualità dei dati, ovvero le tecniche e le metodologie proposte per la misurazione ed il miglioramento della qualità dei dati. Anticipiamo che tali tecniche e metodologie fanno di rado affidamento sulle proposte presentate in questo capitolo relative all'estensione dei modelli, con l'unica eccezione del modello IP-MAP. Inoltre, solo per qualche sistema prototipale di gestione delle basi di dati è stata tentata l'adozione di alcuni degli approcci menzionati, tra i quali [6]. Questa scarsa interazione è dovuta alla complessità delle strutture di rappresentazione proposte nei diversi approcci ed alla mancanza di strumenti e di sistemi di gestione delle basi di dati adatti a gestirle.

Il futuro della ricerca sui modelli sembra essere nelle problematiche riguardanti la provenance e la trustworthiness. Nei sistemi informativi cooperativi ed in quelli peer-to-peer, la conoscenza della provenance e della trustworthiness dei dati è fondamentale per l'utente, che può seguire la storia dei dati ed accrescere il proprio grado di consapevolezza relativamente al loro utilizzo.

4

Attività e Tecniche Inerenti la Qualità dei Dati: Generalità

Nel Capitolo 1 abbiamo osservato che la qualità dei dati è una nozione sfaccettata e che la pulizia dei dati di cattiva qualità può essere eseguita misurando dimensioni diverse ed eseguendo varie attività con diversi obiettivi. Per *attività inerente la qualità dei dati* si intende qualsiasi processo che opera direttamente sui dati per migliorarne la qualità. Un'attività relativa alla qualità dei dati di tipo "manuale" è, per esempio, l'insieme di operazioni che eseguiamo quando abbiamo spedito una e-mail e questa è tornata al mittente perché il destinatario è sconosciuto; controlliamo l'indirizzo esatto in una sorgente attendibile e lo digitiamo con maggiore attenzione, per evitare altri errori. Un esempio di attività inerente la qualità dei dati "computerizzata" consiste nel confrontare due file che contengono record non accurati allo scopo di trovare record simili che corrispondono alla stessa entità del mondo reale tramite un metodo euristico. Altre attività per il miglioramento della qualità dei dati operano sui processi; esse saranno discusse e confrontate con le attività relative alla qualità dei dati nel Capitolo 7.

Le attività inerenti la qualità dei dati vengono eseguite con l'aiuto di svariate tecniche, che sono caratterizzate da diverse efficacia ed efficienza nella misurazione e nel miglioramento delle dimensioni di qualità. Lo scopo ultimo di questo capitolo, come pure dei Capitoli 5 e 6, è di definire le attività in oggetto e di accennare alle più importanti tecniche per supportarle. In questo capitolo, ne diamo innanzitutto una definizione (Sezione 4.1) e forniamo al lettore una mappa delle sezioni che le trattano. Le due attività relative alla qualità dei dati più estesamente studiate sono l'identificazione degli oggetti e l'integrazione dei dati, che discuteremo nei Capitoli 5 e 6. In questo capitolo, ci occupiamo di altre due attività: la composizione della qualità (Sezione 4.2), e la localizzazione e correzione degli errori (Sezione 4.3). L'ultima sezione (Sezione 4.4) apre la discussione su costi e benefici della qualità dei dati; vengono introdotte e confrontate le classificazioni di costi/benefici esistenti, che verranno poi applicate alle metodologie nel Capitolo 7.

4.1 Attività Inerenti la Qualità dei Dati

Sebbene siano state proposte moltissime tecniche algoritmiche, euristiche e basate sulla conoscenza che si possono classificare come *attività inerenti la qualità dei dati*, possiamo raggrupparle in un numero ristretto di categorie. Le elenchiamo qui di seguito, fornendo definizioni provvisorie, che verranno meglio dettagliate più avanti in questo capitolo, come pure nei Capitoli 5 e 6:

1. *Acquisizione di nuovi dati* . E' un processo di acquisizione dati eseguito allo scopo di rinnovare la base di dati con dati di qualità maggiore. Rientra in questa categoria l'esempio di attività manuale citato sopra.
2. *Standardizzazione* (o *normalizzazione*). Consiste nel modificare i dati in modo da seguire standard o formati di riferimento predefiniti, come ad esempio, il cambiamento del nome Bob in Robert o di Channel Str. in Channel Street.
3. *Identificazione degli oggetti* (o *record linkage*, *record matching*, *entity resolution*). Date una o più tabelle, l'identificazione degli oggetti ha lo scopo di individuare in esse i record che rappresentano lo stesso oggetto del mondo reale. Quando riguarda una sola tabella, quest'attività viene anche detta *deduplicazione*.
4. *Integrazione dei dati*. Consiste nel presentare una vista unificata dei dati appartenenti a diverse sorgenti di dati eterogenee e distribuite. L'integrazione ha diversi obiettivi che risultano in due attività specifiche:
    - l'*elaborazione delle interrogazioni guidata dalla qualità* consiste nel rispondere alle interrogazione sulla base di una caratterizzazione della qualità dei dati alle sorgenti;
    - la *risoluzione dei conflitti a livello di istanza* ha lo scopo di identificare e risolvere i conflitti tra valori che fanno riferimento agli stessi oggetti del mondo reale.
5. *Trustworthiness delle sorgenti*. Ha come obiettivo la classificazione delle sorgenti in base alla qualità dei dati da esse forniti ad altre sorgenti in un contesto aperto o peer-to-peer, in cui il controllo sulla qualità dei dati è scarso o assente.
6. *Composizione della qualità*. Ha come obiettivo la definizione di un'algebra per la composizione dei valori delle dimensioni di qualità dei dati; per esempio, date due relazioni di cui siano noti i valori di completezza, ed un operatore, per esempio l'operatore di unione, si può voler calcolare la completezza dell'unione, a partire dalla completezza delle relazioni.
7. *Localizzazione degli errori* (o *individuazione degli errori*). Date una o più tabelle ed un insieme di regole semantiche specificate su di esse, questa attività permette di trovare le tuple che non rispettano tali regole.
8. *Correzione degli errori*. Date una o più tabelle, un insieme di regole semantiche e un insieme di errori individuati nelle tuple, questa attività corregge i valori errati nelle tuple in modo che sia rispettato l'insieme globale di regole.

9. *Ottimizzazione dei costi.* Questa attività mira ad ottimizzare un determinato obiettivo di qualità dei dati, rispetto ad un certo vincolo di costo. Per esempio, tra diversi fornitori di insiemi di dati caratterizzati da costi diversi e diverse metriche per le dimensioni di qualità, potrebbe interessarci scegliere quello con il rapporto costo/qualità ottimale rispetto ad una data richiesta.

Altre attività, aventi però attinenza meno stretta con la qualità dei dati sono:

- *Schema matching*, che prende in input due schemi e produce una mappatura tra elementi semanticamente corrispondenti dei due schemi.
- *Schema cleaning.* Tale attività fornisce regole per trasformare lo schema concettuale in modo da ottenere o ottimizzare una determinato insieme di sue qualità (ad es., leggibilità, normalizzazione), preservando nel contempo altre proprietà (ad es., equivalenza di contenuto).
- *Schema profiling.* Essa analizza i dati della base di dati per dedurne proprietà intensionali, come la struttura della base di dati, campi con valori simili, percorsi di join, e taglia dei join.

Poiché schema matching, schema cleaning, e schema profiling interessano principalmente gli schemi di dati, non le prendiamo in considerazione nel seguito. Due delle attività, l'identificazione degli oggetti/record linkage e l'integrazione dati, sono di importanza decisiva negli attuali scenari di business e sono stati oggetto di indagini approfondite sia da una prospettiva di ricerca che industriale. Come già detto, a questi due argomenti sono dedicati due capitoli specifici, il Capitolo 5, che tratta dell'identificazione degli oggetti, e il Capitolo 6, che descrive l'integrazione dei dati. Inoltre,

1. L'acquisizione di nuovi dati sarà trattata nel Capitolo 7 nell'ambito delle metodologie di miglioramento della qualità dei dati, dove verrà discussa come una delle strategie guidate dai dati.
2. La standardizzazione viene di solito svolta come attività di pre-elaborazione nella localizzazione degli errori, nell'identificazione degli oggetti e nell'integrazione dati. Tuttavia, dal momento che essa è per lo per lo più impiegata nelle tecniche di identificazione degli oggetti, ne parleremo dettagliatamente nel Capitolo 5 come uno dei passi dell'identificazione degli oggetti.
3. La trustworthiness delle sorgenti è un tema emergente nella ricerca sui sistemi aperti e peer-to-peer. Nell'ambito di questi sistemi, il trust e la qualità dei dati assumono un'importanza basilare. Ne discuteremo nel Capitolo 9, dedicato ai problemi di ricerca ancora aperti.
4. L'ottimizzazione dei costi abbraccia quattro aspetti diversi: (i) i trade-off sui costi tra dimensioni di qualità, discussi nel Capitolo 2; (ii) le classificazioni di costi e benefici per la caratterizzazione della qualità dei dati nei processi business, oggetto di trattazione della Sezione 4.4.1; (iii) l'analisi

costi/benefici dei processi di miglioramento della qualità dei dati, descritta nel Capitolo 7; e (iv) la scelta delle sorgenti di dati sulla base dei costi, illustrata nel Capitolo 9, in cui il costo dei dati sarà uno dei parametri guida del processo decisionale.

Nella parte restante del capitolo, descriveremo in breve le altre attività. Le sezioni che seguono trattano della composizione della qualità (Sezione 2), della localizzazione e correzione degli errori (Sezione 3), e, infine, delle classificazioni di costi e benefici (Sezione 4).

4.2 Composizione della Qualità

In molti contesti, tra cui l'e-Business e l'e-Government, specie quando esistono dati replicati tra sorgenti diverse, è comune ottenere nuovi dati combinando insiemi di dati estratti da una o più sorgenti. In questi contesti, è importante essere in grado di calcolare una dimensione di qualità o l'insieme delle qualità dei nuovi dati risultanti, a partire dai valori delle dimensioni di qualità delle sorgenti d'origine, se disponibili. Inoltre, per migliorare la qualità dei dati, spesso non è sufficiente considerare singole sorgenti ed effettuare su di esse interventi migliorativi; invece, tali interventi devono essere opportunamente integrati tramite la composizione di dati provenienti da sorgenti diverse.

Prendiamo in esame un insieme di enti della pubblica amministrazione che cooperano tra di loro in uno scenario e-Government, e concentriamo l'attenzione su una specifica dimensione di qualità dei dati, diciamo la completezza. In alcuni Paesi, ogni comune mantiene i seguenti registri: (i) un registro dei dati personali dei residenti e (ii) un registro a parte per lo stato civile dei residenti. Possiamo assumere che, a livello regionale, vengano mantenuti registri dei contribuenti delle imposte locali, mentre a livello centrale esistono in genere registri per la previdenza sociale, per l'assicurazione contro gli infortuni ed altri. Nel rappresentare le rispettive realtà di interesse, queste fonti hanno di solito livelli diversi di completezza, ed in molti processi amministrativi, queste fonti vengono combinate. Sarebbe interessante calcolare direttamente la completezza del risultato combinato iniziando dalla completezza delle sorgenti, senza applicare al risultato un dispendioso processo di misurazione della qualità. Questo è l'obiettivo dell'attività di composizione della qualità dei dati.

La definizione del problema affrontato nella composizione della qualità è rappresentato nella Figura 4.1. La sorgente o l'insieme di sorgenti di dati, X, descritta secondo un modello dati M, viene elaborata tramite una funzione di composizione generica F. Essa è definita su un insieme di operatori O = $[o_1, \ldots, o_k]$ definiti nel modello M. Inoltre, una funzione Q_D calcola il valore della dimensione di qualità D per X, cioè $Q_D(X)$ e il valore di D per Y è uguale a F(X), cioè $Q_D(Y)$. Miriamo a definire la funzione $Q_D^F(X)$ che calcola $Q_D(Y)$ partendo da $Q_D(X)$, invece di calcolare tale valore direttamente su Y applicando la funzione $Q_D(Y)$.

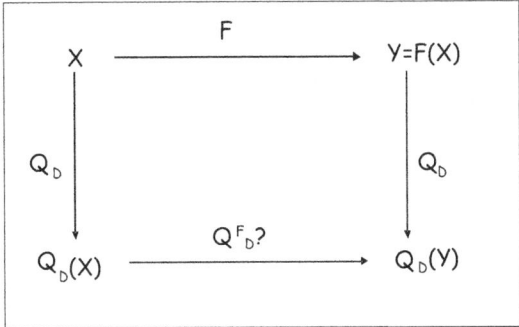

Figura 4.1. Il problema generale della composizione della qualità

Considereremo il caso particolare in cui:

- M sia il modello relazionale;
- O corrisponda all'insieme degli operatori algebrici relazionali, come l'Unione, l'Intersezione, il Prodotto Cartesiano, la Proiezione, la Selezione, e il Join;
- D sia una specifica dimensione di qualità, ad esempio la completezza o l'accuratezza; e
- Q_D^F sia una funzione che valuta la qualità delle relazioni sotto diverse ipotesi e per diversi operatori relazionali.

Il problema di definire un'*algebra di composizione* per le dimensioni di qualità dei dati è stato affrontato in svariati studi. Ricordiamo Motro e Ragov [136]; Wang et al. [206]; Parsiann et al. [157], [155], [156]; Naumann et al. [140], e Scannapieco e Batini [173]. In Figura 4.2 questi approcci sono messi a confronto sulla base (i) del modello adottato, (ii) delle dimensioni di qualità considerate, (iii) degli operatori algebrici relazionali presi in esame, e (iv) delle assunzioni specifiche sulle sorgenti. Nella prossima sezione commentiamo tutti gli argomenti elencati nella Figura 4.2; nel descrivere gli approcci, useremo i nomi degli autori riportati nella prima colonna della tabella.

Ricordiamo che nel Capitolo 2 abbiamo introdotto i concetti di *closed world assumption*, *open world assumption*, *relazione di riferimento*, e le relative definizioni delle dimensioni di *completezza di valore*, *completezza di tupla*, e *completezza di relazione*.

4.2.1 Modelli e Assunzioni

Motro e Parssian prendono in esame un modello in cui si possono costruire una relazione ideale (che Parssian denomina concettuale) *r-ideale* e la corrispondente relazione *r-reale*; di conseguenza essi possono distinguere fra tuple in comune e non in comune alle due relazioni. Motro definisce le dimensioni in termini di differenza tra r-ideale e r-reale, misurate considerando, rispettivamente, tuple comuni e tuple non comuni. Parssian va oltre, distinguendo, tra

Riferimento	Modello	Assunzioni specifiche sulle sorgenti	Dimensioni di qualità considerate	Operatori algebrici
Motro 1998	Modello relazionale con OWA (implicita)	Nessuna	Correttezza Completezza	Prodotto Cartesiano Selezione Proiezione
Parssian 2002	Modello relazionale con OWA (implicita)	Errori sugli attributi identificatori uniformemente distribuiti Probabilità di errore sugli attributi indipendenti l'una dall'altra Errori uniformemente distribuiti su attributi non identificatori per tuple mismember ed altre tuple	Accuratezza Inaccuratezza Mismembership Incompletezza	Selezione Proiezione Prodotto Cartesiano Join
Wang 2001	Modello relazionale	Errori uniformemente distribuiti	Accuratezza	Selezione Proiezione
Naumann 2004	Sistema di Integrazione Dati Insieme di sorgenti + relazione universale con CWA	Relazioni insiemistiche fra sorgenti - Disgiunzione - Sovrapposizione non quantificata - Contenimento - Indipendenza (overlap casuale)	Copertura Densità Completezza	Join merge Full outer join merge Left outer join merge Right outer join merge
Scannapieco 2004	Modello relazionale con OWA e CWA	Open world o closed world assumption Relazioni insiemistiche fra sorgenti - Disgiunzione - Sovrapposizione non quantificata - Contenimento	Completezza	Unione Intersezione Prodotto cartesiano

Figura 4.2. Confronto tra approcci alla composizione della qualità

i due tipi di tuple, le coppie di tuple con chiavi primarie diverse (denominate *identificatori* in Parssian e nel seguito), e tuple che sono identiche sulle chiavi e differiscono sugli attributi non chiave (*non-identificatori* nel seguito). Le assunzioni di Parssian sulle probabilità di errore tanto sugli attributi identificatori quanto su quelli non identificatori sono descritte nella Figura 4.2. Wang non si occupa dei problemi di completezza. Egli non considera le tuple che sono nella relazione ideale ma non sono membri della relazione reale; inoltre, egli assume che alcune tuple che appaiono nella relazione reale vi si trovino solo per errore. Tali tuple vengono dette *mismember*[1]. Wang, nel suo modello semplificato, assume una distribuzione uniforme degli errori nella relazione.

A differenza di altri autori, Naumann indaga sulla composizione della qualità nel contesto di un sistema di integrazione dati. Egli adotta un modello in cui le sorgenti di dati corrispondono alle relazioni ed alle basi di dati locali. Esiste una sorgente globale di dati detta *relazione universale*, che corrisponde all'insieme di tutte le tuple che si possono ottenere attraverso le sorgenti disponibili. Naumann studia quattro differenti casi di relazioni insiemistiche tra le sorgenti: (i) disgiunzione, (i) contenimento, (iii) indipendenza, corrispondenti ad una sovrapposizione accidentale, e (iv) sovrapposizione quantificata, nella quale è noto il numero di tuple comuni tra le sorgenti. Qui di seguito, descriviamo l'insieme di operatori adottato da Naumann, tanto nell'esprimere il

---

[1] **NdT:** Cioè, con appartenenza erronea.

rapporto tra le sorgenti e la relazione universale, quanto nella caratterizzazione della composizione della qualità. Naumann è interessato alla valutazione della qualità del processo di composizione delle sorgenti, onde riunire l'informazione scissa tra varie sorgenti. Per questo motivo, il suo interesse è incentrato sulla valutazione del comportamento degli operatori di join.

L'operatore *full outer join merge* viene definito come idoneo adattamento dell'operatore full outer join dell'algebra relazionale (si veda [66]) al contesto in cui si tiene conto dei conflitti tra tuple. Nel modello proposto si assume che siano state individuate tuple di sorgenti diverse corrispondenti allo stesso oggetto del mondo reale. Quando realizziamo la fusione di due tuple t_1 e t_2 che si riferiscono allo stesso oggetto, a seconda delle situazioni, gli attributi comuni possono avere (i) entrambi valori nulli, (ii) t_1 un valore nullo e t_2 un valore specificato, (iii) l'inverso, cioè t_1 un valore specificato e t_2 un valore nullo, (iv) lo stesso valore specificato, e (v) differenti valori specificati. In quest'ultimo caso, si assume che venga fornita una *funzione di risoluzione*. Date due sorgenti, corrispondenti alle relazioni r_1 e r_2, l'operatore *join merge* può essere definito come un'estensione dell'operatore di join ottenuto applicando al risultato del join la funzione di risoluzione. Gli operatori *full* e *left/right outer join merge* vengono definiti come estensioni degli operatori outer join, in cui invece del join viene usato il join merge. La *relazione universale* viene definita come il full outer join merge di r_1 e r_2. Entro questo modello, Naumann adotta la closed world assumption, dal momento che nella relazione universale possono esistere solo tuple sulle sorgenti.

Scannapieco adotta sia la open world assumption che la closed world assumption ; in tal modo, è possibile definire tutti i tipi di completezza discussi nel Capitolo 2. Inoltre, nella open world assumption, date due relazioni distinte r_1 e r_2, possiamo fare due diverse ipotesi sulle relazioni di riferimento: (i) le due relazioni di riferimento di r_1 e r_2 sono le stesse, o (ii) le relazioni di riferimento differiscono. Ciò è dovuto al fatto che quando si compongono relazioni tramite operatori di composizione quali unione o join, si possono dare (si veda Figura 4.3) due diverse interpretazioni delle operazioni in base alle seguenti assunzioni:

- se le due relazioni di riferimento sono le stesse (a sinistra in Figura 4.3), l'incompletezza riguarda l'assenza di oggetti in sorgenti che si riferiscono alla stessa realtà di interesse; e
- se le due relazioni di riferimento sono diverse (a destra in Figura 4.3), il risultato della composizione si può interpretare come l'integrazione di diverse realtà d'interesse.

Nei due casi precedenti, la valutazione della completezza risultante deve essere diversa. Con riferimento alle relazioni insiemistiche tra sorgenti, Scannapieco tiene conto di sovrapposizione, contenimento e di una forma debole di sovrapposizione, in cui non è noto il numero di tuple comuni.

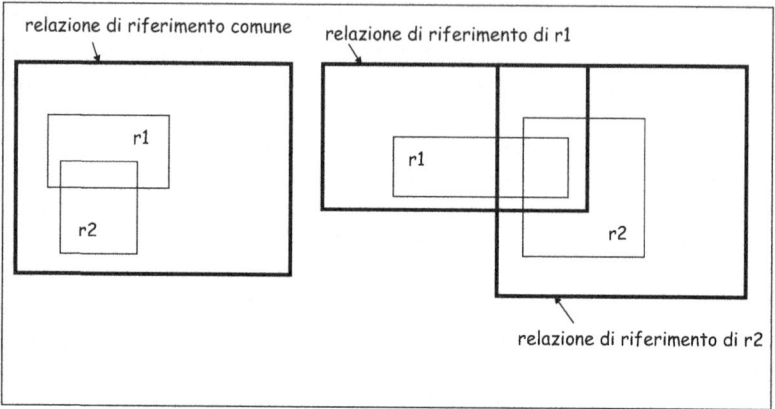

Figura 4.3. Assunzioni per le relazioni di riferimento

4.2.2 Dimensioni

In questa sezione effettueremo innanzitutto un confronto fra le dimensioni, quindi sposteremo l'attenzione su due dimensioni specifiche, l'accuratezza e la completezza.

In Motro, data una relazione ideale r-ideale e la corrispondente relazione reale r-reale, definiamo due dimensioni:

- La *Validità* misura la proporzione dei dati reali che sono veri:

$$\frac{|\text{r-ideale}| \cap |\text{r-reale}|}{|\text{r-reale}|}$$

- La *completezza* misura la proporzione dei dati veri memorizzati nella relazione reale:

$$\frac{|\text{r-ideale}| \cap |\text{r-reale}|}{|\text{r-ideale}|}$$

Parssian definisce quattro diverse dimensioni a seconda della coppia di tuple considerate nel rapporto tra relazione ideale e relazione reale. Più esattamente:

- Una tupla in r-reale è *accurata* se è accurata la totalità dei valori dei suoi attributi, cioè essi sono identici ai valori di una corrispondente tupla di r-ideale. Chiamiamo $S_{accurate}$ l'insieme delle tuple accurate.
- Una tupla è *inaccurata* se essa ha uno o più valori inaccurati (o nulli) per i suoi attributi non identificatori, e non ha valori inaccurati per il suo attributo o i suoi attributi identificatori; $S_{inaccurate}$ denota l'insieme delle tuple inaccurate.
- Una tupla è un *mismember* se non avrebbe dovuto essere rappresentata in r-reale, ma lo è stata; $S_{mismember}$ è l'insieme delle tuple mismember.
- Una tupla appartiene all'insieme *incomplete* $S_{incomplete}$ se avrebbe dovuto essere rappresentata in r-reale, ma non lo è stata.

4.2 Composizione della Qualità

In Figura 4.4 mostriamo un esempio di (i) relazione ideale `Professore`; (ii) una possibile relazione reale corrispondente, con le tuple accurate in bianco, le tuple inaccurate in grigio chiaro e le tuple mismember in grigio scuro; e (iii) un insieme di tuple incomplete. Accuratezza, inaccuratezza, mismembership di `r-reale` sono definite, rispettivamente, come

$$accuracy = \frac{|S_{accurate}|}{|\texttt{r-reale}|},$$

$$inaccuracy = \frac{|S_{inaccurate}|}{|\texttt{r-reale}|},$$

$$mismembership = \frac{|S_{mismember}|}{|\texttt{r-reale}|}.$$

La completezza di `r-reale` può essere definita come

$$\frac{|S_{incomplete}|}{|\texttt{r-reale}| - |S_{mismember}| + |S_{incomplete}|}$$

dal momento che, considerando `r-reale`, dobbiamo eliminare le tuple mismember ed aggiungere l'insieme di tuple incomplete.

Figura 4.4. Esempi di tuple accurate/inaccurate/mismember e insieme delle tuple incomplete nell'approccio di Parssian

A proposito dell'accuratezza, Wang distingue tra *accuratezza della relazione* e *accuratezza della tupla*. Ipotizzando una distribuzione uniforme degli errori responsabili dell'inaccuratezza, l'accuratezza della tupla si definisce *accuratezza probabilistica della tupla*. Essa coincide numericamente con l'accuratezza della relazione globale.

Naumann analizza la completezza da tre diversi punti di vista, corrispondenti alle dimensioni di copertura, densità e completezza.

1. La *copertura* di una sorgente s cattura il numero di oggetti rappresentati nella sorgente s rispetto al numero totale di oggetti nella relazione universale ur, e si definisce come

$$\frac{|\,\mathtt{s}\,|}{|\,\mathtt{ur}\,|}.$$

2. La *densità* di una sorgente cattura il numero di *valori* rappresentati nella sorgente, e si definisce come il numero di valori non nulli cui fanno riferimento gli attributi nella relazione universale. Più formalmente, definiamo prima la *densità di un attributo* a di s come

$$d(\mathtt{a}) = \frac{|\,(\mathtt{t} \in \mathtt{s} \mid \mathtt{t}.\mathtt{a} \neq null)\,|}{|\,\mathtt{s}\,|}.$$

La *densità* della sorgente s è la densità media sull'insieme di tutti gli attributi A della relazione universale ur:

$$\frac{1}{|\,A\,|} \sum_{\mathtt{a} \in A} d(\mathtt{a}).$$

3. La *completezza* di una sorgente s cattura il numero di valori rappresentati nella sorgente, rispetto alla quantità potenziale totale di valori del mondo reale; essa si esprime con la formula

$$\frac{|\,(\mathtt{a}_{ij} \neq null \mid \mathtt{a}_{ij} \in \mathtt{s})\,|}{|\,\mathtt{ur}\,| \times |\,A\,|},$$

dove $\mathtt{a}_{ij}$ è il valore dell'attributo j_{th} della tupla $\mathtt{t}_i$ in s.

Scannapieco prende in esame tutte le dimensioni presentate per la completezza nel Capitolo 2, ed altre (il lettore interessato può consultare [173]).

Nel resto della sezione, daremo vari risultati su accuratezza e completezza. A causa della già discussa eterogeneità degli approcci esistenti, tratteremo ciascuna proposta separatamente. Poiché i contributi più significativi sono quelli forniti da Wang, Parssian, Naumann, e Scannapieco, qui di seguito concentreremo l'attenzione su di essi. Adottiamo la simbologia descritta in Figura 4.5.

4.2.3 Accuratezza

Wang fornisce diversi risultati per gli operatori di selezione e proiezione. Analizziamo l'operatore di selezione, mentre per le formule più complesse riguardanti la proiezione, si rinvia il lettore a [206]. Supponendo che $|\,\mathtt{s}\,|$, la taglia della relazione in uscita, sia nota, la seguente formula deriva direttamente dall'ipotesi che la distribuzione degli errori sia uniforme:

4.2 Composizione della Qualità

Simbolo	Significato
r	Relazione di input
$r_1, r_2, ..., r_n$	Insieme di n relazioni di input
s	Relazione di output
|r|	taglia della the relazione r
acc	accuratezza
inacc	inaccuratezza
cov	copertura
compl	completezza

Figura 4.5. Simboli usati nell'esposizione

$$acc(s) = acc(r).$$

Vengono fornite altre formule per gli scenari caso peggiore e caso migliore; per esempio, per il caso peggiore, se $|r| \leq |s|$, allora $acc(s) = 0$. Si veda [206] per maggiori dettagli. I risultati prodotti da Parssian sono più ricchi, dato il più vasto insieme di dimensioni definite per le relazioni in ingresso. Forniamo qui i dettagli per accuratezza e inaccuratezza nel caso di operazioni con prodotto cartesiano e selezione.

Per il prodotto cartesiano, applicato a due relazioni r_1 ed r_2, è possibile ricavare semplicemente la seguenti formule:

$$acc(s) = acc(r_1) * acc(r_2)$$

e

$$inacc(s) = acc(r_1)*inacc(r_2)+acc(r_2)*inacc(r_1)+inacc(r_1)*inacc(r_2).$$

Quanto all'operazione di selezione, valgono quattro casi diversi a seconda della struttura della condizione nella selezione stessa, e cioè a seconda che la condizione di selezione si applichi ad un attributo identificatore o non-identificatore e che la condizione sia di uguaglianza o di disuguaglianza. Esaminiamo due casi.

Nel caso in cui la condizione è una disuguaglianza applicata ad un attributo identificatore, avendo assunto una distribuzione uniforme degli errori, i valori di accuratezza, inaccuratezza, assegnazione errata e completezza per s sono identici a quelli per r. Ciò perché lo stato delle selezionate scelte resta invariato.

Nel caso in cui la condizione è un'uguaglianza applicata ad un attributo non identificatore A, le tuple vengono selezionate o meno a seconda della loro accuratezza o inaccuratezza sul valore di A. Per calcolare la taglia delle varie componenti di s, occorre valutare la probabilità che una tupla accurata/inaccurata/assegnata erroneamente sia in una delle porzioni di r correlata ad attributi non identificatori che appaiono o meno nella condizione. Indichiamo con $P(t \in s)$ tale probabilità. La formula per l'accuratezza è in questo caso, intuitivamente:

$$\text{acc}(s) = \text{acc}(r) * \frac{|r|}{|s|} * P(t \in s)$$

Per una prova formale della formula precedente ed i dettagli riguardanti tutti gli altri casi, si veda [156].

4.2.4 Completezza

Nel seguito concentriamo l'attenzione sui contributi di Naumann e Scannapieco. Innanzitutto, nell'approccio di Naumann esiste una relazione funzionale tra completezza, copertura e densità di una relazione r_1, e cioè,

$$\text{compl}(r_1) = \text{cov}(r_1) * \text{density}(r_1).$$

Questa relazione deriva direttamente dalle definizioni date. Naumann caratterizza le funzioni di composizione, nel caso di operatori binari su due relazioni r_1 e r_2, per le tre dimensioni e per tutti gli operatori definiti in precedenza, sulla base delle assunzioni definite nella Sezione 4.2.1.

Nella Figura 4.6 mostriamo numerosi casi per la dimensione copertura, che ci accingiamo a definire; per gli altri casi, si veda [140].

Assunzione/ Operatore	r_1 and r_2 disgiunte	Sovrapposizione quantificata (= x)	r_1 contenuta in r_2
Join merge	0	|x| / |ur|	cov(r_1)
Left outer join merge	cov(r_1)	cov(r1)	cov(r_1)
Full outer join merge	cov(r_1) + cov(r_2)	cov(r_1) + cov(r_2) - |x| / |ur|	cov(r_1)

Figura 4.6. Funzioni di composizione della copertura in Naumann

Con riferimento alla Figura 4.6, nel caso del join merge, i risultati dell'operatore a seconda delle diverse assunzioni sono, rispettivamente (i) nessun oggetto, (ii) solo gli oggetti comuni, e (iii) solo gli oggetti di r_1, il che porta direttamente alle formule indicate. Nel caso del left outer join merge, a causa della proprietà del left outer join di mantenere tutte le tuple della prima sorgente r_1 nel risultato, la copertura è indipendente dalle assunzioni, ed è uguale a cov(r_1). Considerazioni analoghe valgono nel caso del full outer join merge. Per tutti gli altri casi e proprietà non menzionati qui, si rinvia a [140].

4.2 Composizione della Qualità

Nell'approccio di Scannapieco, consideriamo i due casi di open world assumption, in cui le suddette relazioni in ingresso r_1 e r_2 vengono definite, rispettivamente (i) sulla medesima relazione di riferimento, o (ii) su due differenti relazioni di riferimento. Si noti che si assume di conoscere non le relazioni di riferimento stesse, bensì la loro taglia. Facciamo riferimento alla valutazione della completezza per l'operatore di unione.

Caso 1: Stessa Relazione di Riferimento. Si supponga che

$$\text{ref}(r_1) = \text{ref}(r_2) = \text{ref}(s).$$

Nel caso in cui non disponiamo di ulteriori elementi di conoscenza sulle relazioni, possiamo solo esprimere un limite superiore:

$$\text{compl}(r) \geq \max(\text{compl}(r_1), \text{compl}(r_2)).$$

Id	Cognome	Nome	Ruolo
1	Ongy	Daniel	Ordinario
2	Mezisi	Patrick	Ordinario
3	Oado	George	Ordinario
4	Rosci	Amanda	Ordinario

(a) dip1

Id	Cognome	Nome	Ruolo
1	Mumasia	John	Associato
2	Mezisi	Patrick	Ordinario
3	Oado	George	Ordinario
4	Gidoy	Nomo	Associato
5	Rosci	Amanda	Ordinario

(b) dip2

Id	Cognome	Nome	Ruolo
1	Mumasia	John	Associato
2	Oymo	Vusi	Associato
3	Msgula	Luyo	Associato
4	Keyse	Frial	Associato

(c) dip3

Id	Cognome	Nome	Ruolo
1	Ongy	Daniel	Ordinario
2	Oado	George	Ordinario

(d) dip4

Figura 4.7. Esempi di relazioni di input

Oltre a questa disuguaglianza, possiamo distinguere altri tre casi:

1. disgiunzione: se $r_1 \cap r_2 = 0$ allora $\text{compl}(s) = \text{compl}(r_1) + \text{compl}(r_2)$;
2. sovrapposizione parziale non quantificata: se $r_1 \cap r_2 \neq 0$ allora $\text{compl}(s) > \max(\text{compl}(r_1), \text{compl}(r_2))$; e
3. contenimento: se $r_1 \subset r_2$ allora $\text{compl}(s) = \text{compl}(r_2)$.

Per esempio, le Figure 4.7a e 4.7b mostrano le due relazioni dip1 e dip2, ciascuna rappresentante professori di un dipartimento e avente la stessa relazione di riferimento, $\texttt{ref-dip} = \text{ref}(\text{dip1}) = \text{ref}(\text{dip2})$, corrispondente a tutti i professori del dipartimento. Si noti che dip1 rappresenta solo i professori ordinari. Abbiamo i seguenti dati in ingresso: (i) $|\text{dip1}| = 4$, (ii) $|\text{dip2}| = 5$, e (iii) $|\texttt{ref-dip}| = 8$. Di qui, $\text{compl}(\text{dip1}) = 0.5$ e $\text{compl}(\text{dip2}) = 0.625$. Da questa informazione possiamo ricavare

$$\text{compl}(\text{dip1} \cup \text{dip2}) \geq 0.625.$$

La Figura 4.7c mostra la relazione dip3, la cui taglia è 4; questa relazione contiene solo i professori associati; pertanto, dip3 ∩ dip1 è ∅. In questo caso possiamo facilmente calcolare

$$\text{compl}(\text{dip1} \cup \text{dip3}) = 0.5 + 0.5 = 1$$

La Figura 4.7d mostra la relazione dip4, di taglia 2; si osservi che dip4 ⊆ dip1. In questo caso abbiamo

$$\text{compl}(\text{dip1} \cup \text{dip4}) = 0.5.$$

Caso 2: Differenti Relazioni di Riferimento. Consideriamo un caso che può verificarsi in uno scenario reale, e cioè, che le relazioni di riferimento siano una partizione disgiunta e completa di un dominio. Questo caso si ha per esempio quando fondiamo due insiemi disgiunti di cittadini residenti in città diverse. Più specificatamente, supponiamo che $\text{ref}(r_1) \cap \text{ref}(r_2) = \emptyset$ e $\text{ref}(s) = \text{ref}(r_1) \cup \text{ref}(r_2)$. In questo caso, è facile mostrare che la completezza di s per l'unione è

$$\text{compl}(s) = \frac{|r_1| + |r_2|}{|\text{ref}(r_1)| + |\text{ref}(r_2)|} =$$

$$= \frac{\text{compl}(r_1) * |r_1| + \text{compl}(r_2) * |r_2|}{|\text{ref}(r_1)| + |\text{ref}(r_2)|}.$$

Per gli altri casi, relativi all'intersezione e al prodotto cartesiano, si rimanda il lettore a [173].

4.3 Localizzazione e Correzione degli Errori

Nell'introduzione a questo capitolo, abbiamo indicato fra le attività inerenti la qualità dei dati la localizzazione e la correzione degli errori. Tali attività sono utili ogni qualvolta si abbia a che fare con dati raccolti da sorgenti a rischio di contenere errori (ad es., quelle in cui siano stati inseriti dati manualmente) oppure acquisiti da sorgenti di cui non è nota l'affidabilità.

Nel Capitolo 2 abbiamo imparato che gli errori sui dati possono essere espressi in termini di un gran numero di dimensioni; per alcune di esse abbiamo fornito delle misure e, nel caso della consistenza, modelli formali che la caratterizzano. Sosteniamo che, corrispondentemente, i metodi per la localizzazione e la correzione degli errori dipendono dal tipo di dimensione di qualità che si vuole controllare e migliorare. Le sezioni che seguono tengono conto di tale dipendenza dalla dimensione e sono pertanto articolate come segue:

1. localizzare e correggere le inconsistenze, nella Sezione 4.3.1;
2. localizzare e correggere dati incompleti, nella Sezione 4.3.2;
3. localizzare i valori anomali, cioè i valori dei dati che presentano anomalie rispetto ad altri dati e, di solito, sono indicativi di dati inesatti, nella Sezione 4.3.3.

4.3.1 Localizzare e Correggere le Inconsistenze

Storicamente, il problema di individuare le inconsistenze si è presentato dapprima nei sondaggi statistici condotti elaborando le risposte ottenute da una serie di questionari, ed è anche tipico nel caso di dati raccolti in esperimenti ed analisi (ad esempio analisi cliniche) per la diagnostica e il trattamento medico. Il problema della localizzazione e correzione degli errori sta diventando sempre più importante nei casi in cui si usano reti di sensori, per es. per l'individuazione di agenti biologici e chimici dannosi, e nella raccolta dati per il monitoraggio ambientale. Il tasso di errori di queste reti di sensori dipende fortemente dal livello di carica delle batterie degli strumenti usati, dall'interferenza e da altri parametri.

Una prima formalizzazione del problema si è avuta in [76]; contributi più recenti sono apparsi in diversi studi (si vedano [33], [215], e [163]). Qui di seguito, prendiamo in esame come caso di riferimento quello dei dati raccolti tramite questionari; come vedremo, l'approccio può essere esteso ad altri casi dove sono definiti modelli per dati più complessi, per esempio il modello dati relazionale con vincoli di integrità.

Nella progettazione di un questionario, i dati forniti come risposte devono verificare un insieme di proprietà, corrispondenti agli edit introdotti nel Capitolo 2. Nel linguaggio della statistica, l'insieme di tutti gli edit viene indicato come *insieme di regole edit*, o *piano di verifica*, o *piano di compatibilità*. Di solito, tali regole sono note solo in numero limitato, poiché raccoglierle ed esprimerle è un'attività dispendiosa ed anche da un semplice questionario possono derivarne decine o centinaia. Gli errori, le inconsistenze tra risposte oppure le risposte fuori scala, possono essere dovute alla scarsa qualità del progetto originale di questionario, o possono essere introdotte in una fase successiva della produzione dei dati, come l'immissione o la conversione di dati.

Quando gli edit vengono raccolti, è fondamentale che si dimostri che essi siano *consistenti*, ovvero privi di contraddizioni, altrimenti, ogni procedura possibile per localizzare gli errori sulla base degli edit fallirà. Inoltre, essi devono essere *non ridondanti*, cioè tali che nessun edit dell'insieme può essere fatto derivare logicamente da altri edit.

Facciamo un esempio di insieme di edit inconsistenti: si supponga di dover effettuare un sondaggio tra gli impiegati di una ditta. Si considerino i tre edit (qui, e in seguito, introduciamo informalmente la sintassi e la semantica degli edit):

1. Salario = false, che significa che "ogni impiegato ha uno stipendio."
2. Ha Scrivania = false, che significa "ogni impiegato ha una scrivania."
3. (Salario = true) and (Ha Scrivania = true), che significa "ad un impiegato non è consentito avere uno stipendio ed una scrivania."

Esiste un'evidente contraddizione fra i tre edit. Ciò indica che uno degli edit, probabilmente il 3, è sbagliato. Presentiamo ora un esempio di insieme di edit ridondante:

1. `Ruolo = professore` $\wedge$ `StipendioAnnuo` $<$ `100.000`
2. `StipendioAnnuo` $<$ `100.000`

in cui la ridondanza riguarda il vincolo posto su `StipendioAnnuo`.

Una volta ottenuto un insieme di edit *valido*, cioè almeno consistente, possiamo usarlo per svolgere le operazioni di *localizzazione degli errori*. Ciò può essere fatto verificando se le assegnazioni di valori di verità associate ai valori del questionario soddisfano la formula logica corrispondente all'insieme di edit. In questa attività, sarebbe ovviamente preferibile avere un insieme di edit *non ridondante*, perché tutto il processo può essere reso più semplice diminuendo il numero di edit e mantenendo nel contempo lo stesso potere rilevamento delle inconsistenze.

Dopo aver localizzato i record errati, per correggere gli errori, potremmo svolgere su di essi l'attività denominata *acquisizione di nuovi dati* nella Sezione 4.1. Purtroppo, si tratta di un'attività in genere molto dispendiosa e, in tutti i contesti in cui i dati vengono raccolti per finalità statistiche, si preferisce di solito ricorrere agli edit per correggere dati errati. L'uso degli edit per correggere campi errati ripristinando i valori corretti viene denominata *correzione degli errori* o *imputazione*. Il problema di localizzare gli errori mediante edit ed effettuare l'imputazione dei campi errati è di solito noto come *problema di edit-imputation*. Fellegi ed Holt in [76] propongono un modello teorico per questo problema. Gli obiettivi principali del modello sono i seguenti:

- I dati in ciascun record devono soddisfare tutti gli edit cambiando il minimo numero di campi possibile. Questo principio prende il nome di *principio del cambiamento minimo*.
- Quando è necessaria l'imputazione, è desiderabile conservare le distribuzioni di frequenza marginale e congiunta dei valori nei differenti campi.

I due suddetti obiettivi possono essere in conflitto, come mostra il seguente esempio. Si consideri un questionario che raccoglie numerosi dati personali, come ad esempio `<Età, StatoCivile, Occupazione>`. A causa di un errore, un record "vero" come `<68, coniugato, pensionato>` potrebbe diventare `<6, coniugato, pensionato>`. Tale record non rispetta un edit come

`Età` $<$ `15` $\wedge$ `StatoCivile = coniugato`.

Possiamo correggere 6 in 15, rispettando il principio del cambiamento minimo per quanto riguarda l'età, ma se applichiamo la regola in tutti i casi simili alteriamo la distribuzione dei valori di `Età`. Anche cambiando il 6 (e analoghi valori non corretti) in modo da rispettare la distribuzione di frequenza dei valori corretti di `Età`, potremmo modificarne la distribuzione congiunta con StatoCivile e Occupazione. Quindi, in generale, dobbiamo effettuare cambiamenti più complessi ed estesi. Fellegi e Holt forniscono una soluzione al problema di imputazione ed editing che consente di scoprire il numero minimo di campi da cambiare per rispettare tutti gli edit, raggiungendo così il primo obiettivo. Nel loro metodo, i due autori fanno un'importante assunzione, che l'edit implicito sia noto. Gli *edit impliciti* sono quelli che possono essere derivati logicamente dagli edit definiti esplicitamente. Nella *localizzazione degli errori* essi erano considerati edit ridondanti, tant'è che venivano ridotti al minimo; durante la *correzione degli errori* essi non possono essere ignorati, poiché esprimono proprietà che non vengono meno per un record ma possono venir meno quando i valori vengono cambiati. L'esempio che segue, adattato da [215] dà un'intuizione a proposito dei problemi di ordine computazionale correlati. Si consideri un record,

<Età, StatoCivile, Relazione-con-Capofamiglia>,

ed i seguenti due edit:

edit1: Età < 15 ∧ StatoCivile = coniugata
edit2: MaritalStatus = nubile ∧ Relazione-con-Capofamiglia = coniuge

Come si può facilmente verificare, un edit implicito è

edit3: Età < 15 ∧ Relazione-con-Capofamiglia = coniuge

Supponiamo inizialmente che l'edit3 sia nascosto. Si consideri poi un record r_1 = <10, nubile, coniuge>. Il record fallisce per l'edit2; per correggere il record, possiamo cambiare StatoCivile in coniugata, per ottenere un nuovo record r_2 che ora però fallisce per l'edit1. Così, abbiamo fatto un secondo tentativo che coinvolge il valore coniuge. Se consideriamo esplicitamente l'edit3, ne concludiamo immediatamente che almeno uno dei due valori <10,coniuge> deve essere cambiato.

Assumendo la disponibilità di edit impliciti, Fellegi e Holt formulano il problema come un problema di set covering. In alternativa, se non sono disponibili edit impliciti, il problema di imputazione ed editing può essere risolto con metodi di programmazione intera, che sono molto più lenti. Per raggiungere il secondo obiettivo, cioè per mantenere la distribuzione delle frequenze marginale e congiunta delle variabili, è necessario ricorrere ai metodi di imputazione probabilistici. Per questi argomenti si rinvia a [33].

4.3.2 Dati Incompleti

Nel Capitolo 2 abbiamo indicato nel concetto di completezza un'importante dimensione di qualità dei dati, ed abbiamo definito e fornito metriche per la completezza nel contesto delle tabelle relazionali. Un altro tipo di incompletezza si verifica nella misurazione di fenomeni durante un certo lasso di tempo, cioè nelle serie temporali. Esaminiamo ora i due casi di completezza.

Con riferimento alle tabelle relazionali, l'assegnazione di valori espliciti al posto di quelli mancanti ad un attributo A, o ad un insieme di attributi $A_1, A_2, \ldots, A_n$, può essere espresso come un problema di conformità agli edit della forma

A_1 = null or A_2 = null o ...or A_n = null.

In questo caso, il problema di trovare il numero minimo di valori da modificare è ininfluente, poiché questo numero coincide con l'insieme di valori mancanti. Quindi, l'obiettivo che diventa critico è quello di conservare le distribuzioni di frequenza marginale e congiunta degli attributi. Se gli attributi da considerare sono A_1, $A_2, \ldots, A_n$, si può assumere che gli attributi manchino monotonicamente, vale a dire che A_i non manca solo se A_{i-1}, $A_{i-2}, \ldots, A_1$ non mancano. In questo caso, si può eseguire ricorsivamente un metodo di regressione, generando valori validi da A_1 a A_n.

Per quanto riguarda le serie temporali, abbiamo due tipi di incompletezza: dati troncati e dati censurati. I *dati troncati* corrispondono ad osservazioni eliminate dall'insieme di dati analizzati. Per esempio, i clienti che effettuano al massimo un volo all'anno potrebbero non essere inclusi nella base di dati dei clienti di una compagnia aerea. I *dati censurati* sono quelli per cui si ha la certezza che non sono stati raccolti prima di un certo istante t_1 (*dati censurati a sinistra*) o dopo un certo istante t_2 (*dati censurati a destra*). Come esempio di dati censurati a sinistra, supponiamo di essere interessati alla misurazione del *tempo medio tra avarie* di un computer; potremmo avere a disposizione solo dati storici a partire da un certo istante t_1, e potremmo non sapere in quale istante $t_0 < t_1$ il computer abbia cominciato a funzionare. Le situazioni possibili sono mostrate nella Figura 4.8.

Si noti che i dati troncati o censurati possono anche apparire in tabelle relazionali con valori privi di timestamp. Per esempio, un numero intero da 64-bit non può rappresentare valori superiori a $2^{64} - 1$; quindi, i valori interi che hanno subito un overflow corrispondono a valori censurati. Altro esempio: un sistema di fatturazione delle vendite può assegnare una data di default alle fatture con data mancante. Ne consegue che tutte le fatture con valori mancanti hanno esattamente la stessa data, la cui frequenza è elevata.

I dati troncati e censurati possono essere scoperti con l'aiuto di istogrammi e distribuzioni di frequenza. Per esempio, nel suddetto sistema degli ordinativi delle vendite, nella distribuzione della frequenza delle date compare un picco in corrispondenza della data di default.

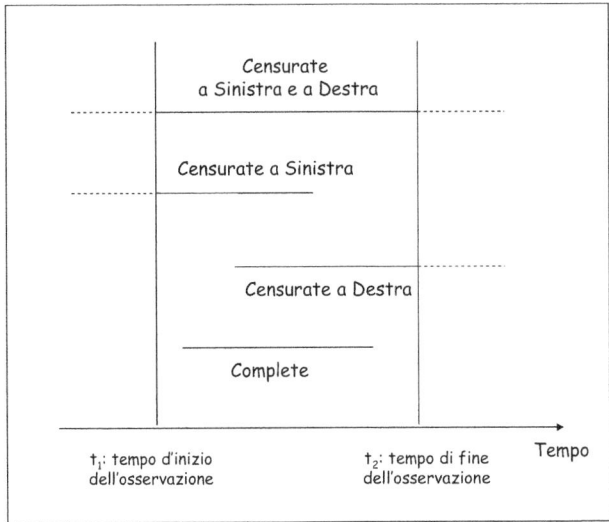

Figura 4.8. Tipi di dati incompleti nelle serie temporali

4.3.3 Scoperta dei Valori Anomali

In un insieme di dati, un valore insolitamente più grande o più piccolo rispetto ad altri valori viene chiamato *valore anomalo*[2]. Si considerino i seguenti dati:

$$2, 5, 6, 3, 8, 76, 4, 3, 7.$$

L'intuito ci dice che 76 è un valore sospetto perché è l'unico numero non compreso nella scala da 0 a 10. Tipicamente un valore anomalo è attribuibile ad una delle seguenti cause:

1. è stato osservato, registrato o inserito nella base di dati in modo non corretto;
2. proviene da una popolazione diversa da quella degli altri valori; o
3. è corretto, ma rappresenta un evento raro.

Nel nostro esempio, il 76 potrebbe essere il risultato di un errore di digitazione: è stata omessa la virgola separatrice tra 7 e 6. Questo è un esempio di valore falso o spurio temporaneo detto a volte *data glitch*, che corrisponde alle cause 1 e 2. E' importante distinguere i valori anomali del tipo 3, corretti ma rari, da quelli dei tipi 1 e 2, cioè i data glitch. Da quanto detto consegue che i metodi per gestire i valori anomali comprendono due fasi (i) scoprire i valori anomali e (ii) stabilire se si tratta di casi rari o di data glitch.

I valori anomali vengono localizzati misurando lo scarto tra i valori osservati e quelli attesi. Discutiamo i seguenti metodi utilizzabili per localizzare i

---

[2] **NdT:** *Outlier* nell'originale.

valori anomali: diagrammi di controllo, valori anomali in base alla distribuzione e valori anomali di serie temporali. Un elenco esauriente di questi metodi è riportato e discusso dettagliatamente in [50].

- I *diagrammi di controllo* sono stati sviluppati in origine dall'industria manifatturiera per misurare la qualità dei prodotti; vengono raccolti numerosi campioni di dati e vengono calcolati e analizzati diversi valori statistici, quali l'errore medio e l'errore standard. Per esempio, nella Figura 4.9, il settore all'interno del rettangolo rappresenta i valori che sono entro i limiti di errore di un attributo singolo, mentre l'ellissi rappresenta i limiti di controllo congiunti, basati sulla distribuzione congiunta dei due attributi. Alcuni punti situati all'interno dei limiti di controllo degli attributi singoli diventano valori anomali quando consideriamo l'area di controllo ellittica corrispondente alla coppia di attributi.

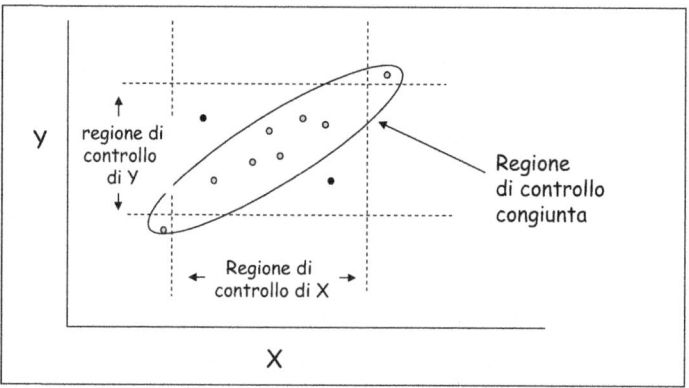

Figura 4.9. Esempio di diagramma di controllo basato su due attributi

I diagrammi di controllo sono adatti per lo studio di uno o due attributi per volta. Non li si può usare per individuare i valori anomali in base alle interrelazioni tra attributi; è possibile che un valore possa essere del tutto adeguato rispetto a qualsiasi attributo dato, ma potrebbe essere al di fuori dei limiti di errore rispetto agli attributi presi assieme.
- *Valori anomali in base alla distribuzione.* In questo metodo, i valori anomali vengono visti come punti che si trovano in una regione a bassa densità. Poiché sono relativamente isolati, questi punti sono "probabilmente" dei valori anomali. L'intuito ci dice che i valori anomali si trovano probabilmente a grande distanza da altri valori. Partendo da questa intuizione, i valori anomali in base alla distribuzione possono essere individuati calcolando il valore $F[d](x)$ per ciascun punto x nell'insieme di valori, che è la frazione di punti nell'insieme di valori a distanza d o maggiore da x. L'insieme $F[p, d]$ di valori anomali è l'insieme di punti x tale che $F[d](x) > p$,

dove p è un valore di soglia. Si noti che i valori anomali potrebbero essere raggruppati in cluster a causa di valori di default o di valori censurati per alcuni campi. La soglia p dovrebbe essere scelta tenendo conto di questi campi.
- *Valori anomali in serie temporali.* Questi metodi analizzano i valori anomali nelle serie temporali. Essi si basano su proprietà importanti delle serie temporali, come il fatto che i dati vicini nel tempo tendono ad essere strettamente correlati. Essi considerano anche la presenza nei dati di pattern ciclici, come i pagamenti effettuati con carta di credito che possono raggiungere punte molto elevate in determinate ore durante la settimana. Una tecnica per le serie temporali inizia partizionando il gruppo di attributi misurati in serie (per es., <NumeroCartaCredito, Spesa>), usando una strategia di partizionamento dello spazio. Ciascuna classe della partizione è uno stato che un data point può avere nel tempo. Una data serie temporale viene modellata come una traiettoria di stati con determinate probabilità di transizione tra uno stato e l'altro. Perciò, le transizioni possono essere ordinate per probabilità e i valori anomali corrispondono a transizioni poco probabili.

Una volta individuati i valori anomali, occorre decidere se essi rappresentano un comportamento abnorme ma valido o un data glitch. Nei metodi applicati alle serie temporali, la decisione viene presa in base a due diverse misure di deviazione. La *deviazione relativa* rappresenta il movimento nel tempo di un data point rispetto ad altri data point. Per esempio i data point possono rappresentare la cronologia degli acquisti effettuati da un cliente con carta di credito: alcuni clienti acquistano ad un ritmo più veloce, altri continuano allo stesso ritmo di partenza. La *within deviation* misura la dinamica di un data point in relazione al comportamento previsto.

Confrontiamo in breve le due strategie. La deviazione relativa è più robusta, dal momento che cambiamenti di stato richiedono cambiamenti significativi negli attributi. La within deviation è sensibile a piccoli cambiamenti ed è migliore per analizzare cambiamenti a lungo termine; pertanto, è più adatta per distinguere i dati rari dai glitch. Infatti, i cambiamenti autentici sono di solito persistenti nel tempo, mentre i glitch compaiono e scompaiono imprevedibilmente. E' più probabile che un crollo nelle entrate in un istante di tempo isolato sia dovuto ad un problema di dati, per esempio dati mancanti, piuttosto che ad una tendenza al ribasso. La presenza di pattern nei glitch rivela cause sistematiche, come l'assenza di dati in particolari intervalli.

4.4 Classificazioni dei Costi e dei Benefici

In questa sezione cominciamo a discutere come un'organizzazione possa giudicare conveniente o meno avviare una campagna di miglioramento della qualità dei dati. In altre parole, discuteremo come quantificare (i) i costi dovuti alla qualità scadente dei dati esistenti, (ii) i costi delle iniziative per migliorarli e (iii) i benefici apportati da tali iniziative. L'analisi costi-benefici è un compito arduo in molti domini, e lo è ancor più nell'ambito della QD, vista la natura meno consolidata di questa disciplina. Al momento, le proposte avanzate vanno da classificazioni dei costi e dei benefici a metodologie per eseguire il processo di analisi. Le classificazioni sono generiche oppure specifiche, ad esempio dedicate al dominio finanziario. I vantaggi delle classificazioni generiche (si veda anche [70]) comprendono tra l'altro la possibilità di usufruire di una terminologia più chiara e di fornire metriche di misurazione più consistenti. Esse possono essere usate come elenchi di controllo nel corso dell'attività di analisi costi-benefici. In questa sezione discutiamo gli aspetti legati alle classificazioni generiche, rinviando al Capitolo 7 la trattazione delle metodologie. Qui di seguito, distinguiamo le differenze tra gli aspetti relativi ai costi e quelli relativi ai benefici.

4.4.1 Classificazioni dei Costi

Sono state pubblicate tre classificazioni dei costi molto dettagliate in English [68], Loshin [123], ed Eppler e Helfert [70]. Introduciamo dapprima le tre classificazioni citate di cui discutiamo gli aspetti originali; poi proponiamo un framework comune di classificazione per confrontarle.

La classificazione di English è mostrata nella Figura 4.10. I costi della qualità dei dati corrispondono ai costi legati a processi aziendali e di gestione dei dati sostenuti in caso di scadente qualità dei dati. I costi per la valutazione o il controllo della qualità dell'informazione misurano le dimensioni di qualità dei dati per verificare che i processi vengano eseguiti correttamente. Infine, i costi per il miglioramento dei processi e per la prevenzione dei difetti derivano dalle attività per il miglioramento della qualità dei dati, allo scopo di eliminare o ridurre i costi dovuti alla cattiva qualità. I costi dovuti alla cattiva qualità vengono analizzati minuziosamente nell'approccio di English mostrato in Figura 4.10, e sono suddivisi in tre categorie:

1. *Costi per fallimento dei processi.* Essi derivano dal malfunzionamento del processo, determinato da informazione di qualità scadente. Per esempio, indirizzi postali inaccurati fanno sì che la corrispondenza venga consegnata a indirizzi sbagliati.
2. *Scarto e rilavorazione dell'informazione.* Quando l'informazione è di cattiva qualità, è necessario gestire il problema dei difetti con svariati tipi di attività, come la rilavorazione, la pulizia o lo scarto. Ecco alcuni esempi di questa categoria:
   - gestione dei dati ridondanti. Se è inutile mantenere una sorgente a causa della sua cattiva qualità, occorre investire tempo e denaro per raccogliere e mantenere i dati in un'altra base di dati;
   - costi di riesecuzione. In questo caso, l'impresa sostiene costi per ripetere un processo fallito, come il rinvio della corrispondenza dell'esempio precedente;

4.4 Classificazioni dei Costi e dei Benefici

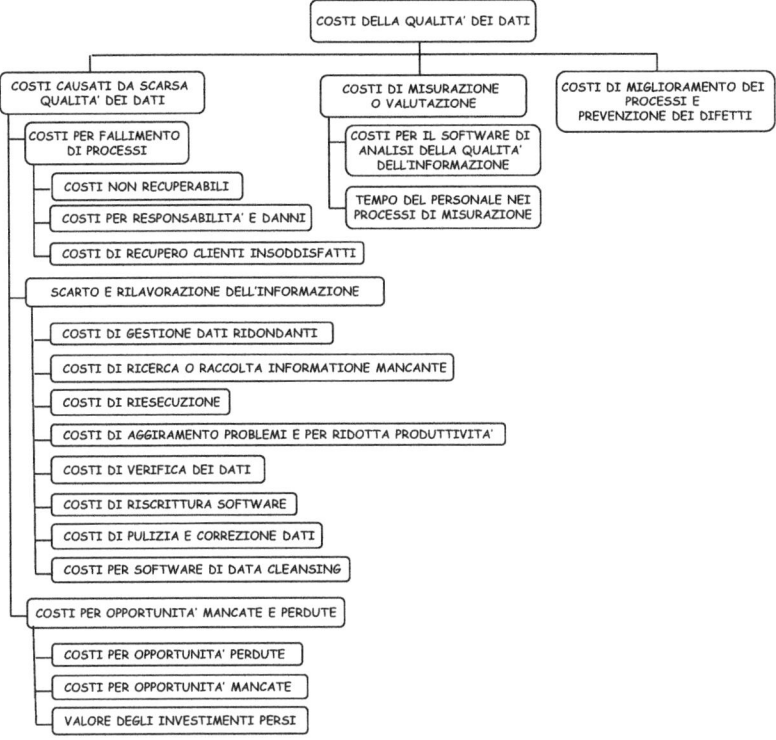

Figura 4.10. La classificazione di English

- costi di verifica dei dati. Quando gli utenti non si fidano dei propri dati, sono costretti ad eseguire in proprio l'ispezione di qualità per eliminare i dati di cattiva qualità.
3. *Costi per opportunità mancate o perdute* corrispondono a entrate mancate ed a profitti non realizzati a causa della cattiva qualità dell'informazione. Per esempio, la scarsa accuratezza di indirizzi e-mail di clienti, fa sì che una percentuale dei clienti usuali non possa essere contattata durante le campagne pubblicitarie periodiche, con conseguenti minori introiti.

La classificazione di Loshin è mostrata nella Figura 4.11. Loshin analizza i costi per bassa qualità dei dati classificandoli in termini di ripercussioni su vari domini:

- sul dominio operativo, che comprende le componenti del sistema usato per elaborare l'informazione ed i costi per mantenere il sistema in funzione;
- sul dominio tattico, che tenta di affrontare e risolvere i problemi prima che essi si verifichino;
- sul dominio strategico, che prende le decisioni che hanno effetti sul lungo termine.

98   4 Attività e Tecniche Inerenti la Qualità dei Dati: Generalità

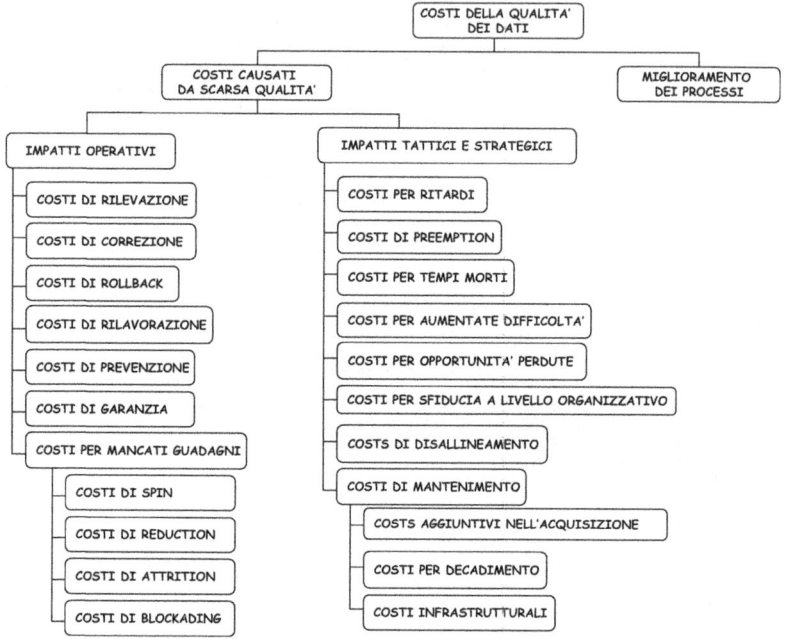

Figura 4.11. La classificazione di Loshin

Sia per l'impatto operativo che per quello tattico/strategico vengono introdotte numerose categorie di costi. Qui ne descriviamo alcuni riferiti al dominio operativo:

- i costi di rilevazione si hanno quando un problema di qualità dei dati provoca un errore di sistema o il fallimento del processo;
- i costi di correzione sono associati all'effettiva correzione di un problema;
- i costi di rollback sono connessi all'annullamento del lavoro effettuato;
- i costi di rilavorazione si hanno quando è necessario ripetere una fase dell'elaborazione;
- i costi di prevenzione sono connessi all'implementazione di una nuova attività che prevede interventi necessari ad evitare il fallimento operativo che potrebbe verificarsi a causa di un problema di qualità dei dati che sia stato scoperto.

Esempi di costi tattici/strategici sono: (i) il ritardo, dovuto all'inaccessibilità di dati che provoca un differimento del processo decisionale che, a sua volta, può portare a ritardi nella produttività, (ii) le opportunità perdute, cioè l'impatto negativo su potenziali opportunità nelle iniziative strategiche, e (iii) la sfiducia a livello organizzativo, dovuta alla decisione della dirigenza, insoddisfatta delle inconsistenze nei dati, di implementare un proprio sistema di supporto decisionale, con il risultato di generare ridondanze e inconsistenze a causa dell'uso frequente delle stesse sorgenti.

4.4 Classificazioni dei Costi e dei Benefici

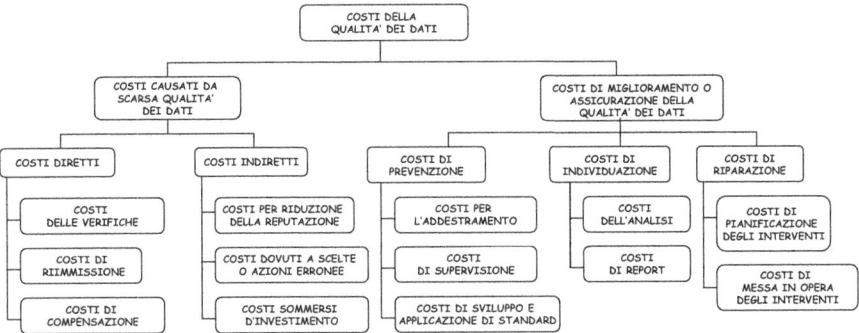

Figura 4.12. La classificazione di EpplerHelfert

La classificazione di EpplerHelfert è illustrata in Figura 4.12. EpplerHelfert ricava la sua classificazione tramite un approccio bottom-up; innanzitutto, realizza un elenco di costi specifici menzionati in letteratura, come gli aumentati costi di mantenimento e i costi di reinserimento dei dati. Quindi, genera un elenco di costi diretti associati al miglioramento dei dati o alla garanzia di qualità, come i costi di addestramento del personale necessari per aumentare il know-how sul sulla qualità dei dati. A questo punto associa le due classificazioni corrispondenti alle due classi di costi principali, ovvero i costi per la cattiva qualità dei dati ed i costi di miglioramento. I costi per la cattiva qualità dei dati vengono raggruppati in categorie in base alla loro misurabilità e al loro impatto, ottenendo classi di costi diretti e classi di costi indiretti. Per *costi diretti* si intendono gli effetti monetari derivanti direttamente dalla scadente qualità dei dati, mentre i *costi indiretti* derivano da effetti intermedi. I costi di miglioramento sono classificati nell'ambito del processo di qualità dell'informazione. Per ottenere una nuova classificazione che tiene conto dell'integrazione delle tre classificazioni appena discusse, usiamo una seconda classificazione proposta da Eppler e Helfert in [70]; si tratta di una classificazione che produce un framework concettuale che potrebbe essere usato nell'analisi costi-benefici dei programmi di qualità dei dati. Esso si basa sull'approccio basato sul ciclo di vita della produzione dei dati, che distingue tra costi di *immissione dei dati*, *elaborazione dei dati*, e *uso dei dati*. L'attribuzione iterativa a questa nuova classificazione ad alto livello di tutte le categorie di costi delle tre precedenti classificazioni porta alla classificazione comparativa della Figura 4.13; i differenti pattern di sfondo usati per le voci di classificazione di English, Loshin, ed EpplerHelfert sono indicati nella didascalia. Confrontando le tre classificazioni notiamo che esse hanno pochissime voci in comune, tutte collocate ad un livello astratto, cioè costi *correttivi*, costi *preventivi*, e costi per il *miglioramento del processo*. Le due classificazioni più vicine tra loro sono quelle di English e Loshin.

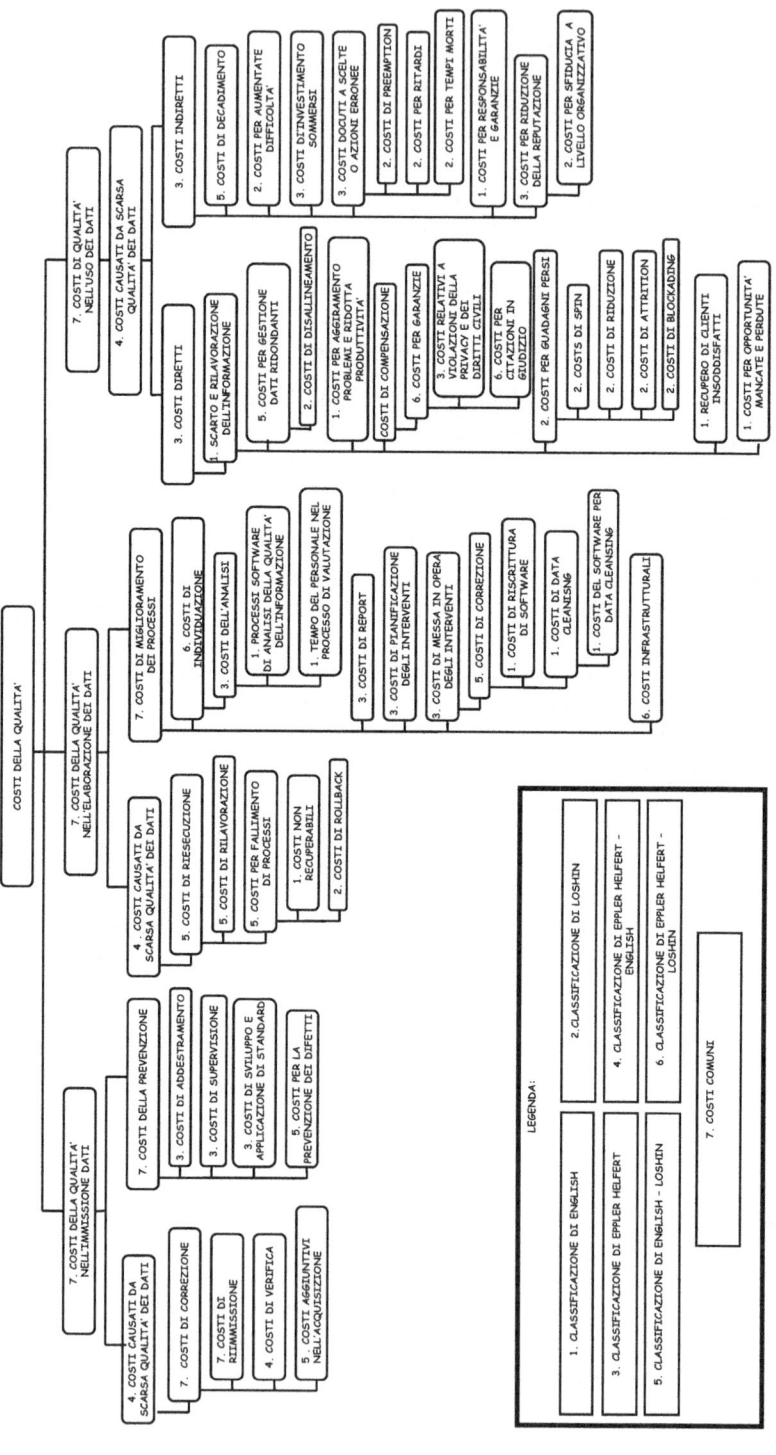

Figura 4.13. Una classificazione comparativa dei costi

4.4.2 Classificazione dei Benefici

I benefici possono essere suddivisi tipicamente in tre categorie:

1. *Monetizzabili*, quando corrispondono a valori esprimibili direttamente in termini monetari. Per esempio, una migliore qualità dei dati si traduce in maggiori entrate in termini monetari.
2. *Quantificabili*, quando non possono essere espressi in termini monetari ma esistono uno o più indicatori che li misurano, espressi in un diverso dominio numerico. Per esempio, la migliore qualità dei dati nei rapporto tra Governo e imprese può dar luogo ad un minore spreco di tempo da parte delle imprese, il che può essere espresso con un indicatore di tempo. Occorre notare che, in numerosi contesti, un beneficio quantificabile può essere espresso in termini di beneficio monetizzabile se si trova una funzione di conversione ragionevole e realistica tra il dominio quantificabile e il denaro. Nel nostro esempio, se il tempo perso dall'impresa incide sulla produttività, il beneficio quantificabile come "tempo perso" può essere tradotto in termini del beneficio monetizzabile "denaro speso improduttivamente."
3. *Intangibili*, quando i benefici non possono essere espressi con un indicatore numerico. Un tipico beneficio intangibile è la perdita di immagine di un ente o di una ditta a causa di dati inaccurati comunicati ai clienti, come ad esempio, le richieste ai cittadini, da parte dell'ufficio delle entrate, di pagamento di imposte non dovute.

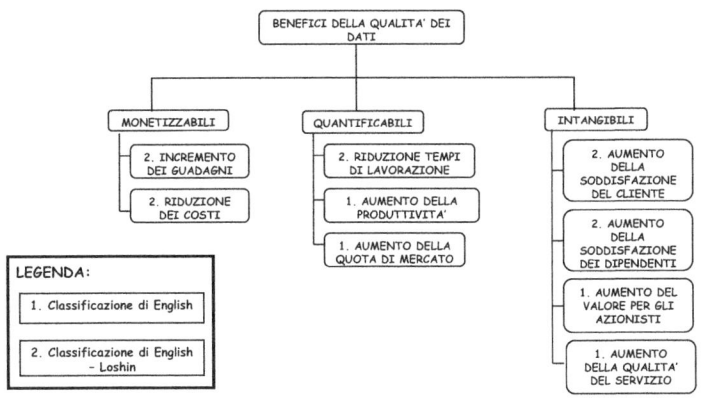

Figura 4.14. Una classificazione comparativa dei benefici

La Figura 4.14 rappresenta assieme le voci indicate da English e Loshin corrispondenti ai benefici nelle tre categorie. Quanto ai benefici monetizzabili, le due classificazioni concordano nell'indicazione degli aspetti economici relativi alle maggiori entrate ed ai costi diminuiti, mentre per quanto concerne i benefici quantificabili e intangibili, la classificazione di English è più ricca; tra i benefici intangibili, è importante il riferimento alla qualità del servizio. Nel Capitolo 7 vedremo esempi di applicazione delle succitate classificazioni nello studio di un caso concreto.

4.5 Sommario

In questo capitolo, abbiamo trattato numerose attività riguardanti la qualità dei dati ed abbiamo constatato che il miglioramento della qualità dei dati in un'organizzazione può essere realizzato con interventi e strategie diversificati. Tutte le attività di cui si è parlato si applicano ai dati e producono dati di qualità migliore secondo un determinato processo. Altri interventi migliorativi possono essere realizzati con processi di manipolazione dei dati, modificando il processo o introducendo nel processo controlli idonei; ne discuteremo nel Capitolo 7.

Abbiamo iniziato anche una trattazione delle attività nelle parti in cui abbiamo approfondito (i) la composizione della qualità, e (ii) la localizzazione e correzione degli errori. Infine, abbiamo discusso le classificazioni costi-benefici della qualità dei dati che possono essere usate come elenchi di controllo nel processo di allocazione di costi e benefici. Quanto alla composizione della qualità ed alla localizzazione e correzione degli errori, abbiamo introdotto una serie di tecniche per molti casi possibili, mentre per le classificazioni di costi e benefici abbiamo messo a confronto i diversi approcci. Così facendo, abbiamo dato un framework per l'analisi che permette al lettore di scegliere l'approccio particolare che meglio si addice al contesto d'uso.

5
Identificazione degli Oggetti

In questo capitolo ci occupiamo dell'identificazione degli oggetti, probabilmente l'attività relativa alla qualità dei dati più importante ed il campo di indagine maggiormente esplorato.

Allo scopo di introdurne i problemi fondamentali e spiegare la struttura del capitolo, citiamo un esempio tratto da uno scenario applicativo di e-Government. In tale scenario diversi enti governativi gestiscono procedure amministrative riguardanti diversi tipi di imprese, con lo scopo di registrare le informazioni che riguardano le imprese nei rispettivi registri nazionali, autorizzare attività specifiche ed erogare servizi quali, ad esempio, il prelievo fiscale. Gli enti trattano tutti lo stesso insieme di imprese. La rappresentazione usata per le imprese presenta alcuni attributi comuni a tutti gli enti ed altri specifici di ciascuno. Abbiamo riportato in Figura 5.1 un esempio tratto dalla vita reale di una stessa impresa rappresentata in tre registri nazionali (alcuni dettagli, peraltro irrilevanti in questo contesto, sono stati modificati per motivi di privacy).

Ente	Identificatore	Nome	Tipo di attività	Indirizzo	Città
Ente 1	CNCBTB765SDV	Produzione carni di John Ngombo	Commercio al dettaglio di carni bovine and ovine	35 Niagara Street	New York
Ente 2	0111232223	John Ngombo produzione carni in scatola	drogheria, bevande	9 Rome Street	Albany
Ente 3	CND8TB765SDV	Produzione carni nello stato di New York di John Ngombo	Macelleria	4, Garibaldi Square	Long Island

Figura 5.1. Come tre enti vedono la stessa attività

Le tre tuple presentano numerose differenze:

1. I valori degli identificatori differiscono a causa delle diverse politiche seguite dai tre enti; inoltre, anche quando essi sono tratti dallo stesso dominio ed hanno lo stesso significato (è questo il caso degli enti 1 e 3), differiscono a causa di errori di immissione di dati.
2. I nomi sono diversi, anche se alcune parti sono simili o comuni (anche in questo caso possiamo riconoscere qualche errore di immissione di dati).
3. Il tipo di attività è diverso; questa differenza può essere dovuta a svariate ragioni, come ad esempio errori di digitazione, dichiarazioni deliberatamente false, o dati aggiornati in momenti diversi.
4. Altre differenze si riscontrano nei restanti attributi Indirizzo e Città.

Eppure, le tre tuple rappresentano la stessa impresa!

Definiamo *identificazione degli oggetti* l'attività relativa alla qualità dei dati che permette di capire se dati in una stessa sorgente o in sorgenti diverse rappresentano lo stesso oggetto del mondo reale.

Come abbiamo già accennato nel Capitolo 1, dati di qualità scadente attinti da una singola base di dati portano ad una qualità del servizio scadente ed a perdite economiche. I dati di scarsa qualità che si riferiscono alle stesse tipologie di oggetti (ad es. persone, imprese o aree territoriali) in basi di dati differenti producono risultati di cattiva qualità in tutte le applicazioni (per es., interrogazioni, transazioni e aggregazioni) che accedono agli stessi oggetti in diverse basi di dati. Questo tipo di accesso è tipico di molte interazioni tra Governo, Impresa e Cittadino. Per esempio, per scoprire frodi fiscali, diversi enti possono effettuare un controllo incrociato sulle loro basi di dati alla ricerca di elementi contraddittori o correlazioni tra i dati: ciò è fattibile solo se si possono individuare i dati che fanno riferimento allo stesso oggetto.

Questo capitolo si articola come segue. La Sezione 5.1 presenta alcuni cenni storici riguardanti il problema dell'identificazione degli oggetti. Nella Sezione 5.2, discutiamo le diverse tipologie di dati partecipanti al processo di identificazione degli oggetti. La Sezione 5.3 descrive le fasi generali del processo che vengono poi approfondite nella Sezione 5.4. Nella Sezione 5.5 introduciamo le tecniche specifiche dell'identificazione degli oggetti, trattate poi più a fondo nelle sezioni successive: la Sezione 5.6 descrive le tecniche probabilistiche, la Sezione 5.7 illustra quelle empiriche, e, infine, la Sezione 5.8 espone nel dettaglio le tecniche basate sulla conoscenza. Il capitolo si conclude con la Sezione 5.9 dedicata al confronto tra le tecniche.

5.1 Cenni Storici

Il termine *record linkage* fu menzionato per la prima volta in [64]. Man mano che le applicazioni per computer venivano usate in misura sempre crescente per l'automazione di attività amministrative, studi demografici, esperimenti in campo sanitario e analisi epidemiologiche, apparve evidente che i dati risultano spesso dalla fusione di sorgenti diverse, create e aggiornate in momenti diversi e da organizzazioni o persone diverse. Inoltre, la fusione dei dati ne produce di nuovi di valore potenzialmente superiore, dato che sulle proprietà unificate si possono applicare nuovi tipi di aggregazioni, analisi e correlazioni.

Negli anni 50' e 60', i dati cominciarono ad essere rappresentati in *file*, *record* e *campi*, e nacque la terminologia che spiega il termine originale *record linkage* come l'attività risultante dall'integrazione di informazioni provenienti da due o più sorgenti indipendenti. In questo capitolo useremo spesso i termini *file/record/campo* in luogo di *relazione/tupla/attributo*, ogni qualvolta le tecniche di cui parleremo si applicheranno alla struttura più generale dei file.

Uno dei primi tentativi di passare da procedure empiriche ai metodi formali si fa risalire al genetista Howard Newcombe [146], che introdusse l'analisi della frequenza di occorrenze di valori nelle stringhe e regole di decisione per distinguere record corrispondenti e non corrispondenti. Tali procedure furono usate per la realizzazione di cartelle sanitarie individuali. Fellegi e Sunter [77] presentarono una teoria formale perfezionata per il record linkage (si veda Sezione 5.6.1). Ne seguì un gran numero di esperimenti e miglioramenti teorici che, oltre alle applicazioni in campo sanitario, portarono anche ad applicazioni nei campi amministrativo e censuario, caratterizzati da enormi moli di dati provenienti da sorgenti con gradi diversi di trustworthiness e accuratezza. In tali applicazioni è fondamentale sviluppare procedure automatiche di matching efficienti, in grado di limitare il ricorso alle risorse umane, e metodi efficaci per ridurre gli errori di classificazione. Si veda [216] per una discussione generale sulle peculiarità dei metodi di record linkage sui dati usati in campo amministrativo

Negli ultimi anni sono state proposte nuove tecniche che estendono l'attività di linkage dai file a strutture più complesse. Si tratta di tecniche che cercano anche di sfruttare la conoscenza sul dominio di applicazione per produrre procedure decisionali più efficaci. Questi argomenti saranno oggetto di trattazione approfondita nelle sezioni seguenti.

5.2 Identificazione degli Oggetti per le Diverse Tipologie di Dati

Le tecniche sviluppate per affrontare il problema dell'identificazione degli oggetti dipendono strettamente dal tipo di dati usati per rappresentare gli oggetti stessi. Perfezionando e adattando le classificazioni fornite nel Capitolo 1, distinguiamo tre tipi di dati principali che si riferiscono alla stessa classe di oggetti:

1. *Dati strutturati semplici* che corrispondono a coppie di file o a tabelle relazionali.
2. *Dati strutturati complessi*, cioè gruppi di file o tabelle relazionali correlati logicamente.

3. *Dati semi-strutturati*, come ad esempio coppie di documenti in linguaggio di marcatura XML.

La Figura 5.2, mostra tre differenti tipologie di dati. Nelle Figure 5.2a e 5.2b, è rappresentato un oggetto del tipo Persona, mentre in Figura 5.2c abbiamo un oggetto Stato.

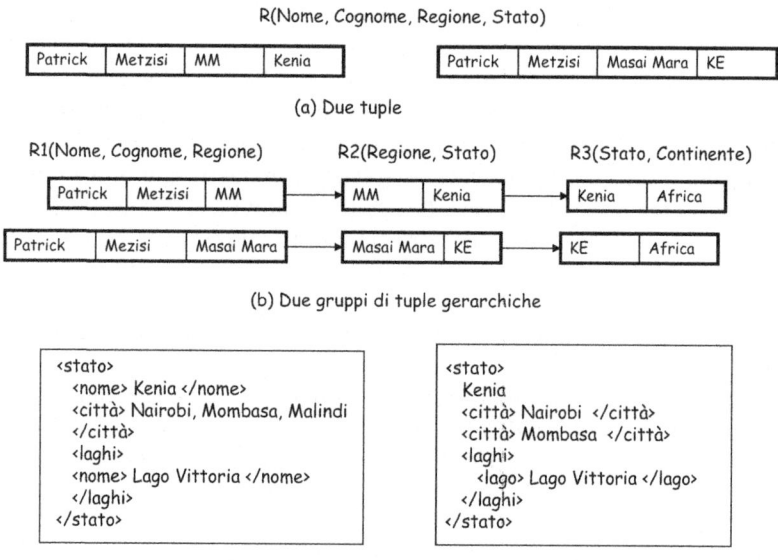

Figura 5.2. Esempi di corrispondenze fra oggetti delle tre tipologie di dati

Per scoprire le corrispondenze fra oggetti in questi tre tipi di struttura, l'intuito ci suggerisce di fare ricorso a strategie differenti. Nel passato, i dati strutturati semplici corrispondevano ai classici file, che hanno meccanismi inadeguati a rappresentare la semantica dei dati. Con l'avvento dei sistemi di gestione delle basi di dati (DBMS), e, in particolare, dei DBMS relazionali, è stato possibile assegnare a tali strutture una semantica, tramite domini, chiavi, dipendenze funzionali e vincoli. La nascita delle reti e di Internet e lo sviluppo dello standard XML hanno dato impulso alla ricerca di tecniche applicabili ai dati semi-strutturati.

In relazione a quanto detto, due espressioni diverse vengono ampiamente usate in letteratura: *record linkage* e *object identification*. Altri termini usati sono *record matching* e *entity resolution*. *Record linkage* è usato quando l'attività di confronto viene eseguita su dati strutturati semplici, nella nostra terminologia file o relazioni. Di solito è noto a priori che le due relazioni modellano la stessa entità del mondo reale, per esempio persone, imprese, o edifici. Lo scopo del record linkage è di produrre un nuovo file in cui tutte le tuple dei due file in ingresso che fanno riferimento alla stessa entità del mondo reale (ad es., la stessa persona, la stessa impresa) vengono fuse in un unico record; le tecniche possono anche produrre un cluster di record corrispondenti, senza scegliere un record rappresentativo. Quando si considera un unico file, l'obiettivo del record linkage è di scoprire e unificare i record che si riferiscono alla stessa entità del mondo reale all'interno del file stesso; in questo caso parliamo di *deduplicazione* o *identificazione dei duplicati*.

Identificazione degli oggetti è un'evoluzione del termine record linkage, e si riferisce a dati strutturati complessi e a documenti in linguaggio XML dove sono rappresentati oggetti del mondo reale in generale, con gamma di strutture più ampia dei dati strutturati semplici. Per esempio:

1. nei data warehouse, gli oggetti usati per le dimensioni in uno schema a stella sono rappresentati con un gruppo di relazioni correlate da vincoli di chiave esterna; questo è il caso delle tuple in Figura 5.2b;
2. negli schemi relazionali normalizzati, sono necessarie numerose relazioni per rappresentare un oggetto; e
3. nei documenti, gli oggetti sono nascosti in descrizioni in linguaggio naturale e la loro presenza può essere rivelata da qualche caratteristica dello schema (ad es., schemi XML).

Queste caratteristiche richiedono tecniche più sofisticate quando si passa dai dati strutturati semplici ai dati strutturati complessi e ai dati semistrutturati; allo stesso tempo, la ricchezza semantica dei modelli per DBMS e per XML, fornisce, rispetto ai file, meccanismi più ricchi (per es., le chiavi) per rivelare somiglianze strutturali tra i dati; ne derivano tecniche più complesse ma anche più potenti.

5.3 Il Processo di Identificazione degli Oggetti ad Alto Livello

Sebbene prese in prestito dall'ambito dei diversi paradigmi generali e adattati ai differenti tipi di dati introdotti nella sezione precedente, le tecniche per l'identificazione degli oggetti hanno in genere una struttura comune, descritta con vari livelli di dettaglio nelle Figure 5.3 e 5.4, in cui si assume per semplicità di avere due file come dati in ingresso.

Nella Figura 5.3, iniziando dallo spazio di ricerca potenziale, formato dal prodotto cartesiano delle tuple nei file in ingresso, costruiamo innanzitutto uno spazio di ricerca ridotto. La ragione di questo passo è di ridurre la complessità della tecnica che, altrimenti, è $O(n^2)$, dove n è la cardinalità di ciascuna delle relazioni in entrata. Quindi, usiamo un modello decisionale per decidere se i record nello spazio di ricerca ridotto costituiscono un match, cioè corrispondono allo stesso oggetto, non costituiscono un match oppure non si può decidere automaticamente ed occorre l'intervento di un esperto del dominio.

108   5 Identificazione degli Oggetti

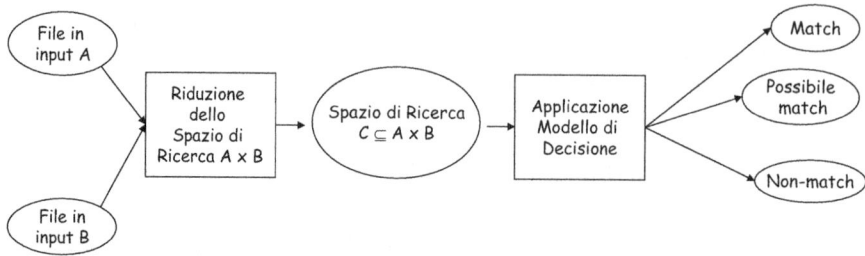

Figura 5.3. Passi fondamentali nelle tecniche di identificazione degli oggetti

La riduzione al minimo di *match possibili* (ma incerti) è un obiettivo tipico delle tecniche di identificazione degli oggetti, al fine di limitare l'intervento manuale. Allo stesso tempo, un altro obiettivo da raggiungere è di ridurre al minimo i *falsi positivi*, cioè le assegnazioni errate di coppie di tuple all'insieme dei match, e i *falsi negativi*, ad essi complementari.

Step 1. Preprocessing
Standardizzare i campi per poterli confrontare e corregere errori semplici
Step 2. Esecuzione della riduzione dello spazio di ricerca
Dato lo spazio di ricerca A x B per i due file, individuare un nuovo spazio di ricerca C ⊆ A X B a cui applicare i passi successivi
Step 3. Scelta delle funzioni di confronto
Scegliere le funzioni/gli insiemi di regole che esprimono la distanza fra i record in C
Step 4. Applicazione del modello di decisione
Scegliere il metodo per assegnare coppie in C a M, l'insieme dei match, U l'insieme dei non-match, e P l'insieme dei match potenziali
Step 5. Verifica
Verificare l'efficacia del metodo e, se non soddisfacente, tornare al Passo 2

Figura 5.4. Descrizione dei passi fondamentali

La Figura 5.4 aggiunge altre tre fasi al processo generale e cioè:
- un'attività di *preprocessing* il cui scopo è di operare sui dati per poterli standardizzare e correggere errori evidenti (si veda Sezione 5.4.1);
- la *scelta delle funzioni di confronto* tra tuple, da usarsi nelle operazioni connesse con il modello decisionale;
- un passo di *verifica*, durante il quale vengono effettuate alcune misurazioni della qualità per stabilire se il risultato è soddisfacente e, se necessario, ricorrere all'iterazione del metodo con una scelta diversa (per es., adottando nuove funzioni di confronto).

E' possibile distinguere le tecniche per l'identificazione degli oggetti, sulla base dei paradigmi di ricerca su cui esse si basano, in tre categorie principali:

1. *Tecniche probabilistiche*, basate su una serie di metodi di notevole importanza sviluppati negli ultimi due secoli in campo statistico e nella teoria della probabilità, dalle reti Bayesiane agli strumenti di data mining.

2. *Tecniche empiriche* che nelle diverse fasi del processo fanno uso di tecniche algoritmiche quali l'ordinamento, la visita di alberi, il neighbor comparison, e il pruning.
3. *Tecniche basate sulla conoscenza*, in cui la conoscenza di dominio viene estratta dai file coinvolti e vengono applicate strategie di ragionamento automatico per rendere il processo più efficace.

Tanto nelle tecniche probabilistiche quanto in quelle basate sulla conoscenza, i passi del procedimento generale, descritto in Figura 5.4, possono essere eseguiti indipendentemente dal dominio (*tecniche indipendenti dal dominio*) o possono basarsi su informazione o conoscenza specifica del dominio (*tecniche dipendenti dal dominio*).

Inoltre, in alcune applicazioni è utile disporre di un campione di dati di cui siano note in anticipo le corrispondenze; tale campione consiste dei cosiddetti *dati etichettati*, mentre i *dati non etichettati* sono quelli il cui stato di matching è sconosciuto. I dati etichettati possono essere usati per apprendere efficacemente probabilità, funzioni di distanza o conoscenza usate nelle differenti tecniche. Pertanto, possiamo individuare due diversi tipi di apprendimento: l'*apprendimento supervisionato*, quando sono note le coppie matching/unmatching, e l' *apprendimento non supervisionato* , quando la conoscenza sulla sorgente è di altra natura (per es., vincoli di integrità sul dominio).

Infine, nel caso di dati strutturati complessi e dati semi-strutturati, è necessaria un'ulteriore attività di visita di alberi/grafi al fine di applicare la strategia a tutte le parti della struttura.

5.4 Dettagli sui Passi dell'Identificazione degli Oggetti

In questa sezione illustriamo nel dettaglio i primi tre passi descritti in Figura 5.4, e cioè, preprocessing, riduzione dello spazio di ricerca e aspetti connessi con le funzioni di confronto. Nelle prossime sezioni tratteremo il passo 4, applicazione del metodo decisionale. L'ultima sezione del capitolo introduce le metriche per il passo 5, la verifica.

5.4.1 Preprocessing

Il passo di preprocessing comprende le seguenti attività:

- *Conversione dei caratteri maiuscoli/minuscoli*, in cui i dati costituiti da stringhe alfabetiche vengono trasformati per essere resi omogenei. Così, ad esempio, nomi di ditte memorizzati in modo che il primo carattere sia una lettera maiuscola, vengono trasformati in modo tale che tutti i caratteri siano minuscoli, per es., `Hewlett Packard` viene trasformato in `hewlett packard`, e `Microsoft` in `microsoft`.

110   5 Identificazione degli Oggetti

- *Sostituzione delle stringhe nulle.* Per permettere confronti appropriati, le stringhe nulle devono essere rimosse. Per esempio, hewlett packard deve essere trasformato in hewlettpackard.
- *Standardizzazione*, che consiste nella riorganizzazione di campi compositi, verifiche sul tipo di dati, sostituzione di rappresentazioni alternative con una singola. Un esempio tipico di *riorganizzazione* di un campo composito è dato dagli indirizzi. In molte applicazioni, gli indirizzi sono memorizzati come stringa singola; l'attività di standardizzazione può prevedere la suddivisione della stringa in sottostringhe corrispondenti, ad esempio, a Nome della Strada, Numero Civico, Città, e Stato. Nel contesto dell'identificazione degli oggetti, questo tipo di riorganizzazione ha lo scopo di rendere più facile il confronto. Tuttavia, essa può essere eseguita anche per facilitare i controlli sull'accuratezza. Infatti, per i campi derivati da decomposizione possono essere disponibili dizionari da usare come tabelle di riferimento per la correzione dei dati. Le *verifiche sul tipo dei dati* riguardano la standardizzazione dei formati. Per esempio, le date devono essere espresse nello stesso formato: 1 Gen 2001, 01-1-2001, 1 Gennaio 2001 devono essere ricondotte ad un formato unico. La *sostituzione di rappresentazioni alternative* riguarda le abbreviazioni, che possono essere sostituite con le versioni per esteso delle parole corrispondenti, es. p.za con piazza.
- La *riconciliazione degli schemi* è un'attività più complessa, che riguarda tutti i conflitti che possono verificarsi quando i dati in esame provengono da sorgenti diverse. Esempi di tali conflitti sono quelli di eterogeneità, i conflitti semantici, i conflitti di descrizione e i conflitti strutturali. Per maggiori dettagli sull'argomento, si rimanda al Capitolo 6.

5.4.2 Riduzione dello Spazio di Ricerca

Dati due insiemi di record A e B da confrontare, la dimensione dello spazio di ricerca per il problema dell'identificazione degli oggetti è pari alla cardinalità di A × B. La riduzione dello spazio di ricerca può essere eseguita con tre diversi metodi detti blocking, sorted neighborhood e pruning (o filtering).

Il *Blocking* implica la partizione di un file in blocchi mutuamente esclusivi e la limitazione dei confronti ai record compresi nello stesso blocco. Il blocking può essere eseguito scegliendo una *chiave di blocking* e raggruppando in un blocco tutti i record aventi gli stessi valori sulla chiave di blocking. Il blocking può essere anche effettuato mediante *hashing*. La chiave di blocking viene usata per l'hashing dei record in blocchi hash. Se b è il numero di blocchi e n/b la dimensione di ogni blocco, allora la complessità temporale del blocking è $O(h(n) + n^2/b)$, dove $h(n)=n \ log n$ se esso viene implementato mediante ordinamento, $h(n)=n$ se viene implementato tramite hashing.

Il metodo *sorted neighborhood* consiste nell'ordinare un file e quindi far scorrere su di esso una finestra di misura fissa, confrontando fra loro solo i record che si trovano all'interno della finestra. Il numero di confronti viene conseguentemente ridotto da n^2 a $O(wn)$, dove w è la grandezza della finestra; tenendo conto che la complessità dell'ordinamento è $O(nlog)$, il metodo ha complessità temporale complessiva di $O(nlogn + wn)$. Si consulti anche la Sezione 5.9.2 per un confronto tra i metodi di blocking e sorted neighborhood.

Il *Pruning* (o *filtering*) ha lo scopo di eliminare anticipatamente dallo spazio di ricerca tutti i record che non possono concordare, senza eseguirne effettivamente il confronto. Per esempio, si consideri il caso in cui due record costituiscono un match se una data funzione di confronto $f(r_i, r_j)$ è maggiore di una soglia τ. Se si individua un limite superiore per f, ad esempio $f(r_i, r_j) <= \delta(r_i)$ per ogni j, allora se $\delta(r_i) <= \tau$ il valore di $f(r_i, r_j)$ sarà minore di τ per ciascuna r_j; pertanto r_i non può corrispondere ad alcun altro record e può essere eliminato dallo spazio di ricerca.

5.4.3 Funzioni di Confronto

Le funzioni di confronto, specialmente quelle per le stringhe, sono state ampiamente studiate (si vedano i survey in [90] e [143]). Nella restante parte di questa sezione passeremo in rassegna alcune delle funzioni più importanti e ne mostreremo similarità e differenze tramite esempi.

Edit distance. La edit distance tra due stringhe rappresenta il costo minimo necessario per trasformare una stringa nell'altra mediante una sequenza di inserimenti, cancellazioni e sostituzioni di caratteri. A ciascuna di queste modifiche viene assegnato un valore di costo. Per esempio, assumendo che il costo di inserzione e il costo di cancellazione siano entrambi uguali a 1, la edit distance tra le due stringhe `Smith` e `Sitch` è 2, poiché `Smith` si ottiene aggiungendo `m` e cancellando `c` da `Sitch`.

n-gram, bi-gram, q-gram. La funzione di confronto n-gram costruisce l'insieme di tutte le sottostringhe di lunghezza n per ciascuna stringa. La distanza tra le due stringhe si definisce come: $\sqrt{\sum_{\forall x} |f_{s'} - f_{s''}|}$, dove $f_{s'}$ e $f_{s''}$ rappresentano il numero di occorrenze della sottostringa x nelle stringhe s' e s'', rispettivamente. Il confronto bi-gram ($n = 2$) è di largo impiego ed è efficace per errori tipografici lievi. I q-gram posizionali si ottengono facendo scorrere una finestra di lunghezza q sui caratteri di una stringa s.

Codice Soundex. Lo scopo del codice soundex è di raggruppare assieme nomi aventi suoni simili. Per esempio, il codice soundex di `Hilbert` e `Heilbpr` è simile. Un codice soundex contiene sempre quattro caratteri. La prima lettera del nome diventa il primo carattere del codice. Gli altri tre vengono ottenuti dai restanti caratteri del nome, in sequenza, usando una tabella predefinita. Per esempio, il codice soundex di `Hilbert` e `Heilbpr` è H416. Raggiunto il limite di quattro caratteri, tutte le restanti lettere vengono ignorate.

Algoritmo di Jaro. Jaro ha introdotto una funzione di confronto tra stringhe che tiene conto di inserzioni, cancellazioni e trasposizioni. L'algoritmo di Jaro trova il numero di caratteri comuni e il numero dei caratteri trasposti nelle due stringhe. Un *carattere comune* è un carattere che compare in entrambe le stringhe entro una distanza pari a metà della lunghezza della stringa più corta. Un *carattere trasposto* è un carattere comune che compare in posizioni differenti. Per es., dal confronto tra Smith e Simth, notiamo che vi sono cinque caratteri comuni, due dei quali trasposti. Il comparatore di stringhe (normalizzato) di Jaro è dato da

$$f(s_1, s_2) = \frac{\frac{N_c}{lengthS_1} + \frac{N_c}{lengthS_2} + 0.5\frac{N_t}{N_c}}{3},$$

dove s_1 e s_2 sono stringhe di lunghezza $lengthS_1$ e $lengthS_2$ rispettivamente, N_c è il numero di caratteri comuni tra le due stringhe (dove la distanza per i caratteri comuni è metà della lunghezza minima di s_1 e s_2), e N_t è il numero di trasposizioni.

Distanza di Hamming. La distanza di Hamming conta il numero di cifre differenti tra due numeri. Viene usata principalmente per campi numerici di lunghezza fissa come i codici di avviamento postale o i numeri della previdenza sociale. Per esempio, la distanza di Hamming tra 00185 e 00155 è 1 perché c'è una cifra differente.

Smith-Waterman. Date due sequenze, l'algoritmo di Smith-Waterman usa la programmazione dinamica per trovare il costo minimo dei cambiamenti necessari a trasformare una stringa in un'altra. I costi dei cambiamenti di singoli caratteri, cioè modifiche, inserzioni e cancellazioni, sono parametri dell'algoritmo. L'algoritmo funziona bene per molte abbreviazioni, tenendo conto di intervalli di caratteri che non si corrispondono, ed anche quando i record presentano informazioni mancanti o errori tipografici.

TF-IDF. La Token Frequency-Inverse Document Frequency (TF-IDF) o *cosine similarity* è molto diffusa per l'identificazione di stringhe simili nei documenti. L'idea di base è di assegnare un peso maggiore a simboli che appaiono di frequente in un documento (peso TF) e un peso minore a simboli che appaiono di frequente nell'intero insieme di documenti (peso IDF). Per un termine i in un documento j il peso $w_{i,j}$ è

$$w_{i,j} = (tf_{i,j}) \times \log(\frac{N}{df_i})$$

dove $tf_{i,j}$ è il numero di occorrenze di i in j, df_i è il numero di documenti contenenti i, e N è il numero totale di documenti. Viene quindi calcolata la similarità tra due documenti come il coseno tra i rispettivi vettori dei pesi dei termini. Nello specifico, se V = $\{w_1, \ldots, w_n\}$ e U = $\{w_1, \ldots, w_n\}$ sono i vettori dei pesi dei termini, la cosine similarity è data da:

$$\frac{V \cdot U}{|V| \cdot |U|}.$$

5.5 Tecniche di Identificazione degli Oggetti

La Figura 5.5, mostra l'insieme di tecniche di identificazione degli oggetti che verranno approfondite nel resto del capitolo. Ogni tecnica è descritta con un nome, l'area in cui ciascuna è stata proposta (probabilistica, empirica o basata sulla conoscenza) e il tipo di dati che rappresentano gli oggetti da identificare (coppie di file, gerarchie relazionali, o documenti XML). Numerose tecniche di identificazione degli oggetti, tra cui [45, 62, 172] e [115], non sono descritte nel testo. I principali criteri usati nella scelta delle tecniche elencate sono:

- adozione: Fellegi e Sunter (e sue estensioni) è la prima e di gran lunga più consolidata delle tecniche ed è rappresentativa delle tecniche probabilistiche. Il metodo sorted neighborhood e sue varianti sono rappresentativi dei metodi empirici.
- novità: DogmatiX è stata una delle prime tecniche che trattano l'identificazione degli oggetti nei documenti XML, e Delphi è stata tra le prime tecniche relative a dati strutturati complessi. Le tecniche basate sul costo hanno l'originalità di tenere in considerazione il costo degli errori di abbinamento. Entrambe le tecniche basate sulla conoscenza sono di fatto contributi recenti, data la scarsità di studi sugli approcci all'identificazione degli oggetti basati sulla conoscenza.

Nome	Area Tecnica	Tipo di dati
Fellegi and Sunter ed estensioni	probabilistica	Due file
Basata sui costi	probabilistica	Due file
Sorted Neighborhood e varianti	empirica	Due file
Delphi	empirica	Due gerarchie relazionali
DogmatiX	empirica	Due documenti XML
Intelliclean	Basata sulla conoscenza	Due file
Atlas	Basata sulla conoscenza	Due file

Figura 5.5. Tecniche di identificazione degli oggetti

5.6 Tecniche Probabilistiche

In questa sezione presentiamo le tecniche probabilistiche basate sulla teoria di Fellegi e Sunter, di cui descriviamo il modello originale, le successive estensioni e una tecnica basata sui costi.

5.6.1 La Teoria di Fellegi e Sunter e sue Estensioni

La teoria del record linkage fu proposta da Fellegi e Sunter in [77]. In questa sezione, riassumiamo la teoria proposta e descriviamo in breve le estensioni e i perfezionamenti successivi.

Dati due insiemi di record A e B, si consideri il prodotto di $A \times B = \{(a, b) | a \in A \ e \ b \in B\}$. A partire da $A \times B$ possiamo definire due insiemi disgiunti M e U, dove, $M = \{(a, b) | a \equiv b, a \in A \ and \ b \in B\}$ e $U = \{(a, b) | a! \equiv b, a \in A \ e \ b \in B\}$, dove il simbolo $\equiv$ indica che i record a e b rappresentano la stessa entità del mondo reale (e $! \equiv$ che non la rappresentano). M viene chiamato l'*insieme dei match* e U l'*insieme dei non-match*. Il procedimento di record linkage tenta di classificare ciascuna coppia di record come appartenenti a M o a U. Può essere anche introdotto un terzo insieme P, che corrisponde a match possibili.

Si supponga che ciascun record in A e B sia composto di n campi; si introduce un *vettore di confronto* γ che confronta i valori dei campi dei record a_i e b_j (si veda Figura 5.6), cioè, $\gamma = [\gamma_1^{ij}, \ldots, \gamma_n^{ij}]$. γ si ottiene mediante funzioni di confronto, definite come $\gamma_k^{ij} = \gamma(a_i(k), b_j(k))$, che qui di seguito indicheremo per brevità con γ_k. Di solito, si confronta solo un sottoinsieme dei campi di A e B. γ è una funzione dell'insieme di tutte le coppie di record $A \times B$; a ciascuna coppia di campi di ciascuna coppia di record, esso associa una misura di concordanza. Per esempio, dati due file con campi Nome, Cognome, ed Età, possiamo definire una funzione di confronto γ composta da tre predicati, uno per ciascun campo, concorda Nome, concorda Cognome, e concorda Età.

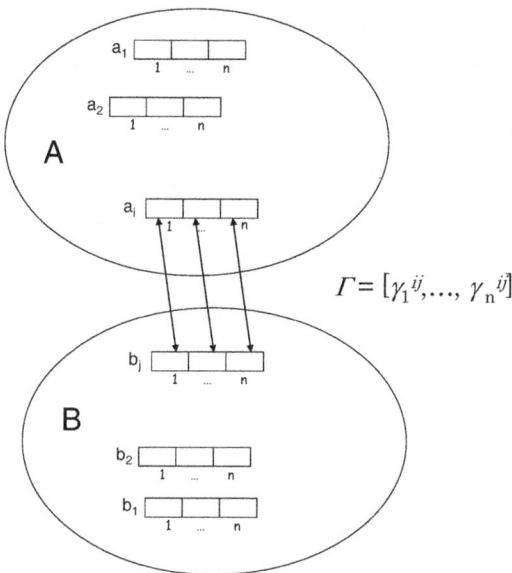

Figura 5.6. Formulazione della teoria del record linkage di Fellegi e Sunter

La misura di concordanza calcolata tramite le funzioni γ_i può essere di tipo binario, cioè $\gamma(v_1, v_2) = 0$ se $v_1 = v_2$, e 1 altrimenti, oppure può assumere tre valori, cioè, $\gamma(v_1, v_2) = 0$ se $v_1 = v_2$, 1 se v_1 o v_2 mancano, 2 altrimenti. Le funzioni possono produrre anche valori continui; le funzioni di confronto sono descritte dettagliatamente nella Sezione 5.4.3. L'insieme di tutti i vettori di confronto è lo spazio di confronto Γ.

Dati (a_i, b_j), si possono definire le seguenti probabilità condizionate:

- $m(\gamma_k)=\Pr(\gamma_k|(a_i,b_j) \in \texttt{M})$ e
- $u(\gamma_k)=\Pr(\gamma_k|(a_i,b_j) \in \texttt{U})$.

Per esempio, per i file suddetti con campi Nome, Cognome, ed Età, possiamo definire le probabilità Pr(concorda Nome|M), Pr(concorda Cognome|M), Pr(concorda Età|M), Pr(concorda Nome|U), Pr(concorda Cognome|U), e Pr(concorda Età|U). Si noti che la taglia di Γ dipende dalla sua struttura interna.

Prendendo in considerazione tutti i campi, possiamo definire formule analoghe per γ:

- $m(\gamma)=\Pr(\gamma|(a_i,b_j) \in \texttt{M})$ e
- $u(\gamma)=\Pr(\gamma|(a_i,b_j) \in \texttt{U})$.

Le probabilità appena citate vengono dette probabilità m e u, rispettivamente. Nel caso in cui siamo in grado di valutare tali probabilità, esse hanno un ruolo fondamentale in una procedura di classificazione. Fellegi e Sunter introdussero il rapporto R tra tali probabilità come funzione di γ, cioè,

$$R = m(\gamma)/u(\gamma),$$

dove γ assume valori nello spazio di confronto Γ, e, ricordiamo, è una funzione dell'insieme di tutte le coppie di record $\texttt{A} \times \texttt{B}$. Il rapporto R, o il suo logaritmo naturale, viene detto *matching weight*. Per costruzione, R è una funzione dell'insieme di tutte le coppie di record $\texttt{A} \times \texttt{B}$.

Fellegi e Sunter definirono la seguente *regola di decisione*, dove T_μ e T_λ sono due soglie (ne parleremo tra breve):

- se $R > T_\mu$, allora la coppia va classificata come un match,
- se $T_\lambda <= R <= T_\mu$ allora la coppia va classificata come potenziale match,
- se $R < T_\lambda$ allora la coppia va classificata come non-match.

L'area $T_\lambda <= R <= T_\mu$ partiziona l'insieme dei $\gamma \in \Gamma$, e le corrispondenti coppie di record, in tre sottoaree disgiunte, cioè, A_1, che comprende le coppie dichiarate *match*, A_2, che comprende le coppie dichiarate *match possibili*, e A_3, che comprende le coppie dichiarate *non-match*. La Figura 5.7 mostra le tre aree, dove le coppie di record (rappresentate da coppie di cerchietti bianchi e grigi) sono ordinate in modo che il loro matching weight R decresca monotonicamente. La figura mostra che le coppie designate come match sono di solito in numero molto inferiore a quelle designate non-match.

E' chiaro che le soglie T_μ e T_λ hanno un ruolo essenziale nella procedura decisionale. Pertanto, un problema importante è come fissarle. Si osservi che se γ consiste prevalentemente di concordanze, allora R è grande; al contrario, se γ consiste prevalentemente di discordanze R è piccolo. Poiché R è un rapporto di

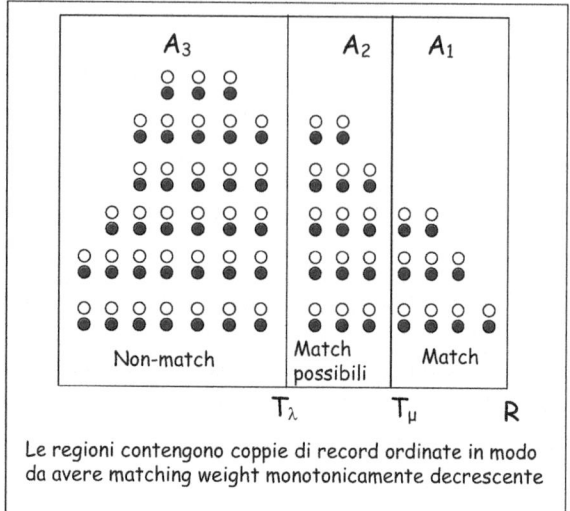

Figura 5.7. Le tre aree di coppie definite dalla regola di decisione

probabilità, per ogni valore di R l'assegnazione del coppie (a, b) all'insieme dei match M o all'insieme dei non-match U può dar luogo ad assegnazioni erronee. I *falsi match* e i *falsi non-match* sono i due tipi di errori che possono presentarsi nel modello, e μ e λ rappresentano i relativi tassi di errore. Valori elevati di R (si veda il settore A_1 in Figura 5.8) corrispondono a una bassa probabilità di produrre falsi match, e la probabilità di falsi match aumenta al decrescere dei valori di R. Analogamente, per bassi valori di R, la probabilità di falsi non-match diminuisce al crescere dei valori di R. Nella Figura 5.8, la linea che interseca i tre settori rappresenta una possibile tendenza della probabilità di falsi match e falsi non-match. Dunque, i tre settori vengono identificati dai valori specifici di T_λ e T_μ, e le regioni A_1 e A_3 sono ulteriormente divise in regioni vero/falso match e vero/falso non-match, rispettivamente.

Per fornire i criteri per fissare le due soglie T_μ e T_λ, dobbiamo decidere quali tassi di errore siamo disposti ad accettare nella regola di decisione proposta sopra; tali tassi di errore corrispondono alle due aree grige in Figura 5.8. Una volta fissati i tassi di errore, risultano conseguentemente fissate le due soglie. Fellegi e Sunter dimostrarono che la regola di decisione citata è ottimale, dove ottimale significa che la regola riduce al minimo la probabilità di classificare le coppie come appartenenti all'area A_2 dei match possibili.

Stima dei Parametri e dei Tassi di Errore

La teoria di Fellegi e Sunter si basa sulla conoscenza delle probabilità u ed m. Numerosi metodi sono stati proposti per calcolare o stimare tali probabilità. Innanzitutto, Fellegi e Sunter proposero un metodo per computare le probabilità u e m fornendo una soluzione in forma chiusa in base a certi presupposti.

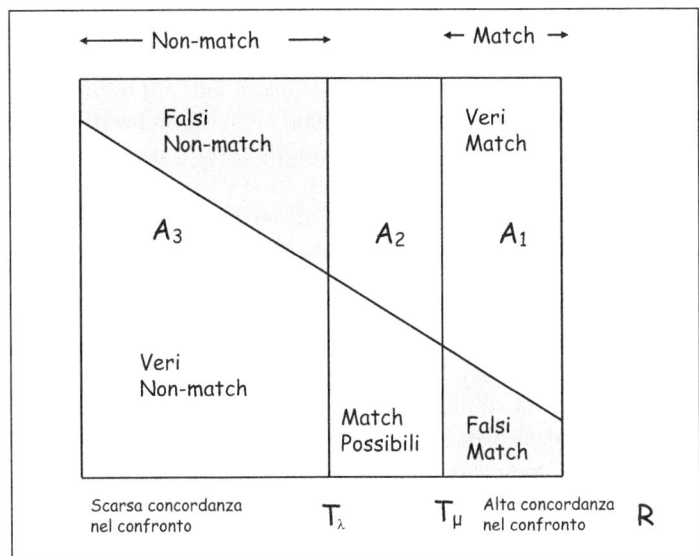

Figura 5.8. Le regioni del modello di Fellegi e Sunter [88]

Più specificatamente, considerando che

$$\Pr(\gamma) = \Pr(\gamma|\text{M})\Pr(\text{M}) + \Pr(\gamma|\text{U})\Pr(\text{U})$$

essi osservarono che se il vettore di confronto γ riguarda tre campi, che si possono assumere condizionalmente indipendenti, allora si può risolvere un sistema di sette equazioni e sette incognite per trovare $\Pr(\gamma|\text{U})$ e $\Pr(\gamma|\text{M})$ (essendo $7 = 2^3 - 1$, dove il termine che viene sottratto è dovuto al vincolo che le probabilità devono essere uguali a 1).

In letteratura sono stati proposti numerosi metodi per la stima dei parametri da usare nella teoria di Fellegi e Sunter. Sostanzialmente, tali metodi forniscono una *stima* delle probabilità u ed m anziché un calcolo di tali parametri in forma chiusa. L'algoritmo expectation-maximization e i metodi di apprendimento automatico costituiscono i principali metodi usati per la stima.

L'algoritmo *expectation-maximization* (EM) viene usato nei modelli probabilistici che dipendono da variabili latenti non osservate per trovare stime di massima verosimiglianza dei parametri. L'algoritmo EM comprende un passo di expectation (E), che computa valori previsti per le variabili latenti, ed un passo di maximization (M), che computa le stime di massima verosimiglianza dei parametri, in base ai dati e fissando il valore delle variabili latenti ai valori attesi [61].

Pur mantenendo l'assunzione di indipendenza condizionale, Winkler per primo mostrò in [211] come stimare le probabilità m e u per mezzo dell'algoritmo EM. Jaro [105] propose un altro metodo per computare $m(\gamma), \gamma \in \Gamma$ con l'algoritmo EM, che è implementato da software disponibili sul mercato.

118   5 Identificazione degli Oggetti

Più di recente, i metodi di stima dei parametri si sono concentrati su domini specifici, come persone e imprese, e campi specifici, come nomi, cognomi, nomi di strade (si rimanda a [212] per una trattazione più approfondita).

L'assunzione di dipendenza condizionale è valida molto di rado. Proposte di stima delle probabilità m- e u- in base all'*assunzione di dipendenza condizionale* sono state avanzate in vari studi di statistica, information retrieval e apprendimento automatico (si veda [214] per una rassegna). In particolare, metodi EM generalizzati possono essere usati ([210]) per le stime di tali probabilità. I metodi di Larsen e Rubin [113] si basano su modelli Bayesiani. La stima della probabilità effettuata da tali metodi non è abbastanza accurata per valutare i tassi di errore nel record linkage. La proposta di Belin e Rubin [23] cerca di risolvere questo limite. In particolare, Belin e Rubin proposero un modello misto per la stima dei tassi di falsi match, per dati valori di soglia. Il metodo richiede dati di training e funziona bene in poche situazioni, cioè quando esiste una buona separazione tra pesi di match e non-match. Inoltre i dati training sono considerati un problema quando si lavora con file di dati molto grandi.

Nelle applicazioni di apprendimento automatico, è tipico l'uso di dati training etichettati (si veda Sezione 5.3), dei quali è nota la classificazione, e che consentono l'*apprendimento supervisionato*. In [147], si osserva che l'uso delle reti Bayesiane rende possibile durante il training la combinazione diretta tra dati etichettati e dati non etichettati, per ottenere regole di decisione adeguate. Se si usano solo dati non etichettati, le regole di decisione possono essere molto scadenti.

5.6.2 Una Tecnica Probabilistica Basata sui Costi

In questa sezione descriviamo una tecnica probabilistica [197] per il record matching che ha l'obiettivo di ridurre al minimo i costi derivanti da errori di classificazione, corrispondenti ai falsi match ed ai falsi non-match 5.8.

Come già detto in precedenza, il modello di Fellegi e Sunter dimostra che la regola di decisione proposta è ottimale rispetto alla minimizzazione dell'area che richiede un riesame manuale (match possibili), fissata una coppia di soglie sulle probabilità di falsi match e falsi non-match.

La prospettiva adottata in [197] è diversa, in quanto essa mira a minimizzare il *costo* derivante da errore di classificazione. Il costo è considerato come costituito da due diverse componenti e cioè (i) il costo del processo decisionale, comprensivo ad esempio del numero di confronti necessari e (ii) il costo dell'impatto di una certa decisione. Indichiamo con $\bar{x}$ il vettore di confronto che, come già discusso, corrisponde ai valori degli attributi di due dati record da confrontare. Qui di seguito ci serviamo di un esempio per mostrare la differenza tra modelli basati sull'errore e modelli di costo. Dato un vettore di confronto (1,1,0) con probabilità del 75% di apparire tra i match e 25% di apparire tra i non-match, una regola basata sul minimo errore lo assegnerebbe ad M. Al contrario, assumendo che il costo di classificare erroneamente un record come match sia pari a tre volte quello di classificarlo erroneamente come un non-match, il vettore di confronto verrebbe assegnato ad U.

I costi dipendono dal dominio e nel modello proposto si considerano dati. Inoltre si considerano date anche le probabilità di match dei record di confronto. A fronte di tali input, il modello produce in output la regola di decisione sull'appartenenza a M o U e le soglie richieste.

Nel modello, vengono considerati i costi c_{ij}, cioè i costi che comporta la decisione A_i quando le coppie di record confrontate hanno uno stato di match effettivo j (M or U). Le decisioni corrispondono alle assegnazioni alle tre aree A_1, A_2, e A_3 definite nella Sezione 5.6.1, riferite rispettivamente alle coppie che costituiscono un match, un match possibile, e un non-match. Pertanto, si assegna un costo a ciascuna decisione come si vede nella tabella in Figura 5.9.

Costo	Decisione	Match Effettivo
c_{10}	A_1	M
c_{11}	A_1	U
c_{20}	A_2	M
c_{21}	A_2	U
c_{30}	A_3	M
c_{31}	A_3	U

Figura 5.9. Costi corrispondenti alle varie decisioni

Il costo che deve essere minimizzato è dato da

$$c_m = c_{10} * \mathrm{P}(d = A_1, r = \mathtt{M}) + c_{11} * \mathrm{P}(d = A_1, r = \mathtt{U})$$
$$+ c_{20} * \mathrm{P}(d = A_2, r = \mathtt{M}) + c_{21} * \mathrm{P}(d = A_2, r = \mathtt{U})$$
$$+ c_{30} * \mathrm{P}(d = A_3, r = \mathtt{M}) + c_{31} * \mathrm{P}(d = A_3, r = \mathtt{U}),$$

dove d è la classe prevista di una coppia di record e r è l'effettivo stato di match di una coppia di record. Per minimizzare il costo c_m viene effettuata l'assegnazione di ogni punto nello spazio di decisione costituito dall'unione di A_1, A_2, e A_3. Vengono imposte delle disuguaglianze su una particolare espressione di c_m ottenuta applicando il teorema di Bayes e poche altre trasformazioni alle formulazione appena esposta. Per altri dettagli si rimanda a [197].

5.7 Tecniche empiriche

La prima proposta di tecnica di record matching basata principalmente su un approccio empirico può farsi risalire al 1983, e la si deve al lavoro di Bitton e DeWitt [28]. L'idea è di scoprire duplicati *esatti* in una tabella, ordinando innanzitutto la tabella e quindi controllando l'identità delle tuple tra loro vicine. Questo approccio di base è stato adattato ed esteso in lavori successivi per scoprire duplicati *approssimati*, allo scopo di ottenere migliori risultati di accuratezza e performance. In questa sezione passeremo in rassegna alcune delle più importanti tecniche, partendo dal metodo sorted-neighborhood (Sezione 5.7.1) e da un algoritmo basato su coda di priorità ad esso correlato (Sezione 5.7.2), descrivendo poi una tecnica per il matching di dati strutturati complessi (Sezione 5.7.3), e concludendo con una tecnica per il matching di dati XML (Sezione 5.7.4) e con alcuni ulteriori approcci empirici relativi alla riduzione dello spazio di ricerca (Sezione 5.7.5).

5.7.1 Metodo del Sorted Neighborhood e sue Estensioni

Il metodo sorted neighborhood (SNM) fu proposto in [182] e [93], ed è noto anche come metodo *merge-purge*. Data una collezione di due o più file, il metodo sorted-neighborhood viene applicato ad una lista sequenziale di record costruita a partire da tali file. Il metodo può essere riassunto in tre fasi, raffigurate in Figura 5.10 (denotiamo con x_i, y_i, e z_i tre record che costituiscono un possibile match, provenienti da tre diverse sorgenti):

- *Creazione delle chiavi.* Data la lista di record derivante dall'unione delle sorgenti disponibili in un unico file (si veda Figura 5.10, sinistra), si ottiene una chiave estraendo un sottoinsieme opportuno di campi o porzioni di campi. L'idea è che dati simili avranno chiavi che si assomigliano. Se N è il numero totale dei record nella lista, la complessità di questo passo è $O(N)$.
- *Ordinamento dei dati.* I record nella lista dei dati vengono ordinati in base alla chiave scelta nella fase precedente, (si veda Figura 5.10, centro). La complessità di questo passo è $O(NlogN)$.
- *Fusione.* Una finestra di dimensioni fisse viene spostata lungo la lista dei record. I confronti fra record per individuare i match vengono limitati a quelli all'interno della finestra (si veda Figura 5.10, destra). Se l'ampiezza della finestra è di w record, allora ogni nuovo record immesso nella finestra viene confrontato con $w - 1$ record precedenti per trovare dei match. La decisione sui match viene presa sulla base di regole specifiche del dominio espresse tramite una *teoria equazionale*. La complessità della fase di fusione è $O(wN)$.

Quando le tre fasi vengono applicate in sequenza, la complessità temporale complessiva del metodo è $O(NlogN)$ se $w < \lceil logN \rceil$, $O(wN)$ altrimenti.

Oltre al confronto eseguito nella fase di fusione, si esegue un *passo di chiusura transitiva*. Specificatamente, se si trova che i record r_1 e r_2 sono simili e lo stesso per i record r_2 e r_3, allora anche r_1 e r_3 vengono marcati come simili. Si noti che mentre le coppie (r_1, r_2) e (r_2, r_3) devono trovarsi entro la stessa finestra per essere dichiarate simili, la similarità tra (r_1, r_3) così inferita non richiede che i due record appartengano alla stessa finestra. Questa proprietà può essere sfruttata per ridurre le dimensioni della finestra di scansione, senza che vi siano variazioni nell'accuratezza del risultato.

5.7 Tecniche empiriche

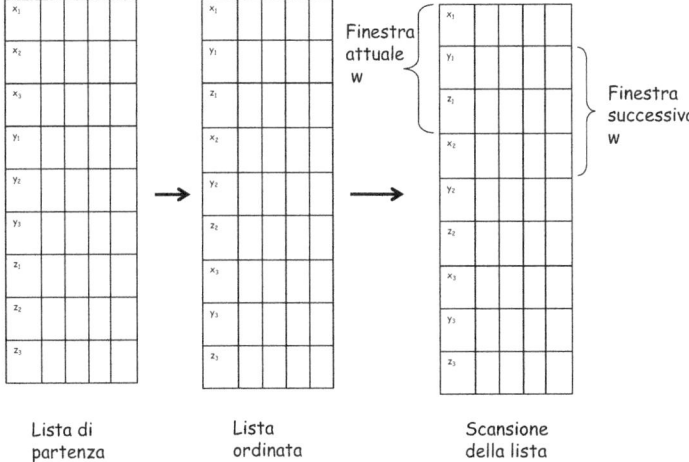

Figura 5.10. Fasi del metodo SNM

L'efficacia del metodo sorted neighborhood dipende fortemente dalla chiave scelta per l'ordinamento dei record, poiché solo chiavi di buona qualità fanno sì che record simili vengano a trovarsi l'uno accanto all'altro nella finestra, dopo la fase di selezione. Per esempio, in record che si riferiscono a persone, si possono scegliere i nomi invece dei cognomi, poiché possiamo supporre (o sapere) che i cognomi sono più frequentemente soggetti ad errori di pronuncia che non i nomi propri, essendo questi più familiari. Il metodo SNM presuppone che un "progettista di chiavi" scelga la chiave più idonea in base a considerazioni sulla selettività dei diversi attributi. In [26], il metodo sorted neighborhood di base viene esteso effettuando una scelta automatica della chiave. Per scegliere una "buona" chiave di matching senza affidarsi ai "progettisti di chiavi", l'idea è quella sfruttare una caratterizzazione della qualità dei record e su un criterio basato sul potere identificativo, che cattura la selettività dei vari attributi. La validazione sperimentale del metodo proposto indica che ogni qualvolta si tiene conto della caratterizzazione della qualità, tale scelta automatica supera in performance il metodo base SNM.

Finora il metodo di base SNM è stato descritto con *una sola passata* sulla lista dei file sorgenti concatenati. Qui di seguito descriviamo altre due versioni: l'*approccio a passate multiple*, che prevede numerose esecuzioni dell'algoritmo per una maggiore efficacia, e il metodo *SNM incrementale*, che ovvia alla necessità di far operare il metodo su una singola lista di dati in ingresso.

Approccio a passate multiple

Il metodo SNM a passate multiple si basa sulla considerazione che eseguendo l'SNM su una singola chiave di ordinamento non si ottengono i risultati più soddisfacenti. Per esempio, se come chiave di confronto si sceglie una chiave altamente selettiva, come per esempio `CodiceFiscale`, anche un solo errore di digitazione può compromettere il risultato finale. Quindi, l'idea è di eseguire diverse volte il metodo, ogni volta con una chiave diversa e finestre molto piccole. Usare chiavi diverse permette di garantire ragionevolmente che se vi sono errori su alcune di esse, gli errori verranno compensati con le esecuzioni successive. Inoltre, eseguire il metodo SNM con finestre piccole comporta parecchi passi poco costosi invece di un passo unico costoso.

Ciascun passaggio dell'approccio a passate multiple produce un insieme di coppie di record che possono essere fusi. A tali coppie di record si applica un passo di chiusura transitiva ed il risultato è l'unione di tutte le coppie trovate nei singoli passaggi con l'aggiunta delle coppie che possono essere inferite mediante la chiusura transitiva. I risultati sperimentali mostrano che l'approccio a passate multiple migliora enormemente l'accuratezza del metodo SNM di base con un unico passaggio su finestre di grandezza variabile, come già sottolineato nella Sezione 5.9.

SNM Incrementale

Il metodo SNM incrementale è stato proposto per quei casi in cui è troppo costoso produrre un singolo file di tutti i dati in ingresso. In generale, può essere accettabile effettuare il passo di produzione del file una volta; ma, allora, si presenta il problema di come trattare nuovi dati che vengono aggiunti. L'idea base del metodo SNM incrementale è di scegliere un insieme di rappresentanti dei record presenti in ciascun cluster derivante dall'applicazione dell'SNM, detti *prime-representative*. Quando occorre incorporare nuovi dati, essi vengono concatenati con l'insieme dei prime-representative; l'SNM opererà su questo insieme concatenato e verranno scelti nuovi prime-representative per le successive fasi incrementali. Ciascun cluster può avere più di un prime-representative candidato, e vi possono essere varie strategie per la loro scelta. Per esempio, una strategia potrebbe essere quella di scegliere il record più lungo e più completo. Un altro esempio è quello di scegliere come prime-representative il record che rappresenta il concetto più generale entro il cluster.

5.7.2 L'Algoritmo a Coda di Priorità

L'algoritmo a coda di priorità, proposto per la prima volta in [134], si basa sulle stesse idee di ordinamento e scansione del metodo SNM. I principali aspetti che lo caratterizzano sono:

- uso di una strategia indipendente dal dominio per effettuare la ricerca di record duplicati, basata sull'algoritmo di Smith-Waterman [180] (si veda Sezione 5.4.3);
- uso di una struttura dati efficiente che sfrutta la struttura union-find [187];
- proposta di un metodo euristico basato su una coda di priorità per migliorare la performance del metodo SNM.

La struttura dei dati *union-find* viene usata per scoprire e mantenere le componenti connesse di un grafo non orientato. Il problema di scoprire duplicati può essere modellato come il problema di determinare le componenti connesse di un grafo, se si considera la transitività dell'uguaglianza. In particolare, ciascun record del file può essere modellato come nodo di un grafo in cui due nodi che costituiscono un match sono connessi da un arco non orientato.

Si può verificare se una coppia di record costituisce un match in modo ricorsivo, stabilendo se essi appartengono alla stessa componente connessa; in caso affermativo, si dichiara un match; se essi appartengono a componenti diverse si dichiara un non-match; altrimenti esse vengono confrontate tra loro e, se costituiscono un match, si aggiunge una nuova componente al grafo. Le due operazioni della struttura union-find sono la *union* (x,y), che combina l'insieme cui appartiene x con l'insieme cui appartiene y (inoltre, si sceglie anche un rappresentante per l'insieme union e tale insieme sostituisce i due insiemi iniziali); *find(x)*, che restituisce il rappresentante dell'unico insieme contenente x.

L'algoritmo considera una coda di priorità contenente insiemi di record, che sono rappresentativi di altrettanti cluster. Solo i membri di un cluster scoperti più di recente vengono memorizzati nella coda. Dato un record a, l'algoritmo verifica prima se esso è un membro dei cluster rappresentati nella coda di priorità confrontando il rappresentante del cluster di a con il rappresentante di ciascun cluster nella coda di priorità. Questa verifica si effettua con l'operazione *find*. Se la verifica dà esito positivo, allora si sa già che a è membro di un cluster nella coda di priorità. In caso di insuccesso, si confronta a con i record nella coda di priorità mediante l'algoritmo di Smith-Waterman. Se si scopre un match, la funzione *union* aggiunge il cluster di a al cluster del record corrispondente; in caso contrario, a deve essere membro di un cluster non presente nella coda e dunque viene inserito nella coda come insieme singleton, con priorità massima.

L'algoritmo a coda di priorità può avere una performance notevolmente migliore del metodo SNM per file e basi di dati molto consistenti. Per esempio, il numero di confronti di record può essere ridotto fino a cinque volte per una base di dati di 900,000 record totali (si veda [134]). Nella Sezione 5.9, diamo altri dettagli sui risultati sperimentali.

5.7.3 Una Tecnica per Dati Strutturati Complessi: Delphi

Una tecnica per dati strutturati complessi è descritta in [7], dove viene proposto l'algoritmo Delphi; i dati strutturati complessi esaminati in Delphi vengono chiamati *gerarchie dimensionali*; essi consistono di una catena di relazioni collegate da dipendenze di chiave esterna. Data una coppia di relazioni gerarchicamente adiacenti, chiamiamo *padre* la relazione sul lato della chiave esterna, e *figlia* la relazione sul lato della chiave.

124   5 Identificazione degli Oggetti

Le gerarchie dimensionali di relazioni vengono usate tipicamente (ma non esclusivamente) negli schemi a stella dei data warehouse, in cui la catena di relazioni è composta da una relazione che rappresenta la tabella dei fatti ed una o più relazioni che rappresentano le dimensioni di interesse per l'analisi multidimensionale, organizzate secondo vari gradi di normalizzazione. Qui di seguito adottiamo un termine più generale per le gerarchie dimensionali, e cioè *gerarchie relazionali*.

Un esempio di gerarchia relazionale è in Figura 5.11, che rappresenta persone (i) nella relazione Persona, (ii) nella loro Regione Amministrativa di residenza (ad es., distretto o regione, a seconda del Paese), e (iii) nel loro Stato. La relazione Stato è padre della relazione Regione Amministrativa ed è in cima alla gerarchia, mentre la relazione Persona è in fondo. Si noti che IdReg e IdSt sono chiavi generate, usate per collegare efficientemente coppie di tabelle.

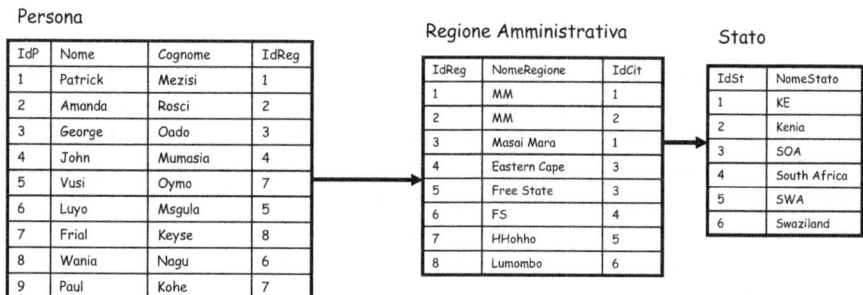

Figura 5.11. Tre relazioni gerarchiche

Nella Figura 5.11, lo schema contiene tre diversi tipi di oggetti:

1. persone, con regione e Paese di residenza;
2. regioni, caratterizzate da un insieme di persone residenti e dallo Stato;
3. Stati, caratterizzati da un insieme di regioni e, per ciascuna regione, da un insieme di persone residenti.

Per ciascun tipo di oggetto, possiamo riconoscere dei duplicati nella gerarchia relazionale; per esempio, vediamo che nell'istanza della relazione Stato sono rappresentati solo tre stati africani diversi, ciascuno sia con il nome ufficiale che con l'acronimo.

Il concetto base di Delphi è di sfruttare la struttura gerarchica di tuple, usando sia misure di similarità locali (chiamate *testuali*) che globali (chiamate *co-occorrenze*). Esaminiamo le tuple nella relazione Stato della Figura 5.11. Se applichiamo semplicemente una misura di similarità locale alla relazione, ad es. la edit distance tra i nomi degli Stati, possiamo trarre la falsa conclusione che <SOA, SWA> sono duplicati, e <KE, Kenia>, <SOA, South Africa>,

`<SWA, Swaziland>` non lo sono. Se oltre alla edit distance adottiamo una seconda distanza che esamina come tali elementi sono in co-occorrenza con le tuple collegate nella relazione figlia `Regione Amministrativa`, vedremo che (i) KE e Kenia hanno la tupla MM in comune e (ii) per le tre coppie `<KE, Kenia>`, `<SOA, South Africa>`, e `<SWA, Swaziland>` i gruppi di tuple collegati con ciascuna coppia sono disgiunti.

L'esempio mostra che per poter scoprire duplicati nelle gerarchie relazionali, dobbiamo sfruttare l'intera struttura della gerarchia o, per lo meno, quella delle relazioni adiacenti. Questa strategia ha due vantaggi riconosciuti rispetto alle strategie del record linkage "locale":

1. riduce il numero di falsi match, cioè le coppie di tuple scambiate erroneamente per duplicati; è questo il caso della coppia `<SOA, SWA>`;
2. riduce il numero di falsi non-match, cioè le coppie di tuple che si assume erroneamente non essere duplicati; questo è il caso della coppia `<KE, Kenia>`.

Più formalmente, le misure di similarità testuali classiche vengono estese con una *funzione di similarità di co-occorrenza* definita come segue. In una gerarchia relazionale, una tupla in una relazione padre R_i si può collegare tramite join ad un insieme di tuple nella relazione figlia, che chiameremo insieme dei suoi figli; la co-occorrenza tra due tuple distinte si misura in base all'entità della sovrapposizione tra gli insiemi figli delle due tuple. Una co-occorrenza insolitamente significativa (più della sovrapposizione media tra coppie di tuple in R_i o oltre una certa soglia) ci fa sospettare che l'una sia il duplicato dell'altra. La suddetta procedura di individuazione dei duplicati può essere eseguita per tutti i tipi di oggetti rappresentati nella gerarchia (nel nostro esempio, persone, regioni e Paesi). Due oggetti vengono considerati duplicati se le coppie corrispondenti di tuple in ciascuna relazione della gerarchia corrispondono esattamente o sono considerate duplicati in base alle funzioni di individuazione dei duplicati a ciascun livello. L'algoritmo Delphi completo è descritto in Figura 5.12.

---

1. Elaborare per prima la relazione al livello più alto della gerarchia
2. Raggruppare le relazioni al di sotto di essa in cluster di tuple
3. Filtrare ciascun cluster basandosi su proprietà delle funzioni di distanza, eliminando le tuple che non possono essere dei duplicati
4. Confrontare coppie di tuple entro ciascun gruppo, sulla base di due funzioni di distanza e delle relative soglie
   ✓ Similarità testuale fra sue tuple
   ✓ Similarità di co-occorrenza degli insiemi di figli delle tuple
5. Effettuare la decisione sui duplicati confrontando una combinazione opportuna delle due misure ed una data soglia o insieme di soglie
6. Aggiornare le soglie in modo dinamico
7. Spostarsi un livello più in basso nella gerarchia

Figura 5.12. L'algoritmo Delphi

Per rendere efficiente la visita top-down della gerarchia e ridurre il numero di confronti tra coppie di tuple, si adotta un filtro di identificazione di potenziali duplicati allo scopo di isolare efficientemente un sottoinsieme contenente tutti i potenziali duplicati ed eliminare le tuple che non possono essere duplicati. Il passo di pruning corrisponde al passo 2, riduzione dello spazio di ricerca, della Figura 5.4.

Il passo di aggiornamento dinamico della soglia ha lo scopo di adattare le soglie usate nel passo 5 alle caratteristiche strutturali di gruppi differenti; il numero di oggetti del dominio di definizione può variare da un gruppo all'altro ed i nomi delle regioni di uno Stato possono essere più lunghi o costituire un insieme più ampio che per un altro Stato, influenzando in tal modo le soglie. Si veda la Sezione 5.9.4 per un confronto dei metodi decisionali.

5.7.4 Scoperta dei Duplicati XML: DogmatiX

In questa sezione descriviamo una tecnica per l'identificazione degli oggetti per i documenti XML. Trovare i duplicati nei dati XML presenta altre due sfide importanti rispetto ai file o ai dati relazionali e cioè (i) l'identificazione degli oggetti da confrontare, e (ii) la possibilità che gli stessi elementi siano definiti con diverse strutture a causa della flessibilità del linguaggio XML come modello di dati semistrutturati. In [207] è proposto un algoritmo chiamato DogmatiX (Duplicates Objects Get Matched in XML) che considera esplicitamente questi aspetti. L'algoritmo ha una fase di pre-elaborazione articolata in tre passi:

- *Passo 1: formulazione ed esecuzione della interrogazione (di estrazione) dei candidati.* I dati XML vengono prima interrogati per estrarre candidati (possibili duplicati). I candidati vengono considerati rispetto ad un tipo del mondo reale. Per esempio, Persona e Gente possono essere considerate due rappresentazioni dello stesso tipo del mondo reale Individuo. Attualmente, la selezione dei candidati non viene effettuata automaticamente in DogmatiX.
- *Passo 2: formulazione ed esecuzione delle interrogazioni di descrizione.* Le descrizioni dei candidati sono espresse mediante interrogazioni che selezionano solo alcune delle proprietà associate agli oggetti, vale a dire quelle considerate significative per l'identificazione degli oggetti. Per esempio, mentre Nome e Cognome di una Persona possono essere considerati pertinenti per l'identificazione, l'informazione sugli hobby di una persona non si presta allo scopo. In [207] sono state proposte due euristiche per determinare le descrizioni dei candidati. Le euristiche si basano su un principio di località: dato un elemento e più lontana è l'informazione da e, minore è la sua correlazione con esso.
- *Passo 3: generazione della descrizione dell'oggetto (OD).* Viene generata una relazione consistente di tuple OD(valore, nome), dove valore descrive un'istanza di qualche informazione e nome identifica il tipo di informa-

zione. Per esempio, (Smith, Cognome) fa parte del descrittore dell'oggetto per un'istanza di Persona presente fra i candidati.

Dopo tale fase di pre-elaborazione, vengono eseguiti tre passi per l'effettiva scoperta dei duplicati:

- *Passo 4: riduzione dei confronti.* Prima viene applicato un filtro per ridurre il numero dei candidati: il filtro viene definito come un limite superiore alla misura di similarità e non richiede il calcolo di tale misura, ma elimina preliminarmente gli oggetti dall'insieme di possibili duplicati. Quindi si applica una fase di clustering, allo scopo di confrontare solo gli oggetti compresi nello stesso cluster.
- *Passo 5: confronto.* Vengono eseguiti confronti fra coppie sulla base di una misura di similarità. Tale misura è definita in modo indipendente dal dominio (si veda [207] per i dettagli). La misura di similarità tiene conto di alcuni aspetti importanti come (i) la rilevanza dei dati o il loro potere identificativo, mediante l'introduzione di una variante della metrica inverse document frequency (IDF); (ii) la distinzione tra dati non specificati e dati contraddittori; es., il fatto che due persone abbiano numerose preferenze differenti può indicare che si tratta di due persone distinte, mentre una preferenza mancante non dovrebbe penalizzare la misura di similarità.
- *Passo 6: clustering dei duplicati.* La transitività della relazione *is-duplicate-of* viene applicata agli oggetti XML scelti come duplicati nel Passo 5.

L'algoritmo è un esempio rappresentativo dell'identificazione degli oggetti per i dati semistrutturati.

5.7.5 Altri Metodi Empirici

L'efficienza in termini di tempo del processo di record linkage può essere migliorata riducendo lo spazio di ricerca, che può essere eseguito mediante strategie di applicazione di finestre e blocchi. Per esempio, invece di effettuare confronti dettagliati su tutti i 10 miliardi di coppie ottenibili da due insiemi di 100.000 record che rappresentano tutte le persone di uno Stato, può essere sufficiente considerare l'insieme di coppie che nell'indirizzo concordano per le voci Cognome e Cap. Si noti che si assume implicitamente che i confronti non effettuati a causa del blocking siano dei non-match. Un campo adatto ad essere usato per effettuare il blocking dovrebbe contenere un gran numero di valori distribuiti in modo abbastanza uniforme e con una bassa probabilità di errori di accuratezza; quest'ultima proprietà è dovuta al fatto che gli errori in un campo usato per il blocking possono impedire che coppie di record che costituiscono un match vengano mantenute assieme.

Quando condizioni specifiche lo permettono, possono essere applicate altre tecniche per ottimizzare il record linkage. Di seguito descriviamo in breve la tecnica di matching 1-1, che può essere usata quando è noto che sono presenti pochi duplicati. Descriviamo poi la tecnica del file di collegamento utilizzabile quando è disponibile una terza fonte che collega le due fonti che intendiamo associare.

Tecnica di Associazione 1-1

L'idea alla base della tecnica di matching 1-1 è di forzare ciascun record dell'insieme A ad essere collegato con al più un record dell'insieme B. La motivazione logica di questa tecnica è che se vi sono pochi duplicati, è sufficiente fermarsi al *miglior* match, che è il record che ha il maggior grado di concordanza con quello osservato. In [105] viene proposta una tecnica per forzare l'associazione 1-1 in cui l'insieme delle assegnazioni sui match è ottimizzato globalmente.

File di Collegamento

Dati due file A e B, il file di collegamento comprende un'insieme di informazioni di identificazione comuni ad entrambi. Per esempio, supponiamo che sia A che B memorizzino informazioni personali di cittadini, cioè Nome, Cognome, e Indirizzo, ma A memorizzi anche informazioni sulla tassazione e B contenga informazioni sulla previdenza sociale. Le informazioni comuni ad A e B, possono essere disponibili in un *file di collegamento*, come può vedersi in Figura 5.13. Si osservi che un record in A può essere collegato a numerosi record in B, ma i genere *non a tutti*; perciò, l'idea è che quando è disponibile un file ponte, l'efficienza del record linkage può essere migliorata. Tuttavia, è molto importante avere file di collegamento di qualità elevata perché i risultati del matching siano buoni.

A	A&B	B
$Tasse_{1,1}$	$Nome_1, Cognome_1, Indirizzo_1$	$PrevidenzaSociale_{2,1}$
$Tasse_{1,2}$	$Nome_2, Cognome_2, Indirizzo_2$	$PrevidenzaSociale_{2,2}$
...	...	...
...	...	...
$Tasse_{1,n}$	$Nome_n, Cognome_n, Indirizzo_n$	$PrevidenzaSociale_{2,n}$

Figura 5.13. Esempio di file di collegamento

5.8 Tecniche Basate sulla Conoscenza

In questa sezione descriviamo i dettagli di due tecniche classificate come basate sulla conoscenza. Più in particolare, la Sezione 5.8.1 descrive il sistema Intelliclean e la Sezione 5.8.2 descrive il sistema Atlas.

5.8.1 Un Approccio Basato su Regole: Intelliclean

L'idea base di Intelliclean [124] è di sfruttare delle regole che generalizzano le funzioni di distanza proposte in precedenza; le regole sono estratte dalla conoscenza di dominio e sono inserite in un motore per la gestione di sistemi esperti, utilizzando un metodo efficiente per confrontare grandi collezioni di regole con grande collezioni di oggetti. Le regole sono di due tipi, con obiettivi diversi:

- *regole di identificazione dei duplicati*, che specificano le condizioni secondo le quali due tuple possono essere classificate come duplicati. Le regole di identificazione dei duplicati comprendono funzioni di similarità testuali, ma vanno oltre perché permettono espressioni logiche più complesse per determinare l'equivalenza delle tuple. Un esempio di regola di identificazione dei duplicati è mostrata nella Figura 5.14, dove i duplicati vengono ricercati in una relazione `Ristorante`, con attributi `Id`, `Indirizzo`, e `Telefono`. Perché la regola in Figura 5.14 venga attivata, i numeri telefonici relativi devono coincidere ed uno degli identificatori deve essere una sottostringa dell'altro; inoltre, devono essere molto simili anche gli indirizzi (usando la funzione *FieldSimilarity* la similitudine degli indirizzi deve essere superiore a 0.8). I record classificati come duplicati con questa regola hanno un fattore di certezza dell'80%. Un *fattore di certezza* (CF[1]), dove 0 < CF < 1, rappresenta la fiducia dell'esperto nell'efficacia della regola nella scoperta dei duplicati. In particolare, possiamo assegnare un fattore di certezza elevato ad una regola se siamo certi che essa identificherà duplicati veri. Analogamente, assegnamo valori minori a regole meno rigide.
- *regole merge/purge*, che specificano come devono essere trattati i record duplicati. Un esempio è "Solo la tupla con il minor numero di campi vuoti deve essere mantenuta in un gruppo di tuple duplicate, mentre le altre devono essere cancellate."

```
Define rule Regola_Ristorante
Input tuples: R1, R2
IF  (R1.telefono = R2.telefono)
AND (ANY_SUBSTRING (R1.ID, R2.ID) = TRUE)
AND (FIELDSIMILARITY (R1.indirizzo = R2.indirizzo) > 0.8)
THEN
DUPLICATES (R1,R2) CERTAINTY = 0.8
```

Figura 5.14. Un esempio di regola di identificazione dei duplicati in Intelliclean

La strategia Intelliclean completa è descritta nella Figura 5.15. La procedura può essere considerata come un perfezionamento rispetto al metodo sorted neighborhood presentato nella Sezione 5.7.1. Il miglioramento riguarda soprattutto l'adozione di regole ed una più efficace strategia di chiusura transitiva.

---

[1] **NdT:** Certainty Factor.

> **1. Preprocessing**
> Effettuare controlli sul tipo dei dati e la standardizzazione del formato
> **2. Elaborazione**
>   **2.1** I record da confrontare sono inviati ad un motore per sistemi esperti insieme ad una lista di regole della forma IF <condizione> THEN <azione>.
>   **2.2** Controlla in modo iterativo entro una finestra scorrevole prima le regole di Identificazione dei Duplicati e poi le regole Merge Purge, usando un semplice sistema a produzioni per determinare sulla base dei fatti contenuti nella base di dati quali di esse devono essere attivate. Quando ha completato il controllo di tutte le regole ricomincia dalla prima.
>   **2.3** Effettua la chiusura transitiva sotto incertezza usando una versione migliorata del metodo di ricerca Sorted Neighborhood a passate multiple
> **3. Verifica da parte di umani e fase di validazione**
> Intervento umano per manipolare i gruppi di record duplicati per cui non sono definite regole merge/purge.

Figura 5.15. La strategia Intelliclean completa

Dal passo 2.1 della Figura 5.15, osserviamo che le regole vengono estratte dalla conoscenza del dominio da parte di esperti in domini; perciò l'approccio può essere classificato come dipendente dal dominio. La scelta di regole precise, espressive ed efficienti è un'attività fondamentale per garantire l'efficacia del processo di pulizia, cioè per massimizzare recall e precision (si veda Sezione 5.9). Il passo 2.3 è giustificato dal fatto che la chiusura transitiva nell'algoritmo a passate multiple sorted neighborhood tende ad aumentare i falsi match. Come abbiamo visto nell'esempio, in Intelliclean viene applicato un *fattore di certezza* (CF) a ciascuna regola di identificazione dei duplicati. Durante il computo della chiusura transitiva, il fattore di certezza relativo alla fusione di un gruppo di tuple viene confrontato con una soglia definita dall'utente. Questa soglia rappresenta quanto rigorose si vuole che siano le fusioni. Le fusioni con fattore di certezza inferiore alla soglia non vengono eseguite.

Per esempio, supponiamo di eseguire il passo 2.3 sulla seguente coppia di tuple: (A,B) con CF = 0.9; (B,C) con CF = 0.85; (C,D) con CF = 0.8; soglia = 0.5. I gruppi (A,B) e (B,C) verranno esaminati per primi avendo fattori di certezza più elevati. Essi saranno fusi per formare (A,B,C) con CF = 0.9 x 0.85 = 0.765. Quindi questo gruppo viene fuso con (C,D) per formare (A,B,C,D) con CF = 0.765 x 0.8 = 0.612, ancora più elevato della soglia; tuttavia, se la soglia fosse fissata a 0.7, (A,B,C) e (C,D) resterebbero separati poiché il risultante CF del gruppo fuso, uguale a 0.612, sarebbe inferiore alla soglia.

5.8.2 Metodi di Apprendimento per le Regole di Decisione: Atlas

In Intelliclean, discusso nella sezione precedente, le regole vengono estratte dalla conoscenza di dominio da esperti, e per la loro generazione non è previsto alcun processo di apprendimento specifico. In questa sezione discutiamo Atlas, una tecnica presentata in [189] che migliora l'approccio basato sulla conoscenza nelle seguenti direzioni:

5.8 Tecniche Basate sulla Conoscenza

1. Le regole comprendono un vasto insieme di trasformazioni indipendenti dal dominio come possibili mappatura tra stringhe di testo, quale <World Health Organization, WHO>, che trasforma una stringa di tre elementi in una stringa costituita dalle iniziali degli elementi. Esempi di trasformazione sono raffigurati in Figura 5.16. <World Health Organization, WHO> è un esempio della trasformazione detta *Acronimo*.
2. L'informazione strutturale sulle regole si può ottenere innanzitutto da un'analisi eseguita sulle tuple nell'input, effettuata allo scopo di estrarre conoscenza sulle similarità ricorrenti tra differenti coppie di attributi di oggetti da fondere.
3. Le regole si possono ottenere tramite un processo di apprendimento basato su training set, con o senza il coinvolgimento attivo di esperti.

Soundex converte un elemento in un codice Soundex. Elementi che pronunciati suonano in modo simile hanno lo stesso codice

Abbreviation sostituisce un elemento con la corrispondente abbreviazione (ad es., third → 3rd)

Equality confronta due elementi per determinare se contengono gli stessi caratteri nello stesso ordine

Initial determina se un elemento è uguale al primo carattere dell'altro

Prefix determina se un elemento è uguale ad un sottoinsieme continuo dell'altro, partendo dal primo carattere

Suffix determina se un elemento è uguale ad un sottoinsieme continuo dell'altro, partendo dall'ultimo carattere

Abbreviation determina se un elemento è uguale ad un sottoinsieme dell'altro (e.g., Blvd, Boulevard)

Acronym determina se tutti i caratteri di una stringa sono lettere iniziali di tutti gli elementi di un'altra stringa

---

Figura 5.16. Esempi di trasformazione

Per una spiegazione più dettagliata della strategia globale della tecnica Atlas, si esaminino le coppie di relazioni mostrate nella Figura 5.17.

Relazione1

Cognome	Indirizzo	Città	Regione	Telefono
Ngyo	Mombsa Boulevard	Mutu	MM	350-15865

Relazione2

Cognome	Indirizzo	Regione	Telefono
Ngoy	Mombasa Blvd.	Masai Mara	350-750123

Figura 5.17. Due relazioni

In figura, le due relazioni hanno quattro attributi in comune, Cognome, Indirizzo, Regione, e Telefono. Assumiamo che le due tuple si riferiscano allo stesso oggetto del mondo reale. Gli elementi nelle due tuple presentano numerose differenze la cui natura dipende dall'attributo. Più specificatamente:

1. i valori di Cognome differiscono, probabilmente a causa di errori tipografici;

132   5 Identificazione degli Oggetti

2. i valori di Indirizzo differiscono sia per un carattere del primo elemento che per una "trasformazione di abbreviazione" nel secondo elemento;
3. i valori di Regione differiscono per una "trasformazione di acronimo";
4. i valori di Telefono concordano solo nel codice di area, probabilmente a causa di un diverso livello di aggiornamento.

I quattro attributi mostrano comportamenti diversi rispetto alle differenze che appaiono negli elementi corrispondenti. Per calcolare preventivamente le mappature candidate tra le tuple, per ciascuna coppia di campi di tuple vengono calcolati dei *punteggi di similarità*. Essi misurano:

1. le distanze locali tra ciascuna coppia di attributi in base ad una composizione di applicazioni di trasformazione e edit distance, applicando la misura cosine similarity (si veda Sezione 5.4.3);
2. una distanza globale, in cui agli attributi vengono assegnati pesi differenti che nelle distanze locali; i pesi misurano la selettività dell'attributo, il che riflette l'idea che siamo più disposti a fare affidamento nella concordanza tra attributi in cui ciascun valore è poco frequente (per maggiori dettagli si veda [189]).

A questo punto, devono essere costruite le regole di mappatura. Un esempio di regola di mappatura, basata sulla Figura 5.17, è

If Indirizzo > soglia1 ∧ Strada > soglia2 Then match

Il *mapping rule learner* determina quali attributi o combinazioni di essi sono più efficaci per la mappatura degli oggetti, con lo scopo ultimo di determinare, dati i valori di soglia, le regole di mappatura più accurate. L'*accuratezza delle regole di mappatura* è vista come la capacità di tali regole di dividere un dato insieme di esempi di training in match/non-match. Ciò si esegue mediante due metodi:

1. *Alberi decisionali*, E' una tecnica di apprendimento induttiva, in cui gli attributi (e le soglie) vengono testati uno alla volta nell'albero per discriminare tra coppie di tuple match e non-match. Una volta creato un albero decisionale "ottimale", esso viene convertito nella corrispondente regola di mappatura. In generale, questo metodo richiede un gran numero di esempi di training.
2. Una *procedura di apprendimento attivo*, in cui viene creato un insieme di learner di alberi decisionali, che votano per scegliere gli esempi più ricchi di informazione che l'utente deve classificare come match o non-match.

Una volta scelte le regole di mappatura, esse vengono applicate alle mappature candidate per determinare l'insieme di oggetti mappati.

5.9 Confronto delle Tecniche

Nella Sezione 5.3, *riduzione dello spazio di ricerca*, *scelta della funzione di confronto* e *uso del modello decisionale* sono stati individuati come passi importanti del processo di identificazione degli oggetti. In questa sezione, introduciamo per prima cosa le metriche usate per valutare i passi specifici delle tecniche di identificazione degli oggetti (Sezione 5.9.1). Successivamente, effettuiamo un confronto dettagliato di due insiemi di tecniche: (i) tecniche che riguardano principalmente i problemi di efficienza, cioè metodi di riduzione dello spazio di ricerca (Sezione 5.9.2) e funzioni di confronto (Sezione 5.9.3); e (ii) tecniche incentrate principalmente sull'efficacia, cioè i metodi decisionali (Sezione 5.9.4). Infine, nella Sezione 5.9.5, discutiamo alcuni risultati sperimentali.

5.9.1 Metriche

La decisione su effettivo match M o non-match U di due record può dar luogo a due tipi di errore, i *falsi positivi* FP (indicati anche come *falsi match* nel corso del capitolo) cioè record dichiarati M mentre in effetti sono U, e i *falsi negativi* FN (*falsi non-match*) cioè record dichiarati U mentre in effetti sono M. I *veri positivi* TP (*veri match*) sono quelli correttamente identificati come M e i *veri negativi* TN (*veri non-match*) sono quelli identificati correttamente come U. La Figura 5.18 riassume questi casi differenti. Dalle definizioni deriva che sono valide le seguenti uguaglianze:

$$M = TP + FN$$

$$U = TN + FP$$

M	Match effettivo con riferimento al mondo reale
U	Non-match effettivo con riferimento al mondo reale
FP	Record dichiarati match ma che in effetti sono non-match
FN	Record dichiarati non-match ma che in effetti sono match
TP	Record dichiarati match e che in effetti lo sono
TN	Record dichiarati non-match e che in effetti lo sono

Figura 5.18. Notazione su casi di decisione di matching

Sono state proposte numerose metriche per valutare l'efficacia delle tecniche di identificazione degli oggetti, che combinano tali criteri. Le metriche più tipiche sono *recall* e *precision*. La *recall* misura quanti veri positivi vengono identificati rispetto al numero totale di match effettivi. Essa è dato da:

$$recall = \frac{TP}{M} = \frac{TP}{TP + FN}$$

Lo scopo delle tecniche di identificazione degli oggetti è naturalmente quello di avere una recall elevata. La *precision* misura quanti veri match vengono identificati rispetto al numero totale di match dichiarati, compresi quelli errati (cioè, FPs):

$$precision = \frac{TP}{TP + FP}$$

L'obiettivo è avere un grado elevato di precision. Recall e precision sono spesso obiettivi conflittuali, nel senso che se vogliamo avere un maggior numero di veri positivi (cioè aumentiamo il livello di recall), di solito troviamo anche un maggior numero di falsi positivi (cioè, diminuisce la precision).

Oltre a recall e precision, altre metriche usate sono la *percentuale di falsi negativi* e *la percentuale di falsi positivi*. La percentuale di falsi negativi rileva quanti match non scoperti sono presenti rispetto al numero di match effettivi:

$$percentuale\ falsi\ negativi = \frac{FN}{M} = \frac{FN}{TP + FN}$$

La percentuale di falsi positivi rileva quanti match rilevati erroneamente sono presenti rispetto al numero di match effettivi:

$$percentuale\ falsi\ positivi = \frac{FP}{M} = \frac{FP}{TP + FN}$$

Per combinare recall e precision, è stata anche proposta la *F-score*. Essa corrisponde alla media armonica di recall (R) e precision (P). In particolare, la F-score è data da:

$$F - score = \frac{2RP}{P + R}.$$

Oltre a queste metriche specifiche, vengono usate metriche classiche di complessità temporale per valutare l'efficienza del processo di identificazione degli oggetti; un esempio è il *numero di confronti* da effettuare durante il processo.

5.9.2 Metodi di Riduzione dello Spazio di Ricerca

Come abbiamo già detto, dati due insiemi di record A e B che vogliamo confrontare per effettuare l'identificazione degli oggetti, lo spazio di ricerca è il prodotto cartesiano A × B. Per ridurre questo spazio, abbiamo visto che esistono tre metodi principali, blocking, sorted neighborhood, e pruning.

Tipicamente, il pruning viene usato in molte tecniche empiriche, o assieme al blocking o assieme al sorted neighborhood; qui di seguito esamineremo il blocking e il sorted neighborhood. In [65], è riportato un confronto tra blocking e sorted neighborhood. I due metodi vengono confrontati considerando (i) il metodo blocking per valori differenti della lunghezza della chiave di blocking e (ii) il metodo sorted neighborhood per differenti valori della grandezza della finestra. Blocking e sorted neighborhood vengono valutati in base all'efficacia del processo di matching, misurato con la metrica F-score. Gli esperimenti mostrano che i valori di F-score per blocking e sorted neighborhood sono comparabili per scelte appropriate della lunghezza della chiave di blocking e della grandezza della finestra.

Inoltre, confrontando le complessità temporali dei due metodi, si vede che esse esibiscono un comportamento simile. In effetti, come abbiamo già mostrato nella Sezione 5.4.2, la complessità temporale totale del blocking è $O(h(n) + n^2/b)$, dove $h(n) = n\log n$ se il blocking viene implementato usando l'ordinamento. Essa è dunque paragonabile alla complessità temporale totale del metodo sorted-neighborhood, che è $O(n\log n + wn)$.

5.9.3 Funzioni di Confronto

Per scoprire quali funzioni di confronto sono più efficaci sono state effettuate varie analisi empiriche. In [65] è riportato un confronto tra 3-grams, bi-grams, edit distance, e algoritmo di Jaro. L'esperimento tiene conto del comportamento delle funzioni su un insieme di coppie di nomi, alcuni dei quali sono gli stessi nomi ma con errori di ortografia, mentre altri sono diversi o sono invertiti. L'esperimento ha dimostrato che Jaro ha una performance superiore nel caso dello stesso nome con errori ortografici, mentre bi-gram ha una performance superiore nei casi di inversioni. In [215], ancora Jaro viene confrontato con edit distance e bi-gram, e si mostra che è superiore, specie in presenza di trasposizioni.

5.9.4 Metodi Decisionali

Caratterizziamo ora i metodi decisionali adottati nelle tecniche di identificazione degli oggetti descritte in questo capitolo. Per ciascun metodo, riportiamo:
- *parametri di input*, richiesti dal metodo. Si noti che alcune tecniche forniscono anche metodi per computare tali parametri;
- *output*, fornito dal metodo;
- *obiettivo*, che riassume l'obiettivo principale da raggiungere tramite il metodo decisionale;
- *interazione umana*, che rappresenta i passi del processo di identificazione degli oggetti che richiedono interazione con un esperto;
- *selezione/costruzione di un rappresentante* per i match, che mostra quali metodi comprendono esplicitamente la selezione o la costruzione di un record che rappresenta un cluster specifico ottenuto nel processo di matching.

Le tecniche sono rappresentate in Figura 5.19.

Tecnica	Input	Output	Obiettivo	Interazione Umana	Selezione/Costruzione di un rappresentante per i record che costituiscono match
Fellegi&Sunter	vettore γ di funzioni di confronto Stima di Tμ e Tλ probabilità m- e u-	Per ogni coppia di record, decisione su match, non-match o match potenziale con dati tassi di errore	Bassi tassi di errore (falsi match and falsi non-match) Minimizzazione dei match potenziali	Revisione manuale dei match potenziali	No
Basata sui Costi	Matrice dei costi delle regole di decisione probabilità m- e u-	Per ogni coppia di record, decisione su match, non-match o match potenziale con dati tassi di errore	Minimizzazione del costo degli errori (falsi match e falsi non-match)	Revisione manuale dei match potenziali Matrice dei costi delle regole di decisione	No
SNM	Regole dichiarative che codificano conoscenza di dominio (per la decisione a livello di tupla) Funzioni di confronto (per la decisione a livello di attributo) Soglia (per la decisione a livello di attributo)	Per ogni coppia di record, decisione su match o non-match	tradeoff Precision/Recall	Scelta della chiave di confronto Specifica della soglia Regole di decisione	No (solo per SNM incrementale)
Coda di Priorità	Funzione di confronto di Smith Waterman Soglia (per la decisione a livello di tupla)	Per ogni coppia di record, decisione su match o non-match	tradeoff Precision/Recall	Specifica della soglia	No
Delphi	Fusione di confronto testuale Metrica di Co-occurrenze Insieme di soglie (aggiornato dinamicamente)	Per ogni coppia di record, decisione su match o non-match	tradeoff Precision/Recall	Nessuna	No
DogMatix	Soglia di similarità XML (a livello di oggetto)	Per ogni coppia di elementi XML, decisione su match o non-match	tradeoff Precision/Recall	Selezione dei candidati Specifica della soglia	No
IntelliClean	Regole di Identificazione dei duplicati (per la decisione sulle tuple) Regole Merge Purge (for la decisione sulle tuple) Insieme di soglie (per I confronti di attributi e la fusione delle tuple)	Per ogni coppia di record, decisione su match o non-match Per I match, risultati ottenuti per fusione	tradeoff Precision/Recall Controllo dell'utente nella fusione dei match	Specifica delle regole di Identificazione dei Duplicati e Merge/Purge Specifica della soglia Verifica umana del merge quando non sono specificate regole di merge/purge	Si
Atlas	regole di decisione apprese Insieme di trasformazioni indipendenti dal dominio Soglie	Per ogni coppia di record, decisione su match o non-match	tradeoff Precision/Recall	Apprendimento delle regole di mappatura	No

Figura 5.19. Confronto dei metodi decisionali

Osservando la colonna degli input, le regole di decisione usate dal metodo possono essere specificate ai livelli di attributo e di tupla per le tipologie di dati strutturati. Per le tecniche proposte per le gerarchie relazionali , come Delphi o i documenti XML, come DogmatiX, sono specificate le soglie a seconda dei vari elementi del modello di dati adottato.

In particolare, in Delphi, le soglie sono specificate mediante confronto tra le tuple ed i loro insiemi figli; in DogmatiX, occorre identificare esplicitamente gli oggetti da confrontare nei documenti XML e definire le soglie per tali oggetti.

Nella colonna relativa agli output, osserviamo che le tecniche probabilistiche partizionano tipicamente i record in tre insiemi, match, non-match, e match possibili, con dati tassi di errore. Al contrario, tanto le tecniche empiriche che quelle basate sulla conoscenza vengono usate per la partizione dei record in due insiemi, match e non-match. Il presupposto alla base di tali tecniche è quello di metodi decisionali completamente automatizzati che non richiedono alcun riesame da parte dell'uomo riguardo ai match possibili(si osservi anche la colonna interazione umana).

La colonna obiettivo riassume l'obiettivo del metodo decisionale. Le tecniche probabilistiche fanno affidamento su modelli formali che includono esplicitamente tale obiettivo. Il modello di Fellegi e Sunter è formulato per ridurre al minimo i match possibili, mentre il modello basato sul costo ha lo scopo di ridurre al minimo il costo degli errori. Invece, il metodo empirico e quello basato sulla conoscenza sono validati rispetto alle loro prestazioni in termini di performance precision/recall, e cioè a quanto è efficace il metodo decisionale nello scoprire i veri positivi (precision) e nel non introdurre falsi positivi (recall).

Nella colonna interazione umana, per tutti i metodi tranne Delphi, è necessario che le soglie vengano definite da un umano. In effetti, Delphi introduce una tecnica per determinare dinamicamente le soglie che si basa su metodi standard di individuazione di valori anomali e sulla considerazione che un duplicato ha un comportamento simile ad un valore anomalo con riferimento a determinate metriche di similarità.

Il rappresentante di un cluster di record che costituiscono match viene effettivamente scelto/costruito solo in Intelliclean. Il concetto di rappresentante del cluster viene proposto anche nel contesto del metodo sorted neighborhood e del metodo coda di priorità, ma con una diversa finalità, ovvero quella di ridurre il numero di confronti. Per contro, Intelliclean individua una strategia e regole appropriate per costruire rappresentanti dei cluster.

5.9.5 Risultati

La tabella in Figura 5.20 descrive i risultati ottenuti con diverse metodologie decisionali e le caratteristiche degli insiemi di dati usati per gli esperimenti. Per ciascuna tecnica sono riportate le metriche trattate, il tipo di dati usato negli esperimenti (sintetici o reali), ed i risultati in termini di metriche differenti, come riportati dagli autori di ciascuna tecnica.

138   5 Identificazione degli Oggetti

Tecnica	Metriche	Dati Sintetici/ Reali	Risultati
SNM	Precision Percentuale di Falsi Positivi	Sintetici	Precision 50%-70% su passate indipendenti Precision vicina a 90% con chiusura transitiva Percentuale di Falsi Positivi trascurabile (0.05 - 0.2%)
	Precision Percentuale di Falsi Positivi Percentuale di Falsi Negativi	Reali	Percentuale di Falsi Negativi trascurabile Percentuale di Falsi Positivi trascurabile
Priority-Queue	Precision Efficienza (Numero di confronti)	Sintetici	Precision simile a SNM Efficienza : 5 volte più efficiente di SNM
	Efficienza (Numero di confronti)	Reali	Precision non fornita perchè per dati reali è difficile identificare i duplicati effettivi Efficienza - Numero di confronti evitati simile a quello per il dataset sintetico
Delphi	Percentuale di Falsi Positivi Percentuale di Falsi Negativi	Reali	Percentuale di Falsi Positivi meno del 25% Percentuale di Falsi Negativi intorno al 20%
DogMatix	Precision Recall	Reali	Per la misura di similarità: Esperimento 1: Precision 70-100% Esperimento 1: Recall 2%-35% Esperimento 2: Precision 60-100%
IntelliClean	Precision	Reali	Esperimento 1: Precision 80% Esperimento 1: Recall meno dell'8% Esperimento 2: Precision 100% Esperimento 2: Recall 100%
Atlas	Precision (accuratezza)	Reali	Esperimento 1: Precision 100% Esperimento 2: Precision 99%

Figura 5.20. Metriche usate per valutare l'identificazione degli oggetti con tecniche empiriche e relativi risultati.

La prima riga della Figura 5.20 si riferisce al metodo sorted neighborhood. I risultati degli esperimenti sono riportati tanto per dati sintetici che per dati reali. Si noti che i risultati dipendono da un parametro specifico, cioè, la grandezza della finestra scorrevole: gli intervalli dei valori mostrati in figura corrispondono alle diverse grandezze della finestra. Per l'algoritmo a coda di priorità, è indicato il risultato di un test di efficienza, misurata come numero di confronti svolti dall'algoritmo. Per Delphi i risultati riguardano il primo livello della gerarchia (si veda Sezione 5.7.3). Per DogmatiX i risultati riportati riguardano principalmente la misura di similarità che è parte dell'approccio. Gli intervalli indicati per le metriche si riferiscono alla variabilità della soglia usata per la misura.

Gli insiemi di dati sperimentali, come pure le condizioni e le assunzioni sperimentali, sono differenti, e pertanto, non è possibile un confronto vero e proprio tra le diverse tecniche. Ciò nonostante, la figura ha una sua utilità in quanto riassume gli aspetti della validazione e dei test sperimentali eseguiti su ciascuna tecnica.

5.10 Sommario

In questo capitolo abbiamo descritto numerose tecniche proposte per la più importante attività relativa alla qualità dei dati, l'identificazione degli oggetti. A causa di eterogeneità negli schemi e di possibili errori nell'immissione dei dati e nei processi di aggiornamento, gli oggetti possono avere differenti rappresentazioni e valori in basi di dati distinte. Di conseguenza, gli oggetti possono risultare affetti dalla *perdita* di identità chiara, con conseguente compromissione della possibilità di ricostruire l'informazione disseminata in sorgenti distinte. Le tecniche di identificazione degli oggetti mirano a rimediare a questa perdita di identità usando informazione legata al contesto sulla similarità degli oggetti in termini di tuple, relazioni gerarchiche e file XML. I concetti di "informazione legata contesto" e "similarità" sono formalizzati in modi diversi nelle tecniche probabilistiche, empiriche e basate sulla conoscenza. Inoltre, le tecniche proposte nelle tre aree possono essere variamente caratterizzate rispetto al livello di adozione, alla loro efficienza ed efficacia. Le tecniche probabilistiche spiccano come le più diffusamente adottate, grazie alla loro relativa maturità ed all'esperienza acquisita con la loro applicazione. Le tecniche empiriche hanno come obiettivo principale l'efficienza e quindi sono particolarmente idonee per le applicazioni in cui il tempo rappresenta un fattore critico. Le tecniche basate sulla conoscenza hanno la migliore efficacia potenziale, grazie ad una modellazione esplicita della conoscenza del dominio. I confronti tra le tecniche, descritti nella Sezione 5.9, come pure i criteri adottati entro tecniche specifiche, forniscono al lettore elementi utili per la scelta della tecnica più efficace in funzione del contesto. Approfondiremo questi argomenti nel Capitolo 7.

6
Problemi Inerenti la Qualità dei Dati nei Sistemi di Integrazione dei Dati

6.1 Introduzione

Negli ambienti distribuiti, le sorgenti di dati sono tipicamente caratterizzate da vari tipi di eterogeneità che possono essere in generale suddivise in (i) eterogeneità tecnologiche, (ii) eterogeneità di schema e (iii) eterogeneità a livello di istanza. Le *eterogeneità tecnologiche* sono dovute all'uso di prodotti di diversi fornitori, impiegati a vari livelli di un'infrastruttura di informazione e comunicazione. Un esempio di eterogeneità tecnologica è l'uso di due differenti sistemi di gestione di basi di dati relazionali, come DB2 dell'IBM ed SQL Server della Microsoft. Le *eterogeneità a livello di schema* sono causate soprattutto all'uso di (i) differenti modelli di dati, come tra una sorgente che adotta il modello di dati relazionali ed un'altra sorgente che adotta il modello di dati XML, e (ii) differenti rappresentazioni dei dati, quali ad esempio il fatto che una sorgente memorizza indirizzi inserendo i dati in un singolo campo mentre un'altra li memorizza usando campi separati per via, numero civico e città. Le *eterogeneità a livello di istanza* sono dovute a valori diversi, conflittuali, dei dati forniti da sorgenti distinte per gli stessi oggetti. Questo tipo di eterogeneità può essere causato da errori di qualità, come errori di accuratezza, completezza, livello di aggiornamento e consistenza; tali errori possono derivare, per esempio, da processi tra loro indipendenti che forniscono dati alle differenti sorgenti.

Al giorno d'oggi esistono molti esempi di scenari in cui si deve accedere in modo unificato a dati residenti in sorgenti diverse, superando tali eterogeneità. L'*integrazione dei dati* è un area di ricerca e commerciale molto importante, il cui scopo principale è di consentire all'utente l'accesso a dati memorizzati in sorgenti eterogenee tramite la presentazione di una vista unificata dei dati stessi. Sebbene l'integrazione dei dati debba affrontare tutti i tipi di eterogeneità elencati sopra, in questo capitolo la nostra attenzione sarà rivolta in modo particolare alle eterogeneità a livello di istanza, in cui le problematiche della qualità dei dati assumono grande importanza. In effetti, le eterogeneità a livello di istanza possono avere un forte impatto sull'elaborazione delle informazioni nei sistemi di integrazione dati. In particolare, l'attività di risposta alle interrogazioni può essere eseguita tenendo conto del fatto che differenti sorgenti di dati possono esibire differenti livelli di qualità dei dati. E' quindi possibile eseguire algoritmi di risposta alle interrogazioni che permettono di fornire risultati di qualità ottimale per l'utente finale. Descriveremo alcuni approcci a tale *elaborazione delle interrogazioni guidata dalla qualità*. Inoltre eventuali conflitti presenti nei dati ottenuti in risposta alle interrogazioni devono essere risolti tramite una specifica attività di *risoluzione dei conflitti a livello di istanza*; in caso contrario, il processo di integrazione può portare a risultati non corretti.

L'elaborazione delle interrogazioni guidata dalla qualità e la risoluzione dei conflitti a livello di istanza possono essere visti come due approcci complementari che trattano le eterogeneità a livello di istanza. Nello specifico, è possibile considerare:

1. elaborazione delle interrogazioni guidata solo dalla qualità (senza risoluzione dei conflitti);
2. risoluzione dei soli conflitti (senza elaborazione delle interrogazioni guidata dalla qualità);
3. entrambi gli approcci usati in maniera complementare.

L'elaborazione delle interrogazioni guidata dalla qualità modifica la semantica delle interrogazioni in modo da tener conto della diversa qualità dei dati delle sorgenti. Si può assumere (caso 1) che i conflitti a livello di istanza non siano risolti, ma che nel sistema siano disponibili metadati che permettono di restituire la risposta di migliore qualità (si veda [142]). La risoluzione dei conflitti a livello di istanza può concentrarsi sulla risoluzione dei conflitti tra sorgenti indipendentemente dalla elaborazione delle interrogazioni (caso 2), operando, per esempio, non al momento dell'interrogazione ma in una fase diversa del processo di integrazione dei dati, quale il popolamento di un data warehouse (si veda [141]). In alternativa (caso 3), le tecniche di risoluzione dei conflitti possono essere eseguite al momento dell'interrogazione nell'ambito dello stesso processo di risposta alle interrogazioni guidato dalla qualità (si veda [175]).

In questo capitolo, descriviamo innanzitutto alcuni concetti fondamentali sui sistemi di integrazione dati (Sezione 6.2). Quindi, presentiamo una panoramica delle proposte fatte in merito all'elaborazione delle interrogazioni guidata dalla qualità (Sezione 6.3) e alla risoluzione dei conflitti a livello di istanza (Sezione 6.4). Infine, diamo qualche intuizione sulle proposte teoriche che trattano il problema di rispondere a interrogazioni in presenza di inconsistenze nell'ambito dei sistemi di integrazione (Sezione 6.5).

6.2 Generalità sui Sistemi di Integrazione dei Dati

Possiamo individuare due approcci principali all'integrazione dei dati, in base alla collocazione effettiva dei dati memorizzati dalle sorgenti da integrare:

6.2 Generalità sui Sistemi di Integrazione dei Dati

- *integrazione virtuale dei dati*, in cui la vista unificata è virtuale ed i dati risiedono solo nelle sorgenti. Un'architettura di riferimento per l'integrazione virtuale dei dati è l'architettura mediator-wrapper [209]; e
- *integrazione dei dati materializzata*, in cui i dati (la vista unificata dei dati) è materializzata, per esempio in un data warehouse.

Questo capitolo tratta principalmente dell'integrazione dei dati *virtuale*. Nel descrivere l'elaborazione delle interrogazioni guidata dalla qualità, ci concentriamo essenzialmente solo sui sistemi di integrazione dei dati virtuali. Per contro, i concetti connessi con le tecniche di risoluzione dei conflitti a livello di istanza possono essere applicati tanto a scenari di integrazione virtuale quanto a quelli di integrazione materializzata.

Nella sezione seguente, descriviamo gli aspetti principali di un sistema di integrazione virtuale. Come abbiamo già detto nell'introduzione, l'integrazione dei dati è il problema di combinare dati presenti in sorgenti diverse, fornendo all'utente una vista unificata di questi dati, chiamata *schema globale*. Un sistema di integrazione dati (DIS) è composto da tre elementi: (i) uno *schema globale*; (ii) un insieme di *schemi di sorgente*, comprensivi degli schemi di tutte le sorgenti; e (iii) un *mapping* tra lo schema globale e gli schemi di sorgente, che specifica i rapporti tra i concetti espressi nello schema globale ed i concetti espressi negli schemi di sorgente.

L'integrazione virtuale dei dati assume tipicamente un'architettura mediator-wrapper, riportata in Figura 6.1. I wrapper sono destinati principalmente a fornire al mediator un modello uniforme di dati. Il mediator ha il compito di decomporre l'interrogazione globale in interrogazioni sugli schemi delle sorgenti di dati. Inoltre, il mediator deve combinare e riconciliare le diverse risposte provenienti dai wrapper delle sorgenti locali di dati.

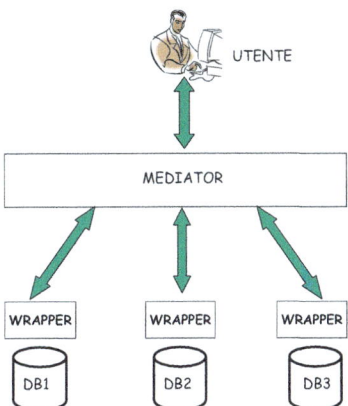

Figura 6.1. Architettura mediator-wrapper

Sono stati proposti due approcci di base per specificare il mapping [116]. Il primo approccio, chiamato *global-as-view* (GAV), richiede che lo schema globale venga espresso in termini di interrogazioni (o viste) sulle sorgenti di dati. Il secondo approccio, chiamato *local-as-view* (LAV), richiede che ciascuna sorgente di dati venga espressa in termini di interrogazioni sullo schema globale. Esiste un terzo approccio, chiamato *global-local-as-view* (GLAV), che è una combinazione dei primi due; esso riunisce gli approcci GAV e LAV in modo tale che interrogazioni sulle sorgenti vengano messe in corrispondenza con interrogazioni sullo schema globale.

6.2.1 Elaborazione delle Interrogazioni

Indipendentemente dal fatto che il mapping sia GAV o LAV (o GLAV), l'elaborazione delle interrogazioni nell'integrazione dei dati richiede un passo di riformulazione: l'interrogazione posta sullo schema globale deve essere riformulata come un insieme di interrogazioni sulle sorgenti. Ciò nonostante, l'effettiva modalità con cui avviene l'elaborazione dell'interrogazione nei sistemi di integrazione dei dati dipende strettamente dal metodo usato per la specifica del mapping.

L'elaborazione delle interrogazioni in GAV può essere basata su una semplice strategia di *espansione*[1]: data un'interrogazione q sull'alfabeto dello schema globale A_G, ogni elemento di A_G viene sostituito dalla corrispondente interrogazione sulle sorgenti, e l'interrogazione risultante viene quindi valutata sui dati memorizzati dalle sorgenti locali. L'elaborazione delle interrogazioni in GAV si riduce all'espansione (e dunque non presenta difficoltà), se non vi sono vincoli di integrità sullo schema globale. Al contrario, se sono presenti vincoli di integrità, i dati recuperati dalle sorgenti possono soddisfare tali vincoli o meno. Se i vincoli vengono violati, la porzione di dati che non viola i vincoli può ancora essere d'interesse, ed il processo di risposta all'interrogazione deve consentire di restituirla come risultato. Pertanto, l'inserimento di vincoli di integrità in GAV implica il dover affrontare problemi correlati con quello di rispondere ad interrogazioni in presenza di informazione incompleta e/o inconsistente [37]. Tuttavia, in genere, la risposta all'interrogazione in GAV ha il vantaggio di portare a meccanismi di risposta più semplici.

Al contrario, nell'approccio LAV è più facile aggiungere o rimuovere sorgenti dal sistema; ciò però comporta in genere il ricorso a tecniche di risposta più sofisticate. In particolare, poiché nell'approccio LAV le sorgenti sono modellate come viste sullo schema globale, il problema di elaborare un'interrogazione è detto *elaborazione dell'interrogazione basata su viste*. Vi sono due approcci all'elaborazione dell'interrogazione basata su viste: riscrittura dell'interrogazione basata su viste e risposta all'interrogazione basata su viste.

La *riscrittura dell'interrogazione basata su viste* consiste nella riformulazione dell'interrogazione in un'espressione possibilmente equivalente che si

---
[1] **NdT:** Nell'originale, *unfolding*.

6.2 Generalità sui Sistemi di Integrazione dei Dati

riferisce solo alle strutture della sorgente. Una volta computata la riscrittura dell'interrogazione, questa può essere valutata direttamente sulle sorgenti per ottenere la risposta.

La *risposta all'interrogazione basata su viste* è più diretta: oltre all'interrogazione e al mapping, sono date anche le estensioni delle viste sullo schema globale. L'obiettivo è di calcolare l'insieme di tuple che costituisce la risposta all'interrogazione in tutte le basi di dati consistenti con l'informazione sulle viste.

Maggiori dettagli sull'elaborazione delle interrogazioni e sulla definizione di un framework formale per l'integrazione dei dati sono riportati nella Sezione 6.5.1. Qui di seguito, mostriamo con un esempio come un mapping può essere specificato ed usato per l'elaborazione dell'interrogazione. Si consideri uno schema globale che comprende le seguenti relazioni:

- Libro(Titolo, Anno, Autore), che rappresenta i libri con rispettivi titoli, anni di pubblicazione e autori.
- Premio(Titolo, Premio), che rappresenta titoli e premi vinti dai libri.
- NonProfessionista(Autore), che memorizza nomi di autori la cui professione principale non è quella di scrivere libri.

Si supponga che vi siano due sorgenti: S_1(Titolo, Anno, Autore) che memorizza l'informazione sui libri a partire dal 1930 da parte di scrittori non professionisti, e S_2(Titolo, Premio), che memorizza l'informazione sui premi vinti dai libri a partire dal 1970. Un'interrogazione globale potrebbe essere "titolo e prezzo dei libri pubblicati dopo il 1980", corrispondente alla formulazione Datalog (si veda [190]):

$$\text{Libro(T; 1980; A)} \land \text{Premio(T; P)},$$

in cui l'interrogazione è espressa come congiunzione di due formule atomiche con argomenti che sono variabili (T, A, P) o costanti (1980). Un mapping GAV definirebbe i concetti globali in termini di sorgenti tramite le seguenti regole:

- Libro(T; Y; A) $\leftarrow$ S_1(T; Y; A)
- NonProfessionista(A) $\leftarrow$ S_1(T; Y; A)
- Premio(T; P) $\leftarrow$ S_2(T; P)

L'interrogazione globale Libro(T; 1980; A) $\land$ Premio(T; P) viene elaborata mediante espansione, cioè espandendo gli atomi secondo le rispettive definizioni, fino ad arrivare alle relazioni sorgente. Pertanto, in questo caso, il processo di espansione porta alla seguente interrogazione, espressa in termini degli schemi delle sorgenti:

$$S_1(\text{T; 1980; A}) \land S_2(\text{T; P}).$$

Al contrario, nel caso di un mapping LAV, le regole definiscono i concetti negli schemi delle sorgenti locali in termini dello schema globale come segue:

146   6 Problemi Inerenti la Qualità dei Dati nei Sistemi di Integrazione dei Dati

- S_1(T; Y; A) $\leftarrow$ Libro(T; Y; A) $\wedge$ NonProfessionista(A) $\wedge$ Y $\geq$ 1930
- S_2(T; P) $\leftarrow$ Libro(T; Y; A) $\wedge$ Premio(T, P) $\wedge$ Y $\geq$ 1970

L'interrogazione sullo schema globale viene elaborata tramite un meccanismo di inferenza mirato a ri-esprimere gli atomi della vista globale in termini di atomi alle sorgenti. Pertanto, in questo caso, il processo di inferenza porta alla seguente interrogazione, espressa in termini degli schemi delle sorgenti:

$$S_1(\text{T; 1980; A}) \wedge S_2(\text{T; P})$$

Questa è la stessa interrogazione derivata come risultato del processo di espansione, ma per ottenerla è stata usata una procedura di inferenza.

6.3 Tecniche per l'Elaborazione delle Interrogazioni Guidata dalla Qualità

In questa sezione passiamo in rassegna varie proposte per eseguire l'elaborazione delle interrogazioni guidata dalla qualità, che fornisce una risposta ad un'interrogazione globale, tenendo esplicitamente conto della qualità dei dati forniti dalle sorgenti locali; tuttavia, in letteratura sono state proposte molte altre tecniche, per es. [25, 24].

6.3.1 Il QP-alg: Pianificazione delle Interrogazioni Guidata dalla Qualità

In questa sezione descriviamo l'approccio presentato in [142], che d'ora in poi chiameremo QP-alg. Il mapping tra le sorgenti locali e lo schema globale è specificato tramite *asserzioni di corrispondenza fra query* (QCA[2]) la cui forma generale è la seguente:

$$\text{MQ} \leftarrow \text{Si.vj} \leftarrow \text{WQ},$$

dove (i) MQ è l'interrogazione del mediator ed è una query congiuntiva, (ii) Si.vj denota una vista arbitraria vj sulla sorgente Si, e (iii) WQ è l'interrogazione sul wrapper. Il mapping può essere classificato come GLAV, poiché un'interrogazione sullo schema globale viene definita in termini di interrogazione sulle sorgenti.

Sono definite tre classi di dimensioni dei dati, chiamate *criteri di qualità dell'informazione* (criteri IQ):

- *Criteri specifici della sorgente*, che definiscono la qualità di un'intera sorgente. Esempi di tali criteri sono la *reputazione* della sorgente, basata sulle preferenze personali dell'utente, e la *tempestività*, misurata sulla frequenza di aggiornamento della sorgente.

---
[2] **NdT:** Query Correspondence Assertions.

6.3 Tecniche per l'Elaborazione delle Interrogazioni Guidata dalla Qualità

- *Criteri specifici della QCA*, che definiscono la qualità di specifiche asserzioni di corrispondenza fra query. Un esempio di tali criteri è il *prezzo*, cioè il prezzo da pagare per l'interrogazione.
- *Criteri specifici dell'interrogazione dell'utente*, che misurano la qualità della sorgente rispetto alla risposta fornita ad una specifica interrogazione dell'utente. Un esempio di tali criteri è la *completezza*, basata su quanto sono complete le relazioni della sorgente.

Alcune metriche per i criteri IQ sono predeterminate, altre sono calcolate dinamicamente, e il risultato è un insieme di vettori dei criteri da usarsi per classificare sorgenti e piani. Si noti che in un DBMS, data un'interrogazione, vengono costruiti piani di interrogazione che sono equivalenti in termini del risultato fornito per l'interrogazione; essi vengono quindi classificati e selezionati in base ad un modello di costo. Al contrario, i piani costruiti secondo l'approccio QP-alg producono per la stessa interrogazione risultati differenti, anche se vengono verificati rispetto alla loro correttezza semantica. Le fasi di QP-alg sono illustrate nella Figura 6.2.

La prima fase consiste nel pruning dello spazio delle sorgenti, che filtra ed elimina le sorgenti di cattiva qualità sulla base di criteri specifici della sorgente. Per classificare le sorgenti in base ai vettori dei criteri IQ, si usa un metodo decisionale multi-attributo, la data envelopment analysis [44].

La seconda fase crea i piani, sfruttando il fatto che le QCA sono in effetti viste sullo schema del mediatore e dunque possono essere impiegati i risultati di base dell'integrazione dei dati per la risposta ad interrogazioni basata su viste [117].

La terza fase valuta per prima cosa la qualità dei criteri specifici QCA (passo 1 della selezione dei piani in Figura 6.2). In particolare, vengono calcolati, per ciascuna QCA, i criteri specifici della QCA ed i criteri specifici dell'interrogazione dell'utente. Quindi, viene calcolata la qualità di un piano (passo 2 della selezione dei piani in Figura 6.2) facendo affidamento su una procedura simile ai modelli di costo per i DBMS. Per ogni piano viene costruito un albero, che ha per foglie QCA e operatori di join come nodi interni. Il vettore IQ viene calcolato ricorsivamente per un nodo iniziando dai suoi nodi figli. Per combinare i vettori IQ viene definito un insieme di funzioni "merge" per ciascun criterio di qualità. Per esempio, la funzione merge per il criterio prezzo viene definita come la somma di entrambi i figli, destro e sinistro, di un determinato nodo, col significato che devono essere effettuate entrambe le interrogazioni. Nella Figura 6.3, un esempio mostra come viene calcolato il prezzo di un piano P_i.

Successivamente, si compila una graduatoria dei piani tramite il metodo Simple Additive Weighting (SAW)(passo 3 nella selezione del piano in Figura 6.2). In particolare, l'IQ score finale per un piano è calcolato come la somma pesata di criteri scalati, dove i pesi rappresentano l'"importanza" che ciascun criterio ha per l'utente. Infine, vengono restituiti i piani migliori in base alla classificazione eseguita.

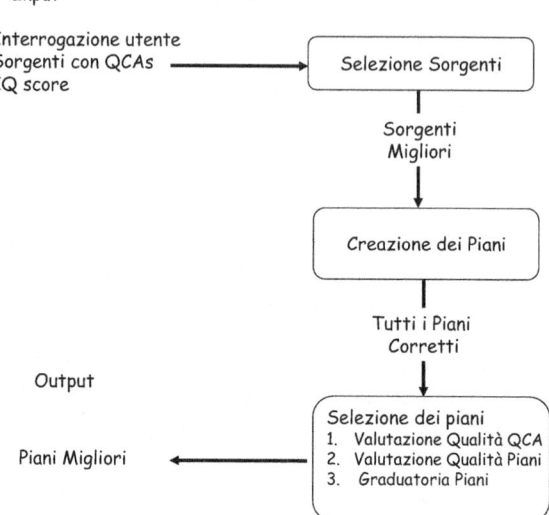

Figura 6.2. Fasi dell'approccio QP-alg

6.3.2 Elaborazione delle Interrogazioni in DaQuinCIS

Il sistema DaQuinCIS, descritto in [175], è un framework per trattare la qualità dei dati in sistemi informativi cooperativi. Un modulo del sistema, il *mediatore della qualità dei dati*, è un sistema di integrazione dati. Mentre il sistema DaQuinCIS nel complesso ed i suoi moduli verranno descritti in dettaglio nel Capitolo 8, in questa sezione dedichiamo la nostra attenzione al processo di risposta alle interrogazione che esso propone, che è una delle funzionalità del Mediatore di Qualità dei Dati.

L'idea principale dell'approccio DaQuinCIS è di far sì che organizzazioni che cooperano fra loro esportino non solo i dati che esse intendono scambiare con le altre organizzazioni, ma anche metadati che denotano la qualità di tali dati. A tal fine, viene proposto un modello specifico per dati semistrutturati ,

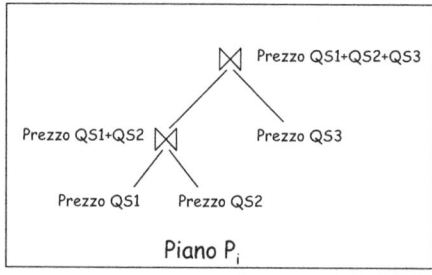

Figura 6.3. Esempio di calcolo del prezzo per il piano P_i

6.3 Tecniche per l'Elaborazione delle Interrogazioni Guidata dalla Qualità

chiamato D^2Q. Il modello è descritto nel dettaglio nel Capitolo 3. In base a tale caratterizzazione della qualità dei dati esportati, le interrogazioni dell'utente vengono elaborate in modo che venga restituita come risultato la risposta di "qualità migliore".

Le interrogazioni sullo schema globale vengono elaborate secondo l'approccio GAV, mediante espansione, cioè sostituendo ciascun atomo dell'interrogazione originale con la corrispondente vista sulle sorgenti dati locali. Per quanto riguarda il mapping tra i concetti dello schema globale ed i concetti degli schemi locali, se l'estensione di un concetto a livello globale può essere ottenuta da sorgenti diverse, il mapping è definito così da effettuare l'unione delle estensioni ottenibili dalle sorgenti locali. Questa definizione del mapping deriva direttamente dal presupposto che lo stesso concetto può avere estensioni differenti a livello di sorgente locale a causa di errori nella qualità dei dati. Pertanto, dopo aver recuperato i dati, essi possono essere confrontati e se ne può scegliere o costruire la copia di qualità migliore.

Più in particolare, l'elaborazione delle interrogazioni nel sistema DaQuinCIS viene eseguita tramite la seguente sequenza di passi:

1. *Espansione dell'interrogazione.* Un'interrogazione globale $\mathcal{Q}$ viene espansa secondo un mapping statico che definisce ciascun concetto dello schema globale in termini delle sorgenti locali; questo è definito mapping così da poter recuperare tutte le copie degli stessi dati a disposizione, cioè, esportati dalle organizzazioni cooperanti secondo il modello D^2Q. Quindi, l'interrogazione $\mathcal{Q}$ viene decomposta in $\mathcal{Q}_1, \ldots, \mathcal{Q}_k$ interrogazioni da porre sulle sorgenti locali. Queste interrogazioni vengono poi eseguite e restituiscono un insieme di risultati $\mathcal{R}_1, \ldots, \mathcal{R}_k$ (si veda Figura 6.4).

2. *Controllo estensionale.* In questo passo viene eseguito un algoritmo di record matching sull'insieme $\mathcal{R}_1 \cup \mathcal{R}_2 \cup \ldots \cup \mathcal{R}_k$. Il risultato dell'esecuzione dell'algoritmo di record matching è la costruzione di un insieme di cluster composti da record che si riferiscono agli stessi oggetti del mondo reale $\mathcal{C}_1, \ldots, \mathcal{C}_z$ (si veda Figura 6.4, centro).

3. *Costruzione del risultato.* Il risultato da restituire viene costruito affidandosi ad una *semantica di default di "migliore qualità"*. Per ciascun cluster, viene scelto o costruito un rappresentante della migliore qualità. Ciascun record del cluster è composto di coppie in cui un valore di qualità q è associato al valore f di ciascun campo. Per ciascun cluster viene scelto, se esiste, il record di qualità migliore come record avente i migliori valori di qualità in tutti i campi. Altrimenti, viene costruito, a partire dai record entro lo stesso cluster, un record di qualità migliore componendo i campi di qualità più elevata. Dopo aver scelto i rappresentanti per ciascun cluster, viene costruito il risultato $\mathcal{R}$ come l'unione di tutti i rappresentanti dei cluster (si veda Figura 6.4, destra). Ciascun valore di qualità q è un vettore dei valori di qualità corrispondenti alle diverse dimensioni di qualità. Per esempio, q può includere valori per accuratezza, completezza, consistenza e livello di aggiornamento. Queste dimensioni hanno

scale potenzialmente diverse; è dunque necessario un passo di scalatura. Effettuata la scalatura, i vettori devono essere classificati. Occorre quindi applicare anche un metodo di classificazione. Sia i problemi di scalatura che quelli di classificazione hanno soluzioni ben note, ad esempio metodi decisionali ad attributi multipli, come l'AHP [170].

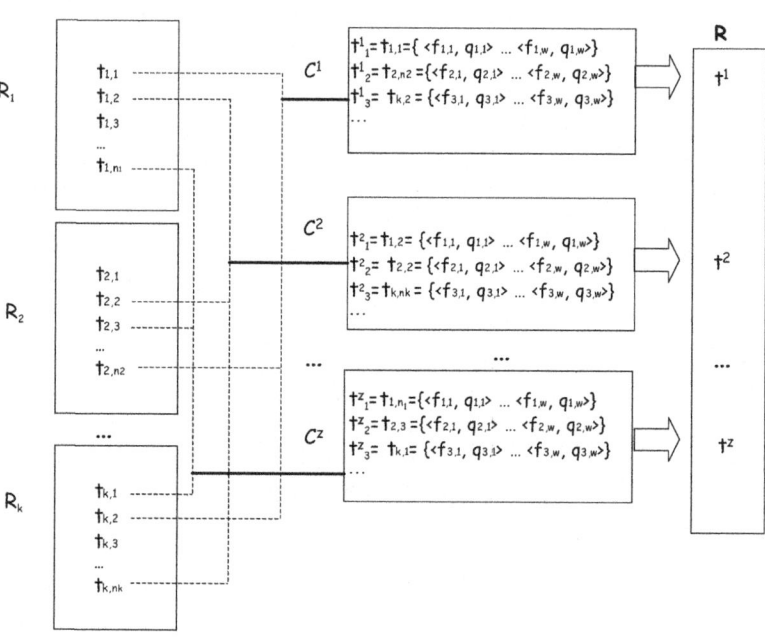

Figura 6.4. Costruzione del risultato dell'interrogazione in DaQuinCIS

6.3.3 Elaborazione dell'Interrogazione con Fusionplex

Fusionplex [135] modella un sistema di integrazione dati mediante (i) uno schema globale relazionale D; (ii) un insieme di sorgenti locali relazionali (D_i, d_i), dove d_i è l'istanza dello schema locale D_i; e (iii) un insieme di mapping di schema (D, D_i). La definizione dei mapping è GLAV, cioè le viste sullo schema globale vengono messe in corrispondenza con le viste sullo schema delle sorgenti locali. In FusionPlex, si fa l'*assunzione della consistenza dello schema*, il che sta a significare che non vi sono errori di modellazione a livello delle sorgenti locali, bensì solo differenze di modellazione. Al contrario, si fa l'*assunzione di inconsistenza dell'istanza*, il che significa che la stessa istanza

6.3 Tecniche per l'Elaborazione delle Interrogazioni Guidata dalla Qualità

del mondo reale può essere rappresentata in modi diversi nelle varie sorgenti locali a causa di errori. Per risolvere tali inconsistenze a livello di istanza, Fusionplex introduce un insieme di metadati, chiamati *caratteristiche*, delle sorgenti da integrare. Come vedremo meglio nella Sezione 6.4.2, le caratteristiche della sorgente comprendono timestamp, disponibilità e accuratezza. La definizione di framework di integrazione dei dati presentata sopra viene estesa includendo le caratteristiche nella definizione di mapping degli schemi. Più precisamente, i mapping sono terne formate da una vista dello schema globale D, una vista dello schema locale D_i, e, in più, le caratteristiche associate alla vista locale. Fusionplex include un'estensione dell'algebra relazionale che tiene conto dell'associazione di un insieme di caratteristiche $F = \{F_1 \ldots F_n\}$ con le relazioni della sorgente. Per esempio, il prodotto cartesiano esteso concatena i valori delle relazioni partecipanti, ma fonde i valori delle loro caratteristiche. Il metodo di fusione dipende dalla particolare caratteristica considerata. Il valore della disponibilità della nuova tupla è il prodotto dei valori di disponibilità delle tuple in ingresso; il timestamp è il minimo dei timestamp in ingresso; e così via. In questo contesto, l'elaborazione delle interrogazioni è articolata in numerosi passi:

1. Data un'interrogazione Q, si identifica l'insieme di *viste contribuenti*. Dapprima si intersecano gli insiemi di attributi dell'interrogazione con quelli di ciascuna vista contribuente. Se l'intersezione è vuota, la vista contribuente non è rilevante. Poi viene effettuata l'unione dei predicati dell'interrogazione e della vista contribuente. Se il predicato risultante è vero, allora la vista contribuente viene considerata rilevante per l'interrogazione.
2. Una volta identificate le viste contribuenti, vengono derivati i *frammenti di interrogazione* cioè le unità informative che popoleranno la risposta all'interrogazione. Un frammento di interrogazione risulta dalla rimozione dalla vista contribuente di tutte le tuple e degli attributi non richiesti nell'interrogazione, e dall'addizione di valori nulli per gli attributi dell'interrogazione mancanti dalla vista contribuente. Per esempio, vediamo in Figura 6.5, due viste contribuenti, C_1 and C_2, ed i corrispondenti frammenti di interrogazione QF_1 e QF_2.
3. A partire da ciascuna vista contribuente, si costruisce un singolo frammento di interrogazione. Alcuni di questi frammenti possono essere vuoti. L'unione di tutti i frammenti di interrogazione non-vuoti viene definita *istanza multipla* dell'interrogazione. Intuitivamente, una istanza multipla include tutte le informazioni derivate dalle sorgenti dei dati in risposta all'interrogazione di un utente.

Onde fornire un'unica risposta all'interrogazione Q per l'utente, è necessario risolvere tutti i conflitti a livello di istanza presenti nell'istanza multipla. Dopo aver costruito le istanze multiple, si applica una strategia per il rilevamento e la risoluzione dei conflitti, come descritto nella Sezione 6.4.2.

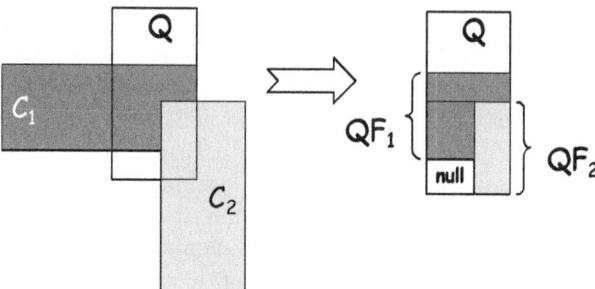

Figura 6.5. Esempio di costruzione di frammenti di interrogazione da viste contribuenti

6.3.4 Confronto tra le Tecniche di Elaborazione dell'Interrogazione Guidata dalla Qualità

La Figura 6.6, mostra un confronto tra le tecniche di elaborazione delle interrogazioni descritte. Il confronto delle tecniche viene effettuato in base alle seguenti caratteristiche:

- *Metadati della qualità.* Si evidenzia che ciascuna tecnica si basa su un insieme di metadati che supportano l'attività di elaborazione dell'interrogazione.
- *Granularità del modello di qualità* che rappresenta gli elementi dei dati cui possono essere associati i metadati di qualità. QP-alg associa i metadati di qualità non solo con le sorgenti ma anche con le asserzioni di corrispondenza delle interrogazioni e le interrogazioni dell'utente. DaQuinCIS sfrutta la flessibilità del modello per dati semistrutturati per l'associazione della qualità a vari livelli di granularità. Fusionplex consente l'associazione solo a livello di sorgente.
- *Tipo di mapping.* E' evidenziato che tanto QP-alg quanto Fusionplex adottano un approccio GLAV alla definizione del mapping, mentre DaQuinCIS adotta un approccio GAV.
- *Supporto per un'algebra della qualità,* che indica che i valori di qualità associati ai dati delle sorgenti locali devono essere "combinati" tramite specifici operatori algebrici. Come abbiamo detto nel Capitolo 4, Sezione 4.2, su questo aspetto sono state formulate alcune proposte in ambito di ricerca, ma si tratta ancora di un problema aperto. Qualche tentativo verso la manipolazione algebrica dei valori di qualità è presente nelle funzioni merge di QP-alg e nell'estensione degli operatori relazionali di Fusionplex.

6.4 Risoluzione dei Conflitti a Livello di Istanza

La risoluzione dei conflitti a livello di istanza è un'attività fondamentale nei sistemi di integrazione dei dati. Nessun sistema di integrazione dei dati può

6.4 Risoluzione dei Conflitti a Livello di Istanza

Tecniche	Metadati di qualità	Granularità della caratterizzazione della qualità	Tipo di Mapping	Supporto di una Algebra della Qualità
QP-alg	YES	Sorgente, Query Correspondence Assertions, Interrogazione utente	GLAV	Preliminare
Elaborazione delle Interrogazioni in DaQuinCIS	YES	Ogni elemento dati di un modello dati semistrutturato	GAV	No
Elaborazione delle Interrogazioni in FusionPlex	YES	Sorgente	GLAV	Preliminare

Figura 6.6. Confronto tra le tecniche di elaborazione dell'interrogazione guidata dalla qualità

restituire risposte alle interrogazioni dell'utente se i conflitti di questo tipo non vengono risolti. Poiché l'integrazione dei dati ha a che fare tipicamente con sorgenti eterogenee ed autonome, i conflitti a livello di istanza sono molto comuni e frequenti. Purtroppo, la maggior parte delle attuali soluzioni per l'integrazione dei dati si basano su ipotesi semplificative per quanto riguarda i conflitti sui valori dei dati.

In questa sezione, dopo aver classificato questi conflitti (Sezione 6.4.1), descriviamo alcune delle proposte attuali riguardanti le tecniche di risoluzione dei conflitti a livello di istanza (Sezione 6.4.2), e concludiamo con un confronto tra le tecniche (Sezione 6.4.3).

6.4.1 Classificazione dei Conflitti a Livello di Istanza

Come si è già detto nella Sezione 6.1, per poter integrare dati provenienti da sorgenti di dati distinte, occorre risolvere i problemi causati da eterogeneità tecnologiche, di schema e a livello di istanza. Nella sezione che segue, descriviamo in breve i conflitti derivanti dalle eterogeneità dello schema, chiamati *conflitti a livello di schema*, mentre nell'ultima parte ci occuperemo della descrizione dei conflitti dovuti ad eterogeneità a livello di istanza, chiamati *conflitti a livello di istanza*.

I conflitti a livello di schema sono stati trattati diffusamente (si veda [109]), e comprendono:

- I *conflitti di eterogeneità*, si verificano quando vengono usati differenti modelli per dati;
- i *conflitti semantici*, riguardano il rapporto tra le estensioni degli elementi del modello. Per esempio, una entità Persona può avere in sorgenti diverse estensioni differenti, che possono essere disgiunte, parzialmente sovrapposte, una inclusa nell'altra, o completamente sovrapposte;

- I *conflitti di descrizione*, riguardano la descrizione di concetti con attributi diversi. Questi conflitti comprendono formati, tipi di attributo e scale differenti. Essi sono al limite tra i conflitti a livello di schema ed i conflitti a livello di istanza; per esempio, in [75], questi conflitti vengono classificati come conflitti dei valori dei dati. Noi preferiamo considerare i conflitti di descrizione a livello di schema perché essi sono effettivamente dovuti e differenti scelte progettuali degli schemi dei dati, anche se tali scelte hanno certamente ripercussioni sui valori da integrare;
- I *conflitti strutturali*, hanno a che fare con differenti scelte progettuali nell'ambito dello stesso modello. Per esempio, questi conflitti possono verificarsi se una sorgente rappresenta un Indirizzo come entità ed un'altra sorgente lo rappresenta come attributo.

A differenza dei conflitti a livello di schema, quelli a livello di istanza sono stati piuttosto trascurati e solo recentemente abbiamo assistito ad un crescente interesse nei loro confronti grazie al ruolo fondamentale che essi giocano nei processi di integrazione dati. I conflitti a livello di istanza sono causati dalla scarsa qualità dei dati; essi si verificano a causa di errori nel processo di collezione dei dati o nel processo di inserimento dei dati oppure perché le sorgenti non sono aggiornate.

A seconda della granularità dell'elemento del modello, i conflitti a livello di istanza possono essere suddivisi in *conflitti di attributo* e *conflitti di chiave*, detti anche *conflitti di entità* o *conflitti di tupla*. Alcuni autori, per esempio [118], considerano anche i *conflitti di relazione* che sono particolarmente significativi a livello concettuale. Qui di seguito, ci soffermiamo su conflitti di attributo e conflitti di chiave, dato che questi sono i principali tipi di conflitto coinvolti nei processi di integrazione dati.

Si considerino due tabelle relazionali, $S_1(A_1, \ldots, A_k, A_{k+1}, \ldots, A_n)$ e $S_2(B_1, \ldots, B_k, B_{k+1}, \ldots, B_m)$, dove $A_1 = B_1 \ldots A_k = B_k$. Si assuma che la stessa entità del mondo reale sia rappresentata con la tupla t_1 in S_1 e con la tupla t_2 in S_2, e sia $A_i = B_i$; ne derivano i seguenti conflitti:

- Un *conflitto di attributo* si verifica se

$$t_1.A_i \neq t_2.B_i.$$

- Si supponga ancora che A_i sia una chiave primaria per S_1 e B_i una chiave primaria per S_2. Si verifica un *conflitto di chiave* se

$$t_1.A_i \neq t_2.B_i \text{ and } t_1.A_j = t_2.B_j,$$

per tutti i j compresi nell'intervallo da 1 a k, e $i \neq j$.

Nella Figura 6.7, sono rappresentati vari esempi di conflitti di attributo e di chiave. Nella figura, due relazioni, ImpiegatoS1 e ImpiegatoS2, rappresentano l'informazione riguardante gli impiegati di una ditta. Si noti che assumiamo che non vi sia alcun conflitto a livello di schema, cioè che le due relazioni abbiano esattamente gli stessi attributi e la stessa estensione. Ciò nonostante,

6.4 Risoluzione dei Conflitti a Livello di Istanza

esse presentano conflitti a livello di istanza. Nelle due relazioni si notano due conflitti dei valori degli attributi, relativamente alla voce Salario dell'impiegato arpa78 ed alla voce Cognome dell'impiegato ghjk09. Viene mostrato anche un conflitto a livello di chiave tra l'impiegata Marianne Collins, come identificata nella relazione ImpiegatoS1 e come identificata nella relazione ImpiegatoS2, assumendo che le due tuple rappresentino lo stesso oggetto del mondo reale.

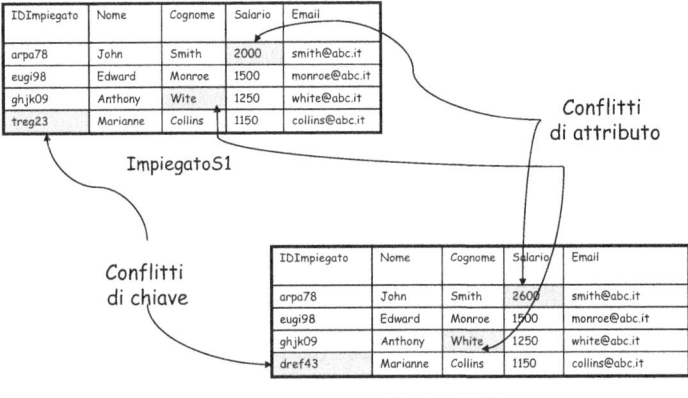

Figura 6.7. Un esempio di conflitti a livello di chiave e a livello di attributo

I conflitti a livello di istanza possono essere presenti tanto nell'integrazione virtuale che in quella materializzata. Nell'integrazione virtuale dei dati, è stata proposta una formulazione teorica del problema. In particolare, i citati conflitti di chiave e di attributo sono stati specificati formalmente come violazione di vincoli di integrità espressi sullo schema globale che rappresenta la vista integrata. Per maggiori dettagli sulla prospettiva teorica sulle inconsistenze nell'integrazione dei dati si rimanda il lettore alla Sezione 6.5.2.

Nella prossima sezione, descriviamo un certo numero di tecniche tra quelle proposte per la risoluzione dei conflitti a livello di istanza.

6.4.2 Panoramica delle Tecniche

Le tecniche che trattano i conflitti a livello di istanza possono essere applicate in due diverse fasi del ciclo di vita del sistema di integrazione dati e cioè, nella *fase di progettazione* e nella *fase di interrogazione*. In entrambi i casi, i conflitti effettivi si verificano in fase di interrogazione; tuttavia, gli approcci della fase di progettazione decidono in merito a quale strategia seguire per risolvere i conflitti prima dell'elaborazione delle interrogazioni, cioè nello stadio di progettazione del sistema di integrazione dati. Le tecniche applicate in fase di interrogazione incorporano la specifica della strategia da seguire nella formulazione dell'interrogazione stessa.

Una proposta per la risoluzione dei conflitti in fase di progettazione è stata avanzata in [55]. L'idea principale è di risolvere i conflitti di attributo mediante funzioni di aggregazione da specificare per ciascun attributo che possa creare dei conflitti nella fase di esecuzione dell'interrogazione.

Come accennato in [218], le tecniche proposte per la fase di progettazione presentano un difficile problema di ottimizzazione. Si osservi l'esempio in Figura 6.7, e si supponga che per l'attributo Salario venga specificato in fase di progettazione che in caso di conflitti deve essere scelto lo stipendio minimo. Dato uno schema globale Impiegato(IdImpiegato, Nome, Cognome, Salario, Email), si consideri la seguente interrogazione:

```
SELECT  IdImpiegato, Email
FROM    Impiegato
WHERE   Salario < 2000
```

Dal momento che l'attributo Salario è coinvolto nell'interrogazione, tutti gli impiegati devono essere recuperati per poter computare il salario minimo, non solo gli impiegati con Salario < 2000, anche se non si verificano conflitti sullo stipendio. Ne consegue che la risoluzione dei conflitti in fase di progettazione può essere estremamente poco efficiente.

Per risolvere tali inefficienze, sono state proposte tecniche per la risoluzione dei conflitti in fase di interrogazione. Inoltre, le tecniche per la fase di interrogazione sono caratterizzate da una maggiore flessibilità poiché, come vedremo, esse consentono a chi formula l'interrogazione di indicare una strategia specifica da adottare per la risoluzione dei conflitti. Data un'interrogazione formulata da un utente sullo schema globale, le tecniche per la fase di interrogazione riguardano i conflitti di chiave e/o di attributo che possono verificarsi sui dati restituiti come risultato.

I conflitti di chiave richiedono l'applicazione di tecniche per l'identificazione degli oggetti, descritte dettagliatamente nel Capitolo 5. Facendo riferimento all'esempio della Figura 6.7, le tecniche di identificazione degli oggetti confronteranno la tupla treg23 di ImpiegatoS1 con la tupla dref43 di ImpiegatoS2, confrontando i valori dei loro attributi, per determinare se la "Marianne Collins" rappresentata nelle due sorgenti sia la stessa persona. In seguito alla decisione che esse costituiscono un match, le tuple che si riferiscono a "Marianne Collins" verranno considerate un'unica tupla, e verrà scelta un'unica chiave per individuarla, risolvendo in tal modo il conflitto di chiave. Se la decisione è negativa, non si verifica alcun conflitto di chiave.

Per quanto riguarda i conflitti di attributo, sono state proposte numerose tecniche per risolverli:

- Risoluzione dei conflitti basata su SQL [141];
- Aurora [218];

6.4 Risoluzione dei Conflitti a Livello di Istanza

- Fusionplex [135];
- DaQuinCIS [174];
- risoluzione dei conflitti basata su FraSQL [176]; e
- OO_{RA} [118].

Di seguito, descriveremo i dettagli di tali tecniche; tuttavia, numerose altre proposte sono state avanzate in letteratura, tra cui [81, 154]. Prima di dare una descrizione dettagliata, illustreremo in modo astratto da seguire per la risoluzione dei conflitti a livello di istanza.

Si consideri ancora l'esempio in Figura 6.7, e si supponga che l'interrogazione seguente venga formulata sullo schema globale `Impiegato(IdImpiegato, Nome, Cognome, Salario, Email)`:

```
SELECT  Salario
FROM    Impiegato
WHERE   Nome = "John" AND Cognome = "Smith"
```

Per restituire un risultato a questo tipo di interrogazione, occorre risolvere il conflitto di attributo tra i due valori riguardanti lo stipendio di John Smith memorizzato nelle relazioni `ImpiegatoS1` e `ImpiegatoS2`.

Una soluzione a questo problema è di specificare *dichiarativamente* come trattare tali conflitti. Una specifica dichiarativa è formata da:

- un insieme di funzioni di risoluzione che, sulla base degli attributi specifici coinvolti nel conflitto, possa scegliere il valore più appropriato;
- un insieme di strategie per affrontare i conflitti corrispondenti a differenti gradi di tolleranza; e
- un modello per le interrogazioni che possa tener conto di eventuali conflitti direttamente, cioè tramite specifiche estensioni, come funzioni ad hoc che si occupano di conflitti, o indirettamente, cioè senza estensioni specifiche.

Una *funzione di risoluzione* prende in input due (o più) valori conflittuali di un attributo e fornisce un valore da restituire come risultato dell'interrogazione posta. Funzioni di risoluzione comuni sono are `MIN` e `MAX`. A queste possiamo aggiungere funzioni di risoluzione specifiche di alcune tipologie di attributi. Per esempio, per i tipi di attributi numerici, si possono usare `SUM` e `AVG`. Per attributi non numerici, possiamo individuare altre funzioni di risoluzione, come `CONCAT`. In [141], viene proposta una funzione di risoluzione `MAXIQ`. Assumendo la presenza di un modello per la qualità dei dati che associ i valori di qualità agli elementi del modello (ad es., attributi), la funzione di risoluzione `MAXIQ` restituisce il valore qualitativamente più elevato. La Figura 6.8 riassume le funzioni di risoluzione dei conflitti proposta da [141]. Alcune sono le usuali funzioni di aggregazione, altre servono appositamente per la risoluzione dei conflitti.

Le *strategie di tolleranza* permettono all'utente di definire il grado di conflitto permesso. Per esempio, è possibile specificare che non sono ammessi conflitti su un determinato attributo. Ciò significa che tutti i valori restituiti

Funzione	Tipo di Attributo	Descrizione
COUNT	qualsiasi	Conta il numero di valori in conflitto
MIN	qualsiasi	Valore minimo
MAX	qualsiasi	Valore massimo
RANDOM	qualsiasi	Valore random non null
CHOOSE(Source)	qualsiasi	Sceglie la sorgente più affidabile per il particolare attributo
MAXIQ	qualsiasi	Valore con più alta Information Quality
GROUP	qualsiasi	Raggruppa tutti i valori in conflitto
SUM	numerico	Somma tutti i valori
MEDIAN	numerico	Valore medio, nel senso di quello che ha un ugual numero di valori maggiori e minori
AVG	numerico	Media aritmetica di tutti i valori
VAR	numerico	Varianza dei valori
STDDEV	numerico	Deviazione Standard dei valori
SHORTEST	non-numerico	Valore con lunghezza minima, ignorando gli spazi
LONGEST	non-numerico	Valore con lunghezza massima, ignorando gli spazi
CONCAT	non-numerico	concatenazione dei valori
ANNCONCAT	non-numerico	Concatenazione dei valori con annotazioni che precedono i valori effettivamente restituiti, il cui cui scopo è quello di specificare la sorgente

Figura 6.8. Funzioni di risoluzione proposte in [141]

dalle sorgenti su quell'attributo devono essere allineati. Altro esempio: può essere possibile specificare che in caso di conflitti, venga proposto come risultato un valore scelto a caso tra quelli conflittuali. Un'altra strategia di tolleranza prevede che si possa specificare un valore di soglia per distinguere i conflitti tollerabili da quelli non tollerabili. Per esempio, può essere tollerato un conflitto su due valori per l'attributo Nome come Michael e Maichael, che hanno una edit distance reciproca di un carattere, dal momento che è molto facile trasformare Maichael in Michael, semplicemente cancellando un carattere. Al contrario, per un attributo numerico come Salario, anche una edit distance di una cifra può essere non tollerabile.

Relativamente al *modello di interrogazione*, è possibile usare in modo appropriato SQL per specificare come risolvere i conflitti [141], o usare estensioni ad hoc quali quelle proposte in [118] e [218].

Nelle prossime sezioni descriveremo numerose tecniche per la risoluzione dei conflitti che istanziano i passi astratti appena presentati.

Risoluzione dei Conflitti Basata su SQL

L'approccio propone la formulazione di interrogazioni in linguaggio SQL, sfruttando le capacità degli attuali sistemi di basi di dati. Discutiamo tre possibili strategie basate su tre operazioni SQL:

6.4 Risoluzione dei Conflitti a Livello di Istanza

- *Group*, in cui, usando il comando SQL `Group by`, viene specificata un'interrogazione che raggruppa le tuple sulla base di uno o più attributi del gruppo. Viene poi indicata una funzione aggregata per selezionare in modo appropriato i valori conflittuali. Per esempio,

```
SELECT   IdImpiegato, min(Salario)
FROM     Impiegato
GROUP BY IdImpiegato
```

Lo svantaggio principale di questo approccio è che possono essere usate solo le funzioni di aggregazione messe a disposizione da SQL.

- *Join*, che considera l'unione di due sorgenti e la partiziona in tre insiemi: l'intersezione delle due sorgenti, le tuple solo nella prima sorgente e le tuple solo nella seconda sorgente. L'interrogazione viene espressa su ciascuna di queste parti e i risultati vengono fusi. La prima interrogazione viene espressa sull'intersezione:

```
SELECT IdImpiegato, min(Impiegato1.Salario, Impiegato2.Salario)
FROM   Impiegato1, Impiegato2
WHERE  Impiegato1.IdImpiegato = Impiegato2.IdImpiegato
```

Questa interrogazione ha il vantaggio che la risoluzione non è più una funzione aggregata ma scalare. Ciò estende la possibilità di usare funzioni definite dall'utente, allargando così il ventaglio delle possibili funzioni di risoluzione rimanendo compatibili con la maggior parte dei sistemi per basi di dati, che permettono l'uso di funzioni scalari definite dall'utente. La seguente interrogazione sceglie le tuple della prima sorgente non presenti nella seconda:

```
SELECT IdImpiegato, Prezzo
FROM   Impiegato1
WHERE  Impiegato1.EmployeeId NOT IN
         (SELECT IdImpiegato
          FROM Impiegato2)
```

L'interrogazione per selezionare le tuple della seconda sorgente che non sono nella prima sorgente è simile a quella espressa sopra. L'interrogazione di fusione è semplicemente la combinazione dei risultati di tutte le interrogazioni tramite l'operatore `UNION`. Lo svantaggio principale di questo approccio sta nella complessità delle interrogazioni, poiché il numero di partizioni aumenta esponenzialmente col numero delle sorgenti. La lunghezza e la complessità delle interrogazioni possono diventare proibitive.

- *Nested Join*, è un perfezionamento rispetto al metodo precedente, che può essere eseguito quando le funzioni di risoluzione sono associative. Date N sorgenti da fondere, l'idea è di fonderne prima due, poi queste due con una terza, e così via. Con questo approccio, le interrogazioni crescono linearmente, ma rimangono comunque complesse.

Aurora

Aurora è un sistema di integrazione dei dati basato sulla mediazione. L'approccio propone un modello di interrogazione con tolleranza dei conflitti per la risoluzione dei conflitti al grado voluto. Questo modello di interrogazione ha le seguenti caratteristiche:

- Due operatori, uno per la risoluzione dei conflitti di attributo, detto *resolve attribute-level conflict* (RAC) e uno per la risoluzione dei conflitti di tupla, detto *resolve tuple-level conflict* (RTC). Gli operatori prendono come parametro una funzione di risoluzione. Per esempio, si consideri la popolazione globale della relazione Impiegato, mostrata in Figura 6.9, che rappresenta l'istanza globale derivante dall'integrazione delle due relazioni ImpiegatoS1 e ImpiegatoS2 mostrate in Figura 6.7. Un esempio del funzionamento dell'operatore RAC è riportato nella Figura 6.10, dove le funzioni di risoluzione specificate sono MIN per Salario, LONGEST per Cognome, e ANY per IdImpiegato. Un esempio relativo all'operatore RTC è mostrato nella Figura 6.11, dove la funzione di risoluzione è ANY, ed i conflitti di tupla si risolvono scegliendo la tupla dref43.
- Tre strategie per la risoluzione dei conflitti, e cioè HighConfidence, RandomEvidence, e PossibleAtAll. Queste strategie consentono all'utente di definire il grado di conflitto permesso e vengono usate assieme agli operatori descritti in precedenza quando si formulano le interrogazioni. HighConfidence permette di specificare che non sono ammessi conflitti su specifici attributi. Ciò significa che tutti i valori restituiti dalle sorgenti su quell'attributo devono essere allineati. RandomEvidence specifica che, in caso di conflitti, una funzione deve scegliere a tempo di esecuzione un valore da restituire. PossibleAtAll restituisce tutti i valori che rispondono correttamente all'interrogazione, indipendentemente dai conflitti.

IDTupla	IDImpiegato	Nome	Cognome	Salario	Email
t_1	arpa78	John	Smith	2000	smith@abc.it
t_2	eugi98	Edward	Monroe	1500	monroe@abc.it
t_3	ghjk09	Anthony	Wite	1250	white@abc.it
t_4	treg23	Marianne	Collins	1150	collins@abc.it
t_5	arpa78	John	Smith	2600	smith@abc.it
t_6	eugi98	Edward	Monroe	1500	monroe@abc.it
t_7	ghjk09	Anthony	White	1250	white@abc.it
t_8	dref43	Marianne	Collins	1150	collins@abc.it

Figura 6.9. Istanza di relazione globale Impiegato

Il modello di interrogazione con tolleranza dei conflitti è definito solo su conflitti a livello di tupla, ma all'utente è permesso specificare la risoluzione di conflitti a livello di attributo. Ecco alcuni esempi di interrogazioni con tolleranza dei conflitti:

6.4 Risoluzione dei Conflitti a Livello di Istanza

IDTupla	IDImpiegato	Nome	Cognome	Salario	Email
t_1	arpa78	John	Smith	2000	smith@abc.it
t_2	eugi98	Edward	Monroe	1500	monroe@abc.it
t_3	ghjk09	Anthony	White	1250	white@abc.it
t_4	treg23	Marianne	Collins	1150	collins@abc.it

RAC(Impiegato,Salario(MIN), Cognome(Longest), IDImpiegato(Any))

Figura 6.10. Risoluzione di conflitti di attributo

IDTupla	IDImpiegato	Nome	Cognome	Salario	Email
t_1	arpa78	John	Smith	2600	smith@abc.it
t_2	eugi98	Edward	Monroe	1500	monroe@abc.it
t_3	ghjk09	Anthony	Wite	1250	white@abc.it
t_4	dref43	Marianne	Collins	1150	collins@abc.it

RTC(Impiegato,ANY)

Figura 6.11. Risoluzione di conflitti di tupla

- Q1: SELECT IdImpiegato, Nome (ANY), Salario[MIN]
       FROM   Impiegato
       WHERE Salario>1800
       WITH   HighConfidence
- Q2: SELECT [ANY]IdImpiegato, Nome, Salario
       FROM   Impiegato
       WHERE Salario>1800
       WITH   RandomEvidence

Entrambe le interrogazioni selezionano impiegati con `Salario` superiore a 1800 euro. Se si verifica un conflitto, Q1 sceglie impiegati il cui valore di `Salario` è maggiore di 1800 in tutte le sorgenti. Pertanto, sulla base della Figura 6.9, vengono scelte le tuple t_1 e t_5. Quindi, applicando la funzione di risoluzione MIN su `Salario`, la tupla restituita avrà il valore di `Salario` di t_1, e cioè, 2000. Q2 sceglie un valore a caso `Salario`, e, se è maggiore di 1800, esso viene restituito come risultato. Allora, viene applicata la funzione di risoluzione di tuple ANY come specificato nella clausola di selezione. In base alla Figura 6.9, viene restituito un valore a caso `Salario` tra t_1 e t_5.

Fusionplex e DaQuinCIS

I due approcci alla risoluzione dei conflitti adottati nel sistemi Fusionplex e DaQuinCIS sono simili. Entrambi risolvono conflitti di attributo in base ai metadati associati ai dati delle sorgenti locali.

Fusionplex propone i seguenti metadati chiamati *caratteristiche*:

- *timestamp*, che rappresentano il momento in cui la sorgente è stata validata nel sistema;

- *costo*, che può essere il tempo di trasmissione sulla rete, oppure il denaro da pagare per l'informazione oppure entrambi;
- *accuratezza*, valutata secondo un approccio probabilistico;
- *disponibilità*, la probabilità che l'informazione sia disponibile in un momento casuale; e
- *autorizzazione*, corrispondente al livello di autorizzazione necessario per accedere all'informazione.

In Fusionplex, le caratteristiche sono associate alle sorgenti nel loro complesso, con l'assunzione restrittiva che i dati nelle sorgenti siano omogenei rispetto ad una caratteristica specifica.

DaQuinCIS propone i seguenti metadati, cui fa riferimento come *dimensioni*:

- *accuratezza*, che riguarda l'accuratezza sintattica dei valori dei dati;
- *livello di aggiornamento*, che considera il grado di aggiornamento dei valori;
- *consistenza*, che misura vincoli di consistenza interni alla sorgente; e
- *completezza*, che conta il numero di valori nulli.

Il modello dati D^2Q, descritto dettagliatamente nel Capitolo 3, è semistrutturato, e permette l'associazione tra metadati e elementi dati aventi differente granularità, e quindi sia con valori singoli, che con attributi e con tutti gli altri elementi del modello.

Quello che segue è un esempio delle dichiarazioni del linguaggio SQL esteso che possono essere definite in Fusionplex

```
SELECT  IdImpiegato, Salario
FROM    ImpiegatoS1, ImpiegatoS2
WHERE   ImpiegatoS1.IdImpiegato=ImpiegatoS2.IdImpiegato
USING   cost>0.6
WITH    timestamp as 0.5
```

Considerando una rappresentazione delle due relazioni basata su XML ImpiegatoS1 e ImpiegatoS2, un esempio di interrogazione DaQuinCIS, espressa in XQuery [29], è

```
FOR     $i in input()//ImpiegatoS1
FOR     $j in input()//ImpiegatoS2
WHERE   ($i/IdImpiegato=$j/IdImpiegato) and
        quality($i/Salario)>0.7 and quality($j/salary)>0.7
RETURN  ($i/Nome,$i/Salario)
```

Come descritto, la risoluzione dei conflitti di attributo si basa sui metadati tanto in Fusionplex quanto in DaQuinCIS. Inoltre, entrambi i sistemi hanno un passo in cui, nel momento in cui l'utente formula un'interrogazione, tutte le istanze significative che rispondono all'interrogazione vengono raccolte e raggruppate in cluster di copie differenti dello stesso oggetto. Infine, in entrambi

6.4 Risoluzione dei Conflitti a Livello di Istanza

i sistemi si applica una politica di risoluzione per produrre tuple selezionate da includere nel risultato.

I due sistemi differiscono nel processo di costruzione del risultato finale. In Fusionplex, come descritto nella Sezione 6.3.3, la fase in cui i risultati vengono raccolti dalle sorgenti locali termina con la costruzione di una istanza multipla, alla quale viene applicata una strategia di risoluzione dei conflitti. La risoluzione dei conflitti si svolge in due fasi: nella prima viene usata una funzione di utilità per tener conto delle preferenze dell'utente, mentre nella seconda viene realizzata la fusione vera e propria.

Nella prima fase, gli utenti possono specificare l'importanza che assegnano a ciascuna caratteristica. Viene poi calcolata una funzione di utilità globale sotto forma della somma ponderata dei valori delle caratteristiche di una sorgente e viene eseguito il primo pruning delle sorgenti secondo una soglia di utilità fissa.

Per quanto riguarda la seconda fase, la risoluzione delle inconsistenze può essere eseguita o sulla base delle loro caratteristiche, ed è detta in questo caso *risoluzione basata sulle caratteristiche* o sulla base dei dati, ed è detta *risoluzione basata sul contenuto*.

Una politica di risoluzione consiste nella selezione sequenziale di:

- *funzioni di eliminazione*, che possono essere basate sulle caratteristiche o sulla selezione. Esempi di funzioni di eliminazione basate sulle caratteristiche sono MIN e MAX; MAX(timestamp) e MIN(costo), mentre MAX(Salario) è un esempio di funzione di eliminazione basata sul contenuto.
- *funzioni di fusione*. Le funzioni di fusione sono sempre basate sul contenuto; ne sono esempi ANY e AVERAGE.

E' da osservare che la politica di risoluzione viene specificata completamente dagli utenti a seconda delle loro esigenze particolari. Inoltre, Fusionplex ammette tre livelli di tolleranza: nessuna risoluzione, pruning di tuple multiple e risoluzione di attributo selettiva. La politica di non risoluzione consente di restituire all'utente una risposta contenente conflitti. Il pruning di tuple multiple elimina le tuple che o non soddisfano il predicato di selezione delle caratteristiche o sono al di sotto della soglia di utilità. La risoluzione di attributo selettiva forza la risoluzione solo su alcuni attributi.

Nel sistema DaQuinCIS, il risultato riconciliato viene prodotto secondo il processo descritto nella Sezione 6.3.2, ed è completamente basato sui valori di qualità associati ai dati sulla base del modello D^2Q.

Risoluzione dei Conflitti Basata su FraSQL

L'approccio propone l'estensione di un linguaggio di interrogazione per basi di dati multiple, chiamato *FraSQL*, che mette a disposizione operazioni per la trasformazione e l'integrazione di dati eterogenei. L'idea base è di usare il raggruppamento per l'eliminazione dei duplicati e l'aggregazione per la risoluzione dei conflitti. Per la risoluzione dei conflitti, FraSQL consente sia l'*aggregazione definita dall'utente* sia il *raggruppamento definito dall'utente*. L'aggregazione definita dall'utente è utile per la risoluzione dei conflitti; essa consente la scelta di un valore rappresentativo tra un gruppo di valori corrispondenti allo stesso oggetto del mondo reale. Il raggruppamento di valori viene eseguito tramite il raggruppamento definito dall'utente che può essere di due tipi: (i) *context free* e (ii) *context aware*. Il raggruppamento context free è l'approccio consueto, come nell' SQL standard, con in più la possibilità di usare funzioni esterne. La seguente interrogazione mostra l'uso di un raggruppamento context free definito dall'utente [176]:

```
SELECT   avg (Temperatura),rc
FROM     CondizioniAtmosferiche
GROUP BY codiceRegione(Longitudine,Latitudine) AS rc
```

dove `regionCode` è una funzione esterna che computa la regione in base alla sua posizione geografica.

Il raggruppamento context-aware viene proposto per permettere di superare alcune limitazioni dell'operatore group by dell'SQL standard. L'operatore group by standard opera su una tupla alla volta, senza tener conto degli eventuali rapporti tra le tuple del gruppo. Per consentire un raggruppamento più flessibile, si possono introdurre criteri di similarità che scindono o fondono opportunamente il gruppo. Per esempio, si consideri l'interrogazione:

```
SELECT IdImpiegato,Salario
FROM   ImpiegatoS1
GROUP  maximumDifference(Salario,diff=150)
BY CONTEXT
```

L'interrogazione considera la relazione ImpiegatoS1 mostrata nella Figura 6.7 e raggruppa le tuple come si vede nella Figura 6.12, generando tre insiemi che corrispondono alle tuple per le quali i valori di `Salario` differiscono al massimo di 150.

IdImpiegato	Salario
arpa78	2000

IdImpiegato	Salario
eugi98	1500

IdImpiegato	Salario
ghjk09	1250
treg23	1150

Figura 6.12. Risultato dell'interrogazione context-aware applicata alla tabella InpiegatoS1 della Figura 6.7

OO$_{RA}$

Anche se qui ci concentriamo solo sui conflitti a livello di attributo, questo modello tiene conto anche dei conflitti di chiave e di quelli di relazione (si veda [118] per un approfondimento su questi due tipi di conflitti). L'approccio distingue due tipi di conflitti di attributo, e cioè, *conflitti tollerabili* che possono essere risolti automaticamente, e *conflitti non tollerabili*, che devono essere risolti con l'intervento umano. I due tipi di conflitto sono separati tramite una soglia. Per gestire i conflitti a livello di attributo viene introdotto un modello per dati esteso orientato agli oggetti, detto OO$_{RA}$. Le principali caratteristiche del modello per quanto concerne la risoluzione dei conflitti di attributo sono:

- la possibilità di specificare le soglie e le funzioni di risoluzione per la risoluzione dei conflitti a livello di attributo; e
- la rappresentazione dei valori di attributo originali e risolti.

Per quanto riguarda la specifica delle soglie e delle funzioni di risoluzione, per un dato attributo vengono considerate le seguenti tre diverse combinazioni: (i) predicato di soglia e funzione di risoluzione, entrambi non specificati; (ii) predicato di soglia specificato e funzione di risoluzione non specificata; e (iii) predicato di soglia e funzione di risoluzione, entrambi specificati. Nel caso (i), non è tollerato alcun conflitto, cosicché se ne verifica uno, il valore dell'attributo risolto è NULL. Nel caso (ii), alcuni conflitti possono essere accettabili, ma quando se ne verifica uno il valore restituito è NULL. Nel caso (iii), alcuni conflitti sono tollerati e il valore restituito viene computato dalla funzione di risoluzione.

Per quanto riguarda la rappresentazione dei valori conflittuali, l'approccio OO$_{RA}$ rappresenta ogni attributo non identificatore con una terna: valore originale, valore risolto, e tipo di conflitto. Il tipo di conflitto è NULL in assenza di conflitto, RESOLVABLE se vi è un conflitto non tollerabile, e ACCEPTABLE se vi è un conflitto tollerabile. Per esempio, si considerino il seguente predicato di soglia e la funzione di risoluzione applicata alla relazione globale descritta in Figura 6.9:

```
DEFINE Salario.threshold@EMPLOYEE(s1,s2) = (abs(s1-s2)<=1000)
DEFINE Salario.resolution@EMPLOYEE(s1,s2) = MIN(s1,s2)
```

In questo caso, il conflitto tra t_1 e t_5 è tollerabile, poiché le differenze tra i due valori per lo stipendio sono compresi entro la soglia specificata. Il conflitto si risolve scegliendo il valore per stipendio presente nella tupla t_1.

Come ulteriore esempio, si considerino il seguente predicato di soglia e la funzione di risoluzione, anch'essa applicata alla relazione in Figura 6.9:

```
DEFINE Cognome.threshold@EMPLOYEE(s1,s2) = (editDistance(s1,s2)<=1)
DEFINE Cognome.resolution@EMPLOYEE(s1,s2) = LONGEST(s1,s2)
```

166 6 Problemi Inerenti la Qualità dei Dati nei Sistemi di Integrazione dei Dati

Anche qui, il conflitto tra t_3 e t_7 è tollerabile, ed il valore di Cognome memorizzato dalla tupla t_7 viene restituito come risultato. Al contrario, supponendo che il valore di Cognome per t_3 fosse Wie, e la edit distance tra t_3.Salario e t_7.Salario maggiore di 1, si sarebbe verificato un conflitto non tollerabile.

6.4.3 Confronto tra le Tecniche di Risoluzione dei Conflitti a Livello di Istanza

Nella Figura 6.13 vengono messe a confronto le differenti tecniche dichiarative per la risoluzione delle inconsistenze con riferimento alle relative strategie di tolleranza ed ai modelli di interrogazione. Esaminando la colonna delle strategie di tolleranza, si vede che Aurora, Fusionplex, e OO_{RA} permettono di scegliere fra diversi gradi di flessibilità a fronte di un conflitto. Ricordiamo che i tre gradi di flessibilità proposti da Aurora sono (i) high confidence, che sta a significare che non è tollerato alcun conflitto, (ii) random evidence che sta a significare che in caso di conflitti una funzione sceglierà a tempo di esecuzione il valore da restituire, e (iii) possible at all, che significa che tutti i valori che rispondono correttamente all'interrogazione devono essere restituiti. Analogamente ad Aurora, Fusionplex ammette tre livelli di tolleranza: nessuna risoluzione, pruning di tuple multiple, e risoluzione di attributo selettiva. La procedura nessuna risoluzione corrisponde a PossibleAtAll; in entrambi gli approcci, all'utente viene restituita la risposta con i conflitti. La procedura pruning di tuple multiple, che elimina le tuple che non soddisfano il predicato della selezione della caratteristica o la soglia di utilità, è un caso particolare della politica RandomEvidence e condivide con OO_{RA} il concetto di soglia. La risoluzione di attributo selettiva comporta il lasciare irrisolti alcuni (o tutti gli) attributi; si tratta di un caso specifico della politica nessuna risoluzione, con granularità superiore.

Esaminando la colonna relativa al modello di interrogazione, vediamo che la risoluzione dei conflitti basata su SQL sfrutta il linguaggio SQL. Tuttavia, presenta alcune inefficienze dovute al fatto che il linguaggio SQL nativo non comprende funzioni di risoluzione. Pertanto, computare l'aggregazione ed esprimere le dichiarazioni SQL per esse può diventare molto oneroso. Sia DaQuinCIS sia OO_{RA} trattano modelli differenti dal modello relazionale, rispettivamente un modello per dati XML e un modello dati orientato agli oggetti.

6.5 Gestione delle Inconsistenze nell'Integrazione dei Dati: una Prospettiva Teorica

In questa sezione diamo innanzitutto alcune definizioni fondamentali che specificano formalmente un sistema di integrazione dati (Sezione 6.5.1). Discutiamo quindi con un esempio cosa si intende per inconsistenza sulla base di

6.5 Gestione delle Inconsistenze nell'Integrazione dei Dati: una Prospettiva Teorica 167

Tecniche	Strategie di tolleranza	Modello di Query
Risoluzione dei conflitti basata su SQL	NO	SQL
Aurora	High Confidence, RandomEvidence, PossibleAtAll	Ad hoc Modello di Query conflict-tolerant ad hoc
FusionPlex	nessuna risoluzione, risoluzione di attributo selettiva	Estensione di SQL
DaQuinCIS	NO	Estensione di XML
Risoluzione dei conflitti basata su FraQL	NO	Ad hoc FraQL
OO_{RA}	Soglie per i conflitti non tollerabili e tollerabili	Estensione ad hoc del modello orientato agli oggetti (OO_{RA})

Figura 6.13. Tecniche di risoluzione dei conflitti

tali specifiche formali, e diamo alcuni cenni di semantiche particolari definite per trattare le inconsistenze (Sezione 6.5.2).

6.5.1 Un Framework Formale per l'Integrazione dei Dati

Un *sistema di integrazione dei dati* (*DIS*) [116] può essere definito formalmente come una terna (G, S, M) dove:

- G è lo schema globale, espresso in un linguaggio L_G su un alfabeto A_G.
- S è lo schema sorgente[3], espresso in un linguaggio L_S su un alfabeto A_S.
- M è il mapping tra G e S, costituito da un insieme di asserzioni del tipo

$$q_S \leadsto q_G \text{ e}$$

$$q_G \leadsto q_S,$$

dove q_G e q_S sono due interrogazioni della stessa arità, rispettivamente sullo schema globale G e sullo schema sorgente S. Le interrogazioni q_S vengono formulate in un linguaggio di interrogazione $L_{M,S}$ sull'alfabeto A_S, e le interrogazioni q_G vengono formulate in un linguaggio di interrogazione $L_{M,G}$ sull'alfabeto A_G.

Nella Sezione 6.2, abbiamo fatto qualche esempio di come possono essere specificate le asserzioni nel mapping.

Dato un sistema di integrazione dati I=(G, S, M), si può assegnare ad esso una *semantica* specificando il contenuto informativo dello schema globale G. Sia D una base di dati della sorgente per I, cioè, una base di dati (un insieme

---

[3] Lo schema sorgente in [116] è un nome collettivo indicante l'insieme degli schemi delle sorgenti, come abbiamo accennato nella Sezione 6.2.

di basi di dati) che si conforma allo schema della sorgente S e soddisfa tutti i vincoli in S. Sulla base di D, possiamo definire il contenuto informativo dello schema globale G. Chiamiamo *base di dati globale* per I qualsiasi base di dati per G. Si dice che una base di dati globale B è *legale rispetto a* D se:

- B è legale rispetto a G, cioè, B soddisfa tutti i vincoli di G; e
- B soddisfa il mapping M rispetto a D.

Una nozione importante da introdurre è quella di *risposte certe*. Data una base di dati D di una sorgente per I, la risposta $q_{I,D}$ ad un'interrogazione q in I rispetto a D è l'insieme di tuple t tali che $t \in q_B$ per ogni base di dati globale B che è legale per I rispetto a D.

Il significato della frase "B rispetta il mapping M rispetto a D" dipende da come vengono interpretate le asserzioni del mapping.

Nel caso LAV, in cui le asserzioni hanno la forma $s \leadsto q_G$, si possono considerare i seguenti casi:

- *Viste corrette.* Quando una sorgente s è *corretta*, la sua estensione fornisce un sottoinsieme delle tuple che soddisfano la corrispondente vista q_G.
- *Viste complete.* Quando una sorgente s è *completa*, la sua estensione fornisce un soprainsieme delle tuple che soddisfano la vista corrispondente.
- *Viste esatte.* Quando una sorgente s è *esatta*, la sua estensione è esattamente l'insieme di tuple che soddisfano la vista corrispondente.

Nel caso GAV, possiamo interpretare le asserzioni del mapping, definendo viste corrette, complete ed esatte, in modo analogo. Nella sezione seguente, vediamo il ruolo delle viste corrette, complete ed esatte nel caso di risposte inconsistenti.

6.5.2 Il Problema dell'Inconsistenza

In un sistema di integrazione dati (DIS[4]), oltre ai problemi di inconsistenza locali di una sorgente, possono presentarsi inconsistenze a causa di vincoli di integrità specificati sullo schema globale.

I vincoli di integrità sullo schema globale rappresentano una conoscenza fondamentale poiché permettono di catturare la semantica della realtà. Le sorgenti in un DIS sono autonome e indipendenti; in effetti, i DIS possono essere visti come un caso particolare di sistemi informativi cooperativi, in cui la cooperazione viene attuata mediante la condivisione dei dati tra sorgenti distinte (si veda Capitolo 1, Sezione 1.4). Ciascuna sorgente in un DIS verifica localmente se i propri vincoli di integrità vengono soddisfatti. Come componente di un sistema di integrazione dati, ciascuna sorgente deve inoltre controllare se essa viola i vincoli di integrità specificati sullo schema globale. Se ciò accade, è necessario stabilire come affrontare tali inconsistenze. Più specificatamente, non è ammissibile che il DIS non fornisca alcuna risposta all'interrogazione di

---

[4] **NdT:** Data Integration System.

6.5 Gestione delle Inconsistenze nell'Integrazione dei Dati: una Prospettiva Teorica

un utente se si verifica una violazione della consistenza. E' necessario invece introdurre tecniche specifiche per affrontare tali inconsistenze. Qui di seguito, presentiamo un esempio di violazione di un vincolo di integrità e accenniamo ai vari problemi che ne derivano.

Si consideri uno schema globale con due relazioni che rappresentano film ed attori che vi hanno preso parte: `Film(Titolo, Regista)` e `Attore(Nome,Cognome,Film)`. Assumiamo che esista un vincolo di chiave esterna tra l'attributo `Film` di `Attore` e l'attributo `Titolo` di `Film`. Supponiamo inoltre che sia definito un mapping GAV.

Consideriamo dapprima il caso in cui entrambe le relazioni siano definite da viste esatte sulle sorgenti, e cioè in cui tutti e soli i dati ottenibili dalle sorgenti soddisfano lo schema globale. Consideriamo le seguenti istanze:

1 <attore(Audrey, Hepburn, Vacanze Romane)>
2 <film(Vacanze Romane, Wyler)>
3 <attore(Russel, Crowe, Il Gladiatore)>

La tupla 3 viola il vincolo di chiave esterna; pertanto, un'interrogazione che richieda tutti i film non avrebbe risposta, anche se una risposta potrebbe essere costituita dalla tupla 2.

Se non consideriamo viste esatte ma corrette o complete, è possibile fornire delle risposte. Si ricorda che in un mapping GAV una vista è corretta se i dati forniti sono un sottoinsieme dei dati che soddisfano lo schema globale. Una vista è completa se fornisce un soprainsieme dei dati che soddisfano lo schema globale.

Secondo caso: consideriamo la relazione `Attore` definita come vista completa e `Film` come vista corretta. In questo caso, un'interrogazione che formuli la richiesta di tutti i film avrebbe come risposta la tupla 2, perché è possibile cancellare alcune tuple di attori a causa della correttezza, ed è possibile aggiungere una tupla <`film(Il Gladiatore`, α)>, dove α è un segnaposto per il valore regista.

Anche nel caso di viste corrette o complete, vi sono casi in cui non può essere fornita alcuna risposta. Infatti, se `Attore` fosse definito da una vista completa e `Film` da una vista corretta, non sarebbe possibile soddisfare il vincolo di chiave esterna.

Per poter fornire risposte consistenti quando si ottengono basi di dati inconsistenti, è necessario introdurre semantiche differenti per i sistemi di integrazione dati, che tengano conto della possibilità di aggiungere o cancellare tuple per ripristinare la consistenza. In letteratura sono stati proposti alcuni lavori che tentano di definire una semantica per i DIS in presenza di inconsistenze. Tutti questi lavori si basano sulla nozione di repair[5], introdotta in [9] nel contesto delle basi di dati inconsistenti. Data una base di dati inconsistente, un repair è una base di dati consistente con il vincolo di integrità che differisce "in modo minimale" dalla base di dati originale, dove la minimalità

---
[5] **NdT:** Letteralmente, riparazione.

dipende dai criteri semantici adottati per definire un ordinamento tra basi di dati consistenti (cioè, basate su inclusione fra insiemi [9, 86, 38], o cardinalità [119]). Altri lavori (si veda ad es., [32, 39]) hanno esteso questa nozione al contesto dei sistemi di integrazione dati, tenendo opportunamente conto del ruolo del mapping. Infine, alcuni studi si sono occupati del problema per i DIS in presenza di preferenze specificate sulle sorgenti dei dati. In [57], viene avanzata la proposta di una semantica che tiene conto dei criteri di preferenza quando si tenta di risolvere le inconsistenze tra le sorgenti dei dati in un contesto LAV. I *criteri di preferenza* sono effettivamente criteri di qualità specificati sulle sorgenti di dati. Primo, viene introdotta una semantica di correttezza massimale. Dato un sistema di integrazione dati I = (G, S, M), la semantica definita considera le interpretazioni che soddisfano G e soddisfano l'asserzione del mapping in M *quanto più possibile* rispetto ad un modello sorgente D per I. Quindi, si aggiunge il concetto di preferenza di sorgente cosicché, tra i modelli corretti in modo massimale, vengono scelti solo quelli che si riferiscono alle sorgenti *migliori* rispetto alle preferenze di qualità. In [87], viene introdotta una semantica differente basata sulla riparazione di dati memorizzati alle sorgenti in presenza di una inconsistenza globale. Questa scelta rappresenta un'alternativa a quella della riparazione di istanze di basi di dati globali costruite in base al mapping. La semantica introdotta in [87] si riferisce al mapping GAV.

6.6 Sommario

L'integrazione dei dati e la qualità dei dati sono due concetti interrelati. Da un lato, l'integrazione dei dati può trarre vantaggio dalla qualità dei dati. Le tecniche di elaborazione delle interrogazioni guidata dalla qualità hanno lo scopo di selezionare i dati di migliore qualità, traendo così il massimo beneficio da un contesto con sorgenti multiple e risorse dei dati di qualità variabile. Nei contesti aperti, quali i sistemi P2P, queste tecniche stanno diventando sempre più importanti, come diremo nel Capitolo 9 dedicato ai problemi ancora aperti.

D'altra parte, è intuitivo che la maggioranza dei problemi di qualità dei dati diventano evidenti quando i dati di una sorgente vengono confrontati con dati simili memorizzati in un'altra sorgente. Una volta individuati, questi problemi richiedono opportuni meccanismi che consentano al sistema di integrazione dati di svolgere la sua funzione di rispondere alle interrogazioni. Tali tecniche sono quelle di risoluzione dei conflitti, che svolgono un ruolo rilevante nel supportare l'elaborazione delle interrogazioni nei sistemi di integrazione virtuale dei dati. Si noti che cercare di risolvere i conflitti nella fase di interrogazione è un'alternativa alla scelta più onerosa di pulire le basi di dati *prima* che essi vengano effettivamente integrati. Ciò richiederebbe un'attività di perfezionamento della qualità dei dati svolta indipendentemente da ciascuna sorgente, e porterebbe ad un'operazione di maggiore complessità e di costo più elevato.

Nell'integrazione materializzata dei dati, ad esempio nei data warehouse, viene effettuata un'attività di pulizia nella fase di popolamento dello schema globale. Poiché le istanze raccolte da sorgenti disparate presentano in genere conflitti a livello di istanza, si possono anche applicare tecniche di risoluzione dei conflitti allo scopo di produrre un'istanza globale materializzata consistente.

7

Metodologie per la Misurazione e il Miglioramento della Qualità dei Dati

Misurare e migliorare la qualità dei dati di una singola organizzazione o di un gruppo di organizzazioni che cooperano è un compito complesso. Nei capitoli precedenti ci siamo occupati delle attività per il miglioramento della qualità dei dati (Capitolo 4) e delle relative tecniche (Capitoli 4, 5, e 6). Negli ultimi anni abbiamo assistito allo sviluppo di numerose metodologie che possono fornire una base razionale nella scelta ottimale di tali attività e tecniche. In questo capitolo discutiamo le metodologie per la misurazione e il miglioramento della qualità dei dati (QD) viste da diverse angolazioni. La Sezione 7.1 fornisce il materiale di base, presentando gli input e output tipici delle metodologie, alcune classificazioni, ed infine soffermandosi sul confronto fra le strategie guidate dati e quelle guidate dai processi adottate nel contesto delle varie metodologie. La Sezione 7.2 tratta delle metodologie di valutazione, mentre la Sezione 7.3 si sofferma prima sulla definizione delle fasi metodologiche comuni, quindi descrive e mette a confronto, in relazione a tali fasi comuni, tre delle più importanti metodologie generali. Nella Sezione 7.4 proponiamo CDQM, una metodologia originale che riunisce in sé qualità di completezza, flessibilità e semplicità di applicazione; la Sezione 7.5 è dedicata all'applicazione della metodologia CDQM ad un caso di studio.

7.1 Fondamenti delle Metodologie per la Qualità dei Dati

Definiamo una metodologia per la qualità dei dati come un insieme di linee guida e tecniche che, partendo dall'informazione in entrata relativa ad una data realtà di interesse, definisce in termini di fasi e decisioni un processo razionale per l'uso di tale informazione allo scopo di misurare e migliorare la qualità dei dati di un'organizzazione. Nel resto della sezione ci soffermiamo su input e output, classificazioni e strategie tipiche adottate nelle metodologie per la QD.

7.1.1 Input e output

I diversi tipi di conoscenza che costituiscono l'input di una metodologia nel caso più generale sono illustrati in Figura 7.1, dove le frecce rappresentano le gerarchie di generalizzazione tra concetti; dunque, le *Collezioni di dati* possono essere *Raggruppamenti interni* o *Sorgenti esterne*, e i Raggruppamenti interni possono essere *Flussi di dati* o *Basi di dati*.

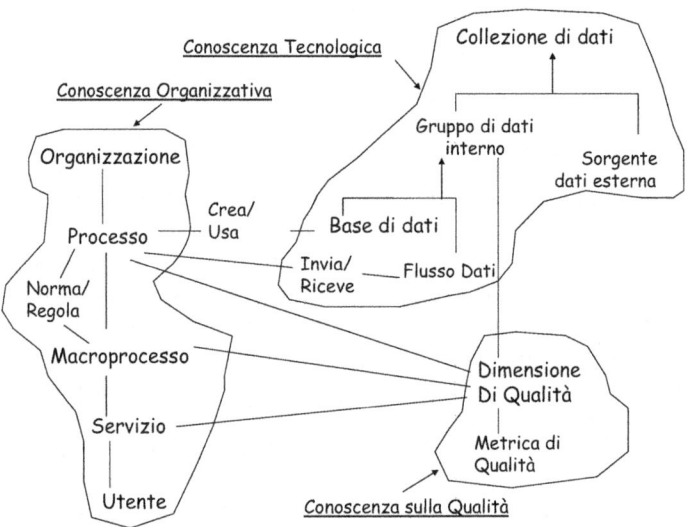

Figura 7.1. Conoscenza coinvolta nel processo di misurazione e miglioramento della qualità dei dati

I principali tipi di conoscenza sono:

1. L'*organizzazione* o l'insieme di organizzazioni coinvolte nel processo, con relative strutture organizzative, funzioni, norme e regole.
2. I *processi* aziendali che si svolgono nell'organizzazione, e i *macroprocessi*, cioè i gruppi di processi che, eseguiti assieme, producono servizi o beni per utenti, clienti ed imprese.
3. I *servizi* erogati dai processi e gli *utenti* che richiedono tali servizi.
4. Le *norme/regole* per l'esecuzione di processi e macroprocessi.
5. La *qualità di processi, macroprocessi e servizi,* cioè il tempo di esecuzione di un processo, l'usabilità di un servizio e l'accuratezza dell'informazione fornita da un dato servizio.
6. Le *collezioni di dati*, che corrispondono a tutte le basi di dati e ai flussi di dati che rivestono qualche interesse per l'organizzazione. Distinguiamo tra gruppi di dati interni all'organizzazione e sorgenti esterne di dati. Per eseguire i processi, le organizzazioni devono memorizzare in modo persistente

dati in basi di dati e, per poter collaborare, esse devono scambiarsi dati tramite flussi di dati. Occorre considerare entrambi i tipi di dati, quelli "immobili" e quelli "mobili" dal momento che:
- entrambi possono essere affetti da errori e diffonderli; e,
- a seconda della loro qualità, possono influenzare positivamente o negativamente la qualità dei processi.

7. Le *sorgenti esterne di dati*, spesso più critiche dei dati interni rispetto alla qualità dei loro dati, poiché il controllo sui processi che li producono e sulla loro origine è scarso o nullo.
8. Le *dimensioni della qualità dei dati* e le relative *metriche* definite nel Capitolo 2, gran parte delle quali è coinvolta nel processo di miglioramento.

Oltre ai tipi di conoscenza descritti, altri elementi di rilievo coinvolti in una metodologia per la QD sono:

- Le *attività relative alla qualità dei dati*, cioè tutto l'insieme di attività eseguibili per migliorare la qualità dei dati introdotte nel Capitolo 4.
- *Costi e benefici* dei dati e dei processi, con riferimento a tre diverse categorie di costi: (i) costi per i processi da implementare in presenza di dati di cattiva qualità, (ii) costi dei processi di miglioramento, (iii) e benefici (risparmi e/o maggiori entrate) derivanti dall'uso di dati di qualità migliore. A costi e benefici abbiamo dedicato il Capitolo 4.

La Figura 7.2 illustra la struttura input/output di una metodologia generale per la QD nei termini della conoscenza necessaria per il processo di misurazione e miglioramento della QD.

Figura 7.2. Input ed output di una metodologia di misurazione e miglioramento della QD

Gli input fanno riferimento a tutti i tipi di conoscenza descritti in Figura 7.1, oltre al budget disponibile se noto. Gli output riguardano (i) le attività da svolgere sui dati e le tecniche da applicare; (ii) i processi aziendali da controllare e/o reingegnerizzare; (iii) il processo di miglioramento ottimale, cioè la sequenza di attività che consente di raggiungere le dimensioni di qualità obiettivo al minimo costo; (iv) le basi di dati ed i flussi di dati che soddisfano le nuove dimensioni di qualità costituenti l'obiettivo da raggiungere; e (v) costi e benefici.

7.1.2 Classificazione delle Metodologie

Le metodologie per la qualità dei dati possono essere classificate in base a svariati criteri:

1. *Guidate dai dati o guidate dai processi.* Questa classificazione è relativa alla strategia generale scelta per il processo di miglioramento. La strategie *guidate dai dati* si basano sull'uso esclusivo di sorgenti di dati per migliorare la qualità; esse utilizzano le attività introdotte nel Capitolo 4. Nelle strategie *guidate dai processi*, il processo di produzione dei dati viene analizzato ed eventualmente modificato per identificare ed eliminare le cause prime dei problemi di qualità. Analizziamo questa classificazione più nel dettaglio nella Sezione 7.1.3. Come vedremo nella Sezione 7.3, le metodologie generali possono adottare entrambe le strategie, con diversi gradi di profondità a seconda della metodologia.
2. *Misurazione e miglioramento.* E' necessario disporre di metodologie sia per misurare/valutare la qualità dei dati, che per migliorarla. Le attività di misurazione e miglioramento sono strettamente legate, poiché solo quando sono disponibili le misurazioni della qualità dei dati è possibile capire quali tecniche applicare e stabilire delle priorità. Di conseguenza, il confine tra metodologie per la misurazione e il miglioramento è alquanto vago. Qui di seguito, useremo il termine *misurazione* parlando del problema della misurazione dei valori di un insieme di dimensioni di qualità dei dati in una base di dati (o insieme di basi di dati). Useremo il termine *valutazione* o *benchmarking* quando tali misurazioni vengono confrontate con valori di riferimento, per consentire una diagnosi della qualità della base di dati. Tratteremo le metodologie per la valutazione nella Sezione 7.2.
3. *Generali o specializzate.* Una metodologia *generale* comprende un'ampia gamma di fasi, dimensioni e attività, mentre una metodologia *specializzata* si rivolge ad un'attività specifica (ad es., misurazione, identificazione degli oggetti), su uno specifico dominio di dati (ad es., un censimento, un registro di indirizzi di persone), o domini di applicazione specifici (ad es., biologia). Tre delle metodologie generali più importanti sono trattate nella Sezione 7.4.
4. *Intra-organizzazione o inter-organizzazione.* L'attività di misurazione e miglioramento può riguardare un'organizzazione specifica, o un settore specifico di un'organizzazione o anche un processo o una base di dati specifica, oppure può riguardare un gruppo di organizzazioni (ad es., un gruppo di enti pubblici) che cooperano per raggiungere un obiettivo comune (ad es., nel caso degli enti pubblici, l'erogazione di servizi migliori a cittadini ed imprese).

7.1.3 Confronto tra Strategie Guidate dai Dati e Strategie Guidate dai Processi

In questa sezione confrontiamo strategie guidate dai dati e guidate dai processi. Per semplicità, ne distinguiamo tre principali, che utilizzano tre distinte attività relative alla qualità dei dati:

1. Acquisizione di nuovi dati dal mondo reale. Quando i dati che rappresentano una certa realtà di interesse sono inaccurati, incompleti o obsoleti, una possibilità di migliorarne la qualità sta nell'osservare nuovamente la realtà di interesse ed eseguire l'attività che nel Capitolo 4 viene denominata *acquisizione di nuovi dati*. Per esempio, se nel registro degli impiegati la `DataDiNascita` è nota solo nel 30% dei casi, possiamo richiedere i dati mancanti ai diretti interessati. E' intuibile che se la campagna di acquisizione dei dati viene svolta in modo efficiente, questa strategia migliora immediatamente certe dimensioni di qualità come la completezza, l'accuratezza, e il livello di aggiornamento, dal momento che i dati rappresentano esattamente la più recente realtà osservata; notiamo tuttavia che con l'attività di misurazione si possono introdurre nuovi errori.
2. Record matching o, più in generale, il confronto di dati di cui occorre migliorare le dimensioni di qualità con altri dati di cui è nota la buona qualità. Per esempio, si consideri una base di dati costituita da indirizzi di clienti, raccolti per un lungo periodo in un supermercato tramite appositi moduli, al fine di consegnare ai clienti una carta fedeltà. Dopo qualche tempo, certe dimensioni di qualità, come l'accuratezza dei recapiti, tendono a peggiorare. Possiamo decidere di effettuare un'attività di record matching per confrontare i record dei clienti con una base di dati amministrativa che si sa essere aggiornata con i dati più recenti.
3. Uso di data edits/vincoli di integrità in cui: (i) si definisce un insieme di vincoli di integrità rispetto ai quali verificare i dati, (ii) si individuano le inconsistenze tra i dati, e (iii) si correggono i dati inconsistenti con attività di localizzazione e correzione degli errori.

Le strategie guidate dai processi sono incentrate appunto sui processi. Di conseguenza, richiedono l'acquisizione di conoscenza dalle basi di dati e dai flussi di dati presenti fra gli input solo in misura limitata. Al contrario, essi riguardano soprattutto la misurazione della qualità dei processi e la formulazione di proposte per il loro miglioramento. Le strategie guidate dai processi si articolano in due fasi principali:

- *Controllo del processo*, che inserisce verifiche e procedure di controllo nel processo di produzione dei dati dove (i) nuovi dati vengono inseriti da sorgenti esterne o interne, (ii) le sorgenti dei dati cui accede il processo vengono aggiornate, o (iii) nuove sorgenti di dati vengono coinvolte nel processo. Viene cioè applicata una strategia reattiva agli eventi di modifica dei dati per evitare che essi si degradino o che gli errori si propaghino.

- *Riprogettazione del processo*, quando evitiamo di migliorare il processo esistente. I processi produttivi vengono riprogettati per rimuovere le cause cui è imputabile la cattiva qualità dei dati e introdurre nuove attività dalle quali scaturiscano dati di migliore qualità. In caso di cambiamento radicale del processo, la strategia corrisponde all'attività chiamata *reingegnerizzazione di processi aziendali* (si vedano [91] e [181] per un'esauriente introduzione a questo argomento).

Confrontiamo ora le due strategie, quella guidata dai dati e quella guidata dai processi, in base a due coordinate di analisi: (i) il miglioramento che la strategia è potenzialmente in grado di produrre sulle dimensioni della qualità e (ii) il costo per la sua implementazione. Questo confronto può essere eseguito tanto sul breve che sul lungo termine. Qui di seguito (si veda Figura 7.3), confrontiamo miglioramento e costo nel lungo termine; gli obiettivi che ci proponiamo di raggiungere sono miglioramento elevato e basso costo.

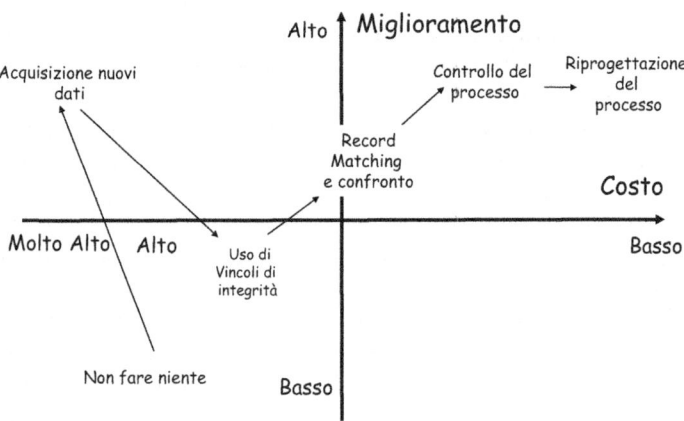

Figura 7.3. Miglioramento e costo delle strategie guidate dai dati/dai processi: confronto sul lungo termine

La strategia più semplice e banale consiste nel *non far niente*. In questo caso, i dati vengono trascurati e abbandonati; nel lungo termine, certe dimensioni di qualità, come la completezza e il livello di aggiornamento, tendono a peggiorare. Ne consegue che i dati deteriorano gradualmente la qualità dei processi aziendali e il costo della qualità perduta aumenta nel tempo.

Una strategia migliore consiste nell'*acquisizione di nuovi dati*; in un breve lasso di tempo, si verifica un miglioramento sensibile poiché i dati sono aggiornati, completi e accurati. Tuttavia, col passare del tempo siamo costretti a ripetere periodicamente il processo ed il costo diventa insostenibile.

La strategia che si serve dei vincoli di integrità comporta costi molto inferiori ma, allo stesso tempo, è meno efficace, poiché possono essere verificati solo gli errori relativi ai vincoli. Gli errori possono essere corretti solo in una certa misura, come abbiamo visto nel Capitolo 4.

La strategia che si basa sull'esecuzione del *record matching* ha costi addirittura inferiori e produce un numero maggiore di miglioramenti. Dal momento che, come abbiamo visto nel Capitolo 5 sono state ideate e implementate molte tecniche, una parte consistente del lavoro può essere effettuata automaticamente. Inoltre, una volta identificati i record corrispondenti allo stesso oggetto, si possono scegliere per i diversi attributi valori con qualità elevata dalla sorgente di migliore qualità.

Per essere efficaci, le strategie citate, che appartengono alla classe di quelle guidate dai dati, devono essere reiterate e ciò porta, a lungo andare, ad un aumento dei costi. Solo passando ai metodi guidati dai processi, possiamo ottimizzare efficacia e costi: le attività di *controllo del processo* e, soprattutto, quelle di *riprogettazione del processo* possono arrivare alla radice del problema e risolverlo definitivamente. I loro costi sono principalmente i costi fissi legati alle attività di controllo o riprogettazione, eseguite una sola volta, più i costi variabili di mantenimento del processo, distribuiti in un arco di tempo.

Le considerazioni appena svolte valgono per il lungo periodo. Per il breve termine, è ben noto che la riprogettazione dei processi può essere molto costosa. Ne consegue che le strategie guidate dai dati diventano più competitive. Rinviamo il lettore a [167] per una trattazione esauriente di questi argomenti.

7.2 Metodologie per la Valutazione

Lo scopo delle metodologie per la valutazione è di verificare e diagnosticare esattamente lo stato del sistema informativo relativamente alle problematiche di QD. Pertanto, gli output principali di queste metodologie sono (i) le misurazioni della qualità di basi di dati e flussi di dati, (ii) i costi per l'organizzazione dovuti alla cattiva qualità dei dati attuale, e (iii) un confronto con i livelli di QD che, per esperienza, vengono considerati accettabili, oppure un benchmarking a fronte di best practice[1], assieme a suggerimenti per i miglioramenti. Il procedimento seguito di solito nelle metodologie per la valutazione comprende tre attività principali:

1. scelta, classificazione e misurazione iniziali di dimensioni e metriche importanti;
2. giudizi soggettivi di specialisti; e
3. confronto tra misurazioni oggettive e giudizi soggettivi.

Alcuni esempi di metodologie per la scelta di dimensioni e misure e per le valutazioni oggettive e soggettive sono riportati da Lee et al. [114], Kahn et al. in [107] Pipino et al. [161], Su et al. [185], e De Amicis et al. [56]. In [114] (si

---

[1] **NdT:** Il termine *best practice* indica le esperienze più significative o dai migliori risultati.

180   7 Metodologie per la Misurazione e il Miglioramento della Qualità dei Dati

veda Figura 7.4) le dimensioni sono classificate in *corretto, utile, affidabile*, e *usabile*[2] a seconda della loro collocazione nei quadranti relativi alle coordinate "qualità del prodotto/qualità del servizio" e "conforme alle specifiche/soddisfa o supera le aspettative del consumatore". Lo scopo della classificazione è di fornire un contesto per ciascuna singola dimensione e metrica della QD, e per la conseguente valutazione. Qui di seguito descriviamo la metodologia

	E' conforme alle specifiche	Soddisfa o supera le aspettative del consumatore
Qualità del prodotto	Corretto Dimensioni: 　Privo di errori 　Rappresentazione concisa 　Completo 　Rappresentazione consistente	Utile Dimensioni: 　Quantità appropriata 　Pertinente 　Comprensibilità 　Interpretabilità 　Obiettività
Qualità del Servizio	Affidabile Dimensioni: 　Attualità 　Sicurezza	Usabile Dimensioni: 　Credibilità 　Accessibilità 　Facilità d'uso 　Reputazione

Figura 7.4. Classifica delle dimensioni in [114] ai fini della valutazione

proposta nel dettaglio in [56], che era adattata al dominio finanziario (per le fasi principali si veda la Figura 7.5). Per un esempio di benchmarking nel dominio finanziario, si rimanda a [127]. Adottiamo il termine statistico *variabile* per gli attributi di cui deve essere misurata la qualità.

La fase 1, di *scelta delle variabili*, riguarda l'identificazione, la descrizione e la classificazione delle variabili primarie dei registri finanziari, che corrispondono ai principali attributi dei dati da valutare. Si identificano le variabili più importanti nelle basi di dati finanziari. Quindi, esse vengono caratterizzate in base al loro significato e al loro ruolo. Le possibili caratterizzazioni sono quella *qualitativa/categorica*, quella *quantitativa/numerica*, e quella basata su *data/tempo*.

Nella fase 2, di *analisi*, si identificano le dimensioni dei dati ed i vincoli di integrità da verificare. Per l'ispezione dei dati finanziari, si usano semplici tecniche statistiche. La selezione e l'ispezione delle dimensioni sono connesse con l'analisi del processo, il cui scopo ultimo è di scoprire le cause principali di dati errati, come l'introduzione di dati non strutturati e non controllati e il processo di aggiornamento dei dati. Il risultato dell'analisi sulle dimensioni scelte si conclude con un rapporto sull'identificazione degli errori.

Nella fase 3, di *valutazione oggettiva/quantitativa*, vengono definiti indici appropriati per la valutazione e la quantificazione del livello globale della

---

[2] **NdT:** Risp. sound, useful, dependable e usable.

7.2 Metodologie per la Valutazione

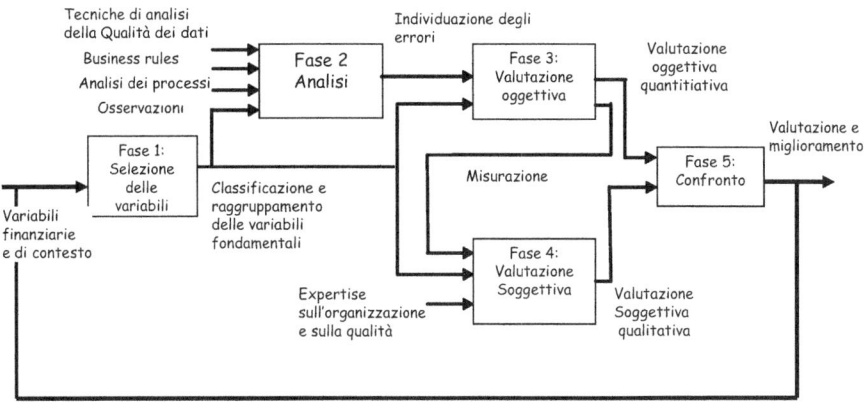

Figura 7.5. Le fasi principali della metodologia per la valutazione descritte in [56]

qualità dei dati. Si valuta innanzitutto il numero di osservazioni errate per le diverse dimensioni ed i differenti attributi dei dati ricorrendo a metodi statistici e/o empirici e, successivamente, essi vengono normalizzati e riassunti. Un esempio di valutazione quantitativa è illustrato in Figura 7.6, dove le tre variabili prese in esame, tipiche del dominio finanziario, sono:

1. Indice di Moody. Il Moody's Investors Service è un fornitore di punta nel settore dell'analisi dei rischi. Esso offre un sistema di valutazione della affidabilità relativa dei titoli creditizi.
2. Indice di Standard and Poor, da un altro fornitore di punta.
3. Codice della valuta di mercato, es. EURO.

I valori associati alle dimensioni di qualità rappresentano le percentuali di dati errati in base alla dimensione di qualità dei dati. La consistenza interna si riferisce alla consistenza di un valore dei dati nell'ambito dello stesso insieme di dati finanziari; la consistenza esterna si riferisce alla consistenza di un valore dei dati in differenti insiemi di dati.

	Variabili		
Dimensioni di Qualità	Indice di Moody	Indice di Standard & Poor	Codice Valuta
Accuratezza Sintattica	1.7	1.5	2.1
Accuratezza Semantica	0	0.1	1.4
Consistenza Interna	2.7	3.2	1.3
Consistenza Esterna	1.6	1.1	0.1
Incompletezza	3.5	5.5	8.1
Aggiornamento	0	0	0
Tempestività	8.6	9.2	2
Unicità	4.9	4.9	9.3
Totale (media)	3.6	3.2	3.0

Figura 7.6. Esempio di valutazione oggettiva quantitativa

182   7 Metodologie per la Misurazione e il Miglioramento della Qualità dei Dati

La fase 4 riguarda la *valutazione soggettiva/qualitativa*. La valutazione qualitativa si ottiene con la fusione di tre valutazioni indipendenti fornite da (i) un esperto di business, che analizza i dati dal punto di vista di un processo business; (ii) un operatore finanziario (ad es., un operatore commerciale), che utilizza i dati finanziari giornalieri; e (iii) un esperto in qualità dei dati, il cui compito è di analizzare i dati e valutarne la qualità. Si veda la Figura 7.7 per un possibile risultato di questa fase. I valori considerati per il dominio sono Alto, Medio, e Basso.

	Indice di Moody	Indice di S&P	Codice Valuta
Accuratezza Sintattica	A	A	A
Accuratezza Semantica	A	A	M
Consistenza Interna	A	A	A
Consistenza Esterna	A	A	M
Incompletezza	B	B	B
Aggiornamento	A	A	A
Tempestività	M	M	A
Unicità	A	A	A
Totale (media)	A	A	A

Figura 7.7. Esempio di valutazione soggettiva quantitativa

Infine, viene eseguito un confronto tra valutazione oggettiva e soggettiva. Per ciascuna variabile e dimensione di qualità, si calcola la distanza tra le percentuali di osservazione errate ottenute dall'analisi quantitativa mappata sul dominio discreto [Alto, Medio, Basso], ed il livello di qualità viene definito in base al giudizio dei tre esperti. Le discrepanze vengono analizzate dall'esperto di qualità dei dati, che cercherà le cause di errore e quindi soluzioni alternative per correggerli.

7.3 Analisi Comparativa Delle Metodologie per Scopi Generali

In questa sezione illustriamo tre delle più importanti metodologie generali per la misurazione ed il miglioramento della qualità dei dati proposte in letteratura e usate nella pratica. Le tre metodologie sono descritte in letteratura con stili e livelli di dettaglio molto eterogenei. Descriviamo per prima cosa nella Sezione 7.3.1, usando una comune terminologia di riferimento, tutto l'insieme dei passi di misurazione e miglioramento delle metodologie. Quindi discutiamo le metodologie usando la stessa terminologia di riferimento. Le metodologie sono:

7.3 Analisi Comparativa Delle Metodologie per Scopi Generali   183

1. La Total Data Quality Methodology (TDQM) (si veda [177]), concepita inizialmente come attività di ricerca e in seguito ampiamente usata in molti domini applicativi.
2. La Total Quality data Methodology (TQdM), descritta in [68], concepita per scopi di consulenza e particolarmente idonea per la dirigenza. Questa metodologia è stata successivamente rinominata Total Information Quality Methodology (TIQM).
3. Una metodologia sviluppata nel contesto di un progetto italiano realizzato dall'Istituto Nazionale di Statistica (Istat) e dall'Ente per le Tecnologie Informatiche nella Pubblica Amministrazione. Questa metodologia, che chiameremo in seguito metodologia Istat, riguarda i sistemi informativi inter-organizzazione; essa fu ideata per il dominio pubblica amministrazione, ed era inizialmente specializzata per i dati relativi agli indirizzi (si veda [74]).

Altre metodologie sono state proposte e sono attualmente in uso. [167] riporta un discreto numero di linee guida ed esperienze da applicarsi ai progetti inerenti la QD; non ne parleremo come metodologia a parte. [122] presenta una metodologia adottata presso il Canadian Institute for Health Information (CIHI) per valutare e migliorare la qualità dei dati delle sue basi di dati di tipo amministrativo. Ciascuna base di dati viene valutata anno per anno a fronte di oltre 80 metriche misurabili entro un framework gerarchico. Per esempio, l'accuratezza viene valutata a fronte di 11 caratteristiche e 41 metriche corrispondenti. Vale la pena di citare [103] come metodologia per la costruzione di data warehouse che tiene conto degli aspetti di qualità; la metodologia in questione adatta alla gestione della qualità l'approccio software Goal-Question-Metric per la gestione dei dati.

7.3.1 Fasi Fondamentali Comuni tra le Metodologie

Ispirandoci alle notazioni specifiche adottate nei vari approcci possiamo identificare alcune *fasi* fondamentali comuni. Distinguiamo tra processi di valutazione e processi di miglioramento. Fasi comuni nel processo di valutazione sono:

- *Analisi dei dati*, che raccoglie conoscenza sui dati, sulla loro architettura, sui flussi e sulle regole di gestione dei dati. Questo obiettivo si può raggiungere utilizzando la documentazione disponibile sui dati e sugli schemi logici, o mediante interviste.
- *Analisi dei requisiti della QD*, che raccoglie, da utenti e amministratori dei dati, suggerimenti generali su possibili cause di errore e determina gli obiettivi da raggiungere in termini di qualità dei dati.
- *Ricerca di aree critiche*, che sceglie le basi di dati ed i flussi di dati, o parti di essi, che è più significativo analizzare a fondo.
- *Modellazione di processo*, che descrive il processo (o i processi) in base ad un modello formale o semiformale.

- *Esecuzione delle misurazioni*, che stabilisce le dimensioni di qualità ed esegue le misurazioni sull'intera base dei dati oppure, se ciò non è possibile o è troppo oneroso, su un campione.
- *Valutazione dei costi legati all mancanza di qualità*, che stima i costi di processo dovuti alla scadente qualità dei dati.
- *Valutazione dei benefici*, che stima le economie, le maggiori entrate, e/o i benefici intangibili derivanti dall'eventuale incremento della qualità dei dati.
- *Assegnazione delle responsabilità sui processi*, che individua dei responsabili per ciascun processo e assegna loro le responsabilità relative alle attività di produzione dei dati.
- *Assegnazione delle responsabilità sui dati*, che individua dei responsabili per ciascuna tipologia di dato e assegna loro responsabilità sul controllo dei dati.
- *Scelta degli strumenti e delle tecniche*, che sceglie gli strumenti e le tecniche più idonei tra quelli a disposizione dati il contesto organizzativo, la conoscenza sul dominio disponibile e il budget.

Ciascuna delle suddette attività può essere svolta sia come passo globale sull'intero insieme di unità organizzative di un sistema informativo inter-organizzazione, che come passo eseguito autonomamente da un'unità organizzativa locale in un sistema informativo intra-organizzazione.

Le fasi comuni per il processo di miglioramento sono:

- *Individuare le cause di errore*, nella quale, per ciascuna deviazione significativa delle dimensioni della qualità rispetto ai valori target, vengono analizzate le possibili cause della deviazione.
- *Progettare soluzioni per il miglioramento dei dati*, che sceglie, tra le attività e le tecniche relative alla QD, le più efficaci per raggiungere l'obiettivo stabilito.
- *Definire il controllo del processo*, che definisce, nell'ambito del processo di produzione dei dati, i punti di controllo che consentono il monitoraggio e il ripristino delle dimensioni di qualità desiderate durante l'esecuzione del processo.
- *Progettare soluzioni per il miglioramento dei processi*, che oltre a controllare le attività previste nella fase precedente, individua ulteriori migliorie per i passi del processo, corrispondenti ad altrettanti miglioramenti della QD.
- *Riprogettare i processi*, che individua cambiamenti radicali dei processi che, corrispondentemente, portano a un miglioramento significativo della qualità dei dati.
- *Gestire le soluzioni di miglioramento*. Dal punto di vista organizzativo, i dirigenti devono individuare nuove regole gestionali relative alla qualità dei dati. Tali regole estendono alla qualità dei dati principi di qualità ben noti per la fabbricazione dei prodotti.

- *Verificare l'efficacia dei miglioramenti*, che stabilisce attività periodiche di misurazione e monitoraggio che forniscono un riscontro sull'efficacia del processo e consentono la sua armonizzazione dinamica.

Anche nel caso delle attività di miglioramento, le fasi metodologiche possono interessare un'intera organizzazione o un gruppo di organizzazioni o un settore specifico di un'organizzazione.

Esponiamo qui nel dettaglio le tre metodologie scelte, mettendone in luce le peculiarità e le proposte relative all'organizzazione delle fasi precedenti in un processo logico. A tal fine, riassumiamo il processo dettagliato di ciascuna metodologia in una tabella, usando un'elencazione su due/tre livelli. I nomi adottati nei primi livelli sono in generale coerenti con la terminologia introdotta finora, mentre per le sottoattività adottiamo la terminologia specifica usata nei riferimenti citati.

7.3.2 La Metodologia TDQM

La metodologia TDQM, proposta in [177] può essere vista come un'estensione ai dati della gestione della qualità totale, originariamente proposta per la manifattura dei prodotti. Sono state proposte numerose aggiunte alla TDQM, inclusi i linguaggi IP-MAP e IP-UML descritti nel Capitolo 3. Quest'ultimo ha portato ad una nuova metodologia. Nella Figura 7.8 descriviamo l'organizzazione in fasi della metodologia TDQM originale e l'estensione metodologica IP-UML, attenendoci alle definizioni del framework comune proposto nella sezione precedente. Le differenze terminologiche per l'estensione IP-UML sono messe in evidenza.

```
1. Definizione
    Analisi dei requisiti per la Qualità dei Dati (detta Analisi della Qualità
    nell'estensione IP-UML)
2. Misurazione
    Effettuazione delle misurazioni (parte dell'Analisi della Qualità in IP-UML)
3. Analisi
    Analisi dei dati (stesso nome in IP-UML)
    Modellazione dei processi (meno importante in IP-UML)
4. Miglioramento (Miglioramento della Qualità in IP-UML)
    Progettazione di soluzioni di miglioramento per dati e processi (Verifica
    della Qualità in IP-UML)
    Re-design dei processi (solo in IP-UML, detto Miglioramento della Qualità)
```

Figura 7.8. Descrizione della TDQM

Il processo alla base della TDQM comprende quattro fasi necessarie per gestire i prodotti dell'informazione: definizione, misurazione, analisi e miglioramento. Queste fasi vengono eseguite iterativamente, formando così un ciclo. La fase di *definizione* comprende l'identificazione delle dimensioni di qualità

186   7 Metodologie per la Misurazione e il Miglioramento della Qualità dei Dati

dei dati e i relativi requisiti. La fase di *misurazione* produce metriche di qualità dei dati che forniscono un feedback alla gestione della qualità dei dati e consentono il confronto della qualità effettiva con i requisiti di qualità predefiniti. La fase di *analisi* mira ad individuare le cause profonde dei problemi di qualità e ne studia i rapporti. La fase di *miglioramento* prevede attività atte a migliorare la qualità.

Le fasi definite in IP-UML sono l'analisi dei dati, l'analisi della qualità e la progettazione dei miglioramenti della qualità, che a sua volta comprende verifica della qualità e miglioramento della qualità. Nella fase di *analisi dei dati*, vengono identificati e modellati i prodotti dell'informazione. Nel secondo passo, fase di *analisi della qualità*, vengono definite le dimensioni di qualità, assieme ai requisiti del prodotto dell'informazione e delle sue costituenti. Essa distingue tra i requisiti dei dati grezzi e dei dati componenti. In Figura 7.9, è illustrato un esempio di modello di analisi dei dati, che si riferisce ai requisiti di qualità dei dati relativi alle località in cui vivono i cittadini. Un vincolo di tempestività è posto sul prodotto dell'informazione DatiLocalitàPuri, e vincoli di completezza sono espressi sugli attributi Comune, Regione, e Area.

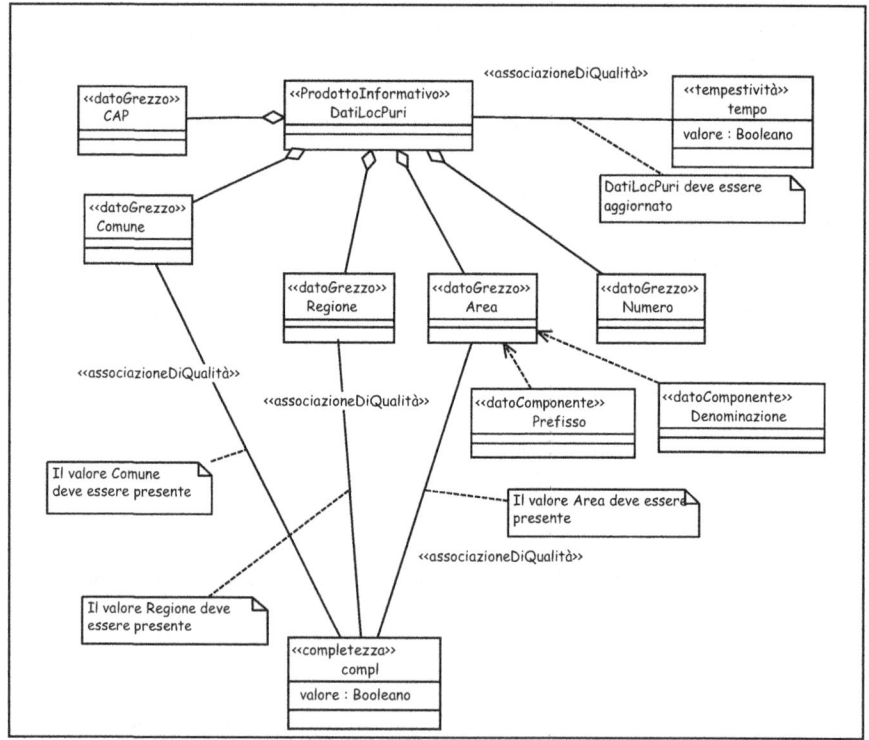

Figura 7.9. Un esempio di modello di analisi di qualità in IP-UML

7.3 Analisi Comparativa Delle Metodologie per Scopi Generali

La fase di *verifica della qualità* è incentrata sull'identificazione di aree critiche e sui controlli di qualità da introdurre nel flusso di dati del processo di produzione dell'informazione. Infine, la fase di *miglioramento della qualità* studia la reingegnerizzazione dei processi per il miglioramento della qualità dei dati. Un esempio di modello di miglioramento della qualità è mostrato nella Figura 7.10, dove viene preso in esame il processo di trasferimento di un soggetto da un comune ad un altro. Il Comune A, quello dal quale il soggetto si trasferisce, notifica l'evento al Comune B, dove il soggetto si trasferisce, ed a tutte le organizzazioni coinvolte nell'evento. In questo modo, i dati sulle località vengono mantenuti aggiornati ed accurati in tutte le basi di dati.

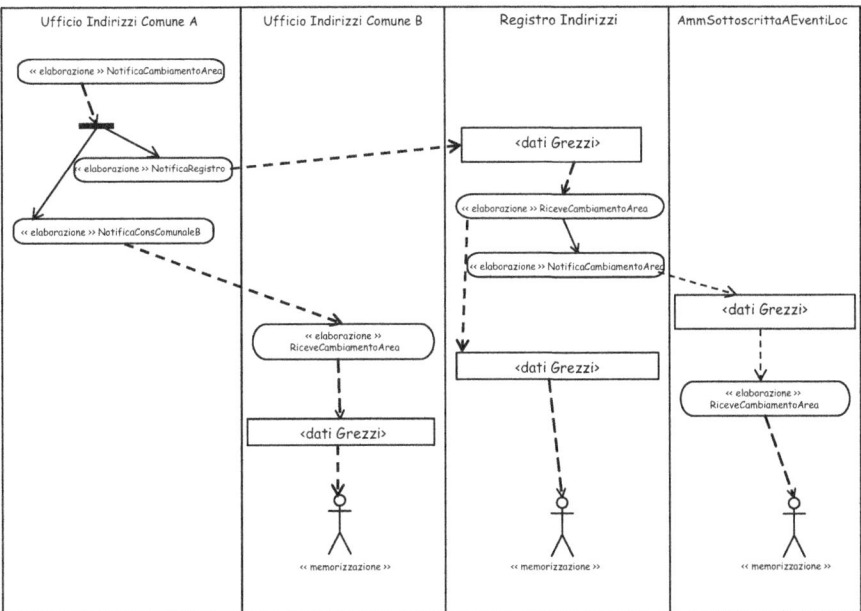

Figura 7.10. Un esempio di miglioramento della qualità in IP-UML

I requisiti di qualità specificati nel modello di analisi della qualità costituiscono i fattori portanti della riprogettazione eseguita in questa fase. A questo punto viene introdotto il concetto di *data steward*, cioè la persona, il ruolo o l'organizzazione responsabili dei dati che entrano in gioco nel processo. Nel nostro esempio in Figura 7.9, si assume che il data steward dei dati grezzi `DatiLocalitàPuri` sia il Comune A dal quale si è trasferito il cittadino e, quindi, la responsabilità di dare inizio alla notifica dell'evento ricade sul Comune A.

7.3.3 La Metodologia TQdM

La metodologia TQdM (si veda [68]) fu concepita inizialmente per i progetti di data warehouse, ma per la sua vasta portata e il livello di dettaglio essa è una metodologia per la QD generale. In un progetto di warehouse, una delle fasi più problematiche riguarda l'attività del consolidamento off-line delle sorgenti di dati operativi in una sola base di dati integrata usata in tutti i tipi di aggregazioni da eseguire. Nella fase di consolidamento, è necessario scoprire e risolvere errori ed eterogeneità presenti nelle sorgenti, pena la compromissione del data warehouse e il fallimento.

L'orientamento della TQdM verso i data warehouse dà a questa metodologia un carattere prettamente guidato dai dati. La strategia generale della TQdM è sintetizzata nella Figura 7.11. Le aree in cui la TQdM si presenta originale e più completa rispetto ad altre metodologie sono l'analisi costo-benefici e la prospettiva manageriale. Nel Capitolo 4 abbiamo discusso il modello di classificazione costo-benefici. La metodologia TQdM offre una vasta gamma di linee guida per la valutazione dei costi imputabili a qualità scadente, dei costi del processo di miglioramento dei dati nonché dei benefici e dei risparmi apportati dal miglioramento della qualità dei dati. Osserviamo qui che un'altra metodologia incentrata principalmente sui costi e le economie è descritta in [123], mentre [16] descrive una formulazione tramite programmazione lineare intera di un processo di miglioramento della qualità che ottimizza i costi. Noi ci occuperemo delle problematiche manageriali della TQdM.

Gestione delle Soluzioni di Miglioramento

L'aspetto principale discusso nella TQdM riguarda la prospettiva manageriale, in altre parole, la strategia che un'organizzazione deve seguire per effettuare scelte tecniche efficaci. Tali scelte riguardano le operazioni da compiere sulla qualità dei dati, le basi e i flussi di dati da considerare e le tecniche da adottare. Dunque, nello stadio finale della TQdM, l'attenzione si sposta dagli aspetti tecnici a quelli manageriali. L'ampiezza dei passi da compiere, mostrata in Figura 7.11, testimonia l'attenzione dedicata a questo aspetto. Sono previsti alcuni passi anche nelle fasi precedenti, che tralasciamo di commentare. Le attività specifiche della prospettiva manageriale riguardano:

1. Valutazione della disponibilità dell'organizzazione ad eseguire i processi di QD.
2. Sondaggio della soddisfazione dei clienti per scoprire problemi alla fonte, cioè interpellando direttamente gli utenti dei servizi.
3. Studio iniziale di un progetto pilota per sperimentare e armonizzare l'approccio ed evitare il rischio di fallimenti nella fase iniziale che è tipica dei progetti su vasta scala eseguiti in una singola fase. Questo principio si ispira al noto motto "pensa in grande, comincia in piccolo, cambia scala velocemente."

7.3 Analisi Comparativa Delle Metodologie per Scopi Generali

```
1. Valutazione
   Analisi Dati
      Identificazione raggruppamenti informativi e stakeholder
      Valutazione soddisfazione del cliente
   Analisi Requisiti Qualità dei Dati
   Misurazione
      Identificazione sorgenti per validazione dati
      Estrazione campioni random dai dati
      Misurazione e interpretazione qualità dei dati
   Valutazione non legata alla qualità
      Identificazione misure di efficienza dell'organizzazione
      Calcolo costi non legati alla qualità
   Valutazione benefici
      Calcolo valore dell'informazione
2. Miglioramento
   Progettazione soluzioni di miglioramento
      Sui dati
         Analisi tipologia dei difetti dei dati
         Standardizzazione dei dati
         Correzione e completamento dei dati
         Matching, trasformazione e consolidamento dei dati
      Sui processi
         Controllo dell'efficacia del miglioramento
3. Gestione delle soluzioni di miglioramento – prospettiva organizzativa
   Valutazione della prontezza dell'organizzazione
   Creazione di una visione per il miglioramento della qualità dell'informazione
   Sondaggio della soddisfazione del cliente e degli stakeholder
   Selezione di un'area circoscritta per condurre un progetto pilota
   Defizione del problema aziendale da risolvere
   Defizione della catena del valore dell'informazione
   Esecuzione di una prima valutazione
   Analisi delle lamentele dei clienti
   Quantificazione dei costi dovuti a problemi di qualità
   Definizione della stewardship dell'informazione
   Analisi degli ostacoli alla Qualità dei Dati e raccomandazione dei cambiamenti
   Impianto di un meccanismo stabile di comunicazione ed istruzione verso i gradi elevati della dirigenza
```

Figura 7.11. Descrizione della TQdM

4. Definizione della stewardship sull'informazione, cioè delle unità organizzative e dei loro dirigenti che, in base alle leggi (nella pubblica amministrazione) o alle regole (negli organismi privati) che disciplinano i processi di business, hanno autorità specifica in merito alla produzione ed allo scambio di dati.
5. Analisi, secondo i risultati della valutazione della prontezza al cambiamento, delle principali barriere alla gestione della QD interne all'organizzazione, in termini di resistenza ai cambiamenti, all'imposizione di controlli, alla condivisione dell'informazione e alla certificazione della qualità. In genere, ogni dirigente pensa che i propri dati siano di qualità molto elevata ed è riluttante ad accettare controlli, rispettare standard e metodi nonché a condividere l'informazione con altri dirigenti. Questo passo riguarda il ben noto atteggiamento dei dirigenti di considerare i dati come uno strumento di potere.
6. Realizzazione di uno specifico rapporto con la dirigenza per ottenere la loro approvazione e la partecipazione attiva al processo.

Prima di concludere questa sezione sulla TQdM, accenniamo ad un altro insieme di importanti principi manageriali ispirati al lavoro di [50].

- Principio 1. Poiché i dati non sono mai quello che si pensa che siano, controllare ripetutamente i vincoli di schema e le business rule ogni volta che arrivano nuovi dati. Identificare subito le discrepanze e comunicarle alle parti interessate.
- Principio 2. Mantenere un buon rapporto e tenersi in stretto contatto con i proprietari ed i creatori di dati, per restare al passo con i cambiamenti e assicurare una risposta veloce ai problemi.
- Principio 3. Sollecitare la dirigenza ad intervenire nei confronti di partner che non cooperano.
- Principio 4. L'immissione di dati, come pure altre operazioni sui dati, deve essere pienamente automatizzata in modo tale che l'immissione avvenga una sola volta. Inoltre, i dati devono essere immessi ed elaborati secondo quanto prescritto da schemi e specifiche di business.
- Principio 5. Eseguire verifiche continue e complete per individuare immediatamente le discrepanze; le verifiche devono costituire un lavoro di routine nell'elaborazione dei dati.
- Principio 6. Mantenere una vista accurata ed aggiornata dello schema e delle business rule, utilizzando software e strumenti appositi.
- Principio 7. Nominare un data steward che conosca bene tutto il processo e sia responsabile della qualità dei dati.
- Principio 8. Pubblicare i dati in modo che sia possibile prenderne visione e usarli da parte del maggior numero possibile di utenti, in modo da aumentare le probabilità di segnalazione delle discrepanze.

7.3.4 La Metodologia Istat

La metodologia Istat (si vedano [74] e [73]) è stata progettata per la Pubblica Amministrazione italiana. E' dedicata in modo specifico ai dati sugli indirizzi di soggetti ed imprese. Malgrado tale limitazione, questa metodologia presenta un ampio ventaglio di strategie e tecniche che ne consentono l'adattamento a molti altri domini. Il motivo principale di ciò è la complessità della struttura della Pubblica Amministrazione italiana, come del resto di molte altre, caratterizzate tipicamente da almeno tre livelli di enti:

1. *enti centrali*, situati vicini l'uno all'altro, di norma nella capitale di un Paese;
2. *enti periferici*, corrispondenti alle strutture organizzative distribuite sul territorio e dipendenti gerarchicamente dagli enti centrali;
3. *enti locali*, che godono di solito di autonomia rispetto agli enti centrali e corrispondono ai distretti, alle regioni, alle province, ai comuni ed altre unità amministrative minori. A volte gli enti locali sono specializzati per una determinata funzione. Gli ospedali ne sono un esempio.

7.3 Analisi Comparativa Delle Metodologie per Scopi Generali

Quello appena fatto è un esempio di struttura organizzativa di una pubblica amministrazione; essa presenta molte varianti da Paese a Paese. Gli aspetti comuni a molti modelli amministrativi, organizzativi e tecnologici riguardano:

- la loro complessità in termini di interrelazioni, processi e servizi in cui sono coinvolti, a causa della frammentazione delle competenze tra enti. Ciò comporta spesso lo scambio di flussi di informazione tra parecchi enti a livello centrale e locale;
- la loro autonomia, che rende difficile l'applicazione di regole comuni; e
- l'elevata eterogeneità dei significati e delle rappresentazioni che caratterizzano le basi ed i flussi di dati, e l'elevato grado di sovrapposizione tra record e oggetti, in genere eterogenei.

Migliorare la QD in una struttura così complessa è un impresa di grandi proporzioni e costosa, che richiede un impegno che può durare parecchi anni. Per risolvere i problemi più importanti legati alla qualità dei dati, l'attenzione della metodologia Istat è incentrata soprattutto sul tipo più comune di dati scambiati tra enti, cioè i dati sugli indirizzi. In confronto alle metodologie presentate in precedenza, si tratta di una metodologia innovativa poiché è rivolta a tutte le coordinate cui abbiamo accennato nella Sezione 7.1.2, in particolare quella guidata dai dati/guidata dai processi, e intra-organizzazione/inter-organizzazione. Una descrizione succinta della metodologia Istat è presentata nella Figura 7.12, dove sono rappresentate le tre fasi principali assieme ai flussi informativi tra di esse.

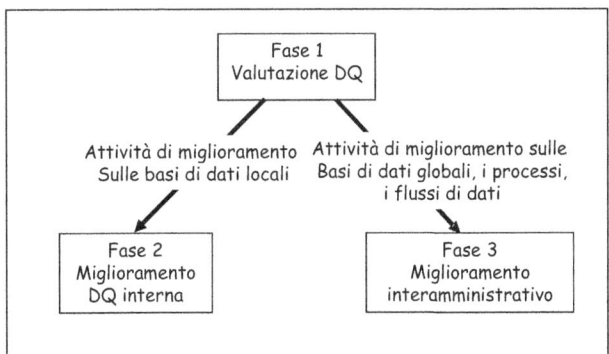

Figura 7.12. Panoramica generale della metodologia Istat

La valutazione fatta nella Fase 1 identifica le attività più rilevanti del processo di miglioramento. Queste attività sono:

1. Fase 2, attività su basi di dati mantenute a livello locale da enti sotto la propria responsabilità. Per eseguire queste attività in modo autonomo, vengono distribuiti strumenti e organizzati corsi per l'apprendimento delle problematiche relative alla QD.

2. Fase 3, attività che riguardano l'intero sistema informativo cooperativo delle amministrazioni in termini di scambi di flussi di dati e la realizzazione di una base di dati centralizzata a scopo di coordinamento. Queste attività sono pianificate e coordinate a livello centrale.

```
1. Valutazione e miglioramento globali
  1.1 Valutazione globale
      Analisi requisiti DQ - analisi generale dei processi per isolare le qualità importanti per i dati
      sugli indirizzi: accuratezza, completezza.
      Individuazione aree critiche, usando tecniche statistiche
          Scelta di una base di dati nazionale
          Scelta di un campione rappresentativo
          Individuazione aree critiche
          Individuazione possibili cause d'errore
      Comunicazione dei risultati della valutazione ai singoli enti
  1.2 Miglioramento globale
      Progettazione soluzioni di miglioramento per i dati
          Effettuazione record linkage fra le basi di dati nazionali
          Definizione di un responsabile nazionale per i vari campi
      Progettazione soluzioni di miglioramento per i processi - Uso dei risultati della valutazione
      globale per decidere in merito a interventi specifici sui processi
      Scelta strumenti e tecniche - Produzione, o acquisto e adattamento, di strumenti da fornire ai
      vari enti per le attività di qualità dei dati più importanti
2. Migliormanto DQ interno (per ciascun ente, iniziative autonome)
      Progettazione soluzioni di miglioramento per i processi
          Standardizzazione formati di acquisizione
          Standardizzazione formati di scambio interno usando XML
      Esecuzione valutazioni locali specifiche
      Progettazione soluzioni di miglioramento di dati e processi in aree critiche
      Uso dei risultati delle valutazioni globale e locale per decidere in merito a interventi
      specifici sui processi interni
      Uso dei risultati della valutazione globale e degli strumenti ottenuti per decidere in merito a
      interventi specifici sui dati, es. effettuazione record linkage fra basi di dati interne
3. Miglioramento DQ dei flussi interamministrativi
      Standardizzazione dei formati dei flussi interamministrativi usando XML
      Riprogettazione dei flussi di scambio usando una architettura publish & subscribe
```

Figura 7.13. Descrizione dettagliata della metodologia Istat

Una descrizione più dettagliata della metodologia Istat è riportata nella Figura 7.13; gli aspetti innovativi riguardano:

- la fase di valutazione, eseguita inizialmente su basi di dati centrali allo scopo di rilevare aree critiche a priori. Per esempio, negli indirizzi di alcune zone, come il New Mexico negli Stati Uniti o l'Alto Adige in Italia, i nomi delle strade sono bilingue o l'ortografia originale differisce da quella ufficiale, il che può portare ad errori. Nel nostro esempio, le lingue originali sono rispettivamente lo spagnolo e il tedesco, mentre le lingue ufficiali sono rispettivamente l'inglese e l'italiano. Il New Mexico e l'Alto Adige sono aree potenzialmente problematiche per la fase di valutazione;
- l'applicazione nei passi di misurazione della qualità di una varietà di tecniche statistiche semplici ma efficaci;
- la definizione dei responsabili dei dati ad un livello molto fine di granularità corrispondente a singoli attributi come CodiceComune e CodiceFiscale;
- la predisposizione di strumenti e tecniche per le più importanti attività di pulizia, che vengono prodotte e distribuite ai singoli enti, i quali vengono anche assistiti nel loro adattamento a problemi territoriali o funzionali specifici;

- la standardizzazione di formati di dati costituiti da indirizzi e la loro rappresentazione tramite uno schema XML comune, realizzato per ridurre al minimo i cambiamenti interni di enti e permettere l'interoperabilità nei flussi tra un ente e l'altro;
- la riprogettazione dei flussi di dati scambiati usando un'architettura tecnologica di tipo publish&subscribe guidata dagli eventi, di cui vedremo un esempio nello studio di caso riportato alla fine del capitolo.

7.3.5 Confronto delle Metodologie

Nella Figura 7.14, confrontiamo le tre metodologie precedentemente descritte mostrando il grado di copertura delle fasi di miglioramento introdotte nella Sezione 7.3.1. La croce in una cella sta a significare che la fase è adeguatamente coperta nella metodologia, con strategie, tecniche e suggerimenti originali; la sua assenza significa che la copertura della fase è scarsa o assente. Il criterio adottato è basato sulla prevalenza.

Fase	TDQM	TQDM	Istat
Presenza di una fase inter-organizzazione			X
Individuazione cause di errore	X	X	X
Progettazione soluzioni di miglioramento – dati		X	X
Implementazione controlli di processo	X		
Progettazione soluzioni di miglioramento – processi (Riprogettazione processi)	X		X
Reingegnerizzazione processi aziendali			X
Gestione soluzioni di miglioramento- prospettiva organizzativa		X	
Verifica efficacia dei miglioramenti		X	

Figura 7.14. Confronto dei passi di miglioramento più coperti nelle metodologie

Innanzitutto, solo la metodologia Istat prevede un approccio inter-organizzazione, mentre la TDQM e la TQdM sono adatte a trattare specifiche organizzazioni o prodotti dell'informazione. Tutte e tre le metodologie forniscono linee guida per la ricerca delle cause di errore. Per quanto riguarda la loro collocazione rispetto alla classificazione in strategie guidate dai dati e strategie guidate dai processi, l'approccio della TDQM è chiaramente orientato a linee guida orientate ai processi, mentre la TQdM e l'Istat comprendono sia attività guidate dai dati che attività guidate dai processi, anche se ciò vale in misura minore per la TQdM. Quanto ai tipi di miglioramento del processo suggeriti, nessuna metodologia li copre tutti e tre, cioè il controllo del processo, la riprogettazione del processo e la reingegnerizzazione del processo aziendale, e solo l'Istat adotta la strategia di cambiare radicalmente il processo tramite operazioni di reingegnerizzazione.

Come abbiamo già visto, la TQdM è la metodologia più adatta ai dirigenti. Essa fornisce un gran numero di indicazioni da applicare per generare consenso nei confronti della metodologia all'interno dell'organizzazione. La TQdM è anche l'unica a fissare linee guida dettagliate per il controllo dell'efficacia dei miglioramenti.

Confrontiamo le metodologie anche rispetto al livello di formalismo usato ed al livello di consolidamento. Come abbiamo visto nel Capitolo 3, la TDQM propone un modello per descrivere il processo di produzione dei dati molto ricco. La TQdM usa, in genere, formalismi molto semplici, come ad esempio i diagrammi. La metodologia dell'Istat fornisce alcune tecniche statistiche. Per quanto riguarda il consolidamento, la TDQM e la TQdM vengono largamente applicate sin dagli anni Novanta negli Stati Uniti e, in qualche misura, in altri Paesi, mentre la metodologia Istat è molto recente ed ha un numero limitato di studi su casi documentati.

7.4 La Metodologia CDQM

Discutiamo ora una metodologia originale caratterizzata da un equilibrio ragionevole tra completezza e fattibilità pratica del processo di miglioramento della qualità dei dati. La metodologia tratta tutti i tipi di conoscenza descritti in Figura 7.1; per questo motivo, la chiameremo *Complete Data Quality Methodology*[3] (*CDQM*). La Figura 7.15 mostra le fasi ed i passi della CDQM.

Fase 1: Ricostruzione dello stato
1. Ricostruire lo stato ed il significato delle più importanti basi di dati e dei flussi di dati scambiati dalle organizzazioni, e costruire le matrici *basi + flussi di dati/organizzazioni*.
2. Ricostruire i più importanti processi aziendali eseguiti dalle organizzazioni, e costruire la matrice *processi/organizzazioni*.
3. Per ciascun processo o gruppo di processi correlati in un macroprocesso, ricostruire le norme e le regole organizzative che disciplinano il processo ed il servizio fornito.

Fase 2: Valutazione
4. Verificare i problemi maggiori relativi ai servizi forniti insieme con gli utenti interni e finali. Correggere questi inconvenienti in termini di qualità dei processi e dei servizi, ed identificare le cause degli inconvenienti legate a scarsa qualità dei dati.
5. Identificare dimensioni e metriche DQ rilevanti, misurare la qualità dei dati di basi di dati e flussi di dati, e identificare le loro aree critiche.

Fase 3: Scelta del processo di miglioramento ottimale
6. Per ogni base di dati e flusso di dati, fissare i nuovi livelli di DQ che migliorano la qualità del processo e riducono i costi al di sotto della soglia richiesta.
7. Ideare attività di reingegnerizzazione dei processi e scegliere le attività relative alla DQ che possono portare a raggiungere gli obiettivi di miglioramento della DQ fissati al passo 6, metterli in correlazione con gli insiemi di basi di dati e flussi di dati coinvolti negli obiettivi di miglioramento della DQ nella matrice *dati/attività*.
8. Scegliere le tecniche ottimali per le attività relative alla DQ.
9. Raggruppare le croci nella matrice *dati/attività* in processi di miglioramento candidati.
10. Per ciascun processo di miglioramento definito al punto precedente, calcolare costi e benefici di massima, e scegliere il processo ottimale, verificando che il bilancio costi-benefici globale soddisfi gli obiettivi del passo 6.

Figura 7.15. Fasi e passi della CDQM

La strategia globale della CDQM vede le attività di misurazione e miglioramento come strettamente legate ai processi di business ed ai costi dell'or-

---

[3] **NdT:** cioè Metodologia Completa per la Qualità dei Dati.

ganizzazione. Nella Fase 1 vengono ricostruiti tutti i più importanti rapporti tra unità, processi, servizi e dati organizzativi, se non sono noti. La Fase 2 fissa nuove dimensioni di qualità target necessarie per migliorare la qualità del processo e valutare la riduzione dei costi e i nuovi benefici. La Fase 3 individua il processo ottimale, cioè la sequenza di attività che presenta il rapporto ottimale più vantaggioso tra costo ed efficacia. In questa sezione esaminiamo i singoli passi. La sezione successiva contiene un dettagliato studio di caso.

7.4.1 Ricostruire lo Stato dei Dati

Analogamente a quanto accade nelle metodologie di pianificazione dei sistemi informativi, all'inizio del processo per la QD ricostruiamo un modello dei rapporti più significativi tra organizzazioni o unità organizzative e dati usati e scambiati. Si tratta di un'informazione molto importante, perché presenta un quadro dei principali utilizzi dei dati, dei produttori e dei consumatori dei flussi di dati. Possiamo rappresentare questi rapporti con due matrici:

1. la *matrice base di dati/organizzazione* (si veda Figura 7.16), dove, per le basi di dati più importanti, rappresentiamo le organizzazioni che creano dati e organizzazioni che li usano. Questa matrice potrebbe essere estesa alla rappresentazione di singole entità (o tabelle), ma per contenerla entro dimensioni ragionevoli, fissiamo il livello di granularità alle basi di dati; e

Base di Dati/ Organizzazione	Base di dati 1	Base di dati 2	......	Base di dati n
Organizzazione 1	Crea	Usa		Usa
Organizzazione 2		Usa		
....				
Organizzazione m		Crea		Crea

Figura 7.16. La matrice base di dati/organizzazione

2. la *matrice flusso di dati/organizzazione* (si veda Figura 7.17), simile alla precedente, in cui rappresentiamo le organizzazioni che producono e che consumano i flussi di dati più importanti.

7.4.2 Ricostruire i Processi Aziendali

In questo passo ci soffermiamo sui processi e sui loro rapporti con le unità organizzative. I *processi* sono unità di lavoro eseguite nell'organizzazione e

Flusso dati/ Organizzazione	Flusso dati 1	Flusso dati 2	....	Flusso dati n
Organizzazione 1	Produttore	Consumatore		Consumatore
Organizzazione 2		Consumatore		Produttore
....				
Organizzazione m	Consumatore	Produttore		Consumatore

Figura 7.17. La matrice flusso di dati/organizzazione

relative alla produzione di beni e servizi. Per ogni processo è necessario individuare l'unità organizzativa responsabile, e le unità che partecipano alla sua esecuzione: l'insieme di questi rapporti è rappresentato nella *matrice processo/organizzazione*, di cui diamo un esempio in Figura 7.18. Individuare il responsabile di un processo è importante nei problemi di QD, poiché permette di assegnare precise responsabilità nelle attività di miglioramento guidate dai dati e guidate dai processi.

Processo/ Organizzazione	Processo 1	Processo 2	...	Processo n
Organizzazione 1	Responsabile	Partecipa		
Organizzazione 2		Partecipa		Responsabile
....				
Organizzazione m	Partecipa	Responsabile		Partecipa

Figura 7.18. La matrice processo/organizzazione

7.4.3 Ricostruire Macroprocessi e Regole

In questo passo analizziamo a fondo due aspetti: la struttura e gli obiettivi finali dei processi nell'ambito dell'organizzazione, cioè come essi sono correlati fra loro e legati alla produzione di beni/servizi (chiamati in seguito solo servizi per semplicità), e le norme legali e organizzative che regolano e specificano questa struttura. Le caratteristiche di rilievo dei processi sono descritte nella *matrice macroprocesso/norma-servizio-processo* (si veda Figura 7.19), in cui sono rappresentati i seguenti aspetti:

- il *macroprocesso*, cioè l'insieme dei processi che sono unitamente coinvolti nell'erogazione di servizi;

- i *servizi* forniti, identificati da un nome e, ove possibile, dalla classe di utenti del servizio, le loro caratteristiche e l'organizzazione responsabile dell'erogazione del servizio stesso;
- le *norme* che regolano la specifica ad alto livello del processo.

Ricostruire i macroprocessi è un'attività importante perché modellare i processi indipendentemente l'uno dall'altro fornisce una visione frammentaria delle attività dell'organizzazione. Al contrario, occorre una visione d'insieme per poter prendere decisioni connesse con l'eventuale ristrutturazione dei processi e dei flussi informativi. Allo stesso tempo, in special modo nelle organizzazioni pubbliche, la conoscenza delle norme riguardanti i macroprocessi è importante per capire esattamente (i) lo spazio di "manovra" di cui disponiamo per le attività guidate dal processo, (ii) fino a che punto siamo liberi di ristrutturare i processi, e (iii) le norme o le business rule da abrogare, sostituire o modificare.

Si osservi in Figura 7.19 che i macroprocessi sono rappresentati come un insieme di processi. Questo modello è molto semplice e potrebbe essere arricchito usando un linguaggio di specifica del processo (si veda esempio in [193]).

Macroprocesso	Macroprocesso1	Macroprocesso2	...	Macroprocesso m
Norma/ regola organizzativa	Norma 1	Norma 2		Norma 3 e Norma 4
Servizi	S1 e S5	S2 e S5		S3 e S4
Processo 1	X			
Processo 2		X		
Processo 3	X			
Processo 4	X			
...				
Processo n				X

Figura 7.19. La matrice macroprocesso/norma-servizio-processo

7.4.4 Verificare i Problemi con gli Utenti

L'obiettivo di questo passo è di identificare i problemi più importanti, con riferimento alle cause della cattiva qualità dei dati. Concentrandosi dapprima sui servizi, tali problemi possono essere identificati intervistando gli utenti interni e finali e cercando di capire gli oneri aggiuntivi e gli effetti negativi della scadente qualità dei dati sulle attività degli utenti interni e sulla soddisfazione degli utenti finali. Quindi l'analisi torna ai processi per trovare le cause cui sono dovuti tali oneri e tali effetti negativi, in termini di qualità e natura dei processi. Per esempio, i contribuenti di una certa zona sono irritati nel ricevere dall'Agenzia delle Entrate avvisi di pagamento di imposte non dovute. Potremmo scoprire che i file riguardanti la tassazione dei cittadini di quella zona non sono accurati a causa di aggiornamenti tardivi o scorretti.

7.4.5 Misurare la Qualità dei Dati

Nei passi precedenti abbiamo individuato i principali problemi cui è imputabile la qualità dei dati scadente; in questo, dobbiamo scegliere tra l'insieme di dimensioni e metriche discusse nel Capitolo 2, le più importanti per il nostro problema; per tali dimensioni dobbiamo scegliere metriche che consentano la valutazione quantitativa dello stato del sistema. Per esempio, se l'onere maggiore che ricade sugli utenti finali è il ritardo tra la richiesta di un servizio informativo e l'erogazione del servizio, dobbiamo focalizzare l'attenzione sulla dimensione livello di aggiornamento e predisporre un processo per misurarlo.

Altro aspetto di rilievo di questo passo è la localizzazione delle aree critichecitate nella discussione sulla metodologia Istat. Poiché le attività di miglioramento sono complesse e costose, sarebbe opportuno concentrare l'attenzione sulle parti delle basi e dei flussi di dati che si rivelano affette dai problemi più seri. Questa attività può essere svolta in due modi:

- Analizzando problemi e cause, e cercando di individuare i dati la cui scarsa qualità è da essi maggiormente influenzata. Nell'esempio del contribuente, accertiamo da quale zona specifica provengono prevalentemente le rimostranze.
- Analizzando statistiche sulle metriche di qualità dei dati, selezionate sulla base di diverse proprietà dei dati, e determinando dove è presente una scarsa qualità. Abbiamo visto questo caso nell'esempio sui nomi delle strade discusso nella Sezione 7.3.4.

7.4.6 Fissare Nuovi Livelli Target della QD

In questo passo fissiamo nuovi livelli target per la QD, valutando l'impatto economico del miglioramento in termini di costi (sperabilmente) ridotti e maggiori benefici. Abbiamo discusso nel Capitolo 4 alcune classificazioni dei costi e dei benefici e ne abbiamo proposta una nuova. In questo passo, l'idea è di usare tale classificazione come elenco di controllo; per ciascuna voce nella classificazione o in suo sottoinsieme, raccogliamo i dati che permettono di effettuare una stima approssimata dei costi, delle economie e di altri benefici associati a quella voce. Alcune voci si calcolano facilmente, come ad esempio il costo degli strumenti necessari per le operazioni di pulizia dei dati. Altre voci richiedono una stima. Per esempio, potremmo aver osservato che una voce di costo significativa si riferisce al tempo impiegato dal personale nella ricerca di cittadini i cui dati non risultano, o di imprese mancanti da un registro. In questo caso (i) valutiamo il numero di impiegati partecipanti all'attività in termini di mesi-uomo per anno; (ii) moltiplichiamo questo numero per la media degli stipendi lordi. Alcune voci di costo sono difficili o addirittura impossibili da calcolare. In questo caso si cerca di identificare una voce di costo analoga, che dà una valutazione indiretta della voce di costo che non può essere valutata.

Altri aspetti di cui occuparsi sono i cosiddetti *benefici intangibili*, che è difficile esprimere in termini monetari e devono essere eventualmente considerati su base qualitativa. Infine, il calcolo del return on investments[4] è utile per aiutare il dirigente a prendere una decisione circa il livello di impegno nei confronti del programma di qualità dei dati.

L'ultimo problema da trattare in questo passo è quello di stabilire un rapporto tra costi, benefici e livelli di qualità. Per esempio, assumiamo che nel momento considerato il 10% degli indirizzi dei clienti sia non corretto e che tale qualità scadente riduca del 5% le entrate potenziali legate ad una campagna vendite. Dobbiamo individuare, almeno qualitativamente, le funzioni correlate con (i) i costi dei processi, (ii) le economie, e (iii) il costo del programma di miglioramento da attuare per ottenere indirizzi esatti. Quindi dobbiamo sovrapporre le tre funzioni per trovare l'equilibrio ottimale tra costi ed economie e il corrispondente livello di qualità target da raggiungere.

7.4.7 Scegliere le Attività di Miglioramento

Questo passo è forse il più critico per il successo della metodologia. L'obiettivo in questo caso è di capire quali attività guidate dai processi e quali attività guidate dai dati portano ai risultati più efficaci per il miglioramento delle basi di dati e dei flussi di dati. Facendo questa scelta possiamo raggruppare le basi ed i flussi di dati oppure scinderli al fine di esaminare solo le aree critiche o parti specifiche che sono importanti in un'attività.

Per quanto riguarda le attività guidate dai processi, l'attività di reingegnerizzazione del processo di business (si vedano [91], [181], e [137] per una trattazione esauriente) comprende i seguenti passi:

- Mappare ed analizzare il *processo as-is*[5], in cui l'obiettivo è tipicamente quello di descrivere il processo in corso.
- Progettare il *processo to-be*[6], producendo una o più alternative al processo in corso.
- Implementare il processo reingegnerizzato e migliorarlo continuamente.

Le attività guidate dai dati sono state descritte molto dettagliatamente nei capitoli precedenti. Per fare una scelta, dobbiamo iniziare l'analisi dalle cause e dai problemi rilevati nel passo 4. Discutiamo qui alcuni casi.

---

[4] **NdT:** ROI, indice di redditività del capitale investito.
[5] **NdT:** Lett. il processo così com'è.
[6] **NdT:** Lett. il processo che sarà.

1. Se una tabella relazionale ha un grado di accuratezza basso e un'altra sorgente rappresenta gli stessi oggetti con attributi comuni aventi un maggior grado di accuratezza, eseguiamo un'attività di *identificazione degli oggetti* sulla tabella e sulla sorgente. Usiamo poi la seconda sorgente per ottenere i valori degli attributi comuni.
2. Nel caso di una tabella usata principalmente per applicazioni statistiche e caratterizzata da un basso grado di completezza, eseguiamo un'attività di *correzione degli errori* che cambi i valori nulli in valori validi mantenendo invariata la distribuzione statistica dei valori.
3. Consideriamo un flusso di dati di qualità molto scarsa; in questo caso, eseguiamo per i dati del flusso un'attività di selezione della sorgente. Lo scopo dell'attività di *selezione della sorgente* è di cambiare la sorgente attuale scegliendo una o più sorgenti di dati che, insieme, producano i dati richiesti con qualità migliore. La scelta della sorgente può essere vista come un caso particolare di elaborazione delle interrogazioni guidata dalla qualità, discussa nel Capitolo 6.

Al termine di questo passo, dovremmo essere in grado di produrre una *matrice dati/attività* come quella illustrata in Figura 7.20, in cui una croce indica le coppie di (i) attività e (ii) gruppi di basi di dati o flussi di dati cui l'attività si applica.

Dati/Attività	BD1+BD2	BD1+BD3	BD4	BD5	FD1+FD2	FD3
Attività DQ 1	X		X			
Attività DQ 2		X				X
Attività DQ 3		X		X	X	
Attività riprogettazione processo 1	X		X			X
Attività riprogettazione processo 2		X	X		X	
Attività riprogettazione processo 3	X	X		X	X	

Figura 7.20. La matrice dati/attività

7.4.8 Scegliere le Tecniche per le Attività dei Dati

In questo passo dobbiamo scegliere la tecnica e lo strumento migliore per ciascuna attività sui dati presente nella *matrice dati/attività*. Per scegliere la tecnica partendo dal dominio di conoscenza disponibile usiamo tutte le argomentazioni e le analisi comparative presentate nei Capitoli 4, 5, e 6. E' necessario sondare il mercato per verificare quali tecniche tra quelle scelte siano implementate negli strumenti per la QD in commercio. Dobbiamo confrontare i loro costi e le loro caratteristiche tecniche; pertanto, la scelta della tecnica dipende dagli strumenti che il mercato offre. Con riferimento all'attività di identificazione degli oggetti, molti strumenti commerciali o open source adoperano tecniche probabilistiche, mentre sono meno diffusi gli strumenti che si basano su tecniche empiriche e basate sulla conoscenza. Se lo strumento è estendibile, può essere scelto e poi adattato alle esigenze del caso. Per esempio, supponiamo di aver eseguito nel passato un'attività di deduplicazione sugli abitanti di un Paese i cui cognomi siano tipicamente molto lunghi; ora dobbiamo eseguire la stessa attività sugli abitanti di un altro Paese i cui cognomi siano più corti. Se in passato abbiamo usato una tecnica probabilistica con determinate funzioni di distanza per gli attributi Nome, Cognome, e Indirizzo, potremmo modificare la tecnica adattando la procedura decisionale al nuovo contesto cambiando, per esempio per l'attributo Cognome, la funzione di distanza ed i pesi di cui abbiamo parlato nel Capitolo 5.

7.4.9 Individuare i Processi di Miglioramento

E' necessario a questo punto collegare le croci presenti nella matrice dati/attività per produrre possibili candidati come processi di miglioramento, con l'obiettivo di raggiungere la completezza, cioè di coprire tutte le basi ed i flussi di dati partecipanti al programma di miglioramento. Il collegamento delle croci nella matrice dati/attività può essere svolto in vari modi, generando numerosi processi candidati, due o tre dei quali sufficienti di solito a coprire tutte le possibili scelte importanti. Nella Figura 7.21 ne vediamo uno. In questo caso abbiamo scelto, come attività guidate dai dati, l'identificazione degli oggetti, la correzione degli errori e l'integrazione dati, e come attività guidata dai processi, la reingegnerizzazione del processo business.

Dati/Attività	BD1 e BD2	BD3	BD1/5/6	BD1/2/7
Object identification	X 2		X 3 4	
Localizzazione e correzione degli errori	1	X		
Integrazione dati	X			X 5
Riprogettazione di processo				X

Figura 7.21. Un esempio di processo di miglioramento

7.4.10 Scegliere il Processo di Miglioramento Ottimale

Siamo vicini alla soluzione; dobbiamo ora confrontare i processi di miglioramento candidati dal punto di vista del costo del programma di miglioramento. Per esempio, anticipare l'attività di reingegnerizzazione del processo di business può portare ad un'attività di identificazione degli oggetti più efficiente e anticipare l'attività di identificazione degli oggetti porta ad una correzione degli errori più semplice.

Le voci di cui tener conto nella stima dei costi comprendono il costo dell'attrezzatura, il costo del personale, il costo delle licenze per gli strumenti e le tecniche, ed il costo del nuovo software personalizzato da realizzare ad hoc per problemi specifici. Una volta effettuata la stima ed il confronto dei costi, scegliamo il processo di miglioramento più efficace. A questo punto, è importante confrontare nuovamente i costi del processo di miglioramento scelto con i risparmi (si spera che ve ne siano) netti derivanti dal passo in cui sono stati fissati i nuovi livelli di QD; il bilancio netto finale dovrebbe essere positivo; altrimenti, è meglio non far niente!

7.5 Lo Studio di un Caso per l'Area e-Government

In questa sezione applichiamo la metodologia CDQM ad uno studio di caso reale, quello descritto nel dettaglio in [4], tipico dei rapporti Governo-Imprese in molti Paesi. Nel loro ciclo di vita, le imprese devono interagire con numerosi enti per richiedere servizi di tipo amministrativo. Le interazioni sono necessarie per svariati eventi di business. Esempi di tali eventi e relativi servizi sono:

- avviare una nuova impresa o chiuderne una esistente, il che comporta la registrazione dell'impresa, per es. presso la Camera di Commercio;
- modificare un'impresa, il che include i casi di cambiamento dello stato legale, della composizione del consiglio di amministrazione e della dirigenza, del numero di impiegati come pure l'adozione di una nuova sede o la richiesta di un brevetto;
- altri servizi riguardano il marketing territoriale, e cioè il fornire informazioni tematiche riguardanti il territorio, per facilitare la creazione di reti commerciali o l'ampliamento del mercato di un prodotto; e
- la sicurezza (ad es. l'emissione di smart card per l'accesso ai servizi, autenticazione e autorizzazione) e servizi generali di richiesta di informazioni usati dalle imprese.

Nella loro interazione con le imprese, gli enti gestiscono sia informazioni che sono specifiche di ciascun ente, come i contributi per la previdenza sociale degli impiegati, i rapporti sulla tassazione, lo stato patrimoniale, sia informazioni sulle imprese comuni a tutti gli enti, che tipicamente comprendono le seguenti:

7.5 Lo Studio di un Caso per l'Area e-Government

- attributi che caratterizzano l'impresa, compresi uno o più identificatori, sedi e indirizzi delle filiali, struttura legale, principale attività economica, numero di impiegati e contraenti e informazioni sui proprietari o i soci;
- date che costituiscono tappe miliari, comprese quelle di avvio e della chiusura dell'impresa.

Di solito, ciascun ente fa un uso diverso degli elementi dell'informazione comune. Ne consegue che ciascun ente applica i tipi di controllo di qualità ritenuti adeguati per l'uso locale dell'informazione. Poiché ciascuna impresa riferisce indipendentemente a ciascun ente, le copie hanno gradi diversi di accuratezza e livello di aggiornamento dei dati. Di conseguenza, informazioni simili riguardanti un'impresa possono apparire in basi di dati multiple, ciascuna gestita autonomamente da enti diversi che nel tempo non sono mai state in grado di condividere i propri dati sulle imprese. Il problema è aggravato dai molti errori presenti nelle basi di dati, che danno luogo a errate assegnazioni di record che si riferiscono alla stessa impresa. Una conseguenza importante della presenza di viste multiple indipendenti della stessa informazione è che le imprese si trovano di fronte ad un serio degrado del servizio nel corso della loro interazione con gli enti.

A causa di queste complicazioni, viene avviato un progetto che segue due strategie principali miranti a migliorare lo stato attuale dei dati sulle imprese ed a mantenere l'allineamento corretto dei record per tutti i dati futuri:

1. Occorre eseguire un record matching esteso e una pulizia dei dati sulle informazioni di business esistenti, che portino alla riconciliazione di una gran quantità delle annotazioni nei registri delle imprese.
2. Si adotta un approccio "one-stop shop" per semplificare la vita dell'impresa e assicurare la corretta propagazione dei suoi dati. In questo approccio, un unico ente viene scelto come front-end per tutte le comunicazioni con le imprese. Una volta certificata, l'informazione ricevuta da un'impresa viene resa disponibile ad altri enti interessati tramite un'infrastruttura publish&subscribe guidata dagli eventi.

Ora applichiamo la metodologia CDQM, assumendo per semplicità di avere a che fare con tre enti, l'Istituto per la Previdenza Sociale, l'Istituto per l'Assicurazione contro gli Infortuni, e la Camera di Commercio.

Ricostruire lo Stato dei Dati

Nelle Figure 7.22 e 7.23 riportiamo la situazione attuale delle basi di dati gestite dai tre enti ed i flussi di dati tra enti ed imprese. Ciascun ente ha un suo proprio registro delle imprese; non esiste una base di dati condivisa. Per quanto riguarda i flussi, ciascun ente riceve informazioni dalle imprese per le richieste di servizi e restituisce alle imprese informazioni sull'erogazione di servizi.

204   7 Metodologie per la Misurazione e il Miglioramento della Qualità dei Dati

Base di dati/ Organizzazione	Registro delle imprese Previdenza Sociale	Registro delle imprese Assicurazione Infortuni	Registro delle imprese Camera di Commercio
Previdenza Sociale	Crea/Usa		
Assicurazione Infortuni		Crea/Usa	
Camera di Commercio			Crea/Usa

Figura 7.22. La matrice base di dati/organizzazione

Ricostruzione dei Processi Aziendali

Concentriamo l'attenzione sulle interazioni tra imprese ed enti che prevedono che le imprese informino gli enti su un gran numero di variazioni del loro stato in base alle regole amministrative in vigore. Ciò comprende il cambiamento di indirizzo dell'ufficio, della sede, delle filiali registrate e gli aggiornamenti della attività economica principale. Nella Figura 7.24 mostriamo tre di questi processi che hanno in comune la caratteristica di coinvolgere (in linee distinte) tutti e tre gli enti. Come evidenzia la figura, non esiste al momento un coordinamento tra enti nella gestione dell'informazione comune.

Ricostruzione dei Macroprocessi e delle Regole

Assumiamo che le interazioni tra un'impresa e un ente che riceve dall'impresa una comunicazione circa il suo stato siano regolate a norma di legge o, più di frequente, da norme organizzative specifiche di ciascun ente. Esempi di queste regole sono:

Flusso dati/ Organizzazione	Flusso dati 1: Informazione relativa alla richiesta di servizi	Flusso dati 2: Informazione relativa alla fornitura di servizi
Previdenza Sociale	Consumatore	Produttore
Assicurazione Infortuni	Consumatore	Produttore
Camera di Commercio	Consumatore	Produttore
Imprese	Produttore	Consumatore

Figura 7.23. La matrice flusso di dati/organizzazione

7.5 Lo Studio di un Caso per l'Area e-Government

Processo/ Organizzazione	Aggiornamento info sede registrata	Aggiornamento info filiali	Aggiornamento info attività economica principale
Previdenza Sociale	X	X	X
Assicurazione Infortuni	X	X	X
Camera di Commercio	X	X	X

Figura 7.24. La matrice processo/organizzazione

1. l'impresa può essere rappresentata da un agente, ma in questo caso questi deve essere stato accreditato in anticipo dall'ente;
2. quando viene effettuato un aggiornamento occorre usare un modulo apposito
3. l'ente deve essere informato della variazione entro 60 giorni dall'evento corrispondente.

Per quanto riguarda i macroprocessi, come abbiamo detto assumiamo una situazione molto frammentaria delle attività amministrative, in cui le interazioni con le imprese siano completamente indipendenti tra loro. In questo caso, i macroprocessi consistono della catena di attività relative all'aggiornamento, che comprende (i) immettere informazioni nella base di dati, (ii) fornire, se necessario, una ricevuta all'impresa o al suo intermediario, e (iii) inviare un messaggio all'impresa se si sono verificate inconsistenze.

Altri processi riguardano per esempio, l'erogazione di pensioni o il versamento di contributi assicurativi. In alcuni Paesi, i contributi vengono dedotti dalle retribuzioni e pagati direttamente dalle imprese. Per questi processi, il macroprocesso è ancora più complesso. Esso include le attività di transazione come la raccolta e la registrazione dei pagamenti, le verifiche di correttezza, ed altri processi correlati come la scoperta ed il recupero di evasioni contributive.

Verificare i Problemi con gli Utenti

Si deve a questo punto interagire con gli utenti interni e finali dei dati ed analizzare la loro percezione della qualità dei dati usati (utenti interni) o ottenuti dagli enti. Supponiamo che dai risultati delle interviste emerga quanto segue:

1. Gli utenti interni sono irritati dal fatto che le imprese contattate frequentemente lamentino l'arrivo di duplicati di corrispondenza, messaggi o telefonate. Questo è indice della presenza di oggetti duplicati nelle basi di dati.

2. Gli utenti interni che si occupano delle frodi fiscali non riescono a trovare le corrispondenze tra imprese quando formulano interrogazioni incrociate su numerose basi di dati. Per esempio, dalle interrogazioni incrociate sulle tre basi di dati degli enti non emergono correlazioni fra le tasse pagate ed i consumi di energia. Questo è indice di scarsa corrispondenza fra i record nelle diverse basi di dati.
3. Gli utenti finali (imprese) intervistate telefonicamente lamentano il fatto che, per lungo tempo dopo la segnalazione di variazioni, per es. di indirizzo ("parecchi mesi" è tipico), essi non ricevono le lettere o le comunicazioni degli enti al nuovo indirizzo. Al contrario, gli utenti interni vedono tornare al mittente una grande mole di messaggi da indirizzi che corrispondono a imprese sconosciute. Ciò è indizio del lungo periodo di tempo occorrente ad effettuare gli aggiornamenti nelle basi di dati.
4. Gli utenti finali sono molto scontenti delle lunghe code agli sportelli, del tempo perduto nel comunicare l'informazione di variazione, e delle lungaggini burocratiche.

Dai risultati delle interviste e di un'analisi qualitativa dei processi descritti nel passo 2, possiamo concludere di dover concentrare l'attenzione sulle seguenti dimensioni e metriche di qualità:

- presenza di oggetti duplicati in singole basi di dati, classificata nel Capitolo 2 come problema di accuratezza;
- presenza di oggetti che non si corrispondono nelle tre basi di dati, anche questa classificabile come mancanza di accuratezza;
- ritardo nella registrazione degli aggiornamenti, che rappresenta un caso di basso livello di aggiornamento.

A parte l'accuratezza ed il livello di aggiornamento, problemi altrettanto seri vengono provocati da altre dimensioni di qualità, per es. la completezza delle basi di dati. Inoltre, potremmo considerare anche la qualità relativa alla voce 4 dell'elenco precedente, ovvero l'onere derivante all'impresa dalle lunghe code agli sportelli, che si traduce in tempo perduto nell'interazione con l'ente ed in tempo speso dall'ente nell'erogazione dei servizi; queste non sono dimensioni di qualità dei dati ma, in ogni caso, sono qualità importanti che devono essere migliorate nel progetto. In un progetto di miglioramento della qualità dei dati, occorre affrontare un ampio insieme di problemi e di obiettivi di miglioramento, oltre a quelli riguardanti la qualità dei dati. Questi aspetti sono legati alla qualità dei processi ed alla qualità dei servizi.

Misurare la Qualità dei Dati

Nel passo precedente abbiamo individuato le dimensioni di qualità su cui concentrarsi. Ora dobbiamo scegliere le metriche relative e organizzare un processo per misurarne i valori effettivi. Con riferimento alle precedenti dimensioni:

7.5 Lo Studio di un Caso per l'Area e-Government

- l'accuratezza può essere misurata con la percentuale di duplicati e la percentuale di oggetti privi di corrispondenza.
- il livello di aggiornamento può essere misurato come il ritardo tra il momento t_1 in cui l'informazione "raggiunge" l'ente, ed il momento t_2, in cui l'informazione viene registrata nel sistema.

Il processo di misurazione per l'accuratezza (e per la completezza, se presa in esame) può essere eseguito su un campione della base di dati. Nella scelta dei campioni occorre scegliere un insieme di tuple che sia rappresentativo dell'intera base di dati e la cui dimensione sia gestibile. Metodologie per la scelta di campioni idonei sono descritte in [68]. Per le misurazioni della dimensione temporale, intervistiamo gli utenti interni o quelli finali, per ottenere una stima più precisa della loro percezione del ritardo. Altrimenti, per il tempo speso dall'ente nell'esecuzione del processo amministrativo, effettuiamo una valutazione più precisa: partendo dallo stesso campione scelto per l'accuratezza, misuriamo il tempo impiegato come l'intervallo di tempo tra l'inizio e la fine del processo. Ciò è reso semplice dalla presenza di uno strumento per la gestione di workflow che tiene traccia degli eventi in entrata all'ente ed in uscita dall'ente. Al termine del processo di misurazione, dovremmo essere in grado di riempire la tabella mostrata in Figura 7.25.

Dimensione Qualità/ Base di dati	Oggetti duplicati	Oggetti con match	Accuratezza nomi e indirizzi	Aggiornamento
BD Previdenza Sociale	5%	--	98%	ritardo di 3 mesi
BD Assicurazione Infortuni	8%	--	95%	ritardo di 5 mesi
BD Camera di Commercio	1%	--	98%	ritardo di 10 mesi
Le tre basi di dati insieme	--	80%	--	--

Figura 7.25. Livelli di qualità effettivi

Fissare Nuovi Obiettivi per i Livelli di Qualità dei Dati

I nuovi livelli di qualità dei dati devono essere correlati con i benefici desiderati in termini di economie o dei costi e di altri benefici misurabili. La stima delle economie deve valutare i costi effettivi ed i costi ridotti in seguito al miglioramento della qualità dei dati.

Due fattori di costo che possono essere considerati i più significativi sono una diretta conseguenza del disallineamento: l'eterogeneità e la scarsa accuratezza dei nomi e degli indirizzi presso gli enti. Innanzitutto, assumiamo che gli enti, consapevoli della mancanza di allineamento e della scarsa accuratezza degli indirizzi spendano circa 10 milioni di euro l'anno per correggere e riconciliare i record usando verifiche di tipo manuale, ad esempio rintracciando manualmente imprese che non possono essere identificate correttamente ed univocamente. Secondo, dato che molte tecniche per la prevenzione delle frodi fiscali fanno affidamento su riferimenti incrociati dei record presso differenti enti, la mancanza di allineamento impedisce che alcune frodi fiscali siano scoperte; questo fenomeno è reso più critico dall'impossibilità pratica di raggiungere le imprese i cui recapiti sono scorretti o non aggiornati. Le frodi fiscali possono essere stimate approssimativamente in una percentuale del prodotto interno lordo che, a seconda del Paese, varia tra l'1% e il 10%. Un Paese che abbia un PIL pari a 200 miliardi di euro, assumendo che la percentuale sia l'1.5% (stima prudente), subirà una riduzione delle entrate pari ad almeno 300 milioni di euro.

Cerchiamo altri costi connessi in senso più ampio con la cattiva qualità dei processi e dei servizi. Nel contesto tradizionale non integrato, l'onere delle transazioni di business è condiviso tra le imprese e gli enti. Per le imprese, il costo in termini di personale coinvolto e onorari agli intermediari può essere stimato sulla base del numero di eventi annui. Se, per esempio, assumiamo due milioni di eventi l'anno, e tre ore/uomo per ciascun evento, avremo una perdita stimata di 200 milioni di euro. Sul fronte dell'ente, il costo della gestione di un'unica transazione è di circa cinque euro, equivalenti a 20-25 minuti/uomo dedicati alla contabilità interna associata ad un solo evento. Complessivamente e tenendo conto degli eventi interni, i costi derivanti al singolo ente dall'inefficienza superano i 10 milioni di euro all'anno. Assumendo che i record di ciascuna impresa appaiano nelle basi di dati di almeno 10 enti diversi, si raggiunge un costo totale annuo di più di 100 milioni di euro.

Arriviamo quindi alla conclusione che per rendere efficiente l'uso della struttura publish&subscribe, e abbattere l'evasione fiscale con il conseguente aumento degli introiti, dobbiamo fissare i seguenti target (si veda Figure 7.26):

1. L'1% di duplicati nelle differenti basi di dati, eccezion fatta per la Camera di Commercio, dove iniziamo con una buona qualità, e fissiamo un target più alto, per esempio lo 0,3%.
2. il 3% imprese che non si possono mettere in corrispondenza nelle tre basi di dati;
3. l'1% di inaccuratezza degli indirizzi; e
4. un ritardo accettabile di 3-4 giorni per l'aggiornamento dell'informazione nelle tre basi di dati.

Questi obiettivi sono un equilibrio qualitativo tra l'obiettivo ideale (e non raggiungibile) di "qualità 100%", e la situazione contingente. Le maggiori entrate possono essere stimate assumendo che la frode fiscale diminuisca proporzionalmente al numero di imprese che possono essere messe in corrispondenza o raggiunte. Altre economie verranno stimate quando avremo una visione più precisa della nuova infrastruttura ICT, illustrata nella prossima sezione.

Dimensione Qualità/ Base di dati	Oggetti duplicati	Oggetti con match	Accuratezza nomi e indirizzi	Aggiornamento
Registro Previdenza Sociale	1%	--	99%	ritardo di 3-4 giorni
Registro Assicurazione Infortuni	1%	--	99%	ritardo di 3-4 giorni
Registro Camera di Commercio	0.3%	--	99%	ritardo di 2-3 giorni
I tre registri insieme	--	97%	--	--

Figura 7.26. Nuovi Target di Qualità

Scegliere le Attività di Miglioramento

Distinguiamo nel seguito tra attività guidate dai processi e attività guidate dai dati. Ci occupiamo innanzitutto delle prime. Mentre l'attuale interazione tra enti ed imprese comporta transazioni multiple che coinvolgono interfacce specifiche di ciascun ente, una decisione strategica del progetto è quella di mettere gli enti in grado di offrire servizi di front-office con un'infrastruttura comune. Questa interfaccia fornisce una vista omogenea degli enti ed un unico punto di accesso alle loro funzioni di business. Per nascondere l'eterogeneità delle interfacce specifiche e la loro distribuzione, viene introdotta nell'architettura una infrastruttura di back-office. L'approccio seguito per migliorare l'interazione tra le amministrazioni è tipicamente basato su un'*architettura cooperativa* che, con qualche variante, segue la struttura generale mostrata nella Figura 7.27.

Facciamo ora alcuni commenti sugli strati di back-office. Oltre all'*infrastruttura per la connettività*, la figura mostra un'*infrastruttura per la cooperazione*, che comprende protocolli applicativi, repository[7], gateway, ecc. Il suo scopo principale è quello di consentire a ciascun ente di specificare e pubblicare un insieme di interfacce cooperative che comprendono servizi dati e servizi applicativi resi disponibili ad altri enti. Sopra questo strato è presente un'*infrastruttura di notifica degli eventi*, il cui scopo è di garantire la sincronizzazione degli eventi di aggiornamento. Questo strato può essere usato da un ente quando riceve un aggiornamento da un'impresa. Esso viene

---

[7] **NdT:** Un repository, lett. "magazzino", è un ambiente di un sistema informativo in cui vengono conservati o gestiti metadati.

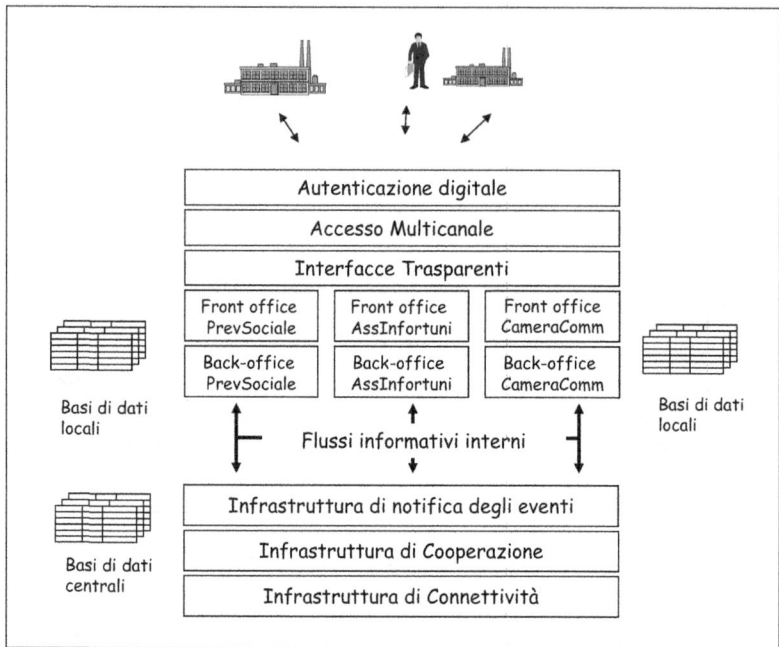

Figura 7.27. Nuova architettura tecnologica per le interazioni tra Governo e Imprese

pubblicato nell'infrastruttura cooperativa; quindi tutti gli altri enti interessati all'aggiornamento possono effettuare una sottoscrizione per ricevere tale informazione. Un certo numero di processi di tipo amministrativo può essere reingegnerizzato per trarre vantaggio da questa architettura. Possono essere scelti enti specifici come punti di ingresso front-end alle imprese per tipi specifici di informazione. Nel nostro esempio, la Camera di Commercio può essere coinvolta negli aggiornamenti riguardanti l'informazione amministrativa, mentre l'Istituto per la Previdenza Sociale può gestire l'informazione relativa alla forza lavoro, assumendo che una delle sue missioni sia quella di raccogliere i contributi assicurativi.

Per quanto riguarda le attività guidate dai dati, per poter eseguire processi di business reingegnerizzati, dobbiamo ristrutturare l'architettura dei dati. Le due possibilità estreme sono:

- Creare una base di dati centrale che integri tutti i tipi di informazione sulle imprese presenti nelle tre basi di dati esistenti.
- Creare una base di dati centrale leggera, i cui record risultano dal collegamento degli identificatori dei record delle imprese correlati gestiti dai singoli enti. Questa nuova base di dati, che chiamiamo *Base di dati degli identificatori*, è necessaria per effettuare l'identificazione degli oggetti (cioè

7.5 Lo Studio di un Caso per l'Area e-Government

delle imprese) fra enti e permettere il reindirizzamento dell'informazione nell'infrastruttura di notifica degli eventi.

La prima soluzione non può essere messa in pratica per motivi di autonomia degli enti. Pertanto, scegliamo la seconda soluzione. La creazione di una base di dati di identificatori richiede che venga svolta un'attività di identificazione degli oggetti sui registri dell'Istituto per la Previdenza Sociale, dell'Istituto per l'Assicurazione contro gli Infortuni e la Camera di Commercio. Al termine di questo passo, ricaviamo la matrice dati/attività (si veda Figura 7.28). Includiamo fra le basi e i flussi di dati la nuova base di dati di identificatori ed i nuovi flussi di dati generati dall'infrastruttura di notifica degli eventi. Includiamo nella matrice anche l'attività di reingegnerizzazione del processo e l'attività di identificazione degli oggetti discussa sopra.

Dati/Attività	Tipo di attività	Le tre basi di dati insieme	Nuovi flussi fra gli enti	La nuova base di dati degli identificatori
Identificazione degli oggetti	Guidata dai dati	X		
Reingegnerizzazione dei processi di aggiornamento	Guidata dai processi	X	X	X

Figura 7.28. La matrice dati/attività

Si può osservare che l'adozione della nuova infrastruttura porta ad economie significative dei costi delle interazioni. Consideriamo innanzitutto i costi sostenuti dalle imprese. Se le imprese riducono le interazioni di un rapporto 3:1, stimiamo che i loro costi diminuiscano di 70 milioni di euro l'anno. Quanto ai costi degli enti, nella configurazione originale del sistema erano necessarie tre transazioni front-office per ciascun aggiornamento che abbia origine dall'impresa (ad es., variazione di indirizzo), una per ciascuno dei tre enti interessati al progetto; dato un costo di 5 euro per ciascuna transazione front-office, il costo totale è di 5 x 3 = 15 euro. Dopo la reingegnerizzazione, il nuovo processo di aggiornamento comporta una sola transazione front-office più due nuove transazioni back-office per diffondere il cambiamento. Il costo di una transazione back-office è di 2 euro stimati come la somma dei costi fissi ammortizzati nell'arco della vita attuale del nuovo sistema, più i costi variabili, e tenendo conto del fatto che inizialmente solo un terzo degli eventi business può trarre beneficio dal nuovo sistema. Dunque, il costo totale per l'ente scende da 15 a 9 euro e può diminuire ulteriormente fino ad un costo limite di 6 euro man mano che nuovi eventi vengono inclusi nel sistema. Inoltre, se altri enti aderiscono al sistema cooperativo, i costi fissi verranno ulteriormente distribuiti. Infine, possono essere prese misure per ridurre i costi front-office passando ad un processo di immissione delle informazioni da parte delle imprese interamente non cartaceo e certificato, che migliora la validazione dei dati in ingresso al momento dell'immissione. Ciò riduce considerevolmente i 5 euro. Fissando realisticamente il costo a 6 euro, abbiamo una diminuzione del costo da 100 a 40 milioni di euro l'anno.

Scegliere le Tecniche per le Attività sui Dati

Dobbiamo occuparci ora del problema della scelta delle migliori tecniche per l'identificazione degli oggetti, la principale attività da eseguire sui dati. Possiamo delineare diversi scenari.

Primo, assumiamo che negli ultimi anni siano state eseguite attività di record linkage parziali tra due o tutte e tre gli enti. Ciò è ragionevole nel caso in cui tra gli enti si svolga una quantità considerevole di interazioni. Di conseguenza, assumiamo che negli anni precedenti essi abbiano cercato di rimuovere almeno in parte gli errori e i problemi di allineamento. In questo caso abbiamo a disposizione della conoscenza preziosa, che consiste di record match e non-match. Sfruttiamo questa conoscenza scegliendo una tecnica probabilistica che comprende un'attività di apprendimento automatico delle frequenze di match e non-match.

Un secondo scenario si basa sull'assunzione che in precedenza non sia stata svolta alcuna attività; sappiamo però che una delle tre basi di dati è più accurata delle altre in certi campi. Per esempio, uno degli enti è responsabile per legge della certificazione dei dati relativi a nomi e indirizzi delle imprese. In questo caso ricorriamo al metodo del file di collegamento.

Un terzo scenario assume che si disponga di conoscenza sul comportamento delle imprese che interagiscono con gli enti. Per esempio, assumiamo che sia stato accertato facendo uso di strumenti di data mining che certe ditte, come le piccole imprese a conduzione familiare, svolgono diverse attività part-time, che cambiano a seconda delle stagioni. Conseguentemente, esse tendono a dichiarare a diverse enti diversi tipi di attività, scegliendo di volta in volta la soluzione più conveniente dal punto di vista amministrativo. Per queste imprese potrebbero essere particolarmente frequenti, in coppie di record che le riguardano, determinati pattern, come ad esempio <venditore di gelati, portiere>. In questo caso, vale la pena adottare una tecnica basata sulla conoscenza, con un sistema basato su regole che comprenda questi tipi di pattern.

Trovare i Processi di Miglioramento

L'analisi compiuta nei passi precedenti semplifica l'identificazione dei processi di miglioramento. Abbiamo un unico processo di miglioramento (si veda Figura 7.29) nel quale eseguiamo in parallelo le due attività di reingegnerizzazione del processo, cioè la costruzione dell'infrastruttura publish&subscribe e l'identificazione degli oggetti sui dati esistenti. Le due attività devono essere sincronizzate nel momento in cui il nuovo sistema diventa operativo. Altre possibilità, come l'integrazione dei dati, sono state escluse nel passo 8 (scelta delle attività di miglioramento). Si noti che non abbiamo bisogno di un'identificazione degli oggetti periodica, dal momento che la reingegnerizzazione del processo di business, una volta eseguita, allinea l'informazione gestita nei tre enti a partire da quel momento.

Dati/Attività	Le tre basi di dati insieme	Nuovi flussi fra gli enti	La nuova base di dati degli identificatori
Identificazione degli oggetti	Effettuare identificazione degli oggetti sui dati esistenti e deduplicazione delle tre basi di dati		
Reingegnerizzazione dei processi di aggiornamento	Aggiornare prima la BD della Camera di Commercio	Usare l'infrastruttura P&S per aggiornare le BD di PrevSociale e AssInfortuni	Creare la BD e usarla nel nuovo processo di aggiornamento inter-ente

Figura 7.29. Un processo di miglioramento

Scegliere il Processo di Miglioramento Ottimale

In questo caso dobbiamo considerare un solo processo di miglioramento. Per questo processo dobbiamo verificare in quale misura i benefici, specialmente le economie sui costi, eccedono l'attuale costo della scarsa qualità più il costo del progetto. Applichiamo una metodologia semplice in cui non consideriamo problemi riguardanti l'analisi degli investimenti e l'attualizzazione dei costi (si vedano [68] e [123]). Per quanto riguarda i costi attuali ed i futuri risparmi, dobbiamo tener presente (si rimanda alla classificazione fatta nel Capitolo 4) le seguenti voci principali: (i) costi per scarsa qualità dei dati, in termini di costi derivanti dall'allineamento manuale e di minori entrate, e (ii) altri costi sostenuti da imprese ed enti.

Riguardo ai costi del progetto di miglioramento della qualità dei dati, dobbiamo considerare quelli per (i) l'attività di identificazione degli oggetti, in termini di applicazione di software e di impegno manuale (ii) la reingegnerizzazione del processo connessa con la realizzazione e il mantenimento della infrastruttura publish&subscribe.

La Figura 7.30 riporta delle stime ragionevoli. Alcune voci che compaiono nella figura sono state stimate nelle sezioni precedenti. Quanto al costo del progetto di miglioramento, considerando le diverse voci secondarie, possiamo concludere che il costo dell'architettura è di 5 milioni di euro e stimare in un 20% annuo i costi di mantenimento. La stima relativa all'identificazione

214   7 Metodologie per la Misurazione e il Miglioramento della Qualità dei Dati

degli oggetti è stata effettuata per analogia con progetti precedenti. Infine, le maggiori entrate vengono stimate in base alla percentuale di imprese che commettono irregolarità che diviene possibile individuare grazie ai nuovi valori di corrispondenza fra i record fissati come obiettivo.

Per concludere, se consideriamo un periodo di tempo triennale, le economie globali e le maggiori entrate salgono a 1,2 miliardi di euro a fronte di un costo di progetto che può essere considerato trascurabile. Se limitiamo il bilancio ai soli costi e risparmi riguardanti la qualità dei dati, otteniamo un nuovo bilancio di 600 milioni di euro; il progetto di miglioramento della qualità dei dati è estremamente conveniente.

Costi e Benefici	Una tantum	Annuali
Costi effettivi dovuti a scarsa qualità dei dati		
Costi di allineamento manuale		10 MI
Introiti ridotti (stime prudenziale)		300 MI
Altri costi		
Per le imprese		200 MI
Per gli enti		100 MI
Costi del progetto di miglioramento		
Identificazione Oggetti - automatica	800.000	
Identificazione Oggetti - manuale	200.000	
Architettura applicativa - Messa in opera	5MI	
Architettura applicativa - Mantenimento		1MI
Futuri costi ed economie dovuti alla migliorata qualità		
Aumentati introiti (stima prudenziale)		200MI
Costi di allineamento manuale		0
Altre economie		
Per le imprese		130MI
Per gli enti		60MI

Figura 7.30. Costi ed economie realizzabili nel processo di miglioramento della qualità

7.6 Sommario

Le metodologie in generale, e quindi anche le metodologie per la QD, possono essere viste come un supporto al ragionamento basato sul buon senso. Il loro ruolo è quello di servire da guida nelle complesse decisioni da prendere e di indicare quale conoscenza deve essere acquisita. Allo stesso tempo, è necessario adattarle al dominio applicativo. Un errore tipico dei progettisti è di interpretare una metodologia come una serie immutabile e assoluta di linee guida da applicare così come sono, acriticamente. L'esperienza maturata nel lavoro in diversi domini indica come adattare tali linee guida generali. Inoltre, è più efficace vedere le linee guida, le fasi, i compiti, le attività e le tecniche, che, insieme, formano una metodologia, come un insieme di strumenti, in cui i singoli elementi vanno usati in connessione e/o in sequenza, a seconda delle circostanze, e delle specifiche caratteristiche del dominio applicativo di interesse nel processo.

Un altro problema critico delle metodologie per la QD riguarda la conoscenza a disposizione per l'esecuzione delle misurazioni e dei miglioramenti definiti dalla metodologia. A volte, acquisire la conoscenza necessaria può essere molto costoso, se non impossibile. In questi casi, la metodologia deve essere semplificata e adattata alla conoscenza di cui disponiamo; altrimenti essa viene rifiutata dalla dirigenza e dagli utenti, che sono infastiditi dalle tante domande cui non sono in grado di rispondere e di cui non capiscono lo scopo. Infine, per essere efficaci, le metodologie devono essere usate in connessione con strumenti automatizzati. Strumenti e framework saranno oggetto di trattazione nel prossimo capitolo.

8

Strumenti per la Qualità dei Dati

8.1 Introduzione

Nei capitoli precedenti abbiamo visto che misurare e migliorare la qualità dei dati è un processo complesso che richiede un massiccio coinvolgimento di risorse umane. Le tecniche discusse nei Capitoli 4, 5, e 6 sono il punto di partenza per automatizzare il più possibile le attività da svolgere nei progetti sulla qualità dei dati. Per raggiungere questo obiettivo, occorre sviluppare strumenti e framework che incorporano tali tecniche.

In questo capitolo distingueremo tra strumento, framework, e toolbox. Uno *strumento* è una procedura software destinato ad un'attività o a un numero limitato di attività (per es. l'identificazione degli oggetti) che implementa una o più tecniche ad esse relative (per es. la tecnica sorted neighborhood). Rispetto ad una tecnica, uno strumento è interamente automatizzato ed ha un'interfaccia che consente la selezione delle funzionalità. Un *framework* è un insieme di strumenti che, nel complesso, offrono un gran numero di funzionalità dedicate a diverse attività relative alla QD. Pertanto, il limite tra strumenti e framework sta soprattutto nella loro rispettiva portata. Un *toolbox* è uno strumento concepito per il confronto di un insieme di strumenti e delle tecniche corrispondenti, di solito connessi a un'unica attività relativa alla qualità dei dati, e comprendente metriche per misurarne le prestazioni e l'accuratezza.

Discutiamo ora strumenti, framework, e toolbox proposti in letteratura, limitando la nostra rassegna al mondo della ricerca, senza tener conto dell'enorme quantità di strumenti disponibili sul mercato per la soluzione delle problematiche legate alla qualità dei dati. Questa decisione si spiega con l'indirizzo generale di questo libro, imperniato sulla ricerca. I lettori interessati agli strumenti disponibili sul mercato potranno trovare rapporti comparativi nella letteratura dedicata alle specifiche tecniche (si veda [18] e [94]).

Nella Sezione 8.2 esaminiamo gli strumenti concepiti espressamente per i sistemi informativi di una singola organizzazione. Inizialmente, ne discutiamo in termini comparativi; trattiamo poi nel dettaglio ciascuno strumento in specifiche sottosezioni. Nella Sezione 8.3 rivolgiamo l'attenzione ai framework dedicati ai sistemi informativi cooperativi. Infine, nella Sezione 8.4 ci occupiamo dei toolbox ideati espressamente per il confronto degli strumenti.

8.2 Strumenti

Gli strumenti trattati in questa sezione vengono messi a confronto nella Figura 8.1; per ciascuno strumento citiamo il riferimento principale, e indichiamo il nome, le attività cui si rivolge (secondo la classifica fatta nel Capitolo 4), le caratteristiche sostanziali e i domini applicativi per i quali esistono esperienze d'uso documentate.

L'elenco degli strumenti di ricerca riportato nella Figura 8.1 non è completo, ma fornisce un quadro delle proposte più recenti. Per esempio, l'elenco non comprende molti strumenti governativi e accademici per le tecniche di standardizzazione e di record linkage realizzate negli anni Ottanta e Novanta, che sono descritti e confrontati in numerosi studi, ad es., [213] and [88].

Riferimento	Nome	Attività	Caratteristiche	Dominio Applicativo
[Raman and Hellerstein 2001]	Potter's wheel	Standardizzazione Identificazione degli oggetti e deduplicazione Integrazione dati - risoluzione dei conflitti a livello di istanza Profiling (Estrazione della struttura)	Integra strettamente trasformazione dei dati e individuazione di discrepanze/anomalie	Non menzionato
[Caruso et al. 2000]	Telcordia	Standardizzazione Identificazione degli oggetti e deduplicazione	Strumento per il record linkage, parametrico rispetto a funzioni di distanza e di match	Indirizzi Contribuenti e loro identificatori
[Galhardas et al. 2001]	Ajax	Identificazione degli oggetti e deduplicazione Integrazione dati - risoluzione dei conflitti a livello di istanza	Linguaggio dichiarativo basato su operatori di trasformazione logici Effettua una separazione fra piano logico e piano fisico	Riferimenti bibliografici
[Vassiliadis et al. 2001]	Arktos	Standardizzazione Integrazione dati - risoluzione dei conflitti a livello di istanza Localizzazione degli errori	Copre tutti gli aspetti dei processi ETL (architettura, attività, gestione della qualità) con un metamodello unico	Processi ETL di un DW aziendale per applicazioni sanitarie e di previdenza sociale
[Buechi et al. 2003]	Choice Maker	Identificazione degli oggetti e deduplicazione	Usa indici che permettono di esprimere in modo ricco lasemantica dei dati	Nomi e indirizzi di persone Nomi e indirizzi di imprese Dati medici Record di transazioni finanziarie /con carte di credito
[Low et al. 2001]	Intelliclean	Identificazione degli oggetti Scelta del rappresentante	Usa due tipi di regole, per l'identificazione e la fusione degli oggetti	Non menzionato

Figura 8.1. Nomi di strumenti, attività, caratteristiche principali e aree di applicazione

Tra gli strumenti nella lista, solo Telcordia, Ajax [82] e Choice Maker [34] sono stati commercializzati. Gli altri sono allo stadio di prototipo accademico.

Intelliclean [124], è stato descritto nel Capitolo 5 come tecnica basata sulla conoscenza per l'identificazione degli oggetti. In quel capitolo abbiamo descritto i paradigmi di ricerca che esso segue. In questa sezione ci limitiamo a confrontarlo con gli altri strumenti, senza scendere in ulteriori dettagli. Fra le attività riguardanti la qualità dei dati a cui gli strumenti sono destinati, le due più frequenti sono (i) l'identificazione degli oggetti, in genere accoppiata alla standardizzazione, e (ii) l'integrazione dei dati sotto forma di risoluzione dei conflitti a livello di istanza. Questa prevalenza rispecchia il ruolo centrale da noi riservato a tali attività in questo libro. Si noti che Potter's Wheel ha un'attività specifica, chiamata *estrazione della struttura*, che fa parte dell'attività di profiling citata nel Capitolo 4.

Per quanto riguarda le sue caratteristiche principali, Potter's Wheel [166] pone l'accento sulla facilità d'uso e l'interattività nell'identificazione degli oggetti e nella risoluzione dei conflitti, il che porta ad una stretta integrazione fra il processo di trasformazione dei dati e la scoperta di discrepanze/anomalie. La principale caratteristica dello strumento Telcordia [43] è l'alto grado di flessibilità nell'esecuzione del record linkage, dal momento che lo strumento è parametrico rispetto alle funzioni di distanza e di confronto. Gli aspetti principali di Ajax sono due: (i) un linguaggio dichiarativo per esprimere le trasformazioni da effettuare sulle tabelle per la risoluzione dei conflitti e (ii) la separazione tra un piano logico in cui si effettuano le decisioni per il processo di miglioramento della qualità dei dati e un piano fisico in cui si ottimizza la scelta delle tecniche. L'obiettivo di Arktos [194] è di coprire tutti gli aspetti dei processi di Extraction, Transformation and Load[1] (ETL) tipici dei data warehouse, e cioè architettura, attività e gestione della qualità. Per raggiungere questo obiettivo viene fornito un metamodello di descrizione unico. Choice Maker e Intelliclean hanno in comune la loro principale caratteristica, le regole. Nel Capitolo 5 abbiamo visto che Intelliclean consente di esprimere regole legate al dominio di due tipi (i) regole per l'identificazione dei duplicati e (ii) regole merge/purge. Choice Maker consente una vasta gamma di regole, tutte appartenenti alla categoria di identificazione dei duplicati, dalle più semplici, come gli scambi di gruppi di campi, a regole complesse che catturano proprietà profonde del dominio di applicazione.

Quanto ai domini applicativi, quelli maggiormente studiati sono nomi e identificatori di soggetti/imprese e gli indirizzi. Anche i dati di supporto decisionale conservati nei data warehouse costituiscono un ambito naturale di applicazione degli strumenti, specialmente per quanto riguarda le problematiche relative alla standardizzazione, all'integrazione dei dati, alla risoluzione dei conflitti a livello di istanza ed alla localizzazione degli errori.

Prima di concludere questa sezione, vale la pena di osservare che esistono numerosi strumenti per il profiling, un'attività sui dati introdotta nel Capitolo 4, grazie al crescente interesse che riveste nel settore del business. Tra gli autori che si sono occupati degli strumenti di ricerca per il profiling, citiamo

---

[1] **NdT:** Estrazione, Trasformazione e Caricamento.

Bellman [51] rappresentativo dei principali compiti di profiling, come l'analisi del contenuto e della struttura delle sorgenti di dati.

8.2.1 Potter's Wheel

In Potter's Wheel si possono identificare tre principali attività di pulizia dei dati: (i) misurazione della qualità scadente per individuare gli errori, (ii) scelta di trasformazioni per risolverli, e (iii) applicazione delle trasformazioni ai dati.

Le principali critiche che i progettisti di Potter's Wheel muovono circa gli altri strumenti per la pulizia dei dati riguardano (i) la loro mancanza di interattività e (ii) la notevole entità dello sforzo necessario da parte dell'utente. Nelle tre attività di pulizia dei dati indicate, le trasformazioni sui dati vengono eseguite in genere con un processo batch operante su una tabella o un'intera base di dati, senza alcun feedback. Inoltre, sia la scoperta delle discrepanze che le trasformazioni richiedono uno sforzo rilevante da parte dell'utente, il che rende ogni passo del processo difficile e suscettibile di errori. Descriviamo qui di seguito il modo in cui questi aspetti vengono affrontati dallo strumento.

Potter's Wheel mette a disposizione un piccolo insieme di trasformazioni, che include le trasformazioni più comuni fra quelle usate nel processo di miglioramento della qualità dei dati.

Alcune delle trasformazioni supportate sono:

1. **Format**, che applica una funzione ad ogni valore in una colonna. Un esempio di funzione format è illustrato in Figura 8.2, dove, nell'ultima colonna, ciascuna stringa <Cognome, Nome> viene trasformata in una stringa <Nome, Cognome>. Le funzioni format possono essere predefinite o definite dall'utente.
2. **Split** (si veda sempre la Figura 8.2) divide una colonna in due o più colonne e viene usato per suddividere un valore nelle sue parti.
3. **Merge** concatena i valori in due colonne per formare un'unica nuova colonna. In Figura 8.2 vediamo come due coppie di colonne <Nome, Cognome> vengono fuse in un'unica coppia.

Altre trasformazioni aiutano ad affrontare le eterogeneità schematiche. Per esempio, **Fold** "appiattisce" le tabelle convertendo una riga in righe multiple, fondendo un insieme di colonne con valori simili in una sola colonna. Per limitare l'intervento dell'utente, egli può specificare la trasformazione richiesta con esempi; lo strumento produce la funzione che coincide meglio con gli esempi forniti usando algoritmi basati sull'identificazione di espressioni regolari. Le trasformazioni possono essere applicate interattivamente, cosicché i loro effetti possano essere visualizzati immediatamente. Inoltre, Potter's Wheel consente all'utente di annullare trasformazioni scorrette. Per evitare le ambiguità, questa operazione viene eseguita in modo logico, rimuovendo le trasformazioni eliminate dalla sequenza e riapplicando le trasformazioni rimaste.

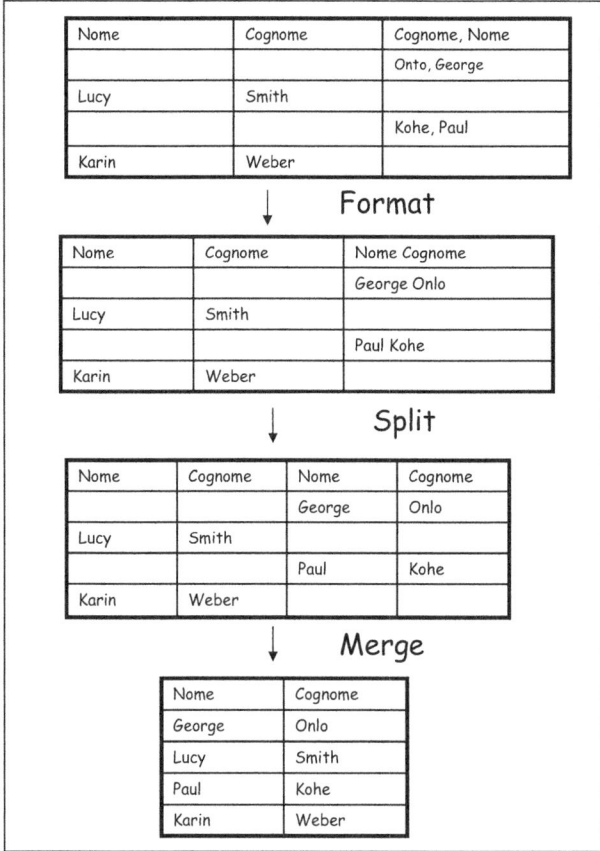

Figura 8.2. Esempio dell'uso di trasformazioni in Potter's Wheel

8.2.2 Telcordia

La Figura 8.3 mostra un esempio di specifica del processo di record linkage nello strumento Telcordia. Si possono eseguire tre operazioni di base: selezione della sorgente, standardizzazione (chiamata preprocess nello strumento), e record linkage (chiamato match). Analogamente alle attività descritte nel passo "Definizione del processo di miglioramento" di CDQM, la metodologia descritta nel Capitolo 7, lo strumento permette a un amministratore della qualità dei dati di specificare flussi di analisi di dati complessi in cui i risultati del match tra due sorgenti di dati vengono usati come input ad un nuovo processo di matching con una terza sorgente di dati.

La fase di *selezione della sorgente* permette la scelta delle sorgenti da confrontare, corrispondenti alle icone *file* e *base di dati* nella Figura 8.3. Questa fase presenta un'opzione per la scelta di un campione rappresentativo del-

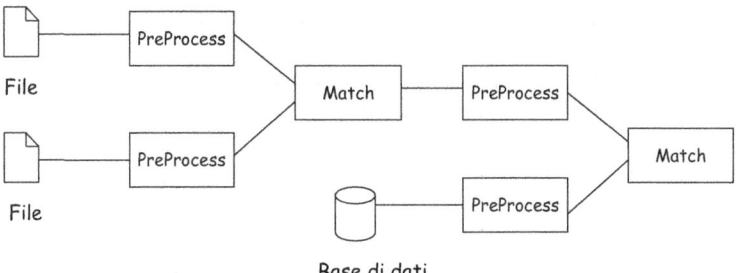

Figura 8.3. Specifica delle fasi nello strumento Telcordia

la base di dati di interesse, invece dell'intera base di dati, onde accelerare il processo globale.

La fase di *preprocessing* esegue un'attività di standardizzazione del tipo descritto nel Capitolo 5. Esempi specifici che interessano questo strumento comprendono l'eliminazione di caratteri speciali, la sostituzione di pseudonimi, e la rimozione dei trattini nelle date. Per particolari tipi di dati, come nomi e indirizzi, possono essere specificate regole di default; ciò allevia lo sforzo legato alla selezione delle regole in esecuzioni ripetute su insiemi di dati simili. Gli effetti dell'attività sono mostrati all'utente, che può ripetere l'attività stessa fin quando non sarà soddisfatto dell'effetto delle regole sui dati.

L'attività di *matching* permette all'utente di scegliere tra una varietà di funzioni di match. Alcune delle funzioni disponibili sono le seguenti:

- record che hanno un match esatto o approssimato in colonne specifiche;
- record che concordano su una colonna e non concordano su un'altra; e
- record che non costituiscono un match in base ad una misura di distanza, come ad esempio la edit distance.

Uno dei vantaggi dello strumento sta nella sua capacità di creare nuove funzioni di matching specifiche dell'applicazione che possono aiutare a definire le cause dei problemi di riconciliazione dei dati. Il processo si svolge come segue.

Assumendo che un certo numero di duplicati sia già stato scoperto dai responsabili della base di dati, si suppone che una frazione di tutte le coppie di record sia stata correttamente etichettata come coppia di duplicati. Questi record possono dunque essere usati come training set. La strategia è di determinare un insieme di regole di classificazione euristiche per le coppie di record. Si calcola, per diversi gruppi di attributi, la frequenza delle coppie di record la cui l'edit distance (o altra funzione di confronto) è compresa entro un dato intervallo. La procedura può impiegare un processo di classificazione gerarchico. Per esempio, si parte calcolando la frequenza (ed i corrispondenti insiemi) di coppie di record per le quali la edit distance sul cognome è compresa in un dato intervallo, per diversi intervalli. Quindi si computa la distribuzione dei membri di questi insiemi rispetto a proprietà addizionali. Possiamo determinare, per esempio, la frazione di coppie, fra quelle che presentano una leggera discrepanza sul cognome, per le quali il primo nome non concorda. La tassonomia di gruppi di coppie risultante può essere usata per inferire regole di classificazione, che vengono testate e messe a punto sul training set e, infine, applicate all'intero insieme. Si fa notare che le regole non vengono generate usando il training set, per cui vengono per lo più evitati potenziali problemi di overfitting.

8.2.3 Ajax

In questa sezione descriviamo le due caratteristiche principali di Ajax: (i) il linguaggio dichiarativo per esprimere le *trasformazioni* da effettuare sulle tabelle, e (ii) la separazione tra un *piano logico* e un *piano fisico* nel processo di miglioramento della qualità dei dati.

Ajax fornisce cinque *operatori di trasformazione*, la cui composizione consente di ottenere le principali trasformazioni di dati proposte in letteratura per l'attività di identificazione degli oggetti. I cinque operatori sono:

1. *Mapping.* Viene usato per dividere una tabella in più tabelle allo scopo di gestirle separatamente nel processo relativo alla qualità dei dati.
2. *View.* Corrisponde ad una interrogazione SQL, sul cui risultato si possono specificare in aggiunta vincoli di integrità. Essa può esprimere le stesse mappature molti-a-uno del linguaggio SQL, dove ciascuna tupla della relazione in uscita deriva da una qualche combinazione di tuple prese dalla relazione in entrata. A differenza di SQL, i vincoli di integrità possono generare eccezioni che corrispondono ad eventi specifici del processo di qualità dei dati (per esempio, si può specificare che un certo campo deve essere non nullo).
3. *Matching.* Calcola un join approssimato tra due relazioni, in cui invece dell'operatore di uguaglianza di SQL, si usa una funzione di distanza per decidere quali coppie di valori devono comparire nel risultato.
4. *Clustering.* Prende in ingresso una singola relazione e ne restituisce in uscita un'altra che raggruppa i record della relazione in entrata in un insieme di cluster. I cluster possono essere calcolati (i) sulla base del solito operatore SQL *group by* o (ii) mediante una funzione di distanza.
5. *Merging.* Partiziona una relazione in ingresso in base a vari attributi di raggruppamento, e riduce ciascuna partizione ad una tupla unica usando una funzione di aggregazione arbitraria. Possono essere espresse ed usate funzioni di aggregazione definite dall'utente.

Per implementare il più importante dei cinque operatori, quello di matching, è possibile usare un gran numero di algoritmi diversi, a seconda della funzione di distanza e della approssimazione adottata. Questi algoritmi adottano tecniche come quelle descritte nel Capitolo 5. Per gli altri quattro operatori vengono fornite diverse soluzioni.

224　8 Strumenti per la Qualità dei Dati

La separazione tra un piano logico ed un piano fisico corrisponde alla separazione tra una fase logica ed una fase fisica tipica della progettazione di artefatti per computer (come programmi, schemi di basi di dati, e interrogazioni). Abbiamo adottato una distinzione simile nella CDQM, descritta nel Capitolo 7, in cui abbiamo introdotto una sequenza di decisioni per (i) la scelta di attività da effettuare, (ii) le tecniche da adottare, e (iii) le sequenze di passi da seguire nel processo.

La dimensione di qualità dei dati cui Ajax è principalmente rivolto è l'*accuratezza*. La prima fase del miglioramento della qualità dei dati, chiamata *piano logico*, riguarda la progettazione del grafo delle trasformazioni dei dati che devono essere applicate ai dati sporchi presenti in ingresso. Queste trasformazioni possono essere progettate durante questa fase senza doversi preoccupare delle tecniche specifiche da adottare. L'attenzione è invece concentrata sul definire *euristiche della qualità* in grado di raggiungere la migliore accuratezza dei risultati. La seconda fase, il piano fisico, riguarda la progettazione delle *euristiche delle prestazioni*, in grado di migliorare l'esecuzione delle trasformazioni dei dati senza influire sull'accuratezza.

Spieghiamo questo processo in due fasi ricorrendo ad un esempio che si ispira ad uno discusso in [82] (si veda Figura 8.4).

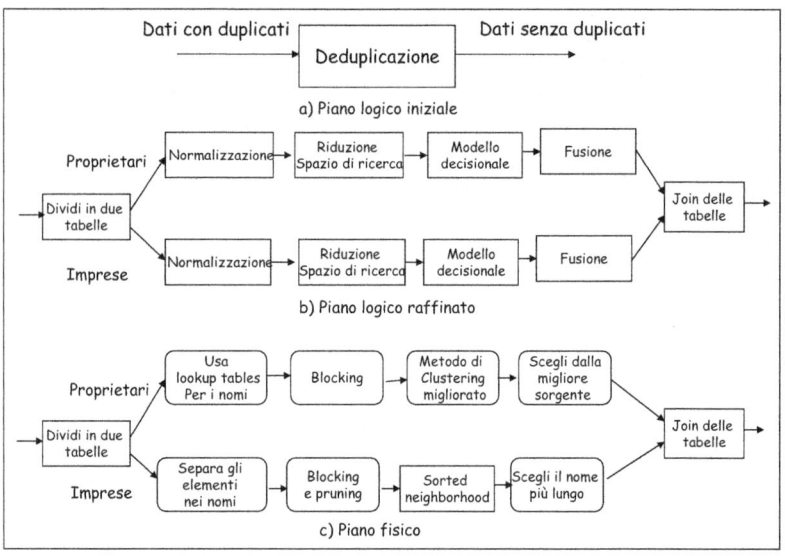

Figura 8.4. Esempio di piano logico e di piano fisico in Ajax

Supponiamo di voler eseguire un'attività di deduplicazione (si veda Figura 8.4a) per una tabella che rappresenta Imprese, con gli attributi IdImpresa, Nome e TipoAttività, e Proprietari di imprese, con gli attributi CodFis, Nome, Cognome, DataNascita. A causa della diversa natura dei due tipi di dato, inizialmente (Figura 8.4b) la tabella può essere suddivisa in due tabelle che rappresentano `Proprietari` e `Imprese`. A questo punto, si possono eseguire le tipiche attività di identificazione degli oggetti secondo quando descritto nel Capitolo 5.

Considerando il piano fisico (Figura 8.4c), per ciascuno dei due flussi e per ciascuna attività, si può scegliere la tecnica più efficiente; per l'attività di normalizzazione, possiamo eseguire per l'attributo `Nome` di `Proprietari` un confronto con una tabella di riferimento; per `Imprese`, in cui i valori `Nome` sono meno uniformi, possiamo semplicemente separare gli elementi con significati specifici (ad es., SpA) in campi differenti. Altro esempio: per il passo decisionale possiamo scegliere per `Proprietari` un algoritmo che personalizza e migliora un metodo di clustering. Per `Imprese`, possiamo scegliere una tecnica di sorted neighborhood, con grandezza della finestra ottimizzata rispetto alla distribuzione dei nomi delle ditte.

8.2.4 Arktos

I principali contributi di Arktos, lo strumento presentato in [194], sono un modello uniforme che abbraccia tutti gli aspetti di un processo di Extraction, Transformation and Load (ETL) di un data warehouse, e una piattaforma in grado di supportare scenari ETL pratici, con attenzione particolare agli aspetti di complessità, usabilità e manutenibilità. I compiti di maggiore importanza fra quelli svolti nel processo ETL comprendono:

- identificazione di sorgenti informative rilevanti;
- estrazione dell'informazione;
- adattamento ed integrazione dell'informazione proveniente dalle sorgenti in un formato comune;
- pulizia delle tabelle risultanti sulla base di business rule; e
- propagazione dei dati al data warehouse.

I progettisti di Arktos sostengono che gli strumenti commercializzati sono affetti da problemi di complessità, usabilità e costo. Per superare tali inconvenienti, essi basano l'architettura di Arktos su un metamodello uniforme per i processi ETL, che copre gli aspetti principali dell'architettura del data warehouse, della modellazione delle attività e della gestione della qualità. Arktos include un repository per i metadati fondato su una serie di assunzioni di base:

1. Distinzione chiara tra differenti livelli di istanziazione. Pertanto, esistono (i) un *livello del metamodello generico*, che ha a che fare in modo astratto con entità applicabili a qualsiasi data warehouse; (ii) un *livello dei metadati* che riguarda gli schemi di un data warehouse specifico in esame; e (iii) un *livello delle istanze* che rappresenta il mondo reale (come istanza degli strati precedenti).
2. Distinzione chiara tra prospettive, che si basa su una separazione tra (i) la *prospettiva concettuale*, che rappresenta il mondo con un modello vicino

a quello dell'utente finale; (ii) la *prospettiva fisica*, che copre l'ambiente del data warehouse in termini di componenti computazionali; e (iii) la *prospettiva logica*, che agisce da intermediaria tra gli strati concettuale e fisico, sebbene in maniera indipendente dai dettagli di implementazione.

In Figura 8.5 vediamo le entità più importanti fra quelle presenti nel metamodello di Arktos. Le entità generiche rappresentano i tre differenti modelli, e cioè il modello del processo, il modello architetturale e il modello di qualità.

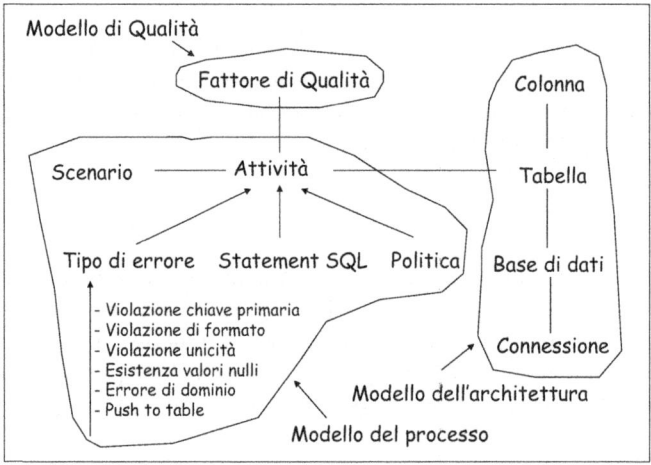

Figura 8.5. Il metamodello di Arktos

Il *modello del processo* descrive tutti i differenti flussi di attività che i progettisti del data warehouse decidono di eseguire per implementare il processo ETL. Un'*attività* è un'unità atomica di lavoro nella catena di elaborazione dei dati. Le attività riguardano le componenti del modello architetturale che corrispondono alle tabelle in entrata e in uscita di una o più basi di dati. Una *dichiarazione SQL* fornisce una descrizione dichiarativa del lavoro svolto da ciascuna attività. Uno *scenario* è un insieme di attività che vanno eseguite assieme. Poiché i dati possono essere affetti da problemi di qualità, una gran parte delle attività di uno scenario è dedicata all'eliminazione di questi problemi, per esempio la violazione di vincoli.

Ciascuna attività è caratterizzata da un tipo di errore e da una politica. Il *tipo di errore* identifica la specie di problema di cui si occupa l'attività. La *politica* indica come vanno trattati i dati di qualità scadente. Per ciascuna attività possono essere definiti numerosi *fattori di qualità*, che corrispondono alle dimensioni ed alle metriche descritte nel Capitolo 2.

Infine, la Figura 8.5 elenca possibili tipi di errore. Essi danno luogo ai consueti controlli di pulizia di cui si occupa il processo di data warehouse nel caso delle tabelle relazionali. Tali tipi di errore possono essere personalizzati dall'utente, in forma grafica o dichiarativa, per una maggiore usabilità.

8.2.5 Choice Maker

Choice Maker [34] è basato su regole, dette *clue*. Le clue sono proprietà dei dati, dipendenti dal dominio o meno. Esse vengono usate in due fasi: offline, lo strumento determina tramite un insieme di esempi l'importanza relativa delle varie clue, cercando si di produrre per quanti più esempi possibile una decisione consistente con l'etichettatura aggiunta manualmente agli esempi. Ciò porta all'assegnazione di pesi alle clue. A tempo di esecuzione, il modello addestrato viene applicato alle clue per calcolare una probabilità di matching, che viene confrontata con una data soglia. In Choice Maker possono essere definiti numerosi tipi di clue, tra cui:

1. *inversioni di gruppi di campi*, ad es. inversioni di nomi e cognomi, come Ann Sidney con Sidney Ann;
2. *clue multiple*, cioè gruppi di clue che differiscono solo per un parametro. Per esempio, si potrebbero voler creare delle clue che entrano in gioco se i nomi in record che rappresentano individui combaciano e appartengono ad una di cinque categorie di frequenza di nomi, con la categoria 1 che contiene i nomi più comuni (come "Jim" e "Mike" negli Stati Uniti) e la categoria 5 che contiene nomi molto rari;
3. *dati a catasta* descrivono dati che memorizzano valori multipli per certi campi. Per es., si possono memorizzare in una relazione sia gli indirizzi aggiornati che i vecchi indirizzi, in modo tale che una persona possa essere localizzata quando la si cerca a un vecchio indirizzo;
4. *clue complesse*, che catturano un più vasto insieme di proprietà del dominio di applicazione.

Le clue complesse sono tipi originali in Choice Maker. Sono dipendenti dal dominio. Come esempio di clue complessa, si supponga di avere una base di dati di cittadini statunitensi, una piccola porzione della quale è rappresentata in Figura 8.6, e di volerne eliminare i duplicati. Potremmo usare una procedura di decisione basata sugli attributi Nome, Cognome, e Stato. In questo caso, probabilmente decideremo che le coppie di tuple <1,4>, <5,8> non costituiscono un match, dato che i valori degli attributi Nome e Cognome sono distanti, probabilmente a causa di errori di digitazione. Supponiamo che i cittadini anziani ricchi abitino in genere per un certo periodo dell'anno (diciamo d'estate) negli Stati settentrionali e per un altro periodo (d'inverno) negli Stati meridionali. Questa clue può essere espresso in Choice Maker come regola complessa e porta a identificare coppie di tuple che in precedenza non costituivano un match: <1,4>, <5,8>.

La procedura decisionale può essere modificata in casi speciali. Per esempio, se ci fidiamo di un identificatore, come il numero della previdenza sociale,

Record #	Nome	Cognome	Stato	Area	Età	Salario
1	Ann	Albright	Arizona	SO	65	70.000
2	Ann	Allbrit	Florida	SE	25	15.000
3	Ann	Alson	Louisiana	SE	72	70.000
4	Annie	Olbrght	Washington	NO	65	70.000
5	Georg	Allison	Vermont	NE	71	66.000
6	Annie	Albight	Vermont	NE	25	15.000
7	Annie	Allson	Florida	SE	72	70.000
8	George	Alson	Florida	SE	71	66.000

Figura 8.6. Una piccola porzione del registro dei cittadini statunitensi

potremmo usare una regola che forzi una decisione di non-match se due record hanno differenti valori di tale identificatore.

Per esprimere le clue è stato definito un nuovo linguaggio, chiamato Clue Maker. Le motivazioni dietro questa scelta sono varie:

- produttività, perché l'insieme di clue espresso in Clue Maker, è più breve dello stesso insieme di clue espresso in un linguaggio di programmazione come Java;
- usabilità, perché le clue sono più facilmente comprensibili dai clienti;
- correttezza, dato che il linguaggio contiene molti costrutti dedicati al record matching, è meno suscettibile d'errore di codice scritto in Java;
- efficienza, perché il linguaggio permette ottimizzazioni del codice che non possono essere applicate a programmi in linguaggio Java a causa di side-effect.

Choice Maker è stato usato in numerosi progetti ed i risultati sono stati riportati in termini di sforzo. Per esempio, un insieme di clue con 200 clue per uno schema complesso consistente di 60 attributi in dieci relazioni richiede da due a tre settimane/uomo, che costituisce una quantità di tempo relativamente breve.

8.3 Framework per Sistemi Informativi Cooperativi

Ricordiamo la definizione di sistema informativo cooperativo data nel Capitolo 1. Un *sistema informativo cooperativo* (CIS) è un sistema informativo su vasta scala che interconnette i sistemi di organizzazioni diverse, autonome e distribuite geograficamente che tuttavia condividono obiettivi comuni. Tra le varie risorse condivise, i dati sono fondamentali; nelle situazioni concrete del mondo reale, un'organizzazione A non può richiedere dati ad un'organizzazione B se "non si fida" dei dati di B, cioè, se A non sa se la qualità dei dati che B può fornire è alta. Per esempio, in uno scenario di e-Government, nel quale gli enti della pubblica amministrazione collaborano per soddisfare le richieste di servizi di cittadini ed imprese [21], gli enti preferiscono di solito

8.3 Framework per Sistemi Informativi Cooperativi

interpellare i cittadini per ottenere i loro dati personali piuttosto che richiederli ad altri enti che sono in possesso degli stessi dati; ciò perché la qualità di tali dati non è nota. Pertanto, l'assenza di una certificazione della qualità può portare ad una mancanza di collaborazione. L'assenza di certificazione della qualità può anche determinare un degrado della qualità dei dati all'interno delle organizzazioni.

D'altra parte, i CIS sono caratterizzati da un'alta replicazione dei dati, nel senso che organizzazioni diverse mantengono copie differenti degli stessi dati. Nell'ottica della qualità dei dati, questa è una grande opportunità: è possibile eseguire interventi di miglioramento sulla base di confronti fra diverse copie, volti a selezionare la copia più appropriata o a riconciliare quelle disponibili per produrre una nuova versione migliorata da inviare a tutte le organizzazioni interessate.

In questa sezione, prendiamo in esame due framework che allo stesso tempo affrontano i problemi del supporto della cooperazione e del miglioramento della qualità nei CIS. I due framework sono illustrati nella Figura 8.7. Per quanto riguarda le attività considerate, DaQuinCIS [175] copre una vasta serie di problemi nei settori della valutazione, dell'identificazione degli oggetti, dell'integrazione dei dati, ed altri. L'obiettivo principale di Fusionplex [135] è di fornire servizi di elaborazione delle interrogazioni basati sulla qualità che incorporano la risoluzione dei conflitti a livello di istanza. Nel resto della sezione discuteremo i due framework separatamente. Altri framework recenti per l'elaborazione delle informazioni basate sulla qualità e per la risoluzione dei conflitti a livello di istanza che meritano di essere menzionati sono iFuice [165] e HumMer [27].

Nome del Framework	Riferimento principale	Attività	Elementi funzionali
DaQuinCIS	[Scannapieco 2004]	Valutazione Correzione dei dati Identificazione degli oggetti Affidabilità delle sorgenti Integrazione dati: - Elaborazione interrogazioni guidata dalla qualità - Risoluzione dei conflitti a livello di istanza	Data Quality Broker Quality Notification Quality factory Rating Service
Fusionplex	[Motro 2004]	Integrazione dati: - Elaborazione interrogazioni guidata dalla qualità - Risoluzione dei conflitti a livello di istanza	Query Parser and Translator View Retriever Fragment Factory Inconsistencies detection e resolution Query Processor

Figura 8.7. Confronto tra framework

8.3.1 Framework DaQuinCIS

Per concepire un framework per la gestione della QD in un CIS, occorre elaborare la definizione di CIS data nella sezione precedente: un *sistema informativo cooperativo* è costituito da un gruppo di organizzazioni { Org_1, ..., Org_n } le quali collaborano tramite una infrastruttura software di comunicazione, che fornisce loro servizi software e una connettività affidabile. Ciascuna organizzazione Org_i è collegata all'infrastruttura tramite un gateway G_i, su cui sono dislocati i servizi offerti da Org_i alle altre organizzazioni.

Questa nuova definizione è alla base dell'*architettura DaQuinCIS* (si veda Figura 8.8). Le due componenti principali dell'architettura sono un modello che consente alle organizzazioni di scambiare dati e dati sulla qualità, ed un insieme di servizi che realizzano funzioni per la qualità dei dati. Il modello per la qualità dei dati proposto è il *modello data and data quality (D^2Q)*, descritto nel Capitolo 3.

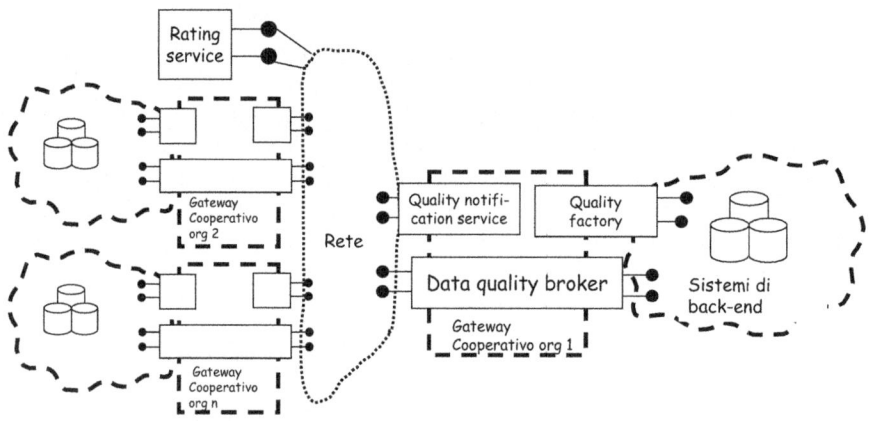

Figura 8.8. L'architettura DaQuinCIS

Nel seguito ci concentriamo sui servizi forniti dall'architettura. Il nucleo centrale dell'architettura è il *data quality broker*. Esso, a fronte di una richiesta da parte di un'organizzazione, invia a tutte le altre un'interrogazione che contiene anche la specifica di un'insieme di requisiti di qualità sui dati richiesti (*funzione di quality brokering*). Le diverse copie di un dato restituite in risposta alle richieste vengono riconciliate, e viene selezionato il valore di migliore qualità, che viene poi proposto alle organizzazioni. Le organizzazioni possono scegliere di sostituire i propri dati con quelli di qualità superiore (*funzione di miglioramento della qualità*). In sostanza, il data quality broker è un sistema di integrazione dei dati [116] che formula interrogazioni con requisiti di qualità su uno schema globale e seleziona i dati che soddisfano tali requisiti. Il processo di risposta alle interrogazioni guidato dalla qualità eseguito dal data quality broker è descritto nel Capitolo 6, Sezione 6.3.2.

8.3 Framework per Sistemi Informativi Cooperativi

Il *quality notification service* è un motore publish&subscribe usato come canale di messaggi tra le componenti architetturali delle diverse organizzazioni cooperanti [174]. Esso consente di effettuare sottoscrizioni basate sulla qualità, tramite le quali le organizzazioni possono ricevere la notifica di cambiamenti nella qualità dei dati. Per esempio, un'organizzazione può voler ricevere una notifica se la qualità dei dati da essa usati scende al di sotto di una certa soglia accettabile, oppure quando sono disponibili dati di alta qualità.

La *quality factory* è responsabile della valutazione dei dati interni di ciascuna organizzazione [42]. I suoi moduli funzionali sono illustrati in Figura 8.9. La quality factory opera nel modo seguente. Le richieste provenienti da utenti esterni (o dal sistema informativo dell'organizzazione), vengono elaborate dal *quality analyzer*, che esegue un'analisi statica dei valori delle dimensioni di qualità dei dati associate ai dati richiesti e li confronta con i parametri di qualità di riferimento contenuti nel *quality repository*.

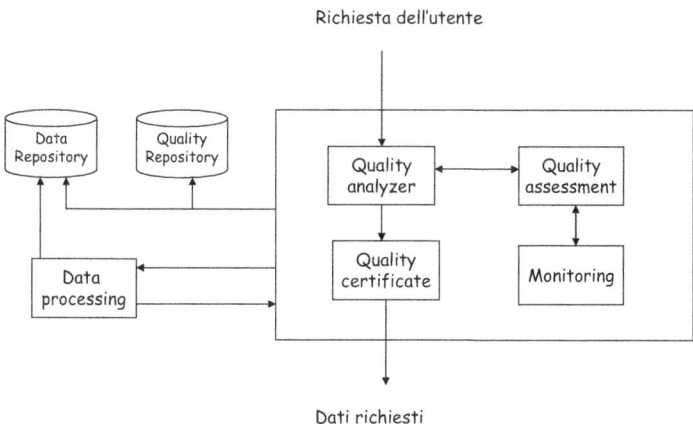

Figura 8.9. La quality factory

Se i valori dei dati non soddisfano i requisiti di qualità, essi devono essere inviati al modulo di *quality assessment*. Ciò migliora il livello di qualità dei dati, il che consente di soddisfare completamente o parzialmente i requisiti di qualità. Se i nuovi valori di qualità sono soddisfacenti, ai dati viene associato un certificato di qualità ed essi vengono poi inviati al modulo di *data processing*. Questo modulo coopera con altre applicazioni software, cui è delegato il compito di dare all'utente la risposta finale. Viene incluso anche un modulo di *monitoring* il cui compito è di monitorare la qualità dei dati; esso esegue le operazioni di monitoraggio sul data repository.

Il *rating service* associa valori di trust a ciascuna sorgente di dati nel CIS. Essi vengono usati per stabilire l'affidabilità delle stime di qualità fatte dalle organizzazioni, che corrisponde alla loro *trustworthiness*. Il rating service è un servizio centralizzato svolto da terze parti. L'attendibilità di una sor-

232   8 Strumenti per la Qualità dei Dati

gente viene calcolata con riferimento ad uno specifico tipo di dati; pertanto, in un sistema cooperativo costituito da enti della pubblica amministrazione, un ente può essere più affidabile per quanto riguarda gli indirizzi e meno per quanto riguarda i nominativi dei cittadini. Il criterio di attendibilità viene calcolato come una funzione di diversi parametri (si veda [59]), ivi incluso il numero di *reclami* provenienti da altre organizzazioni ed il numero di richieste fatte a ciascuna unità sorgente. Può accadere che un'organizzazione invii un gran numero di reclami per gettare discredito su un'altra organizzazione che gestisce lo stesso tipo di dati. Per evitare tale comportamento scorretto, nella definizione del criterio di attendibilità viene introdotto un fattore di aggiustamento.

8.3.2 Framework FusionPlex

Le procedure per l'elaborazione delle interrogazioni guidata dalla qualità e la risoluzione dei conflitti a livello di istanza messe a disposizione da FusionPlex sono state descritte dettagliatamente nel Capitolo 6, Sezione 6.3.3. Qui ci soffermiamo sulla sua architettura e sulle sue funzionalità, illustrate in Figura 8.10.

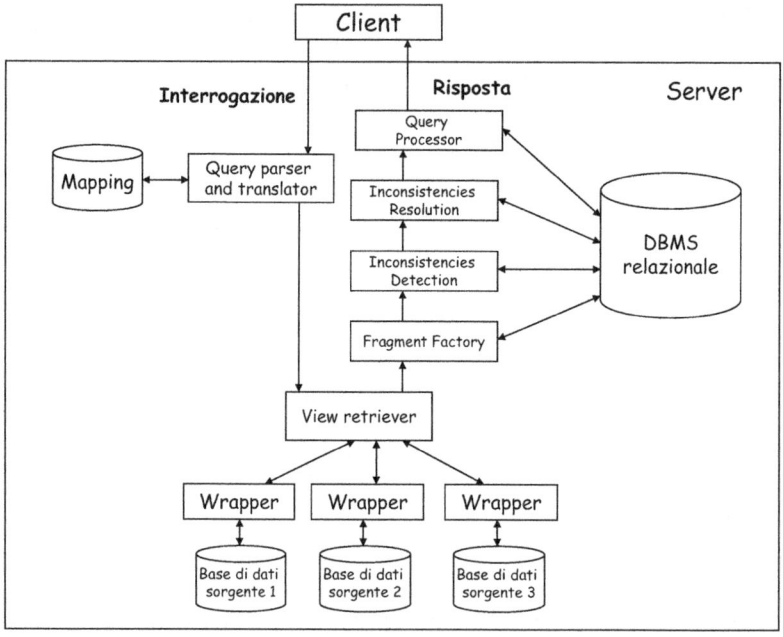

Figura 8.10. L'architettura di Fusionplex

FusionPlex adotta un'architettura client-server. Il server contiene le funzionalità che eseguono la procedura descritta nel Capitolo 6:

1. il *query parser and translator* analizza l'interrogazione dell'utente e determina quali contributi delle sorgenti sono rilevanti per l'interrogazione;
2. il *view retriever* recupera le viste dal mapping degli schemi;
3. la *fragment factory* costruisce i *frammenti dell'interrogazione*;
4. l'*inconsistencies detection module* assembla una poli-istanza della risposta;
5. l'*inconsistencies resolution module* risolve i conflitti di dati in ciascuna poli-tupla secondo opportune procedure di risoluzione;
6. il *query processor* effettua l'unione di tutte le tuple risolte, applica le aggregazioni restanti e l'ordinamento specificato nell'interrogazione e ne restituisce il risultato.

L'analizzatore delle interrogazioni usa l'informazione sulla base di dati virtuale da interrogare, in termini di schema globale, schemi della sorgente e mappatura tra di essi. E' possibile specificare in aggiunta altre caratteristiche delle sorgenti, che rappresentano un certo numero di parametri di performance delle singole sorgenti. Tale informazione viene memorizzata all'avvio nella base di dati dei *mapping*, e successivamente può essere modificata usando una funzionalità di gestione. Infine, il *DBMS relazionale* viene usato per creare e manipolare le tabelle temporanee.

FusionPlex fornisce all'utente anche un controllo potente e flessibile dell'elaborazione delle interrogazioni guidata dalla qualità e dei processi di risoluzione dei conflitti. Un certo utente potrebbe attribuire maggiore importanza al fatto di avere informazione aggiornata, corrispondente alla caratteristica *timestamp*; per un altro utente il fattore più importante potrebbe essere il *costo*. Il sistema gestisce dei profili utente, che specificano le preferenze dell'utente riguardo alle varie caratteristiche.

8.4 Toolbox per il Confronto degli Strumenti

I toolbox proposti per il confronto degli strumenti sono rivolti al problema dell'identificazione degli oggetti. [145] adotta un approccio teorico, mentre [65] descrive uno strumento pratico basato su esperimenti, chiamato Tailor. I due toolbox sono descritti nelle sottosezioni seguenti.

8.4.1 Approccio Teorico

Neiling et al. [145] presentano un framework teorico per il confronto delle tecniche. Due sono gli aspetti trattati: la complessità dei problemi di identificazione degli oggetti e la qualità delle tecniche di identificazione degli oggetti.

Per quanto riguarda il primo aspetto, viene introdotto un indicatore di riferimento chiamato *hardness*. Esso definisce la difficoltà di un problema di identificazione degli oggetti; per esempio, è intuitivo che è più complesso eseguire il record linkage su due file aventi un basso livello di accuratezza che

234   8 Strumenti per la Qualità dei Dati

su due file corretti. Come abbiamo detto nel Capitolo 5, le diverse tecniche adottano modelli decisionali molto specifici, caratterizzati in termini di input, output e obiettivi. Perciò, ciascuna tecnica può essere più adeguata ad una certa classe di problemi e meno adeguata ad un'altra. L'*hardness* misura l'adeguatezza di una tecnica ad una classe di problemi specifica. L'hardness dipende da svariati fattori, quali (i) un insieme di vincoli semantici validi nel dominio di interesse, (ii) il numero di coppie da identificare e (iii) la selettività dell'insieme di attributi che contiene informazione per l'identificazione usata nel problema di identificazione degli oggetti.

Il secondo argomento trattato in [145] riguarda un framework sperimentale per il confronto di tecniche. Il framework consiste di una base di dati di test, delle sue caratteristiche (ad es., l'esistenza di chiavi semantiche), di numerosi criteri di qualità per la valutazione della qualità di una soluzione e della specifica di un test. I *criteri di qualità*, ispirati ai benchmark per le basi di dati, (si veda [85]), sono di due tipi, rispettivamente *criteri quantitativi* e *criteri qualitativi*. I criteri quantitativi sono:

1. *correttezza*, la stima degli errori di classificazione nelle esecuzioni del test;
2. *scalabilità* rispetto alla taglia dell'input;
3. *performance* in termini di impiego di risorse computazionali;
4. *costo*, cioè le spese per la messa in opera, ad esempio per l'hardware e per le licenze del software.

Il più importante tra i criteri suddetti è la correttezza che viene misurata in base alle percentuali di falsi negativi e di falsi positivi, come si è detto nel Capitolo 5, Sezione 5.9.1.

I criteri qualitativi comprendono *usabilità, integrabilità, affidabilità, completezza, robustezza, trasparenza, adattabilità* e *flessibilità*. Diamo la definizione di tre di essi: l'*usabilità* viene definita come la necessità di ricorrere ad esperti specializzati e la possibilità di effettuare aggiornamenti automatici o incrementali; l'*integrabilità* viene considerata in base alle funzionalità dell'architettura software, come interfacce, modalità di scambio di dati/oggetti, controllo a distanza; la *trasparenza* riguarda la comprensibilità e la non-proprietariness[2] di algoritmi e risultati. Per le definizioni degli altri criteri si rimanda a [145].

L'insieme di qualità elencate sopra fornisce criteri generali per il confronto delle tecniche di identificazione degli oggetti, in modo analogo a quanto avviene nei benchmark disponibili per i sistemi di gestione di basi di dati.

8.4.2 Tailor

Tailor [65] è un toolbox per il confronto sperimentale di tecniche e strumenti per l'identificazione degli oggetti. Il corrispondente processo di benchmar-

---

[2] **NdT**: Assenza di restrizioni sull'uso, la copia e la modifica del software. Tali restrizioni possono essere attuate tramite vincoli legali e/o tecnologici, in particolare la distribuzione del software in solo formato binario, senza consentire l'accesso al codice sorgente.

king può essere costruito armonizzando alcuni parametri ed incorporando strumenti sviluppati internamente o disponibili sul mercato.

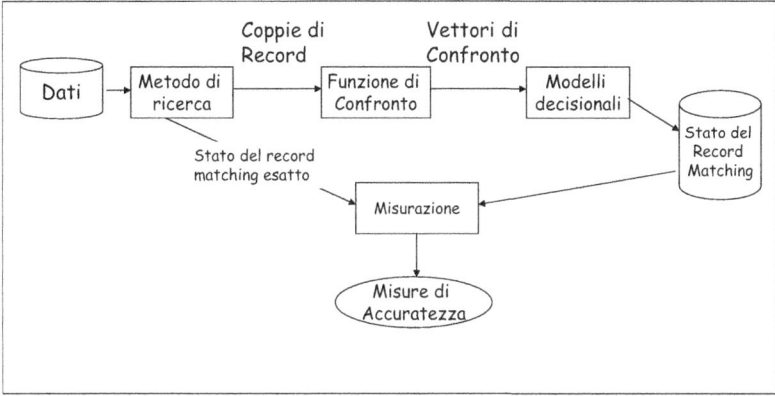

Figura 8.11. Architettura di Tailor

Tailor ha quattro principali funzionalità (si veda Figura 8.11), dette *strati* in [65], che corrispondono a (i) i tre principali passi di record linkage discussi nel Capitolo 5, cioè, il *metodo di ricerca*, la *funzione di confronto*, il *modello decisionale*, e (ii) la *misurazione*. La Figura 8.11 mostra il flusso informativo tra le quattro funzionalità e come opera il processo di record linkage. Tale flusso è in accordo con la procedura generale discussa nel Capitolo 5. Nella fase finale viene eseguito un passo di misurazione per valutare la performance del modello decisionale.

Passo di Record linkage	Tecniche, modelli e metriche implementate in Taylor

Metodo di Ricerca	Blocking
	    Sorting
	    Hashing
	Sorted Neighborhood

Funzione di Confronto	distanza di Hamming Edit distance Algoritmo di Jaro n-grams Codici Soundex

Modello di decisione	modelli probabilistici
	    Famiglia Fellegy & Sunter
	    Basati sul costo
	Modello basato sul clustering
	Modello ibrido

Figura 8.12. Elenco delle tecniche implementate con Tailor

La Figura 8.12 mostra un elenco completo delle varie tecniche, dei modelli e delle metriche implementate in ciascuno dei tre passi del record linkage. Tutti i metodi di ricerca e le funzioni di confronto citati nella figura sono stati introdotti e discussi nel Capitolo 5. Per quanto riguarda i modelli decisionali, il lettore può consultare [65] per il modello basato su clustering e il modello ibrido.

8.5 Sommario

Strumenti e framework sono indispensabili per rendere efficaci le tecniche e le metodologie. L'analisi comparativa degli strumenti in commercio esula dagli scopi di questo libro. In questo capitolo abbiamo discusso un gruppo specifico di strumenti e framework che implementano direttamente risultati di ricerca. Questi strumenti coprono varie funzionalità riguardanti le attività per la qualità dei dati, mentre gli strumenti disponibili sul mercato sono maggiormente rivolti a problemi specifici.

Nel settore della qualità dei dati, come in molti altri settori, esiste un divario temporale tra i risultati della ricerca e la loro implementazione in strumenti. Inoltre, i gruppi di ricerca tendono allo sviluppo di prototipi caratterizzati da compatibilità incerta e scarsa documentazione, a causa degli investimenti elevati necessari per l'ingegnerizzazione e la vendita dei prodotti. Un ricercatore che voglia usare gli strumenti nella propria attività di ricerca ha tre scelte: (i) usare strumenti commerciali, cercando di ottenere licenze software per usi accademici, (ii) usare strumenti di pubblico dominio, potenziandoli con nuove funzionalità o (iii) sviluppare i propri strumenti. La terza scelta deve essere incoraggiata ogni qualvolta viene concepita una nuova tecnica per sperimentare e confrontare i risultati. Un confronto teorico o anche qualitativo, specie nel campo della qualità dei dati, è raramente possibile, anche quando vengono adottati paradigmi simili; solo la ricchezza dei risultati sperimentali può fornire le prove della superiorità di uno strumento rispetto ad un altro. Un altro problema di non semplice soluzione è la produzione di strumenti integrati altamente specializzati, come evoluzione degli strumenti attuali.

Per quanto riguarda i framework, il processo di sviluppo è ancora in fase iniziale malgrado la necessità di molte funzionalità di QD nei sistemi informativi distribuiti e cooperativi. Infine, osserviamo che lo strumento in sé non costituisce la soluzione. Nello spirito di questo libro, questo vuol dire che il processo di misurazione e miglioramento della qualità dei dati deve essere pianificato con cura, usando le metodologie descritte nel Capitolo 7, e la scelta degli strumenti va affrontata solo quando i rapporti tra organizzazioni, processi, basi di dati, flussi di dati, sorgenti esterne, dimensioni e attività da svolgere sono stati pienamente compresi.

9
Problemi Aperti

Nei capitoli precedenti abbiamo esaminato tutte le problematiche di rilievo riguardanti la qualità dei dati: dalle dimensioni ai modelli, dalle attività alle tecniche, dalle metodologie agli strumenti e ai framework. Tra le tecniche, ci siamo soffermati principalmente sull'identificazione degli oggetti e sull'integrazione dei dati. Abbiamo anche sottolineato spesso la scarsa maturità dei risultati e delle soluzioni offerte dalla letteratura e implementate negli strumenti. In questo capitolo finale, discutiamo le problematiche ancora aperte, con riferimento agli argomenti più esplorati e problematici tra quelli elencati sopra. Nella Sezione 9.1 ci occupiamo delle dimensioni e delle metriche; nella Sezione 9.2 ritorniamo sui problemi riguardanti l'identificazione degli oggetti. La Sezione 9.3 è dedicata all'integrazione dei dati nell'elaborazione delle interrogazioni, sia trust-aware che guidata dai costi. Infine, la Sezione 9.4 è dedicata alle estensioni proposte di recente per le metodologie. In tutte le sezioni accenniamo prima alle innovazioni recenti, per passare poi ad un'analisi dei più importanti problemi ancora aperti.

9.1 Dimensioni e Metriche

Nel Capitolo 2, abbiamo discusso alcune dimensioni e metriche inerenti la qualità dei dati e ne abbiamo mostrato il significato e l'uso servendoci di esempi. Tuttavia, il problema di definire un insieme di riferimento per le dimensioni di qualità dei dati non è ancora risolto. In questo senso, vi sono diversi aspetti da considerare:

- Valutazione soggettiva oppure oggettiva. E' indubbio che una base di dati può essere di *qualità elevata* per una data applicazione, ma di *qualità scadente* per un'applicazione diversa. Di qui, la definizione comune di qualità dei dati come "idoneità all'uso". Tuttavia, tale considerazione porta spesso all'assunzione erronea che non sia possibile valutare obiettivamente la qualità dei dati. Noi riteniamo che, per la maggior parte delle dimensioni

238   9 Problemi Aperti

di qualità dei dati (compresi, come minimo, l'accuratezza, la completezza e la consistenza), sia sensato stabilire misure obiettive in base alle quali la qualità percepita possa essere valutata in relazione ai requisiti di una data applicazione utente.
- Dipendenza dal dominio. Per la maggior parte dei domini applicativi, una descrizione accurata della qualità dei dati dovrebbe tener conto delle peculiarità dello specifico dominio. Per esempio, un insieme di metriche per valutare l'accuratezza sintattica deve tener conto dei dizionari di dominio eventualmente disponibili, delle strutture specifiche del dominio (ad es., accuratezza di una sequenza di DNA), ecc. Questa intuizione giustifica la proposta di elaborare standard specifici del dominio per le dimensioni e le metriche della qualità dei dati (si veda Sezione 2.6). Tuttavia, in parecchi campi, la comunità scientifica ha iniziato solo in tempi recenti a caratterizzare la qualità dei dati del dominio (si veda per es., [126] per il dominio biologico).

Di conseguenza, i seguenti temi di ricerca richiedono ulteriore indagine. Innanzitutto, sarebbe necessario definire un insieme esauriente di metriche che consentano una valutazione oggettiva della qualità di una base di dati. Le metriche dovrebbero essere correlate a un certo modello di dati o formato (ad es., relazionale, XML, o fogli elettronici), a una data dimensione (tipicamente, una sola), e a differenti livelli di granularità dei dati. In secondo luogo, mancano ancora metodi di misurazione appropriati. Questi metodi dovrebbero consentire una definizione chiara delle sorgenti da misurare, ad es. mediante procedure di campionamento, degli strumenti di misurazione, nonché della precisione e degli errori di misurazione. Terzo, è necessario caratterizzare la qualità dei dati nel contesto dei servizi informativi. Ad esempio, tale caratterizzazione è un'estensione necessaria dei linguaggi che permettono di specificare la qualità del servizio (QoS - Quality of Service) di servizi semantici (ad es., [219]) e delle definizioni dei contratti sul livello del servizio (ad es., [158]). Quarto, come abbiamo già messo in evidenza nel Capitolo 2, le dimensioni di qualità dei dati non sono ortogonali, anzi, spesso è necessario gestire dei trade-off tra di esse. I trade-off possibili tra le dimensioni di qualità dei dati meritano di essere ulteriormente studiati.

9.2 Identificazione degli oggetti

Come abbiamo descritto nel Capitolo 5, le tecniche classiche di record linkage dovrebbero essere integrate con tecniche per il matching di strutture di dati più complesse. Ricordiamo che in questo libro è stata usata l'espressione *identificazione degli oggetti* per sottolineare il cambio di prospettiva da record a oggetti, che possono consistere di porzioni di documento XML o elementi di informazione strutturata, eventualmente memorizzati in formati diversi, come nel problema del *personal information management* (PIM). Nel

Capitolo 5 abbiamo descritto il problema dell'identificazione degli oggetti per i documenti XML; in questo capitolo, nella Sezione 9.2.1 soffermiamo l'attenzione sulle principali sfide che la ricerca deve affrontare nella definizione dell'identificazione degli oggetti XML, senza ulteriori dettagli sulla specifica del problema. Nella Sezione 9.2.2 descriviamo il problema dell'identificazione degli oggetti nel contesto PIM e gli argomenti di ricerca correlati. Infine, nella Sezione 9.2.3 descriviamo i rapporti tra record linkage[1] e riservatezza, che stanno assumendo crescente importanza nei sistemi informativi collegati in rete.

9.2.1 Identificazione degli Oggetti XML

Effettuare l'identificazione degli oggetti sui dati XML presenta due importanti peculiarità rispetto alle tecniche tradizionali di record linkage, e cioè:

- Identificazione degli oggetti da confrontare. Nel caso relazionale, gli oggetti coincidono con le tuple di una tabella relazionale. Al contrario, nel caso XML, è necessario identificare gli elementi XML da confrontare. Un aspetto da considerare è la delimitazione dei confini di tali elementi nel documento XML. In particolare, il processo di linkage deve essere in grado di determinare quale porzione dei sottoalberi che hanno come radice gli elementi da confrontare possono essere usate per effettuare l'identificazione degli oggetti. In effetti, per alberi XML profondi o ampi, una soluzione che consideri l'intero sottoalbero può essere piuttosto costosa. In Figura 9.1, è illustrato il problema di identificare quali porzioni di due alberi XML distinti si riferiscono all'entità del mondo reale "Julia Roberts".

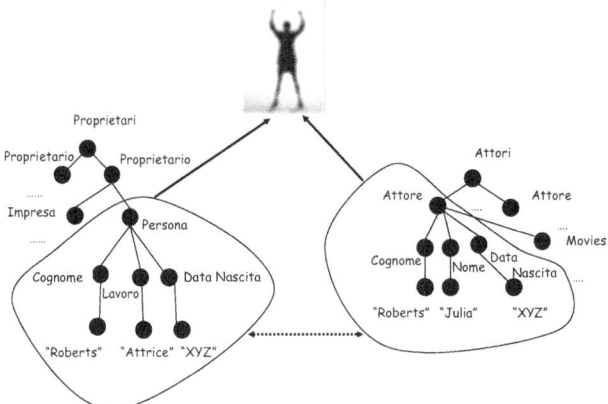

Figura 9.1. Identificazione degli oggetti da confrontare nei documenti XML

---

[1] Si noti che in quest'ultimo caso usiamo l'espressione record linkage poiché ci riferiamo nuovamente alle strutture dati tradizionali, come i record di un file.

240   9 Problemi Aperti

- Sfruttamento della flessibilità del modello. Essendo un linguaggio semistrutturato, XML permette la definizione di un elemento in molteplici modi e consente la definizione di attributi opzionali. Perché il processo di identificazione degli oggetti sia il più efficace possibile, occorre tener conto di tali aspetti. Per esempio, si supponga di avere due documenti XML in cui siano memorizzate persone. Il primo documento ha uno schema che definisce le persone, secondo la sintassi DTD, come segue:

$$<!ELEMENT persona1(Nome, Cognome)|(Cognome, DataNascita) >$$

Il secondo documento ha una diversa definizione per le persone, cioè:

$$<!ELEMENT persona2(Nome, Cognome, DataNascita) >$$

Il processo di matching deve tener conto di entrambe le rappresentazioni di `persona1`. In particolare, le istanze conformi alle rappresentazioni di `persona1` possono essere confrontate con le istanze conformi alla rappresentazione di `persona2`, eseguendo il confronto su `Nome` e `Cognome` o in alternativa su `Cognome` e `DataNascita`.

Come descritto nel Capitolo 5, solo di recente sono apparse tecniche che iniziano a trattare questi problemi [207], e vi è dunque spazio per ulteriori ricerche.

9.2.2 Identificazione degli Oggetti nel Personal Information Management

Il personal information management (PIM) mira a fornire all'utente una visione unificata dell'informazione memorizzata nel suo personal computer. A tal fine, occorre costruire uno strato di integrazione che dia all'utente la possibilità di memorizzare qualsiasi oggetto di interesse caratterizzandone la semantica, cioè collegandolo ai concetti di un'ontologia personale. Qui, un oggetto può essere una e-mail, un documento, una figura o qualsiasi altro tipo di dati. Più in generale, tale strato di integrazione potrebbe essere usato per unificare tutti i dati personali, anche quelli mantenuti su supporti portatili come i PDA o i telefoni cellulari. Rimanendo nell'ambito dell'integrazione a livello di personal computer, il principio è quello di consentire all'utente di interrogare l'ontologia personale, lasciando al sistema il compito di elaborare opportunamente l'interrogazione, accedere ai diversi elementi informativi coinvolti nell'interrogazione e assemblare i dati per fornire la risposta finale [108]. Questa idea può essere realizzata se un'attività di integrazione degli oggetti viene eseguita su una varietà di sorgenti ivi inclusa la corrispondenza, i file, le immagini, i contatti e i fogli elettronici.

Facciamo un esempio. Supponiamo che la stessa persona, per es. Julia Roberts, sia memorizzata come contatto e-mail, come persona intervistata, e come soggetto di un'immagine (si veda Figura 9.2). Per poter costruire l'oggetto globale relativo a Julia Roberts, occorre eseguire un'attività di identificazione degli oggetti per individuare se i tre oggetti rappresentati siano effettivamente la stessa entità del mondo reale.

La situazione descritta evidenzia alcuni problemi aperti connessi con le peculiarità dell'identificazione degli oggetti nei PIM. Primo, come sottolineato in [62], nei PIM una entità, come ad esempio una persona, viene rappresentata tramite una porzione di informazione ridotta; in effetti, la rappresentazione di una persona estratta da una e-mail ha come unico attributo l'indirizzo e-mail. Al contrario, le tecniche di identificazione degli oggetti necessitano di numerosi attributi per l'esecuzione del matching. Secondo, in uno spazio informativo personale, l'informazione deve essere modellata in maniera flessibile; ne deriva che le tecniche di identificazione degli oggetti si scontrano con problemi simili a quelli descritti per l'identificazione degli oggetti XML.

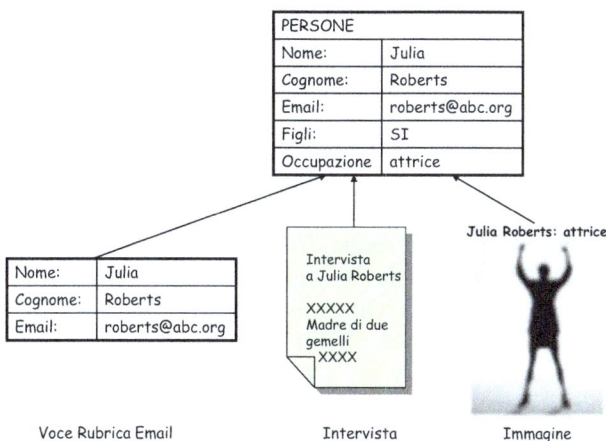

Figura 9.2. Identificazione degli oggetti nel PIM

9.2.3 Record Linkage e Privacy

Per quanto riguarda i sistemi informativi in rete, i rapporti tra record linkage e privacy[2] si possono caratterizzare in due modi:

1. *Prevenzione* del record linkage nella pubblicazione dei dati. Un nodo può pubblicare i propri dati in modo da renderli disponibili all'intero sistema collegato in rete. Se sui dati pubblicati sono presenti vincoli di privacy, il nodo deve garantire che sui dati pubblicati non venga effettuato alcun

---

[2] **NdT:** Il termine privacy è ormai di uso comune in italiano, soprattutto nell'ambito della legislazione relativa al trattamento dei dati. Per questo motivo si è scelto di non tradurlo.

record linkage con l'intento di scoprire le identità di persone ed entità contenute in quei dati.
2. *Promozione* del record linkage nello scambio di dati. I nodi che partecipano ad un sistema collegato in rete sono disposti a condividere informazione con altri nodi. Se tale informazione deve essere protetta per motivi di privacy, il record linkage dovrebbe essere reso possibile, assicurando tuttavia la privacy.

Un problema fondamentale nella pubblicazione dei dati è la valutazione del rischio di violazione della riservatezza, quando i dati vengono pubblicati in una forma appropriata che ne svela solo una parte. Tipicamente, l'anonimizzazione non garantisce l'assenza di rischi per la privacy. Supponiamo che vengano pubblicati dati personali come DataDiNascita, Città e StatoCivile, mentre vengono eliminati identificatori come CodFis, Nome e Cognome allo scopo di garantire la riservatezza. Effettuando il record linkage di questi dati con un elenco pubblicamente disponibile, come una lista elettorale, non sarà difficile identificare i soggetti con i quali i dati pubblicati hanno un riferimento. Pertanto, è necessario applicare tecniche più sofisticate per garantire la privacy.

Tra le tecniche proposte in letteratura, distinguiamo due classi principali: tecniche basate sul disturbo e tecniche basate sulla soppressione.

Le *tecniche basate sul disturbo* si basano su trasformazioni dei dati che introducono del *rumore* allo scopo di tutelare la privacy; un esempio di tecnica di disturbo dei dati consiste nell'effettuare degli scambi di valori nei dati da pubblicare. Queste tecniche di disturbo sono state studiate a fondo nel contesto delle basi di dati statistiche [2] e delle tecniche di data mining che tengono conto della privacy [196]. Nel seguito descriviamo brevemente alcune proposte recenti di *tecniche basate sulla soppressione*. La k-anonimity [171] è una tecnica che, data una relazione T, assicura che ogni record di T possa essere abbinato indistintamente ad un numero di soggetti pari almeno a k. Essa viene applicata considerando un sottoinsieme di attributi di T, chiamati *quasi-identificatori*, e forzando i valori che i record di T hanno sui quasi-identificatori ad apparire con almeno k occorrenze. Nell'esempio riportato sopra DataDiNascita, Città, e StatoCivile sono esempi di quasi-identificatori; per esempio, se k=2, nell'insieme di dati pubblicato almeno due record devono avere gli stessi valori DataDiNascita, Città, e StatoCivile, e quindi vengono resi indistinguibili. Una tecnica recente [112] valuta il rischio di riservatezza in termini quantitativi nel caso in cui vengono pubblicati dati anonimizzati. In questo lavoro, una base di dati viene modellata come una sequenza di transazioni, e la frequenza di un elemento x nella base di dati rappresenta la frazione delle transazioni contenente quell'elemento. Un ipotetico attaccante può accedere a dati simili ed usarli per violare la privacy. La conoscenza dell'attaccante è modellata su una funzione di credenza che rappresenta la congettura che l'attaccante fa sulle frequenze effettive degli elementi nella base di dati. In [129], gli autori propongono un'analisi del *query-view security problem*. In questo problema, date n viste, si verifica se esse rivelano qualche informazione su una determinata interrogazione segreta. Questo problema si basa sulla nozione di *tupla critica* per un'interrogazione Q. Una tupla t si considera critica per Q se vi sono istanze della base di dati per le quali l'eliminazione di t porta a differenze nel risultato di Q. In [129], gli autori dimostrano che un'interrogazione Q non è sicura per quanto riguarda un insieme di viste se, e solo se, esse hanno in comune qualche tupla critica. Finora, tuttavia, il problema di definire il rischio di violazione della privacy quando si pubblicano dati elementari nel caso generale resta ancora irrisolto.

Per quanto riguarda lo scambio di dati, sono stati proposti pochi metodi per il private record linkage . Il private record linkage mira ad effettuare il record linkage tra due sorgenti, diciamo A e B, in modo tale che al termine del processo A conosca solo un insieme $A \cap B$, consistente di record in A che coincidono con record in B. Analogamente, B conoscerà solo l'insieme $A \cap B$. Di particolare importanza è l'obiettivo che non venga rivelata ad A e B alcuna informazione relativa a record che non coincidono tra loro. La Figura 9.3 illustra uno scenario di record linkage privato, nel quale l'informazione che ciascuna sorgente vuol mantenere segreta è rappresentata entro un lucchetto.

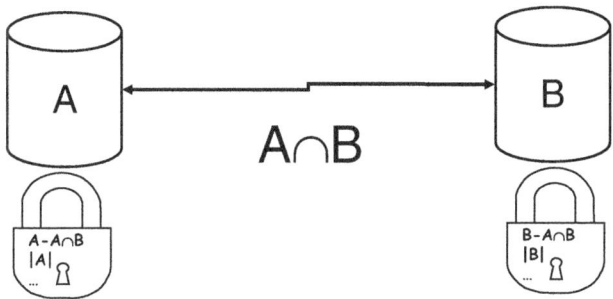

Figura 9.3. Record linkage privato tra le due sorgenti A e B

Alcuni approcci iniziale sono stati motivati dai rigorosi requisiti di privacy nelle applicazioni e-health [164, 48], oppure da problemi di efficienza [5]. Alcuni studi che possono essere messi in relazione con il problema del record linkage privato sono stato pubblicati anche nel settore della sicurezza, e riguardano intersezione insiemistica sicura e confronto fra stringhe sicuro. I metodi di intersezione fra insiemi sicura (si veda [110] per un survey) hanno a che fare con l'abbinamento esatto e sono troppo costosi per essere applicati a grandi basi di dati poiché si basano sulla crittografia. Inoltre, questi protocolli si occupano dell'intersezione di insiemi di elementi semplici e non sono pensati per sfruttare la semantica insita nei record delle basi di dati. Il problema di confrontare stringhe in modo sicuro è stato affrontato mediante schemi di cifratura omomorfici, caratterizzati dalla proprietà che $E(a)*E(b) = E(a+b)$. Per esempio, Atallah et al. [10] hanno proposto un algoritmo per il confronto di sequenze basate su tali schemi. L'algoritmo funziona bene per la similarità delle sequenze, come il confronto delle sequenze di DNA, ma il suo costo di comunicazione, proporzionale al prodotto delle lunghezze delle sequenze, è proibitivo per le basi di dati.

9.3 Integrazione dei Dati

Quando è necessario effettuare l'integrazione dei dati, si presentano numerosi problemi di qualità. Come abbiamo sottolineato anche nel Capitolo 6, esistono ancora interessanti problemi di ricerca riguardanti l'elaborazione delle interrogazioni nei sistemi di integrazione dati sotto l'assunzione che si possano verificare conflitti tra le sorgenti. In particolare, i conflitti possono emergere quando tuple provenienti da basi di dati diverse vengono riunite in una base di dati integrata. Dal punto di vista della semantica dei sistemi di integrazione dati, non esiste un modo generale per ripristinare la consistenza, e possono essere applicati diversi possibili repair. Per l'esecuzione di tali riparazioni e la rimozione di tuple non corrette dal risultato dell'interrogazione, sono state proposte tecniche di consistent query answering. Nel Capitolo 6, abbiamo descritto i risultati di alcune ricerche ed abbiamo accennato a problemi ancora irrisolti riguardanti la risoluzione dei conflitti e l'elaborazione delle interrogazioni guidata dalla qualità nei sistemi centralizzati di integrazione dati. Nella Sezione 9.3.1 discutiamo in breve alcuni problemi interessanti che si presentano quando si passa ai sistemi peer-to-peer (P2P). Nella Sezione 9.3.2, oggetto della nostra attenzione sono invece i problemi ancora aperti riguardanti l'elaborazione delle interrogazioni nei sistemi di integrazione dati quando si tiene conto di modelli economici e degli aspetti relativi ai costi.

9.3.1 Elaborazione delle Interrogazioni Trust-Aware nei Contesti P2P

I Peer Data Management System (PDMS) sono stati proposti come architettura per la condivisione dei dati decentralizzata [188]. A differenza dei sistemi di integrazione dei dati centralizzati, i PDMS non hanno uno *schema mediato* sul quale l'utente deve porre le interrogazioni, ma i dati vengono memorizzati in corrispondenza di ciascun peer e per le interrogazioni vengono utilizzati solo schemi locali. I sistemi P2P sono sistemi aperti, cioè i peer possono entrare nel sistema o lasciarlo in modo dinamico. Al suo ingresso in un PDMS, un peer deve individuare i peer con i quali eseguire scambi di dati e, a tal riguardo, il trust gioca un ruolo importante. La valutazione del trust (o confidence) nei dati forniti dal singolo peer è di estrema importanza, poiché ogni sorgente può, in linea di principio, influenzare il risultato finale integrato. Anche se in letteratura (si veda [106] per una panoramica), sono stati proposti diversi sistemi per il trust e la reputazione, vi è ancora l'esigenza di definire il trust di un peer con riferimento ai dati forniti e di usare tale informazione nella fase di elaborazione dell'interrogazione. In particolare, tra le problematiche aperte riguardanti la definizione e la valutazione dei sistemi per il trust nei PDMS vi sono:

- Come modellare e misurare il trust dei dati forniti da una determinata sorgente. Una distinzione comune viene fatta tra la reputazione della sorgente, che si riferisce alla sorgente nella sua totalità, e il trust dei dati forniti da una data sorgente, per es., il trust del mapping che una sorgente stabilisce con le altre sorgenti del PDMS. Sono necessari metodi per la valutazione del trust e della reputazione mirati in modo specifico al supporto delle decisioni da prendere in merito alla selezione dei risultati.
- Algoritmi trust-aware per il calcolo dei risultati di un'interrogazione. In tutti i casi in cui l'interrogazione di un utente può restituire un certo numero di risultati diversi, tali algoritmi dovrebbero consentire la scelta della risposta o delle risposte più affidabili. Come effetto secondario, se una interrogazione restituisce una grande quantità di dati, una caratterizzazione basata sul trust può fornire un "ordinamento" per elaborare tali risultati, quando non siano disponibili altri criteri di priorità.

9.3.2 Elaborazione delle Interrogazioni Guidata dai Costi

L'informazione ha un costo che è determinato in parte dalla sua qualità. Così, quando si interrogano una serie di sorgenti, è necessario pianificare un trade-off costo-qualità ragionevole. Ultimamente, i progressi tecnologici riguardanti lo spiegamento su vasta scala di servizi informativi, per es. su infrastrutture software orientate ai servizi, hanno reso possibile scambiare dati fra le organizzazioni in modo conveniente dal punto di vista dei costi. Nella prospettiva aziendale, ciò significa che sta diventando sempre più fattibile per le organizzazioni (i) acquistare o comunque acquisire dati da altri peer, e (ii) sfruttare le proprie risorse informative a scopi di mercato. Numerosi studi hanno analizzato l'importanza economica del potenziale mercato dell'informazione. Gli enti pubblici si sono rivelati di gran lunga i maggiori produttori di informazione e l'informazione che essi creano e diffondono è spesso molto importante per i processi, i prodotti ed i servizi sia nel settore pubblico che in quello privato. In [162] viene presentata un'analisi dello sfruttamento a scopi commerciali dell'informazione prodotta dal settore pubblico tanto per gli Stati Uniti quanto per l'Unione Europea. Con l'obiettivo finale di migliorare questo tipo di mercato nell'Unione Europea, sono state emanate in seguito regole per gestire il riuso dell'informazione di proprietà degli organismi del settore pubblico degli Stati membri [71].

Il problema di mettere in corrispondenza la domanda di informazione con l'offerta in presenza di vincoli di qualità, minimizzando i costi, è stato affrontato finora in pochi lavori. Il modello preso in esame per le sorgenti di dati è un sistema di integrazione dati, come già detto nel Capitolo 6. Uno schema locale può contenere interrogazioni sulla sorgente, che rappresentano una risposta

9 Problemi Aperti

parziale all'interrogazione globale; inoltre, le stesse interrogazioni possono essere offerte da differenti fornitori a qualità e costi diversi. Per soddisfare la domanda completa, è necessario selezionare interrogazioni da diversi schemi locali, eventualmente effettuando una scelta tra interrogazioni equivalenti con qualità e costi diversi, in modo tale che siano soddisfatti i requisiti di qualità sul risultato globale.

Nell'approccio descritto in [13], la scelta ottimale viene effettuata in due passi. Primo, data un'interrogazione globale, l'algoritmo di scomposizione dell'interrogazione seleziona a partire dalle relazioni locali le interrogazioni effettuabili sulle sorgenti. Viene poi formulato un problema di *programmazione lineare intera* che utilizza le interrogazioni scelte e produce un insieme di interrogazioni a costo ottimale che soddisfano l'intera domanda. La composizione della qualità delle interrogazioni viene effettuata sulla base di funzioni di composizione semplici, come ad esempio la media.

Nell'approccio di [8], per ottenere i dati richiesti i clienti devono acquistare vari insiemi di dati da diversi fornitori e quindi effettuarne la pulizia e fonderli. In questo caso (si veda la Figura 9.4), un'architettura basata su un broker fa da intermediaria tra gli utenti e le associazioni di fornitori di dati. In base a requisiti di qualità e costo dei dati, il mediatore costruisce l'insieme di dati più idoneo integrando i frammenti di dati provenienti da diversi fornitori. Nella fase di selezione, il broker utilizza meccanismi di ottimizzazione e negoziazione al fine di soddisfare i requisiti. Il broker è modellato secondo la prospettiva local-as-view (LAV), in cui i dati di un fornitore sono rappresentati come viste di uno schema globale, detto *schema del broker*. Il broker ha il compito di gestire il rapporto con i fornitori e si assume anche che sia da essi informato sul valore medio della qualità di ciascun insieme di dati. I fornitori sono tenuti a valutare la qualità dei dati in termini delle dimensioni di accuratezza, completezza e tempestività.

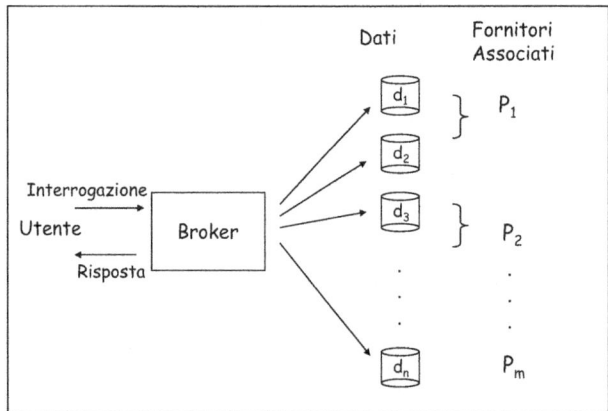

Figura 9.4. Utenti, mediatore e associazioni di fornitori di dati

Il broker costruisce l'insieme di dati più idoneo a soddisfare i requisiti di qualità e costo, integrando dati provenienti da differenti fornitori. L'approccio di ottimizzazione si basa sull'algoritmo tabu search [83]. Quando una soluzione non soddisfa i vincoli di qualità dei dati, pur soddisfacendo quelli imposti sul prezzo, viene iniziato un negoziato tra il mediatore, che agisce per conto dell'utente, ed i fornitori. Lo scopo del processo di negoziazione è di generare un nuovo insieme di frammenti di dati che viene usato in una nuova esplorazione; l'esplorazione viene eseguita in un'area adiacente alla soluzione non soddisfacente, per trovare il miglior risultato per l'interrogazione dell'utente.

I problemi irrisolti in questo settore hanno origine dalla sua natura interdisciplinare, che coinvolge prospettive sia economiche che tecniche. Essi riguardano i seguenti aspetti:

1. Modellare i fornitori nel caso i cui questi forniscano dei *bundle*, che sono unità indivisibili di dati, ciascuna con un unico livello di qualità e prezzo. Tanto la struttura dei costi che sta dietro la produzione e la vendita di prodotti informativi digitali, quanto l'esigenza di implementare strategie anti-concorrenziali, può indurre un numero crescente di fornitori ad offrire unità indivisibili di diverse tipologie di dati (si vedano per esempio [191], [14], e [138]).
2. Adottare modelli di costo in cui (i) siano previsti sconti ai consumatori che acquistano due o più risorse informative (complementari), o (ii) il costo vari in funzione della qualità offerta.
3. Estendere i modelli economici in modo da rappresentare uno *spot market coordinato*[3], in cui diversi consumatori richiedono simultaneamente porzioni di dati con specifici livelli di qualità, e diversi fornitori inviano le loro offerte e le relative matrici quantità-qualità ad un mediatore centrale che fa da fornitore pubblico. Per esempio, il mediatore potrebbe avere l'incarico di vendere i dati in possesso di diversi enti pubblici locali a persone, imprese ed altri enti pubblici. In questa situazione, per poter sfruttare il più possibile gli sconti quantità/qualità, il processo di acquisto potrebbe essere coordinato determinando e confrontando domanda ed offerta globali.
4. Considerare il caso in cui il miglioramento della qualità dell'informazione in ingresso ad un processo si ripercuote sulla qualità dell'informazione in uscita, risultando in un miglioramento progressivo delle risorse informative di ciascuna organizzazione partecipante.

9.4 Metodologie

Le metodologie per la misurazione ed il miglioramento della qualità dei dati si stanno evolvendo in diverse direzioni: (i) mettendo in più stretta relazione i

---
[3] **NdT:** Il termine *spot market* in ambito finanziario denota un mercato in cui beni o titoli sono venduti in cambio di denaro contante e consegnati immediatamente.

problemi di qualità dei dati ed i problemi dei processi aziendali e (ii) prendendo in esame nuovi tipi di sistemi informativi, in particolar modo quelli sul Web.

Il rapporto tra qualità dei dati e qualità dei processi offre ampio spazio alla ricerca, data l'importanza e la diversità di caratteristiche dei processi aziendali nelle organizzazioni. Abbiamo analizzato le ripercussioni della qualità dei dati sui costi dei processi nel Capitolo 4. Qui ampliamo la prospettiva. Le diverse ripercussioni della qualità dei dati ai tre livelli organizzativi tipici, vale a dire il livello operativo, quello tattico e quello strategico, vengono analizzate in [168], che riporta interviste e i risultati di numerosi studi operati da privati. La qualità dei dati ed il suo rapporto con la qualità dei servizi, dei prodotti, delle operazioni aziendali, dei comportamenti dei consumatori, è oggetto di ricerca, in termini molto generali, in [179] e [178], in cui vengono formulate dichiarazioni generiche come "la qualità dell'informazione di una ditta è legata positivamente alla performance della ditta stessa". In [67] viene analizzato anche il problema simmetrico di cercare in che modo il miglioramento dei processi di produzione dell'informazione influenza positivamente la qualità dei dati e dell'informazione stessa.

Alcuni studi si occupano di problemi più specifici, e di conseguenza presentano risultati più concreti. [195] affronta l'argomento dell'interscambio di dati elettronici (EDI[4]), che riguarda lo scambio di dati tra organizzazioni tramite formati standard, ed il relativo impatto sull'efficienza e l'efficacia dei processi aziendali. L'EDI può essere visto come un fattore tecnologico abilitante per la qualità dei dati, poiché potenzialmente riduce le attività connesse con la trattazione di documenti cartacei, gli errori di immissione dei dati e le funzioni di immissione dati. Le conclusioni dell'articolo non si potevano prevedere facilmente. Usando la tecnologia EDI, la qualità del contesto di comunicazione, cioè in che misura sono allineati fra loro i contesti delle parti comunicanti, diventa fondamentale per l'efficacia del processo. Sono stati riferiti casi che dimostrano l'effetto positivo dell'EDI sui tempi di elaborazione, mentre una scarsa qualità del contesto porta ad effetti negativi. Gli errori che si verificano nel processo EDI non si verificano nel processo non-EDI, poiché in quest'ultimo le due parti comunicano tra di loro per telefono.

In [78] si indaga sull'influenza della qualità dei dati in condizione estreme in processi quali i disastri. Viene preso in esame l'impatto di problemi di accuratezza, completezza, consistenza e tempestività sui processi decisionali, per esempio con riferimento al disastro della navetta spaziale Challenger della NASA nel 1986, in cui perirono sette persone, e al caso dell'incrociatore Vincennes della Marina statunitense che colpì con un missile un Airbus iraniano provocando la morte di 290 persone.

Il ruolo dell'informazione nelle catene di fornitura viene esaminato in [60], in cui viene proposta la definizione di *robustezza della qualità* di una catena informativa come capacità del processo di produzione dell'informazione - della sua organizzazione interna in termini di attività e flussi fra attività - di

---

[4] **NdT:** Electronic Data Interchange.

9.4 Metodologie

costruire il prodotto informativo finale anche in presenza di fattori che causano distorsione dell'informazione, variabilità nella trasformazione o assenza di informazione. Lo studio propone una metodologia chiamata *process quality robustness design* come framework per la diagnosi, la prescrizione e la costruzione della qualità nelle catene informative.

Altri problemi aperti in questo settore riguardano l'identificazione di correlazioni statistiche, probabilistiche e funzionali più precise tra la qualità dei dati e la qualità dei processi, nelle problematiche legate a:

1. una ricerca più estesa ed una validazione empirica dei modelli presentati;
2. l'estensione dell'analisi ad un più vasto insieme di dimensioni e a tipi specifici di processi e aree di business.

Per quanto riguarda i sistemi informativi sul Web, le metodologie sono rivolte a parecchie aree: (i) approcci generali ai processi di misurazione e miglioramento della qualità dei dati Web, (ii) dati più complessi dei dati strutturati, cioè dati non strutturati, e in particolare documenti, (iii) nuovi tipi di dimensioni, quali l'accessibilità, considerata sotto diverse angolazioni.

La metodologia information quality measurement (IQM), descritta in [69] fornisce linee guida generali per la misurazione e, in misura limitata, per il miglioramento della qualità dell'informazione sul Web. Le dimensioni prese in esame sono numerose e vanno dall'accessibilità alla consistenza, dalla tempestività al livello di aggiornamento ed alla ampiezza di contenuti[5]; alcune di esse vengono valutate dando loro un'interpretazione molto specifica, per esempio la consistenza viene misurata come numero di pagine che deviano da linee guida sullo stile. IQM consiste di due elementi principali: un piano d'azione sulle modalità di esecuzione della misurazione, e un framework per la qualità dell'informazione che definisce quali criteri vale la pena di misurare. Esso si articola nelle seguenti fasi:

1. pianificazione della misurazione, costituita da: (i) identificazione dei criteri di qualità rilevanti tramite interviste con le parti interessate, (ii) analisi e definizione di trade-off e interdipendenze tra criteri, (iii) definizione degli indicatori qualitativi e quantitativi, e (iv) scelta degli strumenti per gli indicatori richiesti;
2. configurazione della misurazione tramite assegnazione di pesi agli indicatori in base a priorità strategiche e definizione dei valori di allerta e valori obiettivo per ogni identificatore;
3. misurazione, in termini di (i) raccolta dei dati (ad es., monitoraggio o sondaggi), (ii) analisi e presentazione dei dati;
4. attività successive alla misurazione, quali misure correttive basate sugli indicatori di allerta, controllo delle attività (es., assegnazione delle responsabilità e adeguamento delle misurazioni in base alle esperienze di implementazione).

---
[5] **NdT:** comprehensiveness nell'originale.

250   9 Problemi Aperti

Viene discusso il ruolo svolto nel processo da numerosi strumenti, come il monitoraggio delle prestazioni, gli analizzatori di siti e di traffico ed il Web mining.

Pernici e Scannapieco in [159] propongono un modello per associare informazione sulla qualità ai dati Web, in particolare a ciascun elemento in una pagina Web, a ciascuna pagina ed a gruppi di pagine, e per migliorarne la qualità, nonché una metodologia per la progettazione e la gestione della qualità dei dati dei sistemi informativi sul Web. Gli autori suggeriscono di arricchire le metodologie per la progettazione dei sistemi informativi sul Web (quali [128] e [102]) con passi ulteriori, concepiti espressamente per la progettazione della qualità dei dati (si veda la Figura 9.5). Vengono anche discusse numerose dimensioni come la volatilità, la completabilità e l'accuratezza semantica e sintattica, come definite nel Capitolo 2.

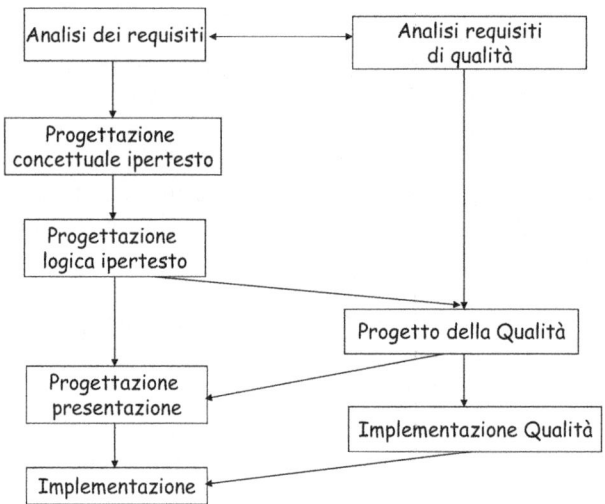

Figura 9.5. Metodologia di progettazione di sistemi informativi sul Web (a sinistra) arricchita con attività per la progettazione della qualità dei dati (a destra)

Il problema della qualità dei documenti sul Web sta assumendo crescente importanza poiché il numero di documenti gestiti in formato Web è in costante aumento. Da numerosi studi emerge che il 40% del materiale in rete scompare nell'arco di un anno, mentre un altro 40% viene modificato e solo il 20% resta nella sua forma originale. Altri studi indicano che la vita media di una pagina Web è di 44 giorni (si veda [125]), e l'intero Web cambia completamente circa quattro volte l'anno. Di qui, l'importanza crescente della conservazione dei dati Web; il termine conservazione sta ad indicare la capacità di prevenire perdite di informazione nel memorizzando tutte le

9.4 Metodologie 251

versioni significative dei documenti Web.

In [41] viene proposta una metodologia a supporto del processo di conservazione durante l'intero ciclo di vita dell'informazione, dalla creazione all'acquisizione, dalla catalogazione alla memorizzazione e all'accesso. Le principali fasi di questa metodologia prevedono quanto segue:

1. Ogni volta che una nuova pagina viene pubblicata, deve essere eseguita una procedura detta *modello di conservazione statico*. Al momento della creazione, ai dati vengono associati metadati che ne descrivono la qualità in termini di accuratezza, completezza, consistenza, livello di aggiornamento e volatilità come definiti nel Capitolo 2. I metadati comprendono anche le proprietà del documento, ivi incluso l'autore e il tipo di documento.
2. Prima di eseguire la fase di acquisizione, l'utente specifica i valori accettabili per tutte le dimensioni di qualità. Se i nuovi dati soddisfano i requisiti di qualità, essi vengono incorporati fisicamente o virtualmente in un archivio. Dopo l'acquisizione, la pagina Web viene catalogata. Se i risultati della valutazione non soddisfano i requisiti di qualità, i dati vengono restituiti al proprietario insieme ad un avvertimento, e non vengono catalogati fin quando la loro qualità non risulta soddisfacente. Sono forniti diversi suggerimenti sui formati dei dati da usare nella fase di conservazione, per es. quello di tradurre pagine HTML in pagine XML.
3. Nella fase di pubblicazione, quando viene pubblicata una nuova pagina che sostituisce la vecchia, occorre valutare la volatilità dei vecchi dati. Se i risultati della valutazione indicano che i vecchi dati sono ancora validi, questi non vengono eliminati bensì associati ad un nuovo URL.

Un secondo modello, chiamato *modello di conservazione dinamico* consente la valutazione periodica della dimensione volatilità.

Alcune metodologie di valutazione per stimare qualità specifiche dei siti Web sono state proposte in [12], [128] e [80]. Tema principale di [12] è l'*accessibilità*, così come è definita nel Capitolo 2. L'accessibilità viene valutata sulla base di una valutazione mista quantitativa/qualitativa. L'attività di valutazione quantitativa verifica l'applicazione delle linee guida menzionate nel Capitolo 2, emanate dal World Wide Web Consortium in [198]. La valutazione qualitativa si basa su esperimenti eseguiti con utenti disabili. [80] è incentrato sull'*usabilità* del sito e propone un approccio basato sull'adozione di *log concettuali*, che sono log dell'utilizzo del sito arricchiti con metadati derivanti dall'applicazione di specifiche concettuali espresse dallo schema concettuale del sito Web. La novità dell'approccio sta nel fatto che mentre le misure classiche di molte qualità dei siti Web vengono effettuate in termini di indicatori basati sulla rappresentazione ipertestuale dell'informazione, per esempio il numero di accessi alle varie pagine, in questo approccio vengono proposti nuovi indicatori basati sulla rappresentazione concettuale del contenuto del sito.

Nel campo delle metodologie, restano ancora aperti i seguenti problemi:

1. validazione delle metodologie. Solitamente (si vedano riferimenti sopra) una metodologia viene proposta senza alcuna specifica sperimentazione e con scarsità di strumenti di supporto. Vale la pena effettuare ricerche su esperimenti atti a validare gli approcci e sullo sviluppo di strumenti per renderli applicabili;
2. estensione delle linee guida metodologiche a (i) un insieme di dimensioni più vasto, quali le prestazioni, la disponibilità, la sicurezza, l'accessibilità, ed alle (ii) dipendenze tra dimensioni. Un esempio di dipendenza tra livello di aggiornamento e accuratezza è la regola "nel 70% dei dati, se un elemento non è aggiornato esso è anche non accurato". La conoscenza delle dipendenze, acquisita con tecniche di data mining, può migliorare di molto l'efficienza e l'efficacia del processo di miglioramento;
3. nei sistemi informativi sul Web e nei data warehouse, i dati vengono gestiti a differenti livelli di aggregazione; sarebbe opportuno effettuare ricerche sulla *composizione della qualità*, quale discussa nel Capitolo 4, per la derivazione di informazioni sulla qualità dei dati Web aggregati a partire dalle informazioni sulla qualità associate ai dati elementari;
4. lo sviluppo di metodologie di valutazione più efficaci nelle quali, come abbiamo visto nel Capitolo 7 e in questa sezione quando abbiamo parlato di [12], vengano presi in esame sia gli elementi qualitativi che indicatori quantitativi.

9.5 Conclusioni

In quest'ultimo capitolo abbiamo delineato gli sviluppi futuri dell'area di ricerca della qualità dei dati. Oltre a quanto presentato in questo volume, nei prossimi dieci anni assisteremo probabilmente ad un notevole aumento dei contributi nel settore, con nuovi paradigmi ed approcci. In effetti, l'informazione è un concetto "plastico", che difficilmente può essere incapsulato in modelli e tecniche fissati. Usiamo informazione testuale per scrivere poesie, informazione codificata nella mimica del volto per esprimere emozioni, informazione musicale per comporre o ascoltare opere liriche. Che significa che una nota in una sinfonia viene eseguita nel modo sbagliato? Non è facile formalizzare questo concetto e, probabilmente, non è neanche utile, perché per nostra fortuna un'enorme quantità di fenomeni deve essere percepita e continuerà ad essere percepita sulla base dei nostri sentimenti e delle nostre emozioni.

Riferimenti bibliografici

1. ABITEBOUL, S., BUNEMAN, P., AND SUCIU, D. *Data on the Web: From Relations to Semistructured Data and XML.* Morgan Kaufmann Publishers, 2000.
2. ADAM, N. R., AND WORTMANN, J. C. Security Control Methods for Statistical Databases: A Comparative Study. *ACM Computing Surveys 21*, 4 (1989), 515–556.
3. AGRAWAL, R., GUPTA, A., AND SARAWAGI, S. Modeling Multidimensional Databases. In *Proc. ICDE 2000* (Birmingham, UK, 1997).
4. AIMETTI, P., MISSIER, P., SCANNAPIECO, M., BERTOLETTI, M., AND BATINI, C. Improving Government-to-Business Relationships through Data Reconciliation and Process Re-engineering. In *Advances in Management Information Systems - Information Quality (AMIS-IQ) Monograph*, R. Y. Wang, E. M. Pierce, S. E. Madnick, and C. W. Fisher, Eds. Sharpe, M.E., April 2005.
5. AL-LAWATI, A., LEE, D., AND MCDANIEL, P. Blocking-aware Private Record Linkage. In *Proc. IQIS 2005 (SIGMOD Workshop)* (Baltimore, MC, 2005).
6. AMAT, G., AND LABOISSE, B. Une Gestion Operationnelle de la Qualite Donnees. In *Proc. 1st Data and Knowledge Quality Workshop (in conjunction with ECG)* (18th January 2005, Paris, France).
7. ANANTHAKRISHNA, R., CHAUDHURI, S., AND GANTI, V. Eliminating Fuzzy Duplicates in Data Warehouses. In *Proc. VLDB 2002* (Hong Kong, China, 2002).
8. ARDAGNA, D., CAPPIELLO, C., COMUZZI, M., FRANCALANCI, C., AND PERNICI, B. A Broker for Selecting and Provisioning High Quality Syndicated Data. In *Proc. 10th International Conference on Information Quality (IQ 2005)*.
9. ARENAS, M., BERTOSSI, L. E., AND CHOMICKI, J. Consistent Query Answers in Inconsistent Databases. In *Proc. PODS'99*.
10. ATALLAH, M. J., KERSCHBAUM, F., AND DU, W. Secure and Private Sequence Comparisons. In *Proc. ACM Workshop on Privacy in the Electronic Society (WPES 2003)* (Washington, Washington DC, 2003).
11. ATZENI, P., AND DE ANTONELLIS, V. *Relational Database Theory.* The Benjamin/Cummings Publishing Company, 1993.
12. ATZENI, P., MERIALDO, P., AND SINDONI, G. Web Site Evaluation: Methodology and Case Study. In *Proc. International Workshop on Data Semantics in Web Information Systems (DASWIS 2001)* (Yokohama, Japan, 2001).

13. AVENALI, A., BERTOLAZZI, P., BATINI, C., AND MISSIER, P. A Formulation of the Data Quality Optimization Problem in Cooperative Information Systems. In *Proc. CAISE International Workshop on Data and Information Quality* (Riga, Latvia, 2004).
14. AYRES, I., AND NALEBUFF, B. Going Soft on Microsoft? The EU's Antitrust Case and Remedy. The Economists' Voice.
15. BALLOU, D. P., AND PAZER, H. L. Modeling Completeness versus Consistency Tradeoffs in Information Decision Contexts. *IEEE Transactions on Knowledge Data Engineering 15*, 1 (2003), 240–243.
16. BALLOU, D. P., AND TAYI, G. K. Enhancing Data Quality in Data Warehouse Environments. *Communications of the ACM 42*, 1 (1999).
17. BALLOU, D. P., WANG, R. Y., PAZER, H., AND TAYI, G. K. Modeling Information Manufacturing Systems to Determine Information Product Quality. *Management Science 44*, 4 (1998).
18. BARATEIRO, J., AND GALHARDAS, H. A Survey of Data Quality Tools. *Datenbank Spectrum 14* (2005), 15–21.
19. BASEL COMMITTEE ON BANKING SUPERVISION. http://www.ots.treas.gov.
20. BATINI, C., CERI, S., AND NAVATHE, S. B. *Conceptual Data Base Design: An Entity Relationship Approach*. Benjamin and Cummings, 1992.
21. BATINI, C., AND MECELLA, M. Enabling Italian e-Government Through a Cooperative Architecture. *IEEE Computer 34*, 2 (2001).
22. BATINI, C., NARDELLI, E., AND TAMASSIA, R. A Layout Algorithm for Data Flow Diagrams. *IEEE Transactions on Software Engineering* (April 1986).
23. BELIN, T. R., AND RUBIN, D. B. A Method for Calibrating False Matches Rates in Record Linkage. *Journal of American Statistical Association 90* (1995), 694–707.
24. BERTI-ÉQUILLE, L. Quality-Adaptive Query Processing over Distributed Sources. In *Proc. 9th Internation Conference on Information Quality (IQ 2004)*.
25. BERTI-ÉQUILLE, L. Integration of Biological Data and Quality-driven Source Negotiation. In *Proc. ER 2001* (Yokohama, Japan, 2001).
26. BERTOLAZZI, P., DE SANTIS, L., AND SCANNAPIECO, M. Automatic Record Matching in Cooperative Information Systems. In *Proc. DQCIS 2003 (ICDT Workshop)* (Siena, Italy, 2003).
27. BILKE, A., BLEIHOLDER, J., BÖHM, C., DRABA, K., NAUMANN, F., AND WEIS, M. Automatic Data Fusion with HumMer. In *Proc. VLDB 2005 Demonstration Program* (Trondheim, Norway, 2005).
28. BITTON, D., AND DEWITT, D. J. Duplicate Record Elimination in Large Data Files. *ACM Transactions on Databases Systems 8*, 2 (1983).
29. BOAG, A., CHAMBERLIN, D., FERNANDEZ, M. F., FLORESCU, D., ROBIE, J., AND SIMÈON, J. XQuery 1.0: An XML Query Language. W3C Working Draft. Available from http:///www.w3.org/TR/xquery, November 2003.
30. BOUZEGHOUB, M., AND PERALTA, V. A Framework for Analysis of Data Freshness. In *Proc. IQIS 2004 (SIGMOD Workshop)* (Paris, France, 2004).
31. BOVEE, M., SRIVASTAVA, R. P., AND MAK, B. R. A Conceptual Framework and Belief-Function Approach to Assessing Overall Information Quality. In *Proc. 6th International Conference on Information Quality (IQ 2001)*.
32. BRAVO, L., AND BERTOSSI, L. E. Logic Programming for Consistently Querying Data Integration Systems. In *Proc. IJCAI 2003*.

33. BRUNI, R., AND SASSANO, A. Errors Detection and Correction in Large Scale Data Collecting. In *Proc. 4th International Conference on Advances in Intelligent Data Analysis* (Cascais, Portugal, 2001).
34. BUECHI, M., BORTHWICK, A., WINKEL, A., AND GOLDBERG, A. ClueMaker: a Language for Approximate Record Matching. In *Proc. 8th International Conference on Information Quality (IQ 2003)*.
35. BUNEMAN, P. Semistructured Data. In *Proc. PODS 1997*.
36. BUNEMAN, P., KHANNA, S., AND TAN, W. C. Why and Where: A Characterization of Data Provenance. In *Proc. International Conference on Database Theory (ICDT 2001)* (London, UK, 2001).
37. CALI, A., CALVANESE, D., DE GIACOMO, G., AND LENZERINI, M. On the Role of Integrity Constraints in Data Integration. *IEEE Data Eng. Bull. 25*, 3 (2002), 39–45.
38. CALÌ, A., LEMBO, D., AND ROSATI, R. On the Decidability and Complexity of Query Answering over Inconsistent and Incomplete Databases. In *Proc. PODS 2003*.
39. CALÌ, A., LEMBO, D., AND ROSATI, R. Query Rewriting and Answering under Constraints in Data Integration Systems. In *Proc. IJCAI 2003*.
40. CALVANESE, D., DE GIACOMO, G., AND LENZERINI, M. Modeling and Querying Semi-Structured Data. *Networking and Information Systems Journal 2*, 2 (1999), 253–273.
41. CAPPIELLO, C., FRANCALANCI, C., AND PERNICI, B. Preserving Web Sites: a Data Quality Approach. In *Proc. 8th International Conference on Information Quality (IQ 2003)*.
42. CAPPIELLO, C., FRANCALANCI, C., PERNICI, B., PLEBANI, P., AND SCANNAPIECO, M. Data Quality Assurance in Cooperative Information Systems: a Multi-dimension Certificate. In *Proc. DQCIS 2003 (ICDT Workshop)* (Siena, Italy, 2003).
43. CARUSO, F., COCHINWALA, M., GANAPATHY, U., LALK, G., AND MISSIER, P. Telcordia's Database Reconciliation and Data Quality Analysis Tool. In *Demonstration at VLDB 2000*.
44. CHARNES, A., COOPER, W. W., AND RHODES, E. Measuring the Efficiency of Decision Making Units. *European Journal of Operational Research 2* (1978).
45. CHAUDHURI, S., GANTI, V., AND MOTWANI, R. Robust Identification of Fuzzy Duplicates. In *Proc. ICDE 2005*.
46. CHEN, Z., KALASHNIKOV, D. V., AND MEHROTRA, S. Exploiting Relationships for Object Consolidation. In *Proc. IQIS 2005 (SIGMOD Workshop)*.
47. CHITICARIU, L., TAN, W., AND VIJAYVARGIYA, G. An Annnotation Management System for Relational Databases. In *Proc. VLDB 2004* (Toronto, Canada, 2004).
48. CHURCHES, T., AND CHRISTEN, P. Some Methods for Blindfolded Record Linkage. *BMC Medical Informatics and Decision Making 4*, 9 (2004).
49. CUI, Y., WIDOM, J., AND WIENER, J. L. Tracing the Lineage of View Data in a Warehousing Environment. *ACM Transactions on Database Systems 25*, 2 (2000), 179–227.
50. DASU, T., AND JOHNSON, T. *Exploratory Data Mining and Data Cleaning*. J. Wiley Series in Probability and Statistics, 2003.
51. DASU, T., JOHNSON, T., MUTHUKRISHNAN, S., AND SHKAPENYUK, V. Mining Database Structure or, How to Build a Data Quality Browser. In *Proc. SIGMOD 2002* (Madison, WI, 2002).

52. DATA WAREHOUSING INSTITUTE. Data Quality and the Bottom Line: Achieving Business Success through a Commitment to High Quality Data. http://www.dw-institute.com/.
53. DAVIS, G. B., AND OLSON, M. H. *Management Information Systems: Conceptual Foundations, Structure, and Development (2nd ed.)*. McGraw-Hill, 1984.
54. DAVIS, R., STROBE, H., AND SZOLOVITS, P. What is Knowledge Representation. *AI Magazine 14*, 1 (1993), 17–33.
55. DAYAL, U. Query Processing in a Multidatabase System. In *Query Processing in Database Systems*. Springer, 1985, pp. 81–108.
56. DE AMICIS, F., AND BATINI, C. A Methodology for Data Quality Assessment on Financial Data. *Studies in Communication Sciences* (2004).
57. DE GIACOMO, G., LEMBO, D., LENZERINI, M., AND ROSATI, R. Tackling Inconsitencies in Data Integration though Source Preferences. In *Proc. IQIS 2004 (SIGMOD Workshop)* (Paris, France, 2004).
58. DE MICHELIS, G., DUBOIS, E., JARKE, M., MATTHES, F., MYLOPOULOS, J., PAPAZOGLOU, M. P., , SCHMIDT, J., WOO, C., AND YU, E. Cooperative Information Systems: A Manifesto. In *Cooperative Information Systems: Trends & Directions*, M. Papazoglou and G. Schlageter, Eds. Accademic-Press, 1997.
59. DE SANTIS, L., SCANNAPIECO, M., AND CATARCI, T. Trusting Data Quality in Cooperative Information Systems. In *Proc. 11th International Conference on Cooperative Information Systems (CoopIS 2003)* (Catania, Italy, 2003).
60. DEDEKE, A. Building Quality into Information Supply Chain. In *Advances in Management Information Systems - Information Quality (AMIS-IQ) Monograph*, R. Y. Wang, E. M. Pierce, S. E. Madnick, and C. W. Fisher, Eds. Sharpe, M.E., April 2005.
61. DEMPSTER, A., LAIRD, N., AND RUBIN, D. Maximum Likelihood from Incomplete Data via the EM Algorithm. *Journal of the Royal Statistical Society Series B 39*, 1 (1977).
62. DONG, X., HALEVY, A. Y., AND MADHAVAN, J. Reference Reconciliation in Complex Information Spaces. In *Proc. SIGMOD 2005*.
63. DUBLIN CORE. http://dublincore.org/.
64. DUNN, H. L. Record Linkage. *American Journal of Public Health 36* (1946), 1412–1416.
65. ELFEKY, M. G., VERYKIOS, V. S., AND ELMAGARMID, A. K. Tailor: A Record Linkage Toolbox. In *Proc. 18th International Conference on Data Engineering* (San Jose, CA, 2002).
66. ELMASRI, R., AND NAVATHE, S. *Foundamentals of Database Systems (5th ed.)*. Addison-Wesley Publishing Company, 1994.
67. ENGLISH, L. Process Management and Information Quality: How Improving Information Production Processes Improves Information (Product) Quality. In *Proc. 7th International Conference on Information Quality (IQ 2002)*.
68. ENGLISH, L. P. *Improving Data Warehouse and Business Information Quality*. Wiley & Sons, 1999.
69. EPPLER, M., AND MUENZENMAIER, P. Measuring Information Quality in the Web Context: A Survey of State-of-the-Art Instruments and an Application Methodology. In *Proc. 7th International Conference on Information Quality (IQ 2002)*.

70. EPPLER, M. J., AND HELFERT, M. A Classification and Analysis of Data Quality Costs. In *Proc. 9th International Conference on Information Quality (IQ 2004)*.
71. EUROPEAN PARLIAMENT. Directive 2003/98/EC of the European Parliament and of the Council of 17 November 2003 on the Re-use of Public Sector Information. Official Journal of the European Union, 2003.
72. EUROSTAT. http://epp.eurostat.cec.eu.int/pls/portal/.
73. FALORSI, P. D., PALLARA, S., PAVONE, A., ALESSANDRONI, A., MASSELLA, E., AND SCANNAPIECO, M. Improving the Quality of Toponymic Data in the Italian Public Administration. In *Proc. DQCIS 2003 (ICDT Workshop)* (Siena, Italy, 2003).
74. FALORSI, P. D., AND SCANNAPIECO, M., Eds. *Principi Guida per la Qualità dei Dati Toponomastici nella Pubblica Amministrazione (in Italian)*. ISTAT, serie Contributi, vol. 12. Available at: http://www.istat.it/dati/pubbsci/contributi/Contr_anno2005.htm, 2006.
75. FAN, W., LU, H., MADNICK, S., AND CHEUNGD, D. Discovering and Reconciling Value Conflicts for Numerical Data Integration. *Information Systems 26*, 8 (2001).
76. FELLEGI, I. P., AND HOLT, D. A Systematic Approach to Automatic Edit and Imputation. *Journal of the American Statistical Association 71*, 353 (1976), 17–35.
77. FELLEGI, I. P., AND SUNTER, A. B. A Theory for Record Linkage. *Journal of the American Statistical Association 64* (1969).
78. FISHER, C. W., AND KINGMA, B. R. Criticality of Data Quality as Exemplified in Two Disasters. *Information Management 39* (2001).
79. FOWLER, M. *UML Distilled: A Brief Guide to the Standard Object Modeling Language*. Pearson Education, 2004.
80. FRATERNALI, P., LANZI, P. L., MATERA, M., AND MAURINO, A. Model-Driven Web Usage Analysis for the Evaluation of Web Application Quality. *Journal of Web Engineering 3*, 2 (2004), 124–152.
81. FUXMAN, A., FAZLI, E., AND MILLER, R. J. ConQuer: Efficient Management of Inconsistent Databases. In *Proc. SIGMOD 2005* (Baltimore, MA, 2005).
82. GALHARDAS, H., FLORESCU, D., SHASHA, D., SIMON, E., AND SAITA, C. A. Declarative Data Cleaning: Language, Model, and Algorithms. In *Proc. VLDB 2001* (Rome, Italy, 2001).
83. GLOVER, F., AND LAGUNA, M. *Tabu Search*. Kluver Academic Publishers, 1997.
84. GOERK, M. SAP AG Data Quality@SAP: An Enterprise Wide Approach to Data Quality Goals. In *CAiSE Workshop on Data and Infomation Quality (DIQ 2004)* (Riga, Latvia, 2004).
85. GRAY, J. *The Benchmark Handbook for Database and Transaction Systems*. Morgan Kaufmann, 1993.
86. GRECO, G., GRECO, S., AND ZUMPANO, E. A Logical Framework for Querying and Repairing Inconsistent Databases. *Transactions on Knowledge and Data Engineering 15*, 6 (2003), 1389–1408.
87. GRECO, G., AND LEMBO, D. Data Integration with Preferences Among Sources. In *Proc. ER 2004* (Shangai, China, 2004).
88. GU, L., BAXTER, R., VICKERS, D., AND RAINSFORD, C. P. Record Linkage: Current Practice and Future Directions. Technical Report 03/83, CMIS 03/83, Camberra, Australia.

89. GUPTIL, C., AND MORRISON, J. *Elements of Spatial Data Quality*. Elsevier Science Ltd, Oxford, UK, 1995.
90. HALL, P. A., AND DOWLING, G. Approximate String Comparison. *ACM Computing Surveys 12*, 4 (1980), 381–402.
91. HAMMER, M., AND CHAMPY, J. *Rengineering the Corporation: a Manifesto for Business Revolution*. 2001.
92. HAN, J., AND KAMBER, M. *Data Mining: Concepts and Techniques*. Morgan Kaufmann Publishers, 2000.
93. HERNANDEZ, M. A., AND STOLFO, S. J. Real-world Data is Dirty: Data Cleansing and The Merge/Purge Problem. *Journal of Data Mining and Knowledge Discovery 1*, 2 (1998).
94. INFOIMPACT. http://www.infoimpact.com/iqproducts.cfm.
95. INTERNATIONAL CONFERENCE ON INFORMATION QUALITY (IQ/ICIQ). http://www.iqconference.org/.
96. INTERNATIONAL MONETARY FUND. http://dsbb.imf.org/.
97. INTERNATIONAL ORGANIZATION FOR STANDARDIZATION. http://www.iso.org.
98. INTERNATIONAL WORKSHOP ON DATA AND INFORMATION QUALITY (DIQ). http://www.computing.dcu.ie/research/dataquality/diq/.
99. INTERNATIONAL WORKSHOP ON INFORMATION QUALITY IN INFORMATION SYSTEMS (IQIS). http://iqis.irisa.fr/.
100. INTERNATIONAL WORKSHOP ON QUALITY OF INFORMATION SYSTEMS (QoIS). http://deptinfo.cnam.fr/qois2006/.
101. INTERPARES PROJECT. http://www.interpares.org.
102. ISAKOWITZ, T., STOHR, E. A., AND BALASUBRAMANIAN, P. RMM: a Methodology for Structured Hypermedia Design. *Communication of the ACM 58*, 8 (1995).
103. JARKE, M., JEUSFELD, M. A., QUIX, C., AND VASSILIADIS, P. Architecture and Quality in Data Warehouses: an Extended Repository Approach. *Information Systems* (1999).
104. JARKE, M., LENZERINI, M., VASSILIOU, Y., AND VASSILIADIS, P., Eds. *Fundamentals of Data Warehouses*. Springer Verlag, 1995.
105. JARO, M. A. Advances in Record Linkage Methodologies as Applied to Matching the 1985 Cencus of Tampa, Florida. *Journal of American Statistical Society 84*, 406 (1985), 414–420.
106. JOSANG, A., ISMAIL, R., AND BOYD, C. A Survey of Trust and Reputation Systems for Online Service Provision. *Decision Support Systems* (2005).
107. KAHN, B. K., STRONG, D. M., AND WANG, R. Y. Information Quality Benchmarks: Product and Service Performance. *Communications of the ACM 45* (2002).
108. KATIFORI, V., POGGI, A., SCANNAPIECO, M., CATARCI, T., AND IOANNIDIS, Y. OntoPIM: how to rely on a Personal Ontology for Personal Information Management. In *Proc. Workshop on The Semantic Desktop 2005*.
109. KIM, W., AND SEO, J. Classifying Schematic and Data Heterogeneity in Multidatabase Systems. *IEEE Computer 24*, 12 (1991), 12–18.
110. KISSNER, L., AND SONG, D. Private and Threshold Set-Intersection. Tech. Rep. CMU-CS-05-113, Carnegie Mellon University, February 2005.
111. KRAWCZYK, H., AND WISZNIEWSKI, B. Visual GQM Approach to Quality-driven Development of Electronic Documents. In *Proc. 2nd International Workshop on Web Document Analysis (WDA2003)* (Edinburgh, UK, 2003).

112. LAKSHMANAN, L. V., NG, R. T., AND RAMESH, G. To Do or Not to Do: the Dilemma of Disclosing Anonymized Data. In *Proc. SIGMOD 2005*.
113. LARSEN, M. D., AND RUBIN, D. B. An Iterative Automated Record Matching using Mixture Models. *Journal of American Statistical Association 79* (1989), 32–41.
114. LEE, Y. W., STRONG, D. M., KAHN, B. K., AND WANG, R. Y. AIMQ: A Methodology for Information Quality Assessment. *Information and Management* (2001).
115. LEHTI, P., AND FANKHAUSER, P. Probabilistic Iterative Duplicate Detection. In *Proc. OTM Conferences 2005*.
116. LENZERINI, M. Data Integration: A Theoretical Perspective. In *Proc. PODS 2002* (Madison, WI, 2002).
117. LEVY, A. Y., MENDELZON, A. O., SAGIV, Y., AND SRIVASTAVA, D. Answering Queries Using Views. In *Proc. PODS 1995* (San Jose, CA, 1995).
118. LIM, E. P., AND CHIANG, R. H. A Global Object Model for Accommodating Instance Heterogeneities. In *Proc. ER'98* (Singapore, Singapore, 1998).
119. LIN, J., AND MENDELZON, A. O. Merging Databases Under Constraints. *International Journal of Cooperative Information Systems 7*, 1 (1998), 55–76.
120. LIU, L., AND CHI, L. Evolutionary Data Quality. In *Proc. 7th International Conference on Information Quality (IQ 2002)*.
121. LOHNINGEN, H. *Teach Me Data Analysis*. Springer-Verlag, 1999.
122. LONG, J. A., AND SEKO, C. E. A Cyclic-Hierarchical Method for Database Data-Quality Evaluation and Improvement. In *Advances in Management Information Systems - Information Quality (AMIS-IQ) Monograph*, R. Y. Wang, E. M. Pierce, S. E. Madnick, and C. W. Fisher, Eds. Sharpe, M.E., April 2005.
123. LOSHIN, D. *Enterprise Knowledge Management - The Data Quality Approach*. Morgan Kaufmann Series in Data Management Systems, 2004.
124. LOW, W., LEE, M., AND LING, T. A Knowledge-based Approach for Duplicate Elimination in Data Cleaning. *Information Systems 26*, 8 (2001).
125. LYMAN, P., AND VARIAN, H. R. How Much Information.
126. MARTINEZ, A., AND HAMMER, J. Making Quality Count in Biological Data Sources. In *Proc. IQIS 2005 (SIGMOD Workshop)*.
127. MCKEON, A. Barclays Bank Case Study: Using Artificial Intelligence to Benchmark Organizational Data Flow Quality. In *Proc. 8th International Conference on Information Quality (IQ 2003)*.
128. MECCA, G., MERIALDO, P., ATZENI, P., AND CRESCENZI, V. The (Short) ARAENEUS Guide to Web-Site Development. In *Proc. 2nd International Workshop on the Web and Databases (WebDB'99)* (1999).
129. MIKLAU, G., AND SUCIU, D. A Formal Analysis of Information Disclosure in Data Exchange. In *Proc. SIGMOD 2004*.
130. MISSIER, P., AND BATINI, C. A Multidimensional Model for Information Quality in Cooperative Information Systems. In *Proc. 8th International Conference on Information Quality (IQ 2003)*.
131. MISSIER, P., AND BATINI, C. A Model for Information Quality Management Framework for Cooperative Information Systems. In *Proc. 11th Italian Symposium on Advanced Database Systems (SEDB 2003)* (Cetraro, Italy, June 2003).
132. MISSIER, P., AND BATINI, C. An Information Quality Management Framework for Cooperative Information Systems. In *Proc. International Conference on*

Information Systems and Engineering (ISE 2003) (Montreal, Canada, July 2003).
133. MISSIER, P., LACK, G., VERYKIOS, V., GRILLO, F., LORUSSO, T., AND ANGELETTI, P. Improving Data Quality in Practice: a Case Study in the Italian Public Administration. *Parallel and Distributed Databases 13*, 2 (2003), 135–160.
134. MONGE, A., AND ELKAN, C. An Efficient Domain Independent Algorithm for Detecting Approximate Duplicate Database Records. In *Proc. SIGMOD Workshop on Research Issues on Data Mining and Knowledge Discovery (DMKD'97)* (Tucson, AZ, 1997).
135. MOTRO, A., AND ANOKHIN, P. Fusionplex: Resolution of Data Inconsistencies in the Data Integration of Heterogeneous Information Sources. *Information Fusion* (2005).
136. MOTRO, A., AND RAGOV, I. Estimating Quality of Databases. In *Proc. 3rd International Conference on Flexible Query Answering Systems (FQAS'98)* (Roskilde, Denmark, 1998).
137. MUTHU, S., WITHMAN, L., AND CHERAGHI, S. Business Process Reengineering: a Consolidated Methodology. In *Proc. 4th Annual International Conference on Industrial Engineering Theory, Applications and Practice* (San Antonio, TX, 1999).
138. NALEBUFF, B. Competing Against bundles. P. Hammond and G. Myles, Eds., Oxford University Press.
139. NAUMANN, F. *Quality-Driven Query Answering for Integrated Information Systems*. Springer Verlag, LNCS 2261, 2002.
140. NAUMANN, F., FREYTAG, J. C., AND LESER, U. Completeness of Integrated Information Sources. *Information Systems 29*, 7 (2004), 583–615.
141. NAUMANN, F., AND HÄUSSLER, M. Declarative Data Merging with Conflict Resolution. In *Proc. 7th International Conference on Information Quality (IQ 2002)*.
142. NAUMANN, F., LESER, U., AND FREYTAG, J. C. Quality-driven Integration of Heterogenous Information Systems. In *Proc. VLDB'99* (Edinburgh, UK, 1999).
143. NAVARRO, G. A Guided Tour of Approximate String Matching. *ACM Computing Surveys 31* (2001), 31–88.
144. NEBEL, B., AND LAKEMEYER, G., Eds. *Foundations of Knowledge Representation and Reasoning*, lecture notes in artificial intelligence ed., vol. 810. Springer-Verlag, 1994.
145. NEILING, M., JURK, S., LENZ, H. J., AND NAUMANN, F. Object Identification Quality. In *Proc. DQCIS 2003 (ICDT Workshop)* (Siena, Italy, 2003).
146. NEWCOMBE, H. B., KENNEDY, J. M., AXFORD, S. J., AND JAMES, A. P. F. Automatic Linkage of Vital Records. *Science 130* (1959).
147. NIGAM, K., MCCALLUM, A., THRUN, S., AND MITCHELL, T. Text Classification from Labeled and Unlabeled Documents using EM. *Machine Learning 39* (2000), 103–134.
148. OBJECT MANAGEMENT GROUP (OMG). Unified Modeling Language Specification, Version 1.5. OMG Document formal/03-03-01, 2003.
149. OFFICE OF MANAGEMENT AND BUDGET. Information Quality Guidelines for Ensuring and Maximizing the Quality, Objectivity, Utility, and Integrity of Information Disseminated by Agencies. http://www.whitehouse.gov/omb/fedreg/reproducible.html.

150. OMG. Data Quality and the Bottom Line: Achieving Business Success through a Commitment to High Quality Data. http://www.uml.org/.
151. ORACLE. http://www.oracle.com/solutions/business-intelligence.
152. OSTMAN, A. The Specifications and Evaluation of Spatial Data Quality. In *Proc. 18th ICA/ACI International Conference* (Stockholm, Sweden, 1997).
153. OZSU, T., AND VALDURIEZ, P. *Principles of Distributed Database Systems*. Prentice Hall, 2000.
154. PAPAKONSTANTINOU, Y., ABITEBOUL, S., AND GARCIA-MOLINA, H. Object Fusion in Mediator Systems. In *Proc. VLDB 1996* (Bombay, India, 1996).
155. PARSSIAN, A., SARKAR, S., AND JACOB, V. Assessing Information Quality for the Composite Relational Operation Join. In *Proc. 7th International Conference on Information Quality (IQ 2002)*.
156. PARSSIAN, A., SARKAR, S., AND JACOB, V. Assessing Data Quality for Information Products: Impact of Selection, Projection, and Cartesian Product. *Management Science 50*, 7 (2004).
157. PARSSIAN, A., SARKAR, S., AND JACOB, V. Assessing Data Quality for Information Products. In *Proc. 20th International Conference on Information Systems (ICIS 99)* (Charlotte, NC, December 1999).
158. PASCHKE, A., DIETRICH, J., AND KULHA, K. A Logic Based SLA Management Framework. In *ICSW 2005 Workshop on Semantic Web and Policy Workshop (SWPW 2005)* (2005).
159. PERNICI, B., AND SCANNAPIECO, M. Data Quality in Web Information Systems. *Journal of Data Semantics* (2003).
160. PIERCE, E. M. Extending IP-MAPS: Incorporating the Event-Driven Process Chain Methodology. In *Proc. 7th International Conference on Information Quality (IQ 2002)*.
161. PIPINO, L. L., LEE, Y. W., AND WANG, R. Y. Data Quality Assessment. *Communications of the ACM 45*, 4 (2002).
162. PIRA INTERNATIONAL. Commercial Exploitation of Europe's Public Sector Information, Final Report for the European Commission, Directorate General for the Information Society, October 2000.
163. POIRIER, C. A Functional Evaluation of Edit and Imputation Tools. In *UN/ECE Work Statistical Data Editing* (Rome, Italy, 2-4 June 1999).
164. QUANTIN, C., BOUZELAT, H., ALLAERT, F., BENHAMICHE, A., FAIVRE, J., AND DUSSERRE, L. How to Ensure Data Security of an Epidemiological Follow-up: Quality Assessment of an Anonymous Record Linkage Procedure. *International Journal of Medical Informatics 49*, 1 (1998).
165. RAHM, E., THOR, A., AUMUELLER, D., DO, H. H., GOLOVIN, N., AND KIRSTEN, T. iFuice - Information Fusion Utilizing Instance Correspondences and Peer Mappings. In *Proc. 8th International Workshop on the Web and Databases (WebDB 2005)* (2005).
166. RAMAN, V., AND HELLERSTEIN, J. M. Potter's Wheel: An Interactive Data Cleaning System. In *Proc. VLDB 2001* (Rome, Italy, 2001).
167. REDMAN, T. C. *Data Quality for the Information Age*. Artech House, 1996.
168. REDMAN, T. C. The Impact of Poor Data Quality on the Typical Enterprise. *Communications of the ACM* (1998).
169. REDMAN, T. C. *Data Quality The Field Guide*. The Digital Press, 2001.
170. SAATY, T. L. *The Analytic Hierarchy Process*. McGraw-Hill, 1980.
171. SAMARATI, P. Protecting Respondents' Identities in Microdata Release. *IEEE Transactions on Knowledge and Data Engineering 13*, 6 (2001), 1010–1027.

172. SARAWAGI, S., AND BHAMIDIPATY, A., Eds. *Interactive Deduplication Using Active Learning* (Edmonton, Alberta, Canada, 2002).
173. SCANNAPIECO, M., AND BATINI, C. Completeness in the Relational Model: A Comprehensive Framework. In *Proc. 9th International Conference on Information Quality (IQ 2004)*.
174. SCANNAPIECO, M., PERNICI, B., AND PIERCE, E. M. IP-UML: A Methodology for Quality Improvement based on IP-MAP and UML. In *Advances in Management Information Systems - Information Quality (AMIS-IQ) Monograph*, R. Y. Wang, E. M. Pierce, S. E. Madnick, and C. W. Fisher, Eds. Sharpe, M.E., April 2005.
175. SCANNAPIECO, M., VIRGILLITO, A., MARCHETTI, C., MECELLA, M., AND BALDONI, R. The DaQuinCIS Architecture: a Platform for Exchanging and Improving Data Quality in Cooperative Information Systems. *Information Systems 29*, 7 (2004), 551–582.
176. SCHALLEHN, E., SATTLER, K. U., AND SAAKE, G. Extensible and Similarity-Based Grouping for Data Integration. In *Proc. of the ICDE 2002* (San Jose, CA, 2002).
177. SHANKARANARAYAN, G., WANG, R. Y., AND ZIAD, M. Modeling the Manufacture of an Information Product with IP-MAP. In *Proc. 5th International Conference on Information Quality (IQ 2000)*.
178. SHENG, Y. H. Exploring the Mediating and Moderating Effects of Information Quality on Firms? Endeavor on Information Systems. In *Proc. 8th Internationa Conference on Information Quality (IQ 2003)*.
179. SHENG, Y. H., AND MYKYTYN JR., P. P. Information Technology Investment and Firm Performance: A Perspective of Data Quality. In *Proc. 7th Internationa Conference on Information Quality (IQ 2002)*.
180. SMITH, T. F., AND WATERMAN, M. S. Identification of Common Molecular Subsequences. *Molecular Biology 147* (1981), 195–197.
181. STOICA, M., CHAWAT, N., AND SHIN, N. An Investigation of the Methodologies of Business Process Reengineering. In *Proc. of Information Systems Education Conference* (2003).
182. STOLFO, S. J., AND HERNANDEZ, M. A. The Merge/Purge Problem for Large Databases. In *Proc. SIGMOD 1995* (San Jose, CA, 1995).
183. STOREY, V., AND WANG, R. Y. Extending the ER Model to Represent Data Quality Requirements. In *Data Quality*, R. Wang, M. Ziad, and W. Lee, Eds. Kluver Academic Publishers, 2001.
184. STOREY, V. C., AND WANG, R. Y. An Analysis of Quality Requirements in Database Design. In *Proc. 4th International Conference on Information Quality (IQ 1998)*.
185. SU, Y., AND JIN, Z. A Methodology for Information Quality Assessment in the Designing and Manufacturing Processes in Mechanical Products. In *Proc. 9th International Conference on Information Quality (ICIQ 2004)*.
186. TAMASSIA, R., BATINI, C., AND DI BATTISTA, G. Automatic Graph Drawing and Readability of Diagrams. *IEEE Transactions on Systems, Men and Cybernetics* (1987).
187. TARJAN, R. E. Efficiency of A Good But Not Linear Set Union Algorithm. *Journal of the ACM 22*, 2 (1975), 215–225.
188. TATARINOV, I., AND HALEVY, A. Y. Efficient Query Reformulation in Peer-Data Management Systems. In *Proc. SIGMOD 2004*.

… Riferimenti bibliografici 263

189. TEJADA, S., KNOBLOCK, C. A., AND MINTON, S. Learning Object Identication Rules for Information Integration. *Information Systems 26*, 8 (2001).
190. ULLMAN, J. D. *Principles of Database and Knowledge-Base Systems.* Computer Science Press, 1988.
191. ULUSOY, G., AND KARABULUT, K. Determination of the Bundle Price for Digital Information Goods. University of Sabanci, Istanbul, 2003.
192. U.S. NATIONAL INSTITUTE OF HEALTH (NIH). http://www.pubmedcentral.nih.gov/.
193. VAN DER AALST, W., AND TER HOFSTEDE, A. YAWL: Yet Another Workflow Language. *Information Systems 30*, 4 (2005), 245–275.
194. VASSILIADIS, P., VAGENA, Z., SKIADOPOULOS, S., KARAYANNIDIS, N., AND SELLIS, T. ARTKOS: Toward the Modeling, Design, Control and Execution of ETL Processes. *Information Systems 26* (2001), 537–561.
195. VERMEER, B. H. P. J. How Important is Data Quality for Evaluating the Impact of EDI on Global Supply Chains ? In *Proc. HICSS 2000*.
196. VERYKIOS, V. S., ELMAGARMID, A. K., BERTINO, E., SAYGIN, Y., AND DASSENI, E. Association Rule Hiding. *IEEE Transaction on Knowledge and Data Engineering 16*, 4 (2004).
197. VERYKIOS, V. S., MOUSTAKIDES, G. V., AND ELFEKY, M. G. A Bayesian Decision Model for Cost Otimal Record Matching. *The VLDB Journal 12* (2003), 28–40.
198. W3C. http://www.w3.org/WAI/.
199. WAND, Y., AND WANG, R. Y. Anchoring Data Quality Dimensions in Ontological Foundations. *Communications of the ACM 39*, 11 (1996).
200. WANG, R. Y., CHETTAYAR, K., DRAVIS, F., FUNK, J., KATZ-HAAS, R., LEE, C., LEE, Y., XIAN, X., AND S., B. Exemplifying Business Oppurtunities for Improving Data Quality from Corporate Household Research. In *Advances in Management Information Systems - Information Quality (AMIS-IQ) Monograph*, R. Y. Wang, E. M. Pierce, S. E. Madnick, and C. W. Fisher, Eds. Sharpe, M.E., April 2005.
201. WANG, R. Y., LEE, Y. L., PIPINO, L., AND STRONG, D. M. Manage Your Information as a Product. *Sloan Management Review 39*, 4 (1998), 95–105.
202. WANG, R. Y., AND MADNICK, S. E. A Polygen Model for Heterogeneous Database Systems: The Source Tagging Perspective. In *Proc. VLDB'90* (Brisbane, Queensland, Australia, 1990), pp. 519–538.
203. WANG, R. Y., PIERCE, E., MADNICK, S., AND FISHER, C. *Information Quality, Advances in Management Information Systems.* M.E. Sharpe, Vladimir Zwass Series, 2005.
204. WANG, R. Y., STOREY, V. C., AND FIRTH, C. P. A Framework for Analysis of Data Quality Research. *IEEE Transaction on Knowledge and Data Engineering 7*, 4 (1995).
205. WANG, R. Y., AND STRONG, D. M. Beyond Accuracy: What Data Quality Means to Data Consumers. *Journal of Management Information Systems 12*, 4 (1996).
206. WANG, R. Y., ZIAD, M., AND LEE, Y. W. *Data Quality.* Kluwer Academic Publisher, 2001.
207. WEIS, M., AND NAUMANN, F. DogmatiX Tracks down Duplicates in XML. In *Proc. SIGMOD 2005.*
208. WHITE, C. Data Integration: Using ETL, EAI, and EII Tools to Create an Integrated Enterprise. http://ibm.ascential.com, 2005.

209. WIEDERHOLD, G. Mediators in the Architecture of Future Information Systems. *IEEE Computer 25*, 3 (1992).
210. WINKLER, W. Improved Decision Rules in the Fellegi-Sunter Model of Record Linkage. In *Proc. of the Section on Survey Research Methods, American Statistical Association* (1993).
211. WINKLER, W. E. Using the EM Algorithm for Weight Computation in the Fellegi and Sunter Modelo of Record Linkage. In *Proc. of the Section on Survey Research Methods, American Statistical Association* (1988).
212. WINKLER, W. E. Matching and Record Linkage. In *Business Survey Methods*. Wiley & Sons, 1995.
213. WINKLER, W. E. Matching and Record Linkage. In *Business Survey Methods*. Wiley & Sons, 1995.
214. WINKLER, W. E. Machine Learning, Information Retrieval and Record Linkage. In *Proc. of the Section on Survey Research Methods, American Statistical Association* (2000).
215. WINKLER, W. E. Methods for Evaluating and Creating Data Quality. *Information Systems 29*, 7 (2004).
216. WINKLER, W. E. Quality of Very Large Databases. Technical Report RR-2001/04, U.S. Bureau of the Census, Statistical Research Division, Washington, Washington DC, 2001.
217. WISZNIEWSKI, B., AND KRAWCZYK, H. Digital Document Life Cycle Development. In *Proc. 1st International Symposium on Information and Communication Technologies (ISICT 2003)* (Dublin, Ireland, 2003).
218. YAN, L. L., AND OZSU, T. Conflict Tolerant Queries in AURORA. In *Proc. CoopIS'99* (Edinburgh, UK, 1999).
219. ZHOU, C., CHIA, L. T., AND LEE, B. S. QoS Measurement Issues with DAML-QoS Ontology. In *Proc. 2005 IEEE International Conference on e-Business Engineering (ICEBE'05)* (2005).

Indice analitico

D^2Q, 63

accessibilità, 4, 38, 251
accuratezza, 5, 6, 8, 16, 21, 22, 24, 25, 36, 41, 43, 46, 56, 58, 63, 64, 69, 79, 83, 84, 97, 105, 110, 120, 122, 149, 162, 174, 177, 183, 200, 203, 206–208, 217, 224, 233, 248
    accuratezza della base di dati, 24
    accuratezza della relazione, 83
    accuratezza della tupla, 83
    accuratezza di attributo, 24
    accuratezza di relazione, 24
    accuratezza posizionale, 36
    accuratezza semantica, 23
    accuratezza sintattica, 23
    attributo/tematica, 36
    errore di accuratezza grave, 26
    errore di accuratezza lieve, 25
accuratezza attributo/tematica, 36
accuratezza della relazione, 83
accuratezza della tupla, 82, 83
accuratezza posizionale, 36
accuratezza sintattica, 238
acquisizione di nuovi dati, 76, 77, 90
activity diagram, 69
adattabilità, 234
affidabilità, 15, 42, 234
affidabilità delle sorgenti, 77
aggiornamento, 64
aggregazione definita dall'utente, 164
albero decisionale, 132
algebra di composizione, 79
algebra polygen, 59

algebra relazionale, 151
algoritmo di Jaro, 111
algoritmo di scomposizione dell'interrogazione, 246
algoritmo EM, 117
algoritmo expectation-maximization, 117
analisi costi-benefici, 78
annotazione, 60, 62
anonimizzazione, 242
apprendimento
    apprendimento non supervisionato, 109
    apprendimento supervisionato, 109
apprendimento automatico, 117
    apprendimento supervisionato, 118
apprendimento non supervisionato, 109
apprendimento supervisionato, 109, 118
approccio empirico alla definizione delle dimensioni, 40, 43
approccio forward propagation, 61
approccio intuitivo alla definizione delle dimensioni, 40, 43
approccio reverse query, 61
approccio teorico alla definizione delle dimensioni, 40
architettura cooperativa e-Government, 209
    infrastruttura di notifica degli eventi, 209
    infrastruttura per la cooperazione, 209
architettura cooperativa e-Government

infrastruttura per connettività, 209
architettura DaQuinCIS, 230
  data processing, 231
  funzione di miglioramento della qualità, 230
  funzione di quality brokering, 230
  monitoraggio, 231
  quality analyzer, 231
  quality assessment, 231
  quality factory, 231
  quality notification service, 231
  quality repository, 231
  rating service, 231
architettura DaQuinCIS
  data quality broker, 230
architettura FusionPlex
  base di dati dei mapping, 233
  fragment factory, 233
  query processor, 233
architettura mediator-wrapper, 143
area critica, 198
Ascential Software, 3
asserzioni di corrispondenza di qualità - criteri specifici, 147
asserzioni di corrispondenza fra query, 146
assunzione della consistenza dello schema, 150
assunzione di dipendenza condizionale, 118
assunzione di inconsistenza dell'istanza, 150
assunzione di indipendenza condizionale, 117
assunzione di mondo aperto, 27
assunzione di mondo chiuso, 27
attendibilità, 16
attività, 226
attività di identificazione degli oggetti, 200
  metodo decisionale, 135
    grandezza dei dati, 137
    input, 135
    interazione umana, 135
    metriche, 137
    oggettivo, 135
    output, 135
    selezione/costruzione di un rappresentante, 135

tipi di dati, 137
metodo di ricerca, 134
  blocking, 134
  pruning, 134
modello decisionale, 133
preprocessing, 108
riduzione dello spazio
  filtering, 111
riduzione dello spazio di ricerca, 110, 126, 127, 133
  blocking, 110, 127
  hashing, 110
  pruning, 111
  sorted neighborhood, 110
scelta della funzione di confronto, 133
scelta delle funzioni di confronto, 108
attività di identificazione dell'oggetto
  verifica, 108
attività di ottimizzazione dei costi, 188
attività inerente la qualità dei dati, 13, 75, 104, 218
  acquisizione di nuovi dati, 76, 77, 90
  composizione della qualità, 76, 78
  correzione degli errori, 76, 90
  deduplicazione, 107
  identificazione degli oggetti, 76, 103, 107, 219
  individuazione degli errori, 76
  integrazione dei dati, 19, 76, 219
  localizzazione degli errori, 76, 88
  normalizzazione, 76
  ottimizzazione dei costi, 77
    analisi costi-benefici, 78
    classificazione di costi e benefici, 77
    integrazione di sorgenti eterogenee basata sui costi, 78
    trade-off dei costi, 77
  record linkage, 76, 106, 221
  record matching, 203
  riconciliazione degli schemi, 110
  risoluzione dei conflitti a livello di istanza, 152
  risoluzione dei conflitti di istanza, 76
  risposta all'interrogazione guidata dalla qualità, 76
  schema cleaning, 77
  schema matching, 77
  schema profiling, 77
  standardizzazione, 76, 77

Indice analitico 267

trustworthiness della sorgente, 76
trustworthiness delle sorgenti, 77
attività inerenti la qualità dei dati
    correzione degli errori, 88
    correzione dell'errore, 200
    identificazione degli oggetti, 200
attività per la qualità dei dati
    guidata dai dati, 209
    guidata dai processi, 209
attività relativa alla qualità dei dati
    identificazione dei duplicati, 107
    profiling, 220
    standardizzazione, 221
attività relative alla qualità dei dati, 175
attributi non-identificatori, 80
attributo, 9, 56, 105
attributo dell'identificatore, 80
autonomia, 10

base di conoscenza, 18
base di dati dei mapping, 233
base di dati globale, 168
base di dati/matrice dell'organizzazione, 195
Basel2, 3
Bellman, 220
benchmark per le basi di dati, 234
benchmarking, 235
beneficio, 175, 213
    intangibile, 101, 199
    monetizzabile, 101
    quantificabile, 101
beneficio intangibile, 199
bi-gram, 111
biologia, 16
blocco di costruzione
    limite del sistema informativo, 66
Blocco di costruzione IP-MAP
    sorgente, 66
blocco di costruzione IP-MAP
    cliente, 66
    decisione, 66
    elaborazione, 66
    limite business, 66
    memorizzazione dei dati, 66
    qualità dei dati, 66
broker, 246

Camera di Commercio, 203, 211
campo, 9, 105
carattere comune, 111
carattere trasposto, 112
caratteristica
    accuratezza, 161
    autorizzazione, 161
    costo, 161
    disponibilità, 161
    timestamp, 161
caratteristiche, 151, 161
catena di fornitura, 248
causa, 198
CDQM, 194, 202, 203
chiave, 51, 106
chiusura transitiva, 120, 130
classe dati, 64
classe di qualità, 64
classe UML, 68
classificazione dei costi, 96
    classificazione di English, 96
    classificazione di EpplerHelfert, 99
    classificazione di Loshin, 97
classificazione di costi e benefici, 77
closed world assumption, 27, 79, 81
clue, 227
codice soundex , 111
coerenza, 21
collezione di dati, 174
comparatore di stringhe di Jaro, 112
compattezza, 50
completabilità, 30
completezza, 5, 6, 26, 42–44, 46, 48, 56, 58, 64, 76, 78–84, 86, 91, 147, 149, 162, 177, 178, 186, 194, 200, 206–208, 234, 248
    completezza dei Dati Web, 29
    completezza di attributo, 28
    completezza di colonna, 26
    completezza di popolazione, 26
    completezza di relazione, 28, 79
    completezza di schema, 26
    completezza di tupla, 79
    completezza di valore, 28, 79
    completezza nel modello relazionale, 26
completezza dei Dati Web, 29
completezza della colonna, 26
completezza di attributo, 28

268 Indice analitico

completezza di popolazione, 26
completezza di relazione, 28, 79
completezza di schema, 26
completezza di tupla, 28, 79
completezza di valore, 28, 79
completezza nel modello relazionale, 26
component model, 68
composizione della qualità, 76, 78
conflitti nella fase di interrogazione, 155
conflitti semantici, 153
conflitto
    a livello di istanza, 154
    attributo, 154
    chiave, 154
    descrizione, 154
    eterogeneità, 153
    resolve attribute-level conflict, 160
    risolvi a livello di tupla, 160
    semantico, 153
    strutturale, 154
conflitto a livello di istanza, 153
conflitto a livello di schema, 153
conflitto di attributo, 154
    non tollerabile, 165
    tollerabile, 165
conflitto di chiave, 154
conflitto di descrizione, 154
conflitto di eterogeneità, 153
conflitto strutturale, 154
conservazione, 251
    modello dinamico, 251
    modello statico, 251
consistenza, 5, 6, 22, 25, 33, 35, 42, 46, 64, 88, 149, 162, 248
consumatore, 70
controllo del processo, 177, 179, 193
copertura, 84
correttezza, 22, 42, 205, 234
correttezza rispetto ai requisiti, 48
correttezza rispetto al modello, 48
correzione degli errori, 76, 88, 90
    delle inconsistenze, 89
correzione dell'errore, 200
cosine similarity, 112
costi per fallimento dei processi, 96
costi per perdite e opportunità mancate, 97
costo, 77, 96, 175, 178, 202, 213, 233
    costo di immissione dei dati, 99

costo per fallimento dei processi, 96
costo per l'uso dei dati, 99
    del personale, 202
    del software personalizzato, 202
    dell'attrezzatura, 202
    delle licenze, 202
    diretto, 99
    elaborazione dei dati, 99
    indiretto, 99
    perdita e opportunità mancata, 97
    scarto e rilavorazione dell'informazione, 96
costo del programma di miglioramento, 199
costo di immissione dei dati, 99
costo indiretto, 99
costo per l'uso dei dati, 99
criteri di qualità dell'informazione, 146
criteri di qualità della tecnica
    adattabilità, 234
    affidabilità, 234
    completezza, 234
    correttezza, 234
    costo, 234
    flessibilità, 234
    integrabilità, 234
    performance, 234
    qualitativi, 234
    quantitativi, 234
    robustezza, 234
    scalabilità, 234
    trasparenza, 234
    usabilità, 234
criteri specifici dell'interrogazione dell'utente, 147
criteri specifici della sorgente, 146
cubo, 72
cubo di dati, 72
cubo di qualità, 72
cubo multidimensionale, 72
customer matching, 2

DaQuinCIS, 152, 230
Data and Data Quality (D^2Q), 63
data bundle, 247
data edit, 33
data editing, 35
data envelopment analysis, 147
data glitch, 93

Indice analitico 269

data mining, 18
data model, 68
data owner, 17
data provenance, 60
Data Quality Act, 4
data steward, 187
data warehouse, 11, 72, 107, 188, 219
Data Warehousing Institute, VII, 2
dati
   dati aggregati, 69
   dati elementari, 69
dati aggregati, 69
dati censurati, 92
   destra, 92
   sinistra, 92
dati che cambiano di frequente, 9
dati che variano nel lungo termine, 9
dati elementari, 8, 69
dati elementari semistrutturati, 9
dati etichettati, 109
dati federati, 8
dati genetici, 15
dati non etichettati, 109
dati non strutturati, 7, 250
dati semistrutturati, 7, 55
dati stabili, 9
dati strutturati, 7
dati strutturati elementari, 9
dati troncati, 92
dati Web, 8
dato elementare componente, 8
dato elementare grezzo, 8
DBMS, 55, 73, 147
deduplicazione, 107, 224
definizione di tag dell'UML, 68
delivery time, 33
densità, 84
deviazione relativa, 95
diagramma di controllo, 94
diagramma Entità Relazione, 50
difetti di funzionamento, 40
difetti di progetto, 40
differenza, 59
dimensione, 1, 12, 55, 75, 175, 237
   accessibilità, 251
   accuratezza, 84, 149, 162, 206, 208, 248
   accuratezza della tupla, 82
   accuratezza semantica, 23

   accuratezza sintattica, 23, 238
   completezza, 82, 84, 86, 91, 147, 149, 162, 206, 208, 248
   consistenza, 149, 162, 248
   copertura, 84
   densità, 84
   dimensione della qualità dei dati, 22
   dimensione dello schema concettuale, 43
   disponibilità, 151
   inaccuratezza della tupla, 82
   livello di aggiornamento, 149, 162, 206, 208
   mismembership, 82
   relativa valore dei dati, 43
   reputazione, 146
   specifico del dominio, 238
   tempestività, 146, 248
   trustworthiness della sorgente, 231
   usabilità, 251
   validità, 82
dimensione di qualità dello schema, 46
dimensione metrica, 207
dimensione relativa al valore dei dati, 43
dimensione relativa allo schema concettuale, 43
dimensione temporale, 44
dipendenza, 34
   dipendenza di chiave, 34
   dipendenza di inclusione, 34
   dipendenza funzionale, 34
dipendenza di chiave, 34
dipendenza di chiave esterna, 123
dipendenza di inclusione, 34
dipendenza funzionale, 34, 51, 106
Direttiva Europea sul riuso dei dati pubblici, 4
disastro, 248
distanza di Hamming, 112
distribuzione, 10
distribuzione della frequenza congiunta, 91
distribuzione della frequenza marginale, 91
documenti XML, 113
documento, 250
dominio, 9, 106
dominio applicativo, 15

Indice analitico

biologia, 16
e-Government, 13, 14
sanità, 105
Scienze della Vita, 13, 15
World Wide Web, 13
dominio di applicazione
  archivistica, 36
  assicurazione contro gli infortuni, 78, 203
  camera di commercio, 203
  censimento, 105
  cittadini residenti, 78
  contribuenti, 78, 219
  dati di localizzazione, 190
  dati medici, 219
  dati pensionistici, 219
  e-Government, 78
  finanziario, 180, 219
  geografico, 36
  geospaziale, 36
  indirizzi, 219
  previdenza sociale, 78, 203
  processi amministrativi, 105
  pubblica amministrazione, 190
  riferimenti bibliografici, 219
dominio di applicazione
  statistico, 36
dominio di definizione, 9
dominio finanziario, 180
Dublin core, 37
duplicazione, 24

e-Government, 13, 14, 103, 228
EDI, 248
edit, 35, 89
  implicito, 91
edit distance, 23, 111
efficienza, 134
elaborazione dei dati, 99
elaborazione delle interrogazioni guidata da qualità/costo, 245
elaborazione delle interrogazioni guidata dalla qualità, 142
elemento atomico, 72
elemento composito, 72
elemento del modello UML, 68
elemento di informazione
  elemento di informazione fisico, 71
  elemento di informazione logico, 72

elemento di informazione fisico, 71, 73
elemento di informazione logico, 72
entità, 72
entità della misura di qualità dei dati, 57
entità dimensione di qualità dei dati, 57
espansione, 149
estensione, 21
estrazione della struttura, 219
eterogeneità, 10
  a livello di schema, 141
  tecnologica, 141
eterogeneità a livello di istanza, 141
eterogeneità a livello di schema, 141
eterogeneità tecnologica, 141
event process chain diagram, 67
exploratory data mining, 18

falsi non-match, 116
falso match, 116, 133
falso negativo, 108, 133
falso non-match, 133
falso positivo, 108, 133
fase di progettazione, 155
fase metodologica, 183
  miglioramento, 184
    definire il controllo del processo, 184
    gestire le soluzioni di miglioramento, 184
    progettare soluzioni per il miglioramento dei processi, 184
    riprogettare dei processi, 184
    soluzioni migliorative sui dati, 184
    trovare le cause di errore, 184
    verificare l'efficacia dei miglioramenti, 185
  valutazione, 183
    analisi dei dati, 183
    analisi dei requisiti della QD, 183
    assegnazione delle responsabilità sui dati, 184
    assegnazione delle responsabilità sui processi, 184
    esecuzione delle misurazioni, 184
    modellazione il processo, 183
    ricerca di aree critiche, 183
    valutazione dei benefici, 184
    valutazione dei costi legati alla mancanza di qualità, 184

fattore di certezza, 130
file, 9, 105, 106
file di collegamento, 128
file strutturato, 9
finestra scorrevole, 138
flessibilità, 234
flusso amministrativo, 14
flusso di informazione, 72
flusso informativo, 70, 73
   flusso informativo input, 70
   flusso informativo interno, 70
   flusso informativo output, 70
flusso informativo input, 70
flusso informativo interno, 70
flusso informativo output, 70
Forma normale di Boyce Codd, 6
forma normale di Boyce Codd, 51
fornitore, 246
framework, 217, 228
   DaQuinCIS, 161, 230
   FusionPlex, 150, 232
full outer join, 81
full outer join merge, 86
full outer join merge operator, 81
funzionalità di Tailor
   funzione di confronto, 235
   metodo di ricerca, 235
   misurazione, 235
   modello decisionale, 235
funzione di aggregazione, 72
funzione di associazione della qualità, 64
funzione di confronto, 23, 111, 114, 135
   3-gram, 135
   algoritmo di Jaro, 111, 135
   bi-gram, 135
   carattere comune, 111
   carattere trasposto, 112
   codice soundex, 111
   comparatore di stringhe di Jaro, 112
   cosine similarity, 112
   distanza bi-gram, 111
   distanza di Hamming, 112
   distanza n-gram, 111
   distanza q-gram, 111
   edit distance, 111, 135
   Smith-Waterman, 112
   token frequency-inverse document frequency, 112

funzione di credenza, 242
funzione di matching, 222
funzione di risoluzione, 81, 157
   ANY, 160
   AVG, 157
   CONCAT, 157
   MAX, 157
   MAXIQ, 157
   MIN, 157, 160
   SUM, 157
funzione di similarità
   co-occorrenza, 125
funzione distanza
   distanza globale, 132
   distanza locale, 132
funzioni di eliminazione, 163
funzioni di fusione, 163
funzioni XQuery, 64
fusione di organizzazioni, 2
FusionPlex, 150, 152, 161, 232
FusionPlex architettura
   inconsistencies detection module, 233
   inconsistencies resolution module, 233
   query parser and translator, 233

garbling, 41
generalizzazione, 72
gerarchia relazionale, 124
gerarchie dimensionali di relazioni, 124
gestione delle relazioni con nuclei familiari, 2
GLAV, 144, 150
global-as-view, 144
global-local-as-view, 144
Google, 1
grandezza della finestra, 134
group by, 159, 164

IBM, 3
identificazione degli oggetti, 76, 103, 107, 219, 233, 238
   complessità, 233
identificazione dei duplicati, 107
imputation, 36
imputazione, 90
inaccuratezza, 42
inaccuratezza della tupla, 82
incompletezza, 82
   incompletezza della relazione, 82

Indice analitico

inconsistenza, 42
indicatore di qualità, 58
indirizzo, 14
individuazione degli errori, 76
informatica, 5
information product map, 65, 66
informazione, 7
infrastruttura di notifica degli eventi, 209
infrastruttura per connettività, 209
infrastruttura per la cooperazione, 209
input time, 33
insieme di dati, 9
insieme di organizzazioni, 174
insieme di regole edit, 89
    consistente, 89
    non ridondante, 89
    valido, 90
integrabilità, 234
integrazione dei dati, 3, 19, 60, 76, 141, 219
    materializzata, 143
    risoluzione dei conflitti di istanza, 219
    virtuale, 11, 155
integrazione dei dati materializzata, 143
integrazione dei dati virtuale, 143
integrazione di sorgenti eterogenee basata sui costi, 78
integrazione virtuale dei dati, 11, 143, 155
integrità, 4, 36
intensione, 21
interaction model, 68
interoperabilità
    fisica, 2
    semantica, 2
interoperabilità fisica, 2
interoperabilità semantica, 2
interpretabilità, 37
interscambio di dati elettronici, 248
intersezione, 79
IP-MAP, 65, 185
IP-UML, 68, 185
    attività stereotipata, 69
    attori stereotipati, 69
    categoria qualità intrinseca dell'informazione, 69
    modello per l'analisi dei dati, 68
    modello per l'analisi di qualità, 68

profilo di qualità dei dati, 68
quality association, 69
quality data class, 68
quality design model, 69
relazione di dipendenza stereotipata, 69
requisito di qualità, 69
istanza multipla, 151

join, 79, 159

knowledge reasoning, 18

left outer join merge, 81, 86
linguaggio di interrogazione, 55
linguaggio di manipolazione, 55
linguaggio di markup, 10
linguaggio di programmazione, 10
linguaggio dichiarativo, 223
livello del servizio, 238
livello di aggiornamento, 5, 16, 21, 22, 31–33, 44, 58, 64, 132, 149, 162, 177, 178, 198, 203, 206, 208
local-as-view, 144, 246
localizzazione degli errori, 76, 88, 90
    delle inconsistenze, 89

macroprocesso, 174, 196
manifesto dei sistemi informativi cooperativi, 11
mapping rule learner, 132
match, 115
match possibile, 108
match possibili, 115
matrice
    base di dati/organizzazione, 195, 203
    flusso di dati/organizzazione, 195, 203
    macroprocesso/norma-servizio-processo, 196
    matrice dati/activity, 200
    matrice dati/attività, 200, 201, 211
    processo/organizzazione, 196, 204
matrice base di dati/organizzazione, 203
matrice dati/attività, 200, 201, 211
matrice flusso di dati/organizzazione, 195, 203

Indice analitico 273

matrice macroprocesso/norma-servizio-processo, 196
matrice processo/organizzazione, 196, 204
media armonica, 134
metadati, 37, 60, 66, 162, 225
    creatore, 37
    data, 37
    descrizione, 37
    editore, 37
    formato, 37
    linguaggio, 37
    metadati sull'ultimo aggiornamento, 32
    soggetto, 37
    sorgente, 37
metadati sull'ultimo aggiornamento, 32
metaschema, 72
metodi decisionali ad attributi multipli, 150
metodo di fusione, 151
metodo di intersezione fra insiemi sicura, 243
metodo di misurazione, 238
metodologia, 1, 13
    methodologia CDQM, 194
    metodologia di valutazione, 191
    metodologia generale, 176
    metodologia Istat, 190
    metodologia specializzata, 176
    metodologia TDQM, 185
    metodologia TDQM , 183
    metodologia TQdM, 183, 188
    per il benchmarking, 179
    per la valutazione, 176, 179
metodologia CDQM, 194
metodologia dell'Istat, 194
metodologia di benchmarking, 179
metodologia di miglioramento, 249
metodologia di valutazione, 191
metodologia generale, 176
metodologia guidata dal processo, 193
    controllo del processo, 193
    riprogettazione del processo, 193
metodologia information quality measurement, 249
Metodologia Istat, 190
metodologia Istat, 198
metodologia per la qualità dei dati, 173
metodologia per la valutazione, 179
    analisi, 180
    scelta delle variabili, 180
    valutazione oggettiva quantitativa, 180
    valutazione soggettiva qualitativa, 182
metodologia specializzata, 176
Metodologia TDQM, 185
metodologia TDQM, 183
metodologia TQdM, 183, 188
metodologie per la valutazione, 176
metrica, 21, 133, 237
    efficacia, 135
    efficienza, 134, 135
    media armonica, 134
    percentuale di falsi negativi, 134
    percentuale di falsi positivi, 134
    precision, 134, 137
    recall, 134, 137
middleware, 10
minimalità, 48
mismembership, 82
misura di similarità
    co-occorrenza, 124
    testuale, 124
modello, 1, 12, 13, 55
    modello data and data quality, 230
    modello dati, 78
    modello per i dati, 73
    modello per i processi, 73
    modello per la gestione dei sistemi informativi, 69
modello Bayesiano, 118
modello dati, 78
modello decisionale, 107
modello degli attributi di qualità, 58
modello del processo, 226
modello di dati, 238
modello di dati XML, 64
modello di descrizione dei dati, 55
modello di interrogazione, 158
modello di interrogazione con tolleranza dei conflitti, 160
modello di manipolazione dei dati, 55
modello Entità Relazione, 49, 56
modello entità relazione, 72

modello per basi di dati
    multidimensionali, 72
modello per dati
    semistrutturati, 152
modello per dati semistrutturati, 148,
    152, 162
modello per i dati, 73
modello per i dati e la qualità dei dati
    (D^2Q), 230
modello per i processi, 73
modello per la gestione dei sistemi
    informativi, 69
modello Polygen, 59
modello relazionale, 56, 79

n-gram, 111
nested join, 159
non-match, 115
norma, 197
normalizzazione, 51, 76, 77, 218

obiettività, 4
object flow diagram, 69
ontologia, 240
open world assumption, 27, 79, 81, 87
operatore algebrico elazionale
    unione, 59
operatore algebrico relazionale
    differenza, 59
    intersezione, 79
    join, 79
    prodotto cartesiano, 59, 79
    proiezione, 59, 79
    restrizione, 59
    selezione, 79
    unione, 79
operatore dell'algebra relazionale
    full outer join, 81
    full outer join merge, 81, 86
    left outer join merge, 81, 86
    right outer join merge, 81
operatore di trasformazione, 223
    clustering, 223
    Mapping, 223
    matching, 223
    merging, 223
    view, 223
operatore relazionale
    prodotto cartesiano esteso, 151

operatore SQL
    group by, 159, 164, 223
    join, 159
    nested join, 159
Oracle, 3
organization model, 68
organizzazione, 70, 72, 174
    consumatore, 70
    produttore, 70
ottimizzazione dei costi, 77

Peer Data Management System, 244
percentuale di falsi negativi, 134
percentuale di falsi positivi, 134
personal information management, 238
pertinenza, 48
pianificazione delle interrogazioni
    guidata dalla qualità, 146
piano di compatibilità, 89
piano di verifica, 89
piano fisico, 223, 224
piano logico, 223, 224
poli-istanza, 233
poli-tupla, 233
politica, 226
precision, 134, 137
prevenzione del record linkage, 241
prezzo, 147
prime-representative record, 122
principio del cambiamento minimo, 90
privacy, 241
private record linkage, 243
probabilità m, 115, 117
probabilità u, 115, 117
problema, 198
problema dell'identificazione degli
    oggetti, 103
problema di edit-imputation, 36, 90
problema di identificazione degli oggetti,
    24
problema di set covering, 91
procedura di apprendimento attivo, 132
procedure di risoluzione, 233
process quality robustness design, 249
processo, 70, 72, 196
    as-is, 199
    processo decisionale, 69
    processo intra-organizzativo, 70
    processo operativo, 69

Indice analitico 275

to-be, 199
processo as-is, 199
processo aziendale, 55, 174
processo decisionale, 69
processo di conservazione, 251
processo di Extraction Transformation Load (ETL), 219
processo di miglioramento, 178, 213
processo di miglioramento della qualità dei dati, 13, 175
processo di misurazione della qualità dei dati, 13, 175
processo Extraction Transformation Load (ETL), 225
processo intra-organizzativo, 70
processo operativo, 69
processo to-be, 199
prodotto cartesiano, 59, 79
prodotto informativo, 8, 66
produttore, 70
profili di qualità, 72
profiling, 220
profilo dell'offerta di qualità, 70
profilo della richiesta di qualità, 71
profilo di qualità dei dati, 68
profilo UML, 68
programmazione intera, 91
programmazione lineare intera, 246
proiezione, 59, 79
promozione del record linkage, 242
prospettiva concettuale, 225
prospettiva fisica, 226
prospettiva logica, 226
provenance, 37
provenienza dei dati, 55
pruning, 147
pubblica amministrazione
  comune, 190
  distretto, 190
  enti centrali, 190
  enti locali, 190
  enti periferici, 190
  istituto per l'Assicurazione contro gli Infortuni, 211
  istituto per l'assicurazione contro gli infortuni, 203
  Istituto per la Previdenza Sociale, 203
  istituto per la previdenza sociale, 211

provincia, 190
regione, 190
punteggio di similarità, 132

q-gram, 111
qualità
  dei macroprocessi, 174
  dei processi, 174
  del servizio, 174
qualità dei documenti, 250
qualità dei macroprocessi, 174
qualità dei processi, 248
qualità del processo, 174
  efficacia, 248
  efficienza, 248
qualità del servizio, 174, 238
qualità della tecnica
  criteri, 234
qualità dello schema, 21
quasi-identificatori, 242
query-view security problem, 243

raggruppamento definito dall'utente, 164
  context aware, 164
  context free, 164
rappresentante della migliore qualità, 149
rappresentazione ambigua, 40
rappresentazione della conoscenza, 18
rappresentazione incompleta, 40
recall, 134, 137
reclami, 232
record, 9, 105, 114
  prime-representative, 122
record di qualità migliore, 149
record linkage, 76, 104, 106, 221, 238, 241
  probabilistico, 218
record matching, 203
registro
  assicurazione contro gli infortuni, 78, 211
  camera di commercio, 211
  contribuenti, 78
  dati personali, 78
  previdenza sociale, 211
  registro della previdenza sociale, 78
  stato civile, 78

276 Indice analitico

registro dei contribuenti, 78
registro dei dati personali, 78
registro della previdenza sociale, 78
registro dello stato civile, 78
registro per l'assicurazione contro gli infortuni, 78
regola, 129, 227
   identificazione dei duplicati, 129
   merge-purge, 129
regola di decisione, 115
regola di mappatura, 132
reingegnerizzazione del processo aziendale, 193
reingegnerizzazione del processo business, 179, 210
reingegnerizzazione del processo di business, 199
reingegnerizzazione guidata dai processi, 177
relazione, 9, 72, 105
relazione concettuale, 79
relazione di riferimento, 28, 79, 87
relazione ideale, 79
relazione insiemistica
   contenimento, 80
   disgiunzione, 80
   indipendenza, 80
   sovrapposizione quantificata, 80
relazione polygen, 59
relazione reale, 79
relazione UML, 68
relazione universale, 80, 81
repository, 225
   di metadati, 225
reputazione, 146
requisiti, 55
restrizione, 59
rete Bayesiana, 118
riduzione dello spazio di ricerca, 127
right outer join merge, 81
riprogettazione del processo, 177, 179, 193
risoluzione basata sul contenuto, 163
risoluzione dei conflitti a livello di istanza, 76, 142, 152
risposta all'interrogazione guidata dalla qualità, 76
risposta certa, 168
robustezza, 234

SAP, 3
scarto e rilavorazione dell'informazione, 96
scenario, 226
schema a stella, 72, 107
schema cleaning, 77
schema concettuale, 21, 55
schema dati, 64
schema default-all, 61, 63
schema dei dati, 71
schema del questionario, 35
schema di cifratura, 243
schema di default, 61, 63
schema di propagazione personalizzato, 61
schema di qualità, 64, 71
schema di qualità dei dati, 57
schema Entità Relazione normalizzato, 52
schema globale, 143, 167, 246
schema locale, 245
schema logico, 21, 55
schema matching, 77
schema personalizzato, 63
schema profiling, 77
schema sorgente, 167
schema XML, 55, 107
Scienze della Vita, 13, 15
scienze gestionali, 5
selettore di qualità, 64
selezione, 79
selezione della sorgente, 200, 221
semantica di default di "migliore qualità", 149
servizio, 174, 197
Simple Additive Weighting method, 147
sistema di gestione delle basi di dati, 10, 55, 73, 147
sistema di integrazione dei dati, 167, 230
sistema informativo, 9
   cooperativo, 70
   distribuito, 11
   gestione, 69
   monolitico, 11
   peer-to-peer, 12
sistema informativo cooperativo, 11, 63, 70, 228

Indice analitico 277

sistema informativo distribuito, 11
sistema informativo monolitico, 11
sistema informativo peer-to-peer, 12, 36
sistema informativo sul Web, 16, 248
sistema operativo, 10
sistemi di gestione delle basi di dati, 106
sistemi informativi gestionali, 18
Smith-Waterman, 112
soglia, 115, 137
sorgente dei dati, 240
    contatto, 240
    corrispondenza, 240
    foglio elettronico, 240
    immagine, 240
sorgente esterna di dati, 175
spazio di confronto, 115
spazio di ricerca, 107
spot market coordinato, 247
SQL, 158
standardizzazione, 76, 77, 218, 221
statistica, 5, 18
stato privo di significato, 40
stereotipo UML, 68
stragegia
    guidata dai processi, 176
strategia
    guidata dai processi, 176, 177
strategia guidata dai dati, 176
strategia guidata dai processi, 177
    reingegnerizzazione del processo business, 210
strategia guidata dal processo, 179
    controllo del processo, 177, 179
    reingegnerizzazione del processo aziendale, 193
    reingegnerizzazione del processo business, 179
    riprogettazione del processo, 177, 179
strategia per la risoluzione dei conflitti
    HighConfidence, 160, 166
    PossibleAtAll, 160, 166
    RandomEvidence, 160, 166
strategie di tolleranza, 157
strategie guidata dai processi
    reingegnerizzazione del processo business, 177
strato del metamodello generico, 225
strato metadati, 225
strumenti, 1, 217

strumento, 12, 184, 190, 191, 201, 202, 217–220, 225, 234, 236
    Ajax, 218, 219, 223
    Arktos, 219, 225
    Bellman, 220
    Choice Maker, 218, 227
    commerciale, 201
    Intelliclean, 219
    open source, 201
    Potter's Wheel, 219
    strumento Telcordia, 219
    Telcordia, 221
struttura dati union-find, 123
    union, 123
struttura dei dati union-find
    find, 123
superchiave, 51
supporti portatili, 240
supporto portatile
    PDA, 240
    telefono cellulare, 240

tabella, 9
tabella relazionale, 9
taglia di una relazione, 28
Tailor, 234
TDQM, 194
tecnica, 1, 7, 9, 12, 13, 16, 18, 19, 60, 73, 75–77, 102, 173, 176, 180, 184, 188, 190, 192, 193, 200–202, 208, 212, 215, 217, 219, 234, 236
    basata sulla conoscenza, 109
    di identificazione degli oggetti, 112
    dipendente dal dominio, 109
    empirica, 109
    indipendente dal dominio, 109
    per l'identificazione degli oggetti, 105, 156, 233
    per la risoluzione dei conflitti di istanza, 153
    probabilistica, 108
    sorted neighborhood, 225
tecnica di apprendimento induttiva, 132
tecnica di identificazione degli oggetti, 112
    algoritmo a coda di priorità, 122
    algoritmo coda di priorità, 138
    Atlas, 130
    basata sui costi, 118

basata sul costo, 113, 137
basata sulla conoscenza, 128, 137
Delphi, 113, 123, 137, 138
DogmatiX, 113, 126, 137, 138
empirica, 119, 134, 137
famiglia Fellegi e Sunter, 113
file di collegamento, 127
Intelliclean, 129, 137
matching 1-1, 127
metodo coda di priorità, 137
metodo sorted neighborhood, 137, 138
    incrementale, 122
metodo sorted neighborhood
    approccio a passate multiple, 121
modello di Fellegi e Sunter, 137
probabilistica, 113, 137
sorted neighborhood, 134
tecnica di identificazione dell'oggetto
    Delphi, 137
tecnica di individuazione degli oggetti
    metodo di sorted neighborhood, 120
tecnica per l'identificazione degli
    oggetti, 156
tecnica per la risoluzione dei conflitti a
    livello di istanza
    OO_{RA}, 157, 165
    Aurora, 156, 160, 166
    basata su FraSQL, 157, 163
    basata su SQL, 166
    DaQuinCIS, 157, 166
    Fusionplex, 157, 166
    OO_{RA}, 166
    risoluzione dei conflitti basata su
        SQL, 156, 158
tecnica per la risoluzione di conflitti a
    livello di istanza
    DaQuinCIS, 161
    Fusionplex, 161
tecniche, 179, 234
tecniche basate sul disturbo, 242
tecniche basate sulla soppressione, 242
tempestività, 31, 32, 42, 44, 46, 146, 248
tempo medio tra avarie, 92
teorema di Bayes, 119
teoria equazionale, 120
testo equivalente, 38
timestamp, 233
tipi di dati, 6, 7

dati amministrativi, 105
dati XML, 137
dato elementare componente, 8
gerarchia relazionale, 137
non strutturati, 7
semistrutturati, 7
strutturati, 7
tipi di sistemi informativi, 6
tipo di dati
    dati Web, 8
    aggregati, 8
    dati che cambiano di frequente, 9
    dati che variano nel lungo termine, 9
    dati elementari semistrutturati, 9
    dati elementari strutturati, 9
    dati strutturati complessi, 105, 109, 113
    dati strutturati semplici, 105
    dati XML, 126
    dato elementare grezzi, 8
    elementari, 8
    federati, 8
    gerarchia dimensionale di relazioni, 124
    gerarchia relazionale, 124
    non etichettati, 118
    prodotto informativo, 8
    semi-strutturati, 106, 109
    semistrutturati, 126
    stabili, 9
tipo di errore, 226
tipo di sistema informativo, 10
    cooperativo, 11
    data warehouse, 11
    distribuito, 11
    monolitico, 11
    peer to peer, 12
token frequency-inverse document
    frequency, 112
toolbox, 217, 233
toolkit
    Tailor, 234
TQdM, 188, 194
trade-off sui costi, 77
trasformazione dei dati, 220
    fold, 220
    format, 220
    merge, 220
    split, 220

trasparenza, 234
trust, 244
trustworthiness, 60
trustworthiness della sorgente, 76, 231
tupla, 105
tupla critica, 243
tupla mismember, 80

Ufficio per la Gestione e il Bilancio, 4
UML
   classe, 68
   definizione di tag, 68
   elemento del modello, 68
   profilo, 68
   relazione, 68
   specifica, 68
   stereotipo, 68
   valore tagged, 68
unione, 59, 79
usabilità, 234, 251
utente, 174
utilità, 4

validità, 82
valore anomalo, 93, 137
   in base alla distribuzione, 94
   serie temporali, 95
valore di cella, 9
valore nullo, 27, 165
valore tagged dell'UML, 68
valori anomali in base alla distribuzione, 94
valori anomali in serie temporali, 95
valutazione, 237
   valutazione obiettiva, 237
   valutazione soggettiva, 237
valutazione oggettiva, 179
valutazione soggettiva, 179
vero match, 116, 133

vero negativo, 133
vero non-match, 133
vero positivo, 133
vettore di confronto, 114
vincoli di integrità
   vincolo di dominio, 34
   vincolo intrarelazionale, 34
vincolo
   vincolo di chiave esterna, 34
   vincolo referenziale, 34
vincolo di chiave esterna, 34, 107
vincolo di dominio, 34
vincolo di integrità, 33, 106, 168, 223
   chiave-chiave esterna, 107
   vincolo interrelazionale, 34
vincolo interrelazionale, 34
vincolo intrarelazionale, 34
vincolo referenziale, 34
violazione della privacy, 243
violazione della riservatezza, 242
visita di alberi, 109
visita di albero, 126
vista
   completa, 168
   corretta, 168
   esatta, 168
vista completa, 168
vista corretta, 168
vista esatta, 168
volatilità, 31, 32, 44

where provenance, 60
why provenance, 60
within deviation, 95
World Wide Web, 13
World Wide Web consortium, 38

XML, 106
XQuery, 64

SPRINGER NATURE

GPSR Compliance

The European Union's (EU) General Product Safety Regulation (GPSR) is a set of rules that requires consumer products to be safe and our obligations to ensure this.

If you have any concerns about our products, you can contact us on ProductSafety@springernature.com

In case Publisher is established outside the EU, the EU authorized representative is:

Springer Nature Customer Service Center GmbH
Europaplatz 3
69115 Heidelberg, Germany

The manufacturer's authorised representative in the EU is Springer Nature Customer Service Centre GmbH, Europaplatz 3, 69115 Heidelberg, Germany. If you have any concerns regarding our products, please contact ProductSafety@springernature.com

Printed and bound by CPI Group (UK) Ltd, Croydon, CR0 4YY

25/03/2026

02078222-0003